Christliche Sprichwörter & Zitate für jeden Anlass

Christliche Sprichwörter & Zitate für jeden Anlass

Das Lexikon

benno

Zusammengestellt von Ingrid Dlugos, Leipzig

Bibliografische Information der Deutschen Nationalbibliothek
Die Deutsche Nationalbibliothek verzeichnet diese Publikation in der deutschen Nationalbibliografie;
detaillierte bibliografische Daten sind im Internet über http://dnb.d-nb.de abrufbar.

Besuchen Sie uns im Internet unter:
www.st-benno.de

ISBN 978-3-7462-3131-0

Stammerstr. 11, 04159 Leipzig
Umschlag und Gestaltung: Ulrike Vetter, Leipzig

Gesamtherstellung: Arnold & Domnick, Leipzig (C)

Vorwort

> Nicht die Sprüche sind es, woran es fehlt; die Bücher sind voll davon. Woran es fehlt, sind die Menschen, die sie anwenden.
>
> *Epiktet*

Immer wieder fasziniert mich an Sprüchen, wie viel Weisheit, Lebensorientierung und Lebenserfahrung in wenigen Worten gesagt werden können. Da ist nicht viel Unnützes oder Aufgebauschtes drum herum – es gibt eine klare, prägnante und einprägsame Aussage; manchmal mit einem humorvollen Augenzwinkern. Worte, die Menschen verstehen, die Fragen aufgreifen nach Spiritualität, nach dem, was die Seelen der Menschen belastet und befreit, nach dem, was uns hilft und Orientierung gibt.
Vielleicht ist das der Grund, warum Sprüche oder Zitate gern auf Glückwunschkarten geschrieben werden, warum Vorträge, Reden oder Ansprachen oft mit einem klugen Zitat beginnen oder enden. Vielleicht sagen diese kurzen Worte mehr aus, als ich mühsam selbst formulieren kann.
In dem vorliegenden Buch finden sie etwa 5.000 Worte aus der Bibel, Zitate von christlichen und humanistischen Autorinnen und Autoren sowie Lebensweisheiten und Segenswünsche aus verschiedenen Ländern.
Im ersten Teil sind die Zitate und Sprüche alphabetisch nach Schlagwörtern und Themen sortiert. Im zweiten Teil sind ausgewählte Sprüche verschiedenen Anlässen und Themen wie z. B. Taufe, Erstkommunion, Konfirmation, Geburtstag in unterschiedlichen Lebensabschnitten, Trauer und Trost oder zur Lebensorientierung zugeordnet, so dass ihnen das Finden eines passenden christlichen Zitates oder Spruches leichter fallen wird.
Vielleicht geht es ihnen wie mir, dass man bei der Suche nach einem Spruch von faszinierenden Gedanken gefesselt wird und selbst zu guten und neuen Einsichten findet, die eine Situation plötzlich in ein anderes Licht rücken und man zu Gelassenheit und Annahme – sich und anderen gegenüber – gelangt.
Ich wünsche Ihnen viele Freude beim Stöbern in Worten, die Mut machen, die gute und hilfreiche Erkenntnisse vermitteln, Worte, die das Leben tragen oder auch einfach nur den Tag verschönern.

Ingrid Dlugos

Sprichwörter & Zitate

Alphabetische Zuordnung nach Stichwörtern

Abend

Das Gebet ist der Schlüssel am Morgen und der Riegel am Abend.

Mahatma Gandhi

Abgeschieden sein

Sich abschließen heißt einmauern, und sich einmauern ist Tod.

Theodor Fontane

Abschied

Auch wenn wir unseren Weg nicht gemeinsam gehen können, am Ende des Regenbogens sehen wir uns wieder!

unbekannt

Bei Gott gibt es kein Abschiednehmen.

Antonin-Gilbert Sertillanges

Das einzig Wichtige im Leben sind die Spuren von Liebe, die wir hinterlassen, wenn wir ungefragt weggehen und Abschied nehmen müssen.

Albert Schweitzer

Jeder Abschied ist die Geburt einer Erinnerung.

Salvador Dali

Abstand

Man sollte von Zeit zu Zeit von sich zurücktreten wie ein Maler von seinem Bilde.

Christian Morgenstern

Setzt eure Zelte weit auseinander, aber nähert eure Herzen.

Arabisches Sprichwort

Wenn du Abstand hältst, bist du den Dingen am nächsten. Nur so erkennst du, wie sie zueinander liegen und was wirklich wichtig ist.

Meng Kun-liu

Achtsamkeit

Wer andere besucht, soll die Augen öffnen, nicht den Mund.

aus Tansania

Achtung

Es gibt kaum ein beglückenderes Gefühl, als zu spüren, dass man für andere Menschen etwas sein kann. Dabei kommt es gar nicht auf die Zahl, sondern auf die Intensität an.

Dietrich Bonhoeffer

Jeder Mensch ist achtenswert, wie elend oder lächerlich er auch sei. Denke daran, dass derselbe Geist, der in uns weilt, jeden Menschen beseelt.

Arthur Schopenhauer

Nichts verschafft einem so schnell Achtung, wie wenn man seine Mitmenschen wissen lässt, dass man ihnen gewachsen ist.

Vita Sackville-West

Mit aufmerksamer, geduldiger und langmütiger Miene gelangt man besser und schneller zum Ziel als mit Strenge und Peitsche.

Papst Johannes XXIII.

Ohne Achtung kein Vertrauen.

Peter Rudl

Vertrauen und Achtung, das sind die beiden unzertrennlichen Grundpfeiler der Liebe, ohne welche sie nicht bestehen kann; denn ohne Achtung hat Liebe keinen Wert und ohne Vertrauen keine Freude.

Heinrich von Kleist

Wahre Liebe lässt die Menschen sich finden, richtet sie auf und hebt sie empor. Sie macht innerlich unabhängig, frei und selbständig.

Johannes Müller

Advent

Dem Friedensgesang der Engel ging die adventliche Bereitschaft der Menschen voraus.

Gertrud von Le Fort

Der Advent erinnert uns daran, dass er gekommen ist, aber auch, dass er kommen wird. Das Leben der Gläubigen ist in der Tat ein ständiges und wachsames Warten auf die Wiederkunft.

Papst Johannes Paul II.

Der Advent zeichnet sich zum ersten Mal am Horizont der Geschichte des Menschen ab, als Gott sich selbst als der offenbarte, der sich über das Gute freut, der liebt und schenkt.

Papst Johannes Paul II.

Herr, es ist Advent. Hilf mir zur Freude und zum Stillesein in aller Hetze, in allem Lärm, in allem, was zu bewältigen mir unmöglich ist.

Elsi Schindler

Akzeptanz

Was man nicht annimmt, kann man nicht ändern.

Carl Gustav Jung

Wir lieben die Menschen, die frisch heraus sagen, was sie denken – falls sie das Gleiche denken wie wir.

Mark Twain

Alkohol

Ein Rausch ist zu ertragen, die Trunksucht aber nicht.

Martin Luther

Alleinsein

Lernt, zufrieden allein zu sein – wer seine eigene Gesellschaft nicht erträgt, sollte sich nicht anderen zumuten.

Karin Böcker

Nirgends bist du so allein mit Gott wie tief im Schmerz.

Margarete Seemann

Wenn alle Türen geschlossen und die Fenster verdunkelt sind, darfst du nicht glauben, allein zu sein. Denn Gott ist bei dir und dein Schutzengel. Und weshalb sollten sie Licht brauchen, um zu sehen, was du tust?

Epiktet

Wir müssen das Alleinsein erst wieder lernen. Das ist heute eine schwierige Lektion.

Anne Morrow-Lindbergh

Allmacht Gottes

In der Ohnmacht dieses Kindes verbirgt sich die Allmacht Gottes.

Friedrich Kardinal Wetter

Alltag

Das Gewand der Liebe ist aus dem Stoff des Alltags gemacht.

Paul Bolkovax

Die ihrer Alltagsarbeit froh werden, sind weitaus glücklicher als die Freizeitfanatiker.

Hans Bernhard Mayer

Es ist genug, dass ein jeglicher Tag seine eigene Plage habe – ein Wort aus dem Neuen Testament. Und sage mir einer, das sei nicht mitten in unserem täglichen Arbeitsärger und Pflichtenkram hineingesprochen.

Hannelore Frank

Gib der Alltäglichkeit ihr Recht, und sie wird dir mit ihren Anforderungen nicht zur Last fallen.

Clemens Brentano

Glaube mir, dass eine Stunde Begeisterung mehr gilt als ein Jahr einförmig dahinziehenden Lebens.

Christian Morgenstern

Gott hüllt seine Wunder in Ordnungen, seinen Segen in Alltäglichkeiten.

Rudolf Kögel

Immer, wenn ich mitten im Alltag innehalte und gewahr werde, wie viel mir geschenkt ist, werden die zahllosen Selbstverständlichkeiten zu einer Quelle des Glücks.

Gustave Flaubert

Liebe, die den Alltag nicht verträgt, ist keine Liebe.

Adrienne von Speyr

Manchmal braucht man nur ein Wort, das uns warm das Herz anrührt und wie eine gute Hand uns durch unseren Alltag führt.

Ruth Nöther

Ohne Sonntag gibt's nur noch Werktage.

Werbekampagne der evangelischen Kirchen

Schauen wir auf die tausend kleinen Dinge, die wir kennen. Jeder Tag hat seine Sonnenstrahlen: sich bewegen zu können, hören, lesen, sich unterhalten, dienen, lächeln, verzeihen, beten ...

Hermann Multhaupt

Wenn die Liebe der Gewöhnung widersteht, hat sie nichts mehr zu fürchten.

Alfred de Musset

Wer sich zu wichtig nimmt für kleine Dinge, ist auch zu klein für wichtige Dinge.

Hans-Olaf Henkel

Alltäglichkeit

Glück ist nicht in einem ewig lachenden Himmel zu suchen, sondern in ganz feinen Kleinigkeiten, aus denen wir unser Leben zurechtzimmern.

Carmen Sylva

Almosen

Das ist die beste Sorte des Almosens, wenn man den Armen Arbeit gibt.

Klemens Maria Hofbauer

Willst du, dass dein Gebet zu Gott aufsteigt, schaff ihm zwei Flügel: Fasten und Almosen geben.

Augustinus

Alt werden

Alt werden heißt sehend werden.

Marie von Ebner-Eschenbach

Alt werden, das ist Gottes Gunst, jung bleiben, das ist Lebenskunst.

Sprichwort

Alt zu werden, ist natürlich kein reines Vergnügen, aber was ist die Alternative?

Robert Lembke

Die schnellste Art, alt zu werden, ist, neue Ideen urteilslos von der Hand zu weisen.

unbekannt

Einen Menschen lieben, heißt einwilligen, mit ihm alt zu werden.

Albert Camus

Wer sich um andere kümmert, hat keine Zeit, alt zu werden.

Helen Keller

Alter

Alt macht nicht das Grau der Haare, alt macht nicht die Zahl der Jahre, alt ist, wer den Humor verliert und sich für nichts mehr interessiert.

Gotthold Ephraim Lessing

Alt sein ist ein herrliches Ding, wenn man nicht verlernt hat, was anfangen heißt.

Martin Buber

Alter gibt Erfahrung.

Ovid

Alter tanze, trotz den Jahren! Welche Freude, wenn es heißt: Alter, du bist alt an Haaren, blühend aber ist dein Geist!

Gotthold Ephraim Lessing

Auch im Winter unseres Erdenlebens geht uns doch täglich die Sonne auf.

Christa Franze

Das Alter eines Menschen – es bedeutet eine schöne Fracht von Erfahrungen und Erinnerungen.

Antoine de Saint-Exupéry

Das Alter hat keine Zukunft; der nächste Tag sei dein Ziel.

Lisa Wenger

Das Alter ist für mich kein Gefängnis, in das man eingesperrt ist, sondern ein Balkon, von dem man weiter sieht.

Marie-Luise Kaschnitz

Das Alter verklärt oder versteinert.

Marie von Ebner-Eschenbach

Das Leben wird immer reicher, je wackliger man wird.

Alfred Döblin

Dass Verstand erst mit den Jahren kommt, sieht man nicht eher ein, als bis der Verstand und die Jahre da sind.

Jean Paul

Den Alten möchte man verschreiben: ein wenig Humor, viel Geduld und unerschöpflich viel Liebe.

Elly Heuss-Knapp

Der Jugend wird oft der Vorwurf gemacht, sie glaube, dass die Welt mit ihr anfange. Aber das Alter glaubt noch öfter, dass die Welt mit ihm aufhöre.

Friedrich Hebbel

Der Vorteil des Alters ist, dass man die Dinge nicht mehr begehrt, die man sich früher nicht leisten konnte.

Walter Matthau

Die Jugend ist die Zeit, Weisheit zu lernen, das Alter die Zeit, sie auszunützen.

Jean Jacques Rousseau

Es ist gut, wenn uns die verrinnende Zeit nicht als etwas erscheint, das uns verbraucht, sondern als etwas, das uns vollendet.

Antoine de Saint-Exupéry

Gib den Alternden Kraft, die Last des Alters anzunehmen. Lass sie darüber weise werden. Gib Ihnen die Fähigkeit, weiterzugeben, was sie empfangen haben.

Walter und Marianne Dirks

Graue Haare sind eine prächtige Krone, auf dem Weg der Gerechtigkeit wird sie gefunden.

Spr 16,31

Ich bin ein alter Mann und habe in meinem Leben viele Sorgen gehabt, aber die meisten waren unnötig.

Mark Twain

Ich finde das Alter nicht arm an Freuden: Farben und Quellen dieser Freuden sind nur anders.

Wilhelm von Humboldt

Ich lebe mein Leben in wachsenden Ringen, die sich über die Dinge ziehen. Ich werde den letzten vielleicht nicht vollbringen, aber versuchen will ich ihn.

Rainer Maria Rilke

In deinen Händen sind meine Zeiten, mein ganzes Leben, alle Tage, Stunden und Augenblicke.

Martin Luther

In der richtigen Weise wird nur alt, wer das Altsein nicht bloß erleidet, sondern innerlich annimmt!

Romano Guardini

Je älter ich werde, desto mehr neige ich dazu, meine eigene Urteilsfähigkeit anzuzweifeln und dem Urteil anderer mehr Achtung entgegenzubringen.

Benjamin Franklin

Jeder, der sich die Fähigkeit erhält, Schönes zu erkennen, wird nie alt werden.

Franz Kafka

Jung zu bleiben und alt zu werden ist das höchste Gut.

Deutsches Sprichwort

Kraft und Wohlgestalt sind die Vorzüge der Jugend, der des Alters aber ist Blüte der Besonnenheit.

Demokrit

Man ist dann alt geworden, wenn man nur noch von der Vergangenheit zehrt.

Friedl Beutelrock

Man ist jung, solange man sich für das Schöne begeistern kann und nicht zulässt, dass es vom Nützlichen erdrückt wird.

Jean Paul

Sobald du sagst: Ich habe genug geleistet – bist du verloren.

Augustinus

Trotz der Einschränkungen, die mit dem Alter verbunden sind, bewahre ich mir die Lebensfreude. Dafür danke ich dem Herrn.

Papst Johannes Paul II.

Weder alte noch kranke Menschen sind Außenseiter der Gesellschaft; sie gehören vielmehr wesentlich dazu. Wir alle sind ihre Schuldner.

Papst Johannes Paul II.

Wenige verstehen es, alt zu sein.

François de La Rochefoucauld

Wer einen alten Menschen verlacht, der lacht über Gott.

Estnisches Sprichwort

Wer im Alter noch herzhaft lachen kann, der hat das Leben siegreich bezwungen.

Augustin Wibbelt

Wer sein Alter verbirgt, schafft seine Erinnerungen ab.

Arletty

Wir müssen das Alter annehmen mit allem, was es mit sich bringt. Die eigenen Grenzen akzeptieren und in besonderer Weise die Tugenden des Dritten Alters betonen: Weisheit, Wohlwollen, Güte, Geduld, Gelassenheit, Friede.

Hermann Multhaupt

Altern

Altern. Die Schöpfung entlässt uns allmählich.

Heinrich Wiesner

Das Altern ist wie die Woge im Meer. Wer sich von ihr tragen lässt, treibt obenauf. Wer sich dagegen aufbäumt, geht unter.

Gertrud von Le Fort

Die Kunst des Alterns besteht darin, den Ausklang unseres Lebens zu einer Zeit des Glücks zu machen.

André Maurois

Älterwerden

Älterwerden bedeutet: den Weg nach innen gehen.

Luise Rinser

Älterwerden ist gar nicht so schlecht, wenn man die Alternative bedenkt.

Maurice Chevalier

Altwerden ist wie auf einen Berg steigen. Je höher man kommt, desto mehr Kräfte sind verbraucht, aber umso weiter sieht man.

Ingmar Bergman

Nach und nach müssen wir die Überzeugung gewinnen, dass Altwerden ein Geschenk Gottes ist, eine Gnade, durch die wir immer mehr am Erlösungswerk Christi teilhaben: darin finden wir Stärke und Freude.

Hermann Multhaupt

Amen

Der Beter muss all seine Kraft einsetzen, dass das Amen lebendig und wahr sei in allem, was er tut.

Adrienne von Speyr

So bete ich das MISERERE, spreche das AMEN und hoffe auf das ALLELUJA.

Hugo Aufderbeck

Anders sein

Die Kultur der Toleranz beginnt damit, zu akzeptieren, dass der andere anders ist.

Roman Herzog

Ich will unter keinen Umständen ein Allerweltsmensch sein. Ich habe ein Recht darauf, aus dem Rahmen zu fallen – wenn ich es kann. Ich wünsche mir Chancen, nicht Sicherheiten.

Albert Schweitzer

Nimm es hin, dass andere anders sind, anders denken, anders handeln, anders empfinden, anders sprechen.

Phil Bosmans

Anerkennung

Ich will geliebt sein oder ich will begriffen sein. Das ist eins.

Bettina von Armin

Anfang

Die allein sind imstande, wahrhaft die Welt zu genießen, die mit der unsichtbaren Welt beginnen.

John Henry Newman

Die Mitte der Nacht ist der Anfang des Tages.

Demokrit

In jedem Ende liegt ein neuer Anfang.

Miguel de Unamuno

Nur der erste Schritt macht Schwierigkeiten.

Madame de Staël

Weihnachten ist Anfang. Wer bereit ist, erlebt etwas Neues.

Helmut Breit

Wer niemals anfängt, bringt nie was zustande.

Sprichwort

Anfang und Ende

Jeder Augenblick im Leben ist ein neuer Aufbruch, ein Ende und ein Anfang, ein Zusammenlauf der Fäden und ein Auseinandergehen.

Yehudi Menuhin

Anfänger

Ein guter Mensch bleibt immer ein Anfänger.

Martial

Anforderung

Gib der Alltäglichkeit ihr Recht, und sie wird dir mit ihren Anforderungen nicht zur Last fallen.

Clemens Brentano

Merkmal großer Menschen ist es, dass sie an andere weit geringere Anforderungen stellen als an sich selbst.

Marie von Ebner-Eschenbach

Angebot

Jeder Tag ist ein kleines Leben, das heißt: ein zu bewältigendes Angebot und nicht ein Berg, den wir nicht übersteigen können.

Liselotte Nold

Angst

Angst einzugestehen – dazu gehört Mut.

Fritz Vahle

Angst ist der Zins, den wir für Schwierigkeiten bezahlen, bevor die Zahlung fällig ist.

William Inge

Angst ist ein zu unserem Dasein gehörendes Erleben. Wir können sie nicht vermeiden, wir können nur Gegenkräfte gegen sie entwickeln: Mut, Vertrauen, Erkenntnis, Hoffnung, Glaube und Liebe.

Fritz Riemann

Angst ist keine christliche Kategorie.

Johannes XXIII.

Angst machen ist immer leichter als Hoffnung geben.

Norbert Steger

Den größten Fehler, den man im Leben machen kann, ist, immer Angst zu haben, einen Fehler zu begehen.

Dietrich Bonhoeffer

Die Angst macht unfrei, der Glaube frei. Die Angst lähmt, der Glaube gibt Kraft. Die Angst macht mutlos, der Glaube ermutigt. Die Angst macht krank, der Glaube heilt. Die Angst macht untauglich, der Glaube tauglich.

Ralph Waldo Emerson

Es kann nicht immer sein, dass Gott alle Angst von uns nimmt, aber das kann immer möglich werden, dass wir in Angst getröstet werden.

Christoph Blumhardt

Heute ist das Morgen, vor dem du gestern noch Angst hattest.

Michael Makowsky

Ich suchte den Herrn, und er hat mich erhört, er hat mich von meinen Ängsten befreit.

Ps 34,5

Liebe richtet den Blick nach vorne, Hass blickt zurück, Angst hat den ganzen Kopf voller Augen.

Friedrich Nietzsche

Man sagt, Aberglaube, Angst, Misstrauen und Bosheit seien ansteckend; das ist wahr, aber auch Hoffnung kann anstecken.

Ilja Ehrenburg

Mut ist genauso ansteckend wie Angst.

Saul Bellow

Mut ist Widerstand gegen die Angst, Sieg über die Angst, aber nicht Abwesenheit von Angst.

Mark Twain

Tapfer ist, wer von seiner Furcht keine Notiz nimmt.

George Patton

Weil Gott weiß, was morgen ist, brauchen wir heute keine Angst zu haben.

Heinrich Giesen

Wer keine Angst hat, ist nicht tapfer, sondern dumm.

Carl Zuckmayer

Ängstlichkeit

Ängstlichkeit und Traurigkeit bleiben meinem Hause weit.

Philipp Neri

Kleinmut und Ängstlichkeit hindern einen Menschen oft, das Gute zu tun, zu dem er fähig wäre, wenn er im Vertrauen auf Gottes Hilfe Mut fassen würde.

Thomas More

Nichts soll dich ängstigen, nichts dich erschrecken. Alles geht vorüber. Gott allein bleibt derselbe. Alles erreicht der Geduldige, und wer Gott hat, der hat alles. Gott allein genügt.

Teresa von Ávila

Anker

Um zu wissen, was ein Anker ist, brauchen wir den Sturm.

Corrie ten Boom

Ankommen

Ankommen - nicht irgendwann, sondern heute und jetzt das Ziel spüren, das in weiter Ferne und doch nirgendwo sonst ist als hier.

Corinna Mühlstedt

Annahme

Das größte Geheimnis des Glücks ist, mit sich selbst im Reinen zu sein.

Bernard Le Bovier de Fontenelle

Den anderen annehmen heißt, nicht nur seine Grenzen, sondern auch seine Fähigkeiten bejahen.

Kyrilla Spiecker

Der edle Mensch offenbart die höchste Tugend, indem er alle Dinge bereitwillig annimmt.

I. Ging

Gott nimmt den Menschen an, wie er ist, das heißt aber nicht, dass er ihn so lassen will.

Alfred Kumpf

Ich habe die Erfahrung gemacht, dass ich nicht immer das bekommen kann, was ich gerne möchte. Also habe ich gelernt, immer das zu mögen, was ich bekomme.

Anthony de Mello

Nehmt einander an, wie auch Christus uns angenommen hat, zum Lob Gottes.

Röm 15,7

Nicht nur die Kunst des Schenkens soll man besitzen, sondern auch die, empfangen und annehmen zu können.

Adrienne von Speyr

Was man nicht annimmt, kann man nicht ändern.

Carl Gustav Jung

Weihnachten sagt uns: Gott holt uns ab, gleichgültig, wo wir stehen.

Helmut Thielicke

Anschluss

Den Anschluss, den man verloren hat, findet man nie wieder, sondern immer nur einen neuen.

Alfred Kumpf

Ansteckung

Man sagt, Aberglaube, Angst, Misstrauen und Bosheit seien ansteckend; das ist wahr, aber auch Hoffnung kann anstecken.

Ilja Ehrenburg

Antrieb

Es hängt von dir selbst ab, ob du das Jahr als Bremse oder als Motor benutzen willst.

Henry Ford

Antwort

Ich glaube, dass die Bibel allein die Antwort auf alle unsere Fragen ist und dass wir nur anhaltend und etwas demütig zu fragen brauchen, um die Antwort von ihr zu bekommen.

Dietrich Bonhoeffer

Wir stehen immer noch vor der Tür, hinter der die großen Antworten warten.

Arthur Schnitzler

Anweisungen

Warte nicht auf jemanden, der dir Anweisungen erteilen soll, oder auf einen Vorgesetzten; tu das Gute allein, von Mensch zu Mensch.

Mutter Teresa

Arbeit

Angenehm sind die erledigten Arbeiten.

Marcus Tullius Cicero

Arbeite nur, die Freude kommt von selbst.

Johann Wolfgang von Goethe

Arbeite und lerne, und du kannst gar nicht verhindern, dass du etwas wirst.

Andrew Carnegie

Das Genie beginnt die schönen Werke, aber nur die Arbeit vollendet sie.

Joseph Joubert

Deine Hände sollen immer Arbeit finden, ein Penny soll immer in deiner Tasche sein, wenn du ihn brauchst. Die Sonne soll in dein Fenster scheinen und dein Herz voll Gewissheit sein, dass jedem Wolkenbruch ein Regenbogen folgt.

Irischer Segensspruch

Die Arbeit läuft dir nicht davon, wenn du deinem Kind den Regenbogen zeigst. Aber der Regenbogen wartet nicht, bis du mit der Arbeit fertig bist.

aus China

Die Arbeit sei dir weder dein Gott noch deine Hölle, sie sei dir der Weg zu Gott.

Heinrich Pesch

Die ihrer Alltagsarbeit froh werden, sind weitaus glücklicher als die Freizeitfanatiker.

Hans Bernhard Mayer

Die Kunst des Ausruhens ist ein Teil der Kunst des Arbeitens.

John Steinbeck

Ein Mensch, der seine Arbeit liebt, wird niemals alt.

Pablo Casals

Ein Werk ist dann am besten geglückt, wenn man am wenigsten von den Mühen spürt, die es gekostet hat.

Elly Heuss-Knapp

Erbitte Gottes Segen für deine Arbeit, aber verlange nicht auch noch, dass er sie tut.

Karl Heinrich Waggerl

In der heiligen Kommunion haben wir Christus in der Gestalt von Brot. In unserer Arbeit finden wir ihn in der Gestalt von Fleisch und Blut. Es ist derselbe Christus.

Mutter Teresa

Möge sich jede Arbeit in Segen verwandeln, jeder Segen aber in eine Stufe der Treppe ins Paradies.

Altirischer Segenswunsch

Nicht an der Menge unserer Arbeit hat Gott Freude, sondern an der Liebe, mit der wir arbeiten.

Franz von Sales

Persönlichkeiten werden nicht durch schöne Reden geformt, sondern durch Arbeit und Leistung.

Albert Einstein

Arbeiten

Lieben und arbeiten! – Lieben genügt nicht; lieben und arbeiten, das ist erst alles. Lieben, das ist der Samen; arbeiten heißt aufkeimen, auftreiben und Frucht geben.

Miriam vom gekreuzigten Jesus

Wir können und wir müssen unsere Arbeiten in ein Gebet verwandeln. Niemals können wir das Gebet durch Arbeit ersetzen.

Mutter Teresa

Ärger

Das Ärgernis täuscht die Sinne, verwirrt den Geist, trübt die Reinheit der Erkenntnis.

Petrus Chrysologus

Das Grämen vor der Zeit halte ich für ein sehr unnützes Geschäft.

Catharina Elisabeth Goethe

Dass der Mensch sich freuen kann, setzt voraus, dass er sich ärgern kann, aber nicht, dass er sich ärgert.

Albert Einstein

Es ist genug, dass ein jeglicher Tag seine eigene Plage habe – ein Wort aus dem Neuen Testament. Und sage mir einer, das sei nicht mitten in unserem täglichen Arbeitsärger und Pflichtenkram hineingesprochen.

Hannelore Frank

In jeder Minute, die du im Ärger verbringst, versäumst du 60 glückliche Sekunden deines Lebens.

Albert Schweitzer

Niemals Ärger aufnehmen oder sogar mit ihm leben. Dagegen hilft nur innere Verweigerung. Sonst kann Ärger einen Menschen auffressen wie Motten einen Stoff.

Maria-Theresia Radloff

Wenn du besonders ärgerlich und wütend bist, erinnere dich, dass das menschliche Leben nur einen Augenblick währt.

Marc Aurel

Armut

Jeder Überfluss hat die Armut als Nebenfluss.

Hellmut Walters

Atem holen

Wir hätten alle mindestens eine Stunde Einsamkeit am Tag nötig, um aufzufüllen und Atem zu schöpfen.

Maria Schell

Atheist

Man soll einem Atheisten nicht mit einem lauten Tischgebet den Appetit verderben.

Max Thürkauf

Selbst zur Zeit meiner größten Schwankungen war ich nie ein Atheist in dem Sinne, dass ich das Dasein Gottes geleugnet hätte.

Charles Darwin

Aufarbeitung

Wer mit seiner Geschichte nicht im Reinen ist, wird mit seiner Gegenwart nicht klarkommen und auch seine Zukunft nicht bewältigen können.

Theo Breul

Auferstehung

Auferstehung ist unser Glaube, Wiedersehen unsere Hoffnung, Gedenken unsere Liebe.

Augustinus

Auferstehung sagt: Der Anfang der Herrlichkeit hat schon begonnen.

Karl Rahner

Christus ist auferstanden, damit der Mensch den eigentlichen Sinn seiner Existenz findet und sein Leben in Fülle lebt: damit der Mensch, der von Gott kommt, in Gott lebt.

Papst Johannes Paul II.

Das Letzte ist nicht Tod, sondern Auferstehung, und am Ende steht nicht Verlust, sondern Vollendung des Lebens.

Arthur Schopenhauer

Der Herr ist wahrhaftig auferstanden.

Lk 24,34

Die Auferstehung ist nicht ein zufälliges Mirakel, sondern der Anfang einer neuen Zeit.

Joseph Ratzinger

Freue dich, du meine Seele, deine Trauer ist vorbei, denn der Heiland ist erstanden, und du lebst, du atmest frei.

Otto Jacobi

Fürchtet euch nicht! Ihr sucht Jesus, den Gekreuzigten. Er ist nicht hier, denn er ist auferstanden, wie er gesagt hat.

Mt 28,5-6

Jesu Auferstehung zeigt, dass Gott Ja zu unserem Sterben sagt, aber Nein zu unserem ewigen Tod. Darum ist Ostern mein Freudentag.

Kurt Rommel

Jesus spricht: Ich bin die Auferstehung und das Leben. Wer an mich glaubt, wird leben, auch wenn er stirbt.

Joh 11,25

Wo der Auferstandene ist, verbreitet sich Freude.

Friedrich Kardinal Wetter

Auferweckung

Gott hat den Herrn auferweckt; er wird durch seine Macht auch uns auferwecken.

1 Kor 6,14

Aufgabe

Jede Gabe ist eine Aufgabe.

Käthe Kollwitz

Nimm dir nicht zu viel vor. Es genügt die friedliche, ruhige Suche nach dem Guten an jedem Tag zu jeder Stunde, und ohne Übertreibung und ohne Ungeduld.

Papst Johannes XXIII.

Nur die Sache ist verloren, die man aufgibt.

Gotthold Ephraim Lessing

Wer sich für zu wichtig für kleine Arbeiten hält, ist oft zu klein für wichtige Arbeiten.

Jacques Tati

Aufhören

Aufhören können, das ist nicht eine Schwäche, das ist eine Stärke.

Ingeborg Bachmann

Kein Wissen scheint schwerer zu erwerben als die Erkenntnis, wann man aufhören muss.

Jonathan Swift

Aufmerksamkeit

Aufmerksamkeit ist das Leben.

Johann Wolfgang von Goethe

Dinge wahrzunehmen ist der Keim der Intelligenz.

Laotse

Gott spricht oft so leise, dass man ihn überhören kann.

Karl Rahner

Nichts öffnet das Herz so sehr wie die Aufmerksamkeit, die man einem Menschen schenkt.

Léon-Joseph Kardinal Suenens

Stille kommt von stehen. Wer still werden will, muss stehen bleiben, um schauen und horchen zu können.

Anselm Grün

Wer viel gewinnen will, muss auf die kleinen Dinge achtsam sein.

Maria Ward

Wir verschwenden viel zu viel Aufmerksamkeit für das, was uns ins Auge sticht. Was uns die Augen öffnen kann, wäre viel wichtiger.

Ernst Ferstl

Aufmunterung

Ein herzliches Wort, eine liebevolle Geste, ein wenig Aufmerksamkeit kann wie ein frischer Windstoß sein in der Verschlossenheit einer Existenz, die von Trauer und Niedergeschlagenheit geprägt ist.

Papst Johannes Paul II.

Wir sind uns bewusst, dass das, was wir tun, nur wie ein Tropfen im Ozean ist. Aber gäbe es diesen Tropfen nicht, würde er im Ozean fehlen.

Mutter Teresa

Aufrichten

Wo der Mensch gefallen ist, dort muss er sich auch aufrichten, um wieder hochzukommen.

Augustinus

Aufrichtigkeit

Der Herr nimmt viel lieber den guten Willen eines aufrichtigen Herzens als große Werke ohne lautere Absicht.

Gertrud von Helfta

Gott lässt es den Aufrichtigen gelingen.

Spr. 2,7

Mangelnde Aufrichtigkeit, auch gegen sich selbst, ist der Gipfel der Gewissenlosigkeit.

Papst Johannes XXIII.

Ich bin nicht verpflichtet zu gewinnen, aber ich bin verpflichtet, aufrichtig zu sein. Ich bin nicht verpflichtet, Erfolg zu haben, aber ich bin verpflichtet, dem Licht des Bewusstseins, das in mir leuchtet, zu folgen.

Abraham Lincoln

Aufstehen

Fang den Tag von heute nicht mit den Scherben von gestern an.

Phil Bosmans

Nicht das Hinfallen ist schlimm, sondern es ist schlimm, wenn man dort liegen bleibt, wo man hingefallen ist.

Sokrates

Aufstieg

Der Drachen lehrt: wer hoch steigen will, muss es gegen den Wind tun.

aus China

Hüte dich, oh Mensch, höher emporzusteigen, als deine Kraft dich zu tragen vermag.

Hildegard von Bingen

Wer in die Höhe will, muss Ballast abwerfen.

Michael Kardinal Faulhaber

Auftanken

Für dich selbst: Gönne dich dir selbst! Ich sage nicht: Tue das immer. Ich sage nicht: Tue das oft. Aber ich sage: Tue es immer wieder einmal. Sei wie für alle anderen Menschen auch für dich selbst da. Oder jedenfalls sei es nach allen anderen.

Bernhard von Clairvaux

Auftrag

Werde ein Segen für alle, die dir begegnen; du hast einen Auftrag für alle, und wäre es nur ein freundlicher Gedanke, ein Gruß, ein stummes Gebet.

Eva von Tiele-Winckler

Augen

Das Auge ist das Licht des Leibes. Wenn dein Auge lauter ist, so wird dein ganzer Leib licht sein.

Mt 6,22

Die Augen sind das Fenster der Seele.

Hildegard von Bingen

Augen schließen

Ich glaube, dass wenn der Tod unsere Augen schließt, wir in einem Lichte stehen, von welchem unser Sonnenlicht nur der Schatten ist.

Arthur Schopenhauer

Augen, offene

Das Beste steht nicht immer in den Büchern, sondern in der Natur; nur haben die meisten Menschen nicht die Augen, es zu sehen.

unbekannt

Halte den Mund mehr geschlossen als die Augen.

Chinesische Weisheit

Öffnet man die Augen, so wird jeder Tag zum Erlebnis.

Oskar Kokoschka

Wer Außerordentliches sehen will, muss auf das blicken, was die anderen nicht beachten.

Laotse

Augenblick

Der Augenblick ist jenes Zweideutige, darin Zeit und Ewigkeit einander berühren.

Søren Kierkegaard

Ein einziger Augenblick kann alles umgestalten.

Carl Maria von Weber

Halte immer an der Gegenwart fest. Jeder Zustand, ja jeder Augenblick ist von unendlichem Wert, denn er ist der Repräsentant einer ganzen Ewigkeit.

Johann Wolfgang von Goethe

Jeder Augenblick ist ein Teil der Ewigkeit.

unbekannt

Zwischen zu früh und zu spät liegt immer nur ein Augenblick.

Franz Werfel

Ausdauer

Courage ist gut, aber Ausdauer ist besser.

Theodor Fontane

Man wird ausdauernder für das tätige, nach außen gerichtete Dasein, wenn man sich von Zeit zu Zeit ganz in sich selbst zurückzieht.

André Maurois

Mit Ausdauer kam auch die Schnecke noch in die Arche.

aus Deutschland

Wer Ausdauer besitzt, ist schon fast am Ziel.

Ernst R. Hauschka

Auseinandersetzung

Nicht jene, die streiten, sind zu fürchten, sondern jene, die ausweichen.

Marie von Ebner-Eschenbach

Ausnahme

Es ist traurig, eine Ausnahme zu sein; aber noch viel trauriger ist es, keine zu sein.

Peter Altenberg

Ausrichtung

Je mehr der Angewohnheiten sind, die ein Mensch hat, desto weniger ist er frei und unabhängig.

Immanuel Kant

Aussehen

Am Aussehen erkennt man den Menschen, am Gesichtsausdruck erkennt ihn der Weise.

Sir 19,29

In gewissem Grad sind wir verantwortlich für das Gesicht, das andere uns zeigen.

Max Frisch

Außergewöhnliches

Meine Brüder, verlangt nicht nach außergewöhnlichen Dingen, sondern lediglich danach, den Willen Gottes zu erfüllen.

Maximilian Kolbe

Nichts Außergewöhnliches soll in mir sein, abgesehen von der Art und Weise, die gewöhnlichen Dinge zu tun.

Papst Johannes XXIII.

Ausstrahlung

Mit zwanzig Jahren hat ein jeder das Gesicht, das Gott ihm gab: mit vierzig das Gesicht, das ihm das Leben gab: mit sechzig das Gesicht, das er verdient.

Albert Schweitzer

Was im Herzen brennt, man im Gesicht erkennt.

Russisches Sprichwort

Ausweg

Mancher wird erst mutig, wenn er keinen anderen Ausweg mehr sieht.

William Faulkner

Wenn Gott dir eine Tür zuschlägt, öffnet er dir ein Fenster.

Russisches Sprichwort

Barmherzigkeit

Das Fasten heilt die Wunden, die die Sünde geschlagen hat, aber die Narben der Sünde werden erst durch die Barmherzigkeit entfernt.

Petrus Chrysologus

Das Kreuz ist die große Urkunde der ewigen Barmherzigkeit.

Friedrich von Bodelschwingh

Seine Grundsätze soll man für die wenigen Augenblicke in seinem Leben aufsparen, in denen es auf Grundsätze ankommt. Für das meiste genügt ein wenig Barmherzigkeit.

Albert Camus

Wer einmal warm gebettet ist, vergisst gern, wie es den Leuten zumute ist, denen es am Notwendigsten fehlt.

Adolph Kolping

Wisst ihr auch, welches das schwerste Werk der Barmherzigkeit ist? Lästige Personen mit Geduld ertragen.

Papst Johannes XXIII.

Wo Stille ist und Besinnlichkeit, ist nicht Unruhe noch Ziellosigkeit. Wo Barmherzigkeit ist und Bescheidenheit, ist nicht Überfluss noch Härte.

Franz von Assisi

Baum

Ein Baum ohne Krone wird nicht vom Wind geschüttelt.

Weisheit aus Togo

Man darf den Baum nicht zerlegen, wenn man ihn kennenlernen will. Der Baum ist eine Macht, die sich langsam dem Himmel vermählt.

Antoine de Saint-Exupéry

Beachtung

Es gibt kaum ein beglückenderes Gefühl, als zu spüren, dass man für andere Menschen etwas sein kann. Dabei kommt es gar nicht auf die Zahl, sondern auf die Intensität an.

Dietrich Bonhoeffer

Bedachtsamkeit

Von einem Ausgleiten des Fußes wirst du dich schnell erholen; ein Ausgleiten der Zunge wirst du nie überwinden.

Benjamin Franklin

Wer über jeden Schritt lange nachdenkt, der steht sein Leben lang auf einem Bein.

Chinesische Weisheit

Bedenken

Wer gar zu viel bedenkt, wird wenig leisten.

Friedrich Schiller

Bedrohung

Die Welt wird nicht bedroht von den Menschen, die böse sind, sondern von denen, die das Böse zulassen.

Albert Einstein

Bedürfnisse

Am freiesten wird nur der sein, der am wenigsten Bedürfnisse hat.

Ludwig Thoma

Wer wenig bedarf, der kommt nicht in die Lage, auf vieles verzichten zu müssen.

Plutarch

Begabung

Ich habe keine besondere Begabung, ich bin nur leidenschaftlich neugierig.

Albert Einstein

Begegnungen

Alles wirkliche Leben ist Begegnung.

Martin Buber

Der reiche Gott lasse dich einem Menschen begegnen, den du liebst und der dich wieder liebt.

Hildegunde Wöller

Es sind Begegnungen mit Menschen, die das Leben lebenswert machen.

Guy de Maupassant

Jede Begegnung, die unsere Seele berührt, hinterlässt eine Spur, die nie ganz verweht.

Lore Lilian Boden

Lass nicht zu, dass du jemanden begegnest, der nicht nach der Begegnung mit dir glücklicher ist.

Mutter Teresa

Unser Leben ist die Geschichte unserer Begegnungen.

Anton Kner

Begeisterung

Da, wo Begeisterung ist, ist Berufung.

Ute Lauterbach

Es ist nichts so klein und wenig, woran man sich nicht begeistern könnte.

Friedrich Hölderlin

Glaube mir, dass eine Stunde Begeisterung mehr gilt als ein Jahr einförmig dahinziehenden Lebens.

Christian Morgenstern

Je mehr einer für den Himmel begeistert ist, um so mehr muss er Hand anlegen, um hier auf der Erde Gerechtigkeit zu verwirklichen.

Papst Johannes Paul I.

Nur ein begeisterter Mann kann etwas Großes und über das Gewöhnliche Erhabenes aussprechen.

Seneca

Ohne die Begeisterung schlummern die besten Kräfte unseres Gemüts.

Johann Gottfried Herder

Ohne Begeisterung ist noch nie etwas Großes geschaffen worden.

Ralph Waldo Emerson

Wer die Gottesgabe der Begeisterung besitzt, der wird wohl älter, aber nie alt.

H. Oncken

Beginn

All das, was wir uns vornehmen müssen, wird nicht in den ersten Tagen vollendet werden, ja vielleicht nicht einmal zu unseren Lebzeiten, doch lasst uns beginnen.

John F. Kennedy

Anfangen ist oft das Schwerste, treu bleiben aber das Beste.

Adolph Kolping

Das ganze Leben ist ein ewiges Wiederanfangen.

Hugo von Hofmannsthal

Fange nie an aufzuhören, höre nie auf anzufangen.

Marcus Tullius Cicero

Gegen den Rückschritt gibt es nur ein Mittel: immer wieder von vorn anzufangen.

Teresa von Ávila

Nicht das Beginnen wird belohnt, sondern einzig und allein das Durchhalten.

Katharina von Siena

Nur der erste Schritt macht Schwierigkeiten.

Madame de Deffand

Und jedem Anfang wohnt ein Zauber inne, der uns beschützt und der uns hilft zu leben.

Hermann Hesse

Wer niemals anfängt, bringt nie was zustande.

Sprichwort

Wie der Beginn, so das Ende.

Seneca

Begleitung

Die Seele ist nie ohne Geleit der Engel.

Bernhard von Clairvaux

Begräbnis

Ein Weiser wird sich nicht um sein Begräbnis kümmern.

Epikur

Begrenzung

Ich glaube, dass Begrenzung immer gut und klug ist.

Theodor Fontane

Behalten

Nicht vom Geben, sondern vom Behalten werden wir krank.

Antoine de Saint-Exupéry

Beharren

Beharren zeugt von Torheit, Ausharren von Entschlossenheit.

Jacinto Benavente

Beharrlichkeit

Handle für das Ziel, dem dein Leben gilt, mit aller Kraft, die dir in jedem Augenblick zur Verfügung steht.

Dag Hammarskjöld

Beherrschtheit

Sieh zu, dass du nie die Nerven verlierst, selbst der ehrliche Finder könnte sie dir nicht zurückgeben.

unbekannt

Behütet sein

Behüte mich wie einen Augapfel im Auge, beschirme mich unter dem Schatten deiner Flügel.

Ps 17,8

Das Beste von allem ist, dass Gott mit uns ist.

John Wesley

Der Herr behütet dich; der Herr ist dein Schatten über deiner rechten Hand, dass dich des Tages die Sonne nicht steche noch der Mond des Nachts.

Ps 121,5-6

Der Herr behüte dich vor allem Übel, er behüte deine Seele. Der Herr behüte deinen Ausgang und Eingang von nun an bis in Ewigkeit.

Ps 121,7-8

Möge der Herr dich in seiner Hand halten – aber nie seine Faust zu fest zumachen.

Irischer Segensspruch

Behutsamkeit

Die leisen Worte sind es, die das Leben tragen.

Romano Guardini

Es ist gefährlich, eine Wahrheit auszusprechen, deren Zeit noch nicht gekommen ist.

aus Griechenland

Beispiel

Das gute Beispiel ist die einzige Möglichkeit, andere zu beeinflussen.

Albert Schweitzer

Lang ist der Weg durch Lehren, kurz und wirksam durch Beispiele.

Seneca

Nichts ist schwerer zu befolgen als ein gutes Beispiel.

Mark Twain

Stört dich ein Fehler eines anderen, so übe an dir selbst das entgegengesetzte Gute. Dein Beispiel wirkt mehr als Worte.

Teresa von Ávila

Verba docent, exempla trahunt. Worte belehren nur, Beispiele reißen mit.

Lateinisches Sprichwort

Was du lässt oder tust, vergiss nie, dass du ein Beispiel gibst.

Weisheit aus Asien

Wir können die anderen nur durch uns selbst erziehen.

Leo Tolstoi

Beistand

Gott ist auch in der Finsternis der Verzweiflung bei uns. Er gibt uns die Kraft und den Mut, trotz allem vorwärts zu gehen.

Martin Luther King

Wenn alle Menschen sich immer gegenseitig beistünden, bedürfte niemand des Glückes.

Menander

Bekehrung

Die Bekehrung ist eine Sache des Augenblicks; die Heilung ist ein Werk des ganzen Lebens.

Josemaria Escriva de Balaguer

Die große Schuld des Menschen ist, dass er in jedem Augenblick die Umkehr tun kann und sie nicht tut.

Martin Buber

Früher habe ich geglaubt, ich müsse die Menschen bekehren, jetzt weiß ich, ich muss lieben, und die Liebe bekehrt, wen sie will.

Mutter Teresa

Bekenntnis

Kämpfe den guten Kampf des Glaubens, ergreife das ewige Leben, zu dem du berufen worden bist und für das du vor vielen Zeugen das gute Bekenntnis abgelegt hast.

1 Tim 6,12

Belastung

Was dich im Nachhinein quält, lass es. Was du sein willst, liegt vor dir.

Theresia Hauser

Bemühen

Der höchste Lohn für unsere Bemühungen ist nicht das, was wir dafür bekommen, sondern das, was wir dadurch werden.

John Ruskin

Bereitschaft

Bereit sein ist alles.

William Shakespeare

Gott braucht dich, auch wenn dir das im Augenblick nicht passt.

Dag Hammarskjöld

Man sollte nicht ängstlich fragen: Was wird und kann noch kommen? Sondern sagen: Ich bin gespannt, was Gott jetzt noch mit mir vorhat.

Selma Lagerlöf

Berg abtragen

Der Mensch, der den Berg abtrug, war derselbe, der anfing, die kleinen Steine wegzutragen.

aus China

Berge versetzen

Der Glaube, senfkorngroß, versetzt den Berg ins Meer. Denkt, was er könnte tun, wenn er ein Kürbis wär.

Angelus Silesius

Berufung

Die Berufungen können also wohl dem Menschen zur Befreiung helfen; aber zuvor muss er es fertig bringen, seine Berufung freizulegen.

Antoine de Saint-Exupéry

Es gehört zu deiner Berufung, das Evangelium von den Dächern zu rufen, nicht durch das Wort, sondern durch dein Leben.

Charles de Foucauld

Ich bin berufen, etwas zu tun oder zu sein, wofür kein anderer berufen ist. Ich habe einen Platz in Gottes Plan auf Gottes Erden, den keiner hat.

John Henry Newman

Jeder ist berufen, etwas in der Welt zur Vollendung zu bringen.

Martin Buber

Jeder Mensch erhält von Gott seine ganz persönliche Berufung. Wie immer sich der Wille Gottes uns dartun mag, er ist letztlich für uns immer eine frohe Botschaft, eine Botschaft zu unserem ewigen Heil.

Papst Johannes Paul II.

Unsere Berufung ist es, Mensch zu sein. Aber wer hat schon den Ehrgeiz?

Sigmund Freud

Viele waren berufen, aber sie hatten keine Zeit.

Don Bosco

Bescheidenheit

Bescheiden können nur die Menschen sein, die genügend Selbstbewusstsein haben.

Gabriel Laub

Bescheidenheit ist nur dann eine Tugend, wenn keine daraus gemacht wird.

Robert Lembke

Die Bescheidenheit glücklicher Menschen kommt von der Ruhe, welche das Glück ihren Gemütern verleiht.

François de La Rochefoucauld

Falsche Bescheidenheit ist ebenfalls Hochmut.

Blaise Pascal

Je größer du bist, umso mehr bescheide dich.

Sir 3,18

Beschützt sein

O Herr, in deinen Armen bin ich sicher. Wenn du mich hältst, habe ich nichts zu fürchten. Ich weiß nichts von der Zukunft, aber ich vertraue auf dich.

Franz von Assisi

Von der Kindheit an bis zum Tod umgeben Engel mit ihrer Hut und Fürbitte das Leben des Menschen. Einem jeden der Gläubigen steht ein Engel als Beschützer und Hirte zur Seite, um ihn zum Leben zu führen.

Basilius der Große

Besinnung

Beim Fließen zuschauen, ist wie selber strömen in großer Ruhe.

Dietlinde Heider

Besinnung ist der Mut, die Wahrheit der eigenen Voraussetzungen und den Raum der eigenen Ziele zum Fragwürdigsten zu machen.

Martin Heidegger

Der Mensch braucht Stunden, wo er sich sammelt und in sich hinein lebt.

Albert Schweitzer

Die größten Ereignisse, das sind nicht unsere lautesten, sondern unsere stillsten Stunden.

Friedrich Nietzsche

Ein Augenblick der Seelenruhe ist besser als alles, was du sonst erstreben magst.

aus Persien

Nichts geht mehr. Alles steht still. Pausen der Stille in meinem Leben, ich brauche sie. Sie helfen mir, Kräfte zu sammeln, mich auf das Wesentliche zu besinnen, zu mir selbst zu finden und – Gott zu finden.

Anselm von Canterbury

Nur im ruhigen Teich spiegelt sich das Licht der Sterne.

aus China

Ruhe ist für die Seele der Anfang der Reinigung.

Basilius der Große

Schenk dir selbst täglich eine halbe Stunde Stille, damit du in deinem Körper deine Seele wieder entdeckst.

unbekannt

Täglich eine halbe Stunde auf Gott zu horchen ist wichtig, außer wenn man sehr viel zu tun hat. Dann ist eine ganze Stunde nötig.

Franz von Sales

Wenn es eilt, dann setze dich hin und tu einen Augenblick gar nichts.

Ludwig Köhler

Werde nur ganz still. Dann bist du wie einer, der durch ein hohes Fenster die ganze Welt übersieht.

Hermann Stehr

Wo Stille ist und Besinnlichkeit, ist nicht Unruhe noch Ziellosigkeit. Wo Barmherzigkeit ist und Bescheidenheit, ist nicht Überfluss noch Härte.

Franz von Assisi

Besitz

Ihr denkt stets an das, was ihr behalten oder verlieren könnt, denkt doch an das, was ihr geben könnt.

Romain Rolland

Was du besitzest im Geist, das erkennst du, was du erkennst, das nimmt dich ein, was dich einnimmt, das erschließt dir eine neue Welt.

Bettina von Arnim

Was du wirklich besitzt, das wurde dir geschenkt.

Marie von Ebner-Eschenbach

Was man tief in seinem Herzen besitzt, kann man nicht durch den Tod verlieren.

Johann Wolfgang von Goethe

Wenn du heftig an den Dingen hängst, die du besitzt, wenn du dir ihretwegen Sorgen machst, sie zu verlieren, so lange hast du noch eine Art Fieber. Betrübe dich nicht über Verluste. Dann hast du Grund zu glauben.

Franz von Sales

Willst du glücklich werden, dann mehre nicht den Besitz, sondern mindere die Wünsche.

Seneca

Besonderheit

Deine Seele ist eine auserlesene Landschaft.

Paul Verlaine

Ich will unter keinen Umständen ein Allerweltsmensch sein. Ich habe ein Recht darauf, aus dem Rahmen zu fallen – wenn ich es kann. Ich wünsche mir Chancen, nicht Sicherheiten.

Albert Schweitzer

Nur das ist Liebe: Immer wieder die Kraft aufbringen, den Einzelnen als den Besonderen zu sehen.

Luise Rinser

Besonnenheit

Die höchste Kraft des Helden ist die Besonnenheit mitten in den Stürmen der Gegenwart.

Jean Paul

Wären wir ruhiger, langsamer, so ginge es uns besser, ginge es schneller mit unseren Angelegenheiten voran.

Martin Walser

Beständigkeit

Alles wechselt, nur die Liebe ist beständig.

Adolph Kolping

Das Sichtbare vergeht, doch das Unsichtbare bleibt ewig.

2 Kor 4,18

Der Mensch lerne zuerst, dass sein Herz fest bleibe bei Gott, so wird er auch beständig werden in allen seinen Werken.

Meister Eckhart

Die kleinen Sterne scheinen immer, während die große Sonne oft untergeht.

unbekannt

Es liegt an uns, ob alles bleibt, wie's ist. Es liegt an uns, ob sich was ändert in der Welt von heute.

Hannelore Frank

Bestimmung

Ich habe Gott selten um das gebeten, was die Menschen »Glück« nennen. Ich bitte meist nur um die Kraft und Freudigkeit, meine Bestimmung zu erfüllen.

Friedrich Lienhard

Ziel des Lebens ist die Selbstverwirklichung. Das eigene Wesen völlig zur Entfaltung bringen, das ist unsere Bestimmung.

Oscar Wilde

Beten

Bete und Arbeite! Gott ist da ohne Verzug. (Ora et labora! Deus adest sine mora!)

Wahlspruch der Benediktiner

Beten heißt nicht sich selbst hören, sondern verstummen und warten, bis der Betende Gott hört.

Søren Kierkegaard

Beten heißt nicht viel reden, sondern viel lieben.

Thérèse von Lisieux

Beten heißt, die Gegenwart Gottes erleben.

Franz von Sales

Beten ist der Herzschlag des Glaubens. Bei Gott sind wir immer erwartet, immer willkommen, ohne jede Vorbedingung.

unbekannt

Beten ist Gott schauen, es ist eine Begegnung mit den Augen und mit dem Herzen.

Mutter Teresa

Beten ist gut, es macht das Herz froh.

Fjodor M. Dostojewski

Der hört nie auf zu beten, der nie aufhört, anderen gut zu sein.

Antonius von Padua

Die großen Dinge des Daseins werden nur den betenden Geistern geschenkt.

Peter Wust

Echtes Beten kennt keine Vielrederei, denn viel Beten ist nicht reden, sondern viel lieben.

Augustinus

Ich aber habe für dich gebetet, dass dein Glaube nicht erlischt.

Lk 22,32

Je näher ein Betender zu Gott kommt, umso mehr wird er ein Dankender.

Peter Lippert

Wer betet, legt die Hände nicht in den Schoß: er faltet sie.

Alfred Kumpf

Wie du betest, so bist du.

Philipp Neri

Beter

Der Beter muss all seine Kraft einsetzen, dass das Amen lebendig und wahr sei in allem, was er tut.

Adrienne von Speyr

Betlehem

Die Geburt Jesu in Betlehem ist keine einmalige Geschichte, sondern ein Geschenk, das ewig bleibt.

Martin Luther

Du, Betlehem-Efrata, so klein unter den Städten Judas, aus dir wird mir einer hervorgehen, der über Israel herrschen soll.

Mi 5,1

Es ist genug Raum in der Grotte von Betlehem für jeden, der sich zu bücken weiß.

Roland Knox

O lasst uns lieben das Kindlein von Betlehem und seine unendliche Liebe mit einer grenzenlosen Liebe erwidern.

Franz von Assisi

Betrübnis

Schweigen ist der einzige Segen, den Engel Gottes spenden, wenn die Seele in großer Betrübnis verstummt.

James Greenleaf Whittier

Wenn du heftig an den Dingen hängst, die du besitzt, wenn du dir ihretwegen Sorgen machst, sie zu verlieren, so lange hast du noch eine Art Fieber. Betrübe dich nicht über Verluste. Dann hast du Grund zu glauben.

Franz von Sales

Betrug

Wer dich umschmust, hat dich betrogen oder will dich betrügen

aus Lettland

Beurteilung

Beurteile die Menschen eher nach ihren Fragen als nach ihren Antworten.

Voltaire

Merkt auf die »Zeichen der Zeit«: versucht euch über das Weltgeschehen Rechenschaft zu geben und die Ideen kennen zu lernen, die die Welt bewegen. Erzieht euch zu einer christlichen Beurteilung der Dinge.

Papst Paul VI.

Nur die allergescheitesten Leute benützen ihren Scharfsinn zur Beurteilung nicht bloß anderer, sondern auch ihrer selbst.

Marie von Ebner-Eschenbach

Beweggründe

Man soll einem Gegner keine übleren Beweggründe zutrauen, als man selber hat.

James Berrie

Bewegung

Alles wahre Leben ist Bewegung.

Martin Buber

Bewusstsein

Ich bin nicht verpflichtet zu gewinnen, aber ich bin verpflichtet, aufrichtig zu sein. Ich bin nicht verpflichtet, Erfolg zu haben, aber ich bin verpflichtet, dem Licht des Bewusstseins, das in mir leuchtet, zu folgen.

Abraham Lincoln

Beziehung

Die einzige Hoffnung auf Freude liegt in den menschlichen Beziehungen.

Antoine de Saint-Exupéry

Schiffe stranden am Felsen, menschliche Beziehungen oft schon an Kieselsteinen.

Edith Stein

Unser Glück ist abhängig von den Umständen. Unsere Freude ist abhängig von unserer Herzensbeziehung zu Gott.

Maria Prean

Vertrauen, Lebensbejahung und Beziehungsfähigkeit üben eine heilende Kraft aus.

Martin Patzeck

Wir brauchen gute Beziehungen untereinander: von Herz zu Herz, von Mensch zu Mensch.

Dalai Lama

Bibel

Der Glaube ist der Heiligen Schrift Schlüssel.

Martin Luther

Die Bibel ist nicht antik, auch nicht modern, sie ist ewig.

Martin Luther

Die Heilige Schrift ist ein Fluss, in dem ein Elefant schwimmen muss und ein Lamm gehen kann.

Martin Luther

Ich glaube, dass die Bibel allein die Antwort auf alle unsere Fragen ist und dass wir nur anhaltend und etwas demütig zu fragen brauchen, um die Antwort von ihr zu bekommen.

Dietrich Bonhoeffer

Unsere Theologen wollen mit Gewalt aus der Bibel ein Buch machen, worin kein Menschenverstand ist.

Georg Christoph Lichtenberg

Bitten

Bittet, dann wird euch gegeben; sucht, dann werdet ihr finden; klopft an, dann wird euch aufgetan.

Mt 7,7

Wir erbitten von Gott, was uns gefällt, wir bekommen von Gott, was uns Not tut.

Léon Bloy

Blindheit

Liebe macht nicht blind, der trägste Geist, das unbegabteste Herz werden hellsichtig, werden klug, wenn sie lieben.

Heinrich Mann

Blitz

Donner ist gut und eindrucksvoll, aber die ganze Arbeit leistet der Blitz.

Mark Twain

Böses

Die Welt wird nicht bedroht von den Menschen, die böse sind, sondern von denen, die das Böse zulassen.

Albert Einstein

Zehn Jahre lang Gutes tun ist nicht genug. Einen Tag lang Böses tun ist zuviel.

Chinesisches Sprichwort

Boten Gottes

Engel sind Boten Gottes. Sie zeigen Gottes heilende und helfende Nähe. Gott sendet seine Engel, um uns zu schützen. Sie sind Wegbegleiter. Gott spricht: »Ich werde einen Engel schicken, der dir vorausgeht. Er soll dich auf dem Weg schützen.«

nach Ex 23,20

Brief

Briefe gehören zu den wichtigsten Denkmälern, die der einzelne Mensch hinterlassen kann.

Johann Wolfgang von Goethe

Brot

Der Mensch lebt nicht vom Brot allein, sondern von einem jeden Wort, das aus dem Munde Gottes geht.

Mt 4,4

Brot des Lebens

Ich bin das Brot des Lebens; wer zu mir kommt, wird nie mehr hungern, und wer an mich glaubt, wird nie mehr Durst haben.

Joh 6,35

Brücken

Brücken schütten Gräben nicht zu, ebnen Unterschiede nicht ein, schaffen Hindernisse nicht weg, erkennen Trennendes an und ermöglichen dennoch Begegnung. Über Brücken kann man gehen, Brücken kann man bauen.

Peter Ganzert

Der Mensch baut zu viele Mauern und zu wenig Brücken.

Isaac Newton

Ein Wort, ein Blick, ein Lächeln kann Brücke sein für den Herrn, der im Kommen ist.

Werner Bergengruen

Lasst uns Brücken bauen, und wenn der andere nicht zu uns herüberkommen will, so lasst uns zusehen, ob wir nicht zu ihm gehen können.

Augustin Wibbelt

Brüderlichkeit

Große Gefahren haben das Schöne, dass sie die Brüderlichkeit von Fremdem ans Licht bringen.

Victor Hugo

Brüllen

Das Brüllen des Löwen ist besser als das Schweigen der Schlange.

Indisches Sprichwort

Buch des Lebens

Sterben ist nichts anderes als das Umwenden einer Seite im Buch des Lebens. In den Augen der anderen ist es der Tod; für die aber, die sterben, ist es das Leben.

Hazrat Inayat Khan

Bürde

Auf der Welt lebt keiner vergebens, der die Bürde der anderen leichter gemacht hat.

Helen Keller

Bitte nicht um eine leichte Bürde, bitte um einen starken Rücken.

Theodore Roosevelt

Es verliert die schwerste Bürde die Hälfte ihres Druckes, wenn man von ihr reden kann.

Jeremias Gotthelf

Chance

Die Zukunft hat viele Namen: für Schwache ist sie das Unerreichbare, für die Furchtsamen das Unbekannte, für die Mutigen die Chance.

Victor Hugo

Charakter

Dass du nicht kannst, sei dir verziehen, doch nimmermehr, dass du nicht willst.

Henrik Ibsen

Durch nichts bezeichnen die Menschen mehr ihren Charakter als durch das, was sie lächerlich finden.

Johann Wolfgang von Goethe

Ein Mensch mit Geist ist viel, mit Charakter mehr, mit Herz alles.

Sprichwort

Ein wahrhaft großer Mann wird weder einen Wurm zertreten noch vor dem Kaiser kriechen.

Benjamin Franklin

Eines Menschen Wert ist nicht nach dem zu schätzen, was er weiß, sondern nach dem, was er liebt.

Augustinus

Es ist nicht der Verstand, auf den es ankommt, sondern das, was ihn leitet: Herz und Charakter.

Fjodor M. Dostojewski

Nichts bezeichnet den Menschen mehr als das, wofür er niemals Zeit findet.

Isolde Kurz

Wer seine Seele retten will, muss drei Herzen haben: für Gott das Herz eines Kindes; für den nächsten das Herz einer Mutter; für sich selbst das Herz eines Richters.

Paschalis Baylon

Wer sich nach anderen richtet, zersplittert und zerstreut seine Kräfte und verwischt seinen Charakter.

Ralph Waldo Emerson

Willst du den Charakter eines Menschen erkennen, so gib ihm Macht.

Abraham Lincoln

Christ sein

Wer glaubt, ein Christ zu sein, weil er die Kirche besucht, irrt sich. Man wird ja auch kein Auto, wenn man in die Garage geht.

Albert Schweitzer

Christen

Christen sind Freunde des Lebens, weil Christus die Quelle des Lebens ist.

Egon Kappelari

Das Fröhlichsein ist eine Pflicht, die sonderlich dem Christen zukommt.

Martin Luther

Das größte Examen, dem ein Mensch sich zu unterwerfen hat, wozu ihm auch das ganze Leben angewiesen ist, das ist: Christ werden und Christ sein.

Søren Kierkegaard

Ein Christ hat drei Eigenschaften: er ist furchtlos, immer in Schwierigkeiten und unsagbar glücklich.

Mahatma Gandhi

Einen tief glaubenden Christen kann alles passieren, aber er wird nicht verzweifeln.

Max Thürkauf

Man kritisiert Christus nicht. Man kritisiert die Christen, weil sie ihm nicht ähnlich sind.

François Mauriac

Was im Leib die Seele ist, das sind in der Welt die Christen.

Diognetbrief

Wenn wir wirklich Christen wären, gäbe es keine Heiden mehr.

Christlicher Spruch in der Antike

Wir Christen gehen nur deshalb in den Stürmen der Welt nicht unter, weil wir vom Kreuzesholz getragen werden.

Augustinus

Wir Christen sollen das Mitleid Gottes mit der Welt sein.

A. Holenstein

Christentum

Christentum wird erworben, nicht ererbt.

Tertullian

Christliche Sattheit ist schlimmer als hungriges Heidentum.

Helmut Thielicke

Ein Christentum, das sich den dringenden Aufgaben der Liebe zu den Ärmsten und Verlassenen entzieht, ist ein Geschwätz.

Ladislaus Boros

Ein freudloses Christentum ist kein gutes Christentum.

Helmut Krug

Es gibt für das Christentum keine schlechten und keine besseren Zeiten. Es gibt nur eine gute Zeit: Das ist diejenige, in welche ihn der Herrgott hineingestellt hat.

James Schwarzenbach

Ich will eine so zarte, schöne Sache, wie es das Christentum ist, auch mit Liebe behandelt wissen, und wenn es zehnmal auch ein Irrtum wäre.

Gottfried Keller

Wenn ich jemanden für das Christentum gewinnen will, lasse ich ihn in meinem Hause wohnen.

Cyrill von Alexandrien

Christkind

Einmal im Jahr, zu Weihnachten, danken wir dem Christkind dafür, dass wir Bonbons in unseren Schuhen finden. Aber es wäre besser, wir würden ihm täglich danken, dass wir zwei kräftige Beine darin finden.

Gilbert Keith Chesterton

Christus

Christus, der Sohn Gottes, ward wie wir, damit wir werden wie er.

Klemens Maria Hofbauer

Der auferstandene Christus macht das Leben zum Fest.

Athanasius von Alexandrien

Nur Jesus Christus ist die angemessene und letzte Antwort auf die große Frage nach dem Sinn des Lebens und der Geschichte.

Papst Johannes Paul II.

Wir verlassen nicht Christus, um den Engeln zu dienen, sondern wollen gerade durch die Engel zu Christus hingeführt werden.

Adolf Rodewyk

Dankbarkeit

Dank ist das edle Eingeständnis unserer Grenzen.

Georg Moser

Dankbare Menschen sind wie fruchtbare Felder: Sie geben das Empfangene zehnfach zurück.

August von Kotzebue

Dankbarkeit ist das Gedächtnis des Herzens.

Jean Baptiste Massieu

Dankbarkeit ist der Schlüssel zur Schatzkammer unseres Lebens.

Liselotte Nold

Dankbarkeit ist die Wachsamkeit der Seele gegen die Kräfte der Zerstörung.

Gabriel Marcel

Dankbarkeit ist ein Schlüssel zum Glück. Man kann nicht dankbar und unglücklich zugleich sein.

Piet van Breemen

Der Mensch empfängt unendlich mehr, als er gibt. Dankbarkeit macht das Leben erst reich.

Dietrich Bonhoeffer

Der Prüfstein allen Glücks ist Dankbarkeit.

Gilbert Keith Chesterton

Die Dankbarkeit ist kein Unkraut, das auf jedem Boden gedeiht; sie ist eine zarte Pflanze, die in der harten, verdorrten Erde so wenig wie im nassen, verschwemmten Boden gut fortkommt.

Johann Heinrich Pestalozzi

Die größte Kraft des Lebens ist der Dank.

Hermann Bezzel

Du sollst dankbar sein für das Geringste und du wirst würdig sein, Größeres zu empfangen.

Thomas von Kempen

Ein einziger dankbarer Gedanke gen Himmel ist das vollkommenste Gebet.

Gotthold Ephraim Lessing

Es gibt in der Welt selten ein schöneres Übermaß als das in der Dankbarkeit.

Kean de La Bruyére

Glück gibt es nur, wenn wir vom Morgen nichts verlangen und vom Heute dankbar annehmen, was es bringt.

Hermann Hesse

Glücklich ist immer, der dankbar ist, weil er leben darf.

Adalbert Ludwig Balling

Ich bin dankbar – nicht weil es vorteilhaft ist, sondern weil es Freude macht.

Seneca

Im Dank bewahrt der Mensch die Hilfe, die er gestern erfahren hat, vertrauensvoll auf für die Anfechtungen, die ihn bereits morgen wieder bedrängen können.

Klaus Lubkoll

Je schöner und voller die Erinnerungen, desto schwerer die Trennung. Aber die Dankbarkeit verwandelt die Qual der Erinnerung in eine stille Freude. Man trägt das vergangene Schöne nicht wie einen Stachel, sondern wie ein kostbares Geschenk in sich.

Dietrich Bonhoeffer

Lasst uns dankbar sein gegenüber den Leuten, die uns glücklich machen. Sie sind die liebenswerten Gärtner, die unsere Seele zum Blühen bringen.

Marcel Proust

Selig sind die Dankbaren, denn sie werden die Fülle haben.

Hanna Hümmer

Statt zu klagen, dass wir nicht alles haben, was wir wollen, sollten wir lieber dankbar sein, dass wir nicht alles bekommen, was wir verdienen.

Dieter Hildebrandt

Vergiss die geleisteten, aber nicht die empfangenen Wohltaten.

Johannes Bosco

Wenn das einzige Gebet, das du während deines ganzen Lebens sprichst, »Danke« heißt, würde das genügen.

Meister Eckhart

Danken

Bleiben wir am Danken, so bleibt Gott am Segnen.

G. Stäbler

Da wird es hell in unserem Leben, wo man für das Kleinste dankt.

Friedrich von Bodelschwingh

Dank macht unser Leben reich, gerade da, wo wir durch andere Menschen beschenkt werden.

Norbert Lemken

Dankende Augen sind tausendmal stärker als Worte des Dankes.

Andreas Tenzer

Die Welt ist schön, weil man immer wieder Neues entdeckt, wofür man danken kann, worüber man sich freuen darf.

Adalbert Ludwig Balling

Es gibt so viele Dinge, die man nicht mit Geld bezahlt, wohl aber mit einem Lächeln, einer Aufmerksamkeit, einem »Danke«.

Léon-Joseph Kardinal Suenens

Für beides danken: Für das, was wir haben, und für das, was wir nicht brauchen.

Josef Geyer

Je mehr man dankt, desto mehr bekommt man zu danken.

Theodor Fliedner

Je näher ein Betender zu Gott kommt, umso mehr wird er ein Dankender.

Peter Lippert

Man muss wenigstens so viel Zeit aufwenden, Gott für seine Wohltaten zu danken, als man gebraucht hat, ihn darum zu bitten.

Vinzenz von Paul

Mein Wunsch für dich ist, dass du an keinem Tag vergisst zu danken. Und wenn dir sonst nichts einfällt, danke deinen Füßen, dass sie dich tragen und deinem Herzen, dass es schlägt.

Hildegunde Wöller

Wenn du Gott für alle Freuden, die er dir gibt, danken würdest, bliebe dir keine Zeit, dich zu beklagen.

Alter Spruch

Wie schön ist es, dem Herrn zu danken.

Ps 92,2

Reich ist der, der den Tag mit Dank schließen kann.

Carol Ann Hierl

Dasein

Das Beste, was der Mensch für einen anderen tun kann, ist doch immer das, was er für ihn ist.

Adalbert Stifter

Das Dasein wird erst durch die Liebe zur Wirklichkeit.

unbekannt

Es gibt Augenblicke in unserem Leben, in denen Zeit und Raum tiefer werden und das Gefühl des Daseins sich unendlich ausdehnt.

Charles de Baudelaire

Ich könnte stundenlang mich nachts in den gestirnten Himmel vertiefen, weil mir die Unendlichkeit ferner flammender Welten wie ein Band zwischen diesem und dem künftigen Dasein erscheint.

Wilhelm von Humboldt

Nichts ist verloren für einen Menschen, wenn er eine große Liebe oder eine wahre Freundschaft lebt, aber alles ist verloren für den, der allein ist. Nur wer liebend aus dem Kreis des Ichs heraustritt, zu einem Du, findet das Tor zum Geheimnis des Seins.

Gabriel Marcel

Wir sind nur wir, wenn wir lieben.

Ernesto Cardenal

Dasein Gottes

Selbst zur Zeit meiner größten Schwankungen war ich nie ein Atheist in dem Sinne, dass ich das Dasein Gottes geleugnet hätte.

Charles Darwin

Dauer

Ein einziger Grundsatz wird dir Mut geben, nämlich, dass kein Übel ewig währt, ja nicht einmal sehr lange dauern kann.

Epikur

Demut

An die Demut müsst ihr euch halten, sie ist die Schatzmeisterin der Wissenschaft.

Marguerite Porète

Das Wissen eines Demütigen ist immer ausreichend, um weise zu sein.

Max Thürkauf

Demut heißt, den Mut haben, sein Leben für Gott hinzugeben.

Max Thürkauf

Demut ist die dem Menschen eigentümliche Würde vor Gott.

Gertrud von Le Fort

Demut ist wie Wahrheit unüberwindlich; ihr gehört immer der Sieg.

Klemens Maria Hofbauer

Demütig sein heißt: in der Wahrheit sein.

Teresa von Ávila

Die Grundlage aller Demut ist immer Geduld – und das nicht nur mit anderen, sondern auch mit sich selbst und allen unseren Verrichtungen.

Christa Franze

Die Tugenden, die uns in der Zeit und der Ewigkeit glücklich machen, sind Demut und Liebe.

Johannes Bosco

Herr, gib mir die Kraft, zu ändern, was ich ändern kann, die Demut anzunehmen, was sich nicht ändern lässt, und die Weisheit, zwischen beidem zu unterscheiden.

Friedrich Oetinger

Ich glaube, dass man gut, dass man demütig sein muss, dass man verzeihen und lieben muss. Das glaube ich von ganzem Herzen.

Leo Tolstoi

Liebe ist die stärkste Macht der Welt, und doch ist sie die demütigste, die man sich vorstellen kann.

Mahatma Gandhi

Man kann einander nicht Bruder sein, wenn man nicht demütig sein will.

Papst Paul VI.

Sei jederzeit in allem demütig, aber nicht so demütig, dass du zum Toren dabei wirst.

Hadewijch

So müssen auch wir uns bisweilen beugen und demütigen, um uns dann froh und erquickt wieder aufzurichten.

Elisabeth von Thürigen

Wie liebevoll ein Mensch auch scheint, er hat keine Liebe, wenn er nicht demütig ist.

Vinzenz von Paul

Zwischen Hochmut und Demut steht ein Drittes, dem das Leben gehört – und das ist ganz einfach der Mut.

Theodor Fontane

Denken

Denken ist schwer. Darum urteilen die meisten.

Carl Gustav Jung

Der Mensch kann gar nicht gut genug von seinen Mitmenschen denken.

Immanuel Kant

Lerne denken mit dem Herzen, und lerne fühlen mit dem Geist.

Theodor Fontane

Richte dein Leben ein, wie du denkst. Aber vergiss nicht zu denken.

Miklucho-Maklai

Wer wirklich Neues denken will, kann gar nicht verrückt genug sein.

Niels Bohr

Denken, positiv

An einem Meer von Schmerz ertrinken die einen, die anderen lernen darin zu schwimmen.

Kyrilla Spiecker

Man sollte nicht ängstlich fragen: Was wird und kann noch kommen? Sondern sagen: Ich bin gespannt, was Gott jetzt noch mit mir vorhat.

Selma Lagerlöf

Denkmal

Briefe gehören zu den wichtigsten Denkmälern, die der einzelne Mensch hinterlassen kann.

Johann Wolfgang von Goethe

Dienen

Das Dienen ist eine kreative Tätigkeit, mit der sich der Mensch nicht klein macht.

Erzbischof Marin Barisic

Die Frucht des Gebetes ist ein tieferer Glaube, und die Frucht des Glaubens ist die Liebe. Die Frucht der Liebe ist das Dienen.

Mutter Teresa

Edel ist die Hand, die arbeitet! Die Hand, die die Welt verwandelt! Die Hand, die eine neue Wirklichkeit für eine menschlichere Gesellschaft errichtet. Die wohltuende Hand, die zum Vorteil und Wohl der Menschheit arbeitet.

Papst Johannes Paul II.

Gott wird nicht größer, wenn du ihn verehrst, aber du wirst glücklicher, wenn du ihm dienst.

Augustinus

Herr, lehre mich wahre Großmut! Lehre mich, dir zu dienen, so wie du es verdienst: Geben, ohne zu zählen, arbeiten, ohne Ruhe zu suchen, mich aufopfern, ohne einen anderen Lohn zu erwarten als das Bewusstsein, deinen heiligen Willen zu erfüllen.

Ignatius von Loyola

Dienst

Wenn der Gottesdienst endet, fängt der Dienst Gottes an.

unbekannt

Dienst am Nächsten

Glaube ist eine Gabe Gottes. Glaube führt zu Liebe und Liebe zum Dienst am Nächsten. Der Dienst der Liebe ist Dienst des Friedens.

Mutter Teresa

Dienst Gottes

Wer alles auf den Dienst Gottes richtet, für den ist alles Gebet.

Ignatius von Loyola

Dinge

Der Mensch ist umso reicher, je mehr Dinge er liegenlassen kann.

Henry David Thoreau

Es ist nicht der unwichtigste Teil der Lebenskunst, die schönen Dinge im Leben nicht aufhören, sondern ausklingen zu lassen.

Elisabeth Bergner

Fastenzeit heißt, mit einfachen Dingen glücklich sein und die einfachen Dinge in Dankbarkeit genießen.

Phil Bosmans

Glück besteht oft aus Aufmerksamkeiten in kleinen Dingen, Unglück oft aus Vernachlässigung kleiner Dinge.

Wilhelm Busch

Große Dinge sprechen sich am besten durch Schweigen aus.

aus Polen

Nichts Außergewöhnliches soll in mir sein, abgesehen von der Art und Weise, die gewöhnlichen Dinge zu tun.

Papst Johannes XXIII.

Ich habe mich daran gewöhnt, alle Dinge auf meinen geistigen Fortschritt zu beziehen.

Gregor von Nazianz

Schauen wir auf die tausend kleinen Dinge, die wir kennen. Jeder Tag hat seine Sonnenstrahlen: sich bewegen zu können, hören, lesen, sich unterhalten, dienen, lächeln, verzeihen, beten ...

Hermann Multhaupt

Donner

Donner ist gut und eindrucksvoll, aber die ganze Arbeit leistet der Blitz.

Mark Twain

Du

Der Mensch wird am Du zum Ich.

Martin Buber

Ohne Du ist das Ich unmöglich.

Friedrich Heinrich Jacobi

Dunkelheit

Alle Lichter, die wir anzünden, zeugen von dem Licht, das da erschienen ist in der Dunkelheit.

Friedrich von Bodelschwingh

Ein Engel ist jemand, den Gott dir ins Leben schickt, unerwartet und unverdient, damit er dir, wenn es ganz dunkel ist, ein paar Sterne anzündet.

Phil Bosmans

Ein Sonnenstrahl reicht hin, viel Dunkelheit zu erhellen.

Franz von Assisi

Je dunkler es hier um uns wird, desto mehr müssen wir das Herz öffnen für das Licht von oben.

Edith Stein

Kurz bevor die Sonne aufgeht, ist die Nacht am dunkelsten.

Selma Lagerlöf

Man muss durch die Nacht wandern, wenn man die Morgenröte sehen will.

Khalil Gibran

Durchhalten

In diesem Leben ist jeder mutig, der nicht aufgibt.

Paul McCartney

Manche Leute glauben, Durchhalten mache uns stark; doch manchmal stärkt uns gerade das Loslassen.

Sylvia Robinson

Manchmal denkt man, Gott müsste einem in allen Widerständen des Lebens ein sichtbares Zeichen geben, dass einem hilft. Aber dies ist eben sein Zeichen: dass er einen durchhalten und es wagen und dulden lässt.

Jochen Klepper

Nicht das Beginnen wird belohnt, sondern einzig und allein das Durchhalten.

Katharina von Siena

Egoismus

Die Liebe schenkt immer das Leben, der Egoismus bringt immer den Tod.

Michel Quoist

Egoismus ist das Gift der Freundschaft.

Honoré de Balzac

Manch einer würde weniger unglücklich sein, wenn er weniger an sich selbst dächte.

W. Francken

Nächstenliebe lebt mit tausend Seelen, Egoismus mit einer einzigen, und die ist erbärmlich.

Marie von Ebner-Eschenbach

Ehe

Die Ehe fordert Heiterkeit.

Jean Paul

Die Ehe gibt dem Einzelnen Begrenzung und dadurch dem Ganzen Sicherheit.

Friedrich Hebbel

Die Ehe ist das höchste Geheimnis.

Novalis

Die Ehe ist ein höherer Ausdruck für die Liebe.

Søren Kierkegaard

Die Ehen werden im Himmel geschlossen, darum erfordert dieser Stand eine so überirdische Geduld.

Johann Nestroy

Es sind die kleinen Rechthabereien, die eine große Liebe zerstören können.

Max Frisch

Ich getraue mir zu sagen, dass Verheiratete, wenn sie Demut bewahren, besser sind als die stolzen Asketen.

Augustinus

Ohne Ehe ist der Mensch überall und nirgends zu Hause.

Bogumil Goltz

So weit die Erde Himmel sein kann, so weit ist sie es in einer glücklichen Ehe.

Marie von Ebner-Eschenbach

Was Gott zusammengefügt hat, soll der Mensch nicht scheiden.

Mt 19,6

Ehre Gottes

Die Liebe sucht allein die Ehre Gottes und das Heil der Menschen.

Katharina von Siena

Ehrfurcht

Der Mensch ist nie größer als dort, wo er kniet.

Papst Johannes XXIII.

Die wahre Ehrfurcht geht niemals aus der Furcht hervor.

Marie von Ebner-Eschenbach

Durch größere Empfänglichkeit und Ehrfurcht vor der Persönlichkeit des anderen entdeckt man in ihm oft mehr, als man erwartet hat.

Ellen Key

Ehrlichkeit

All unsere Worte nützen nichts, wenn sie nicht von innen kommen.

Mutter Teresa

Ehrlichkeit und Offenheit machen dich verwundbar, sei trotzdem ehrlich und offen.

Mutter Teresa

Es ist die Tiefe, aus der ein Wort kommen muss, wenn es wiegen soll.

Dietrich Bonhoeffer

Greif nicht leicht in ein Wespennest, doch wenn du greifst, dann greife fest!

Matthias Claudius

Nicht im Zorn handeln. Nicht auf Rache sinnen. Nicht Falschheit im Herzen tragen. Nicht unaufrichtig Frieden bieten. Nie von der Liebe lassen.

Benedikt von Nursia

Wohin du auch gehst, geh mit deinem ganzen Herzen.

Konfuzius

Zeige dich, wie du bist, und sei, wie du dich zeigst.

Maria Ward

Eifer

Wo man nicht mit Vernunft handelt, da ist auch Eifer nichts nütze.

Spr 19,2

Eigenliebe

Die Selbstliebe ist die Quelle, der Ursprung und das Prinzip aller unserer Leidenschaften; sie allein entsteht mit dem Menschen und verlässt ihn nie, solange er lebt.

Jean-Jacques Rousseau

Gönne dich dir selbst. Ich sage nicht: Tu das immer, ich sage nicht: Tu das oft, aber ich sage: Tu es immer wieder einmal. Sei wie für alle anderen auch für dich selbst da, oder jedenfalls sei es nach allen anderen.

Bernhard von Clairvaux

Ich habe erkannt, dass es wichtig ist, sich selbst zu lieben. Nur wer sich selbst liebt, kann Freude weitergeben und wahre Freunde gewinnen.

Gabriele Riedel

Wer sich selbst nicht mag, mag auch andere nicht.

unbekannt

Eigenständigkeit

Warte nicht auf jemanden, der dir Anweisungen erteilen soll, oder auf einen Vorgesetzten; tu das Gute allein, von Mensch zu Mensch.

Mutter Teresa

Eigentum

Unser Eigentum ist nur das, was uns keiner nachmachen kann. Dazu gehört auch unser Sein.

Rahel Varnhagen

Eile

Gott schuf die Zeit, aber von der Eile hat er nichts gesagt.

Irisches Sprichwort

Hasten ist das sinnlose Bemühen, rascher als die Zeit zu sein.

Elisabeth Hablé

Immer beschäftigt sein und nicht unter der Eile leiden: das ist ein Stück Himmel auf Erden.

Papst Johannes XXIII.

Und wenn du die ganze Welt durchlaufen, aber dein Heil versäumt hättest, was nützte dir all dieses Hasten und Rennen.

Thomas von Kempen

Was nützt dem Menschen, wenn er schnell vorankommt, seine Seele aber auf der Strecke bleibt?

Petrus Ceelen

Wenn du immer rennst, wirst du niemanden mehr begegnen. Und was noch bedeutungsvoller ist, du wirst dir selbst nicht mehr begegnen.

Michel Quoist

Wenn es eilt, dann setze dich hin und tu einen Augenblick gar nichts.

Ludwig Köhler

Einander ertragen

Ertragt die Reden und Gebärden der anderen, die uns oft unerträglich scheinen, entweder wegen unserer Schwachheit oder weil sie es wirklich sind, in Liebe.

Katharina von Siena

Einfachheit

Der einfachste Mensch ist immer noch ein sehr kompliziertes Wesen.

Marie von Eber-Eschenbach

Einfachheit ist das Resultat der Reife.

Friedrich Schiller

Einfluss

Vielleicht will, was ich nicht ändern kann, mich ändern.

Kyrilla Spiecker

Wir müssen lernen, nicht aus dem Gedränge der Zwecke und Vorurteile, sondern aus dem Wesen der Dinge heraus zu entscheiden.

Romano Guardini

Einheit

Die christliche Einheit ist ein Geschenk Gottes, um das wir inständig bitten müssen, aber wir sind zuversichtlich, dass es uns – dem Willen des Herrn gemäß – gewährt werden wird. Christen dürfen nie aufhören, für die Einheit zu beten und zu opfern.

Papst Johannes Paul II.

Diese absolute Einheit, die keinen Gegensatz hat, ist das absolut Größte – Gott.

Nikolaus von Kues

In notwendigen Dingen: Einheit. In fraglichen Dingen: Freiheit. In allen Dingen: Liebe.

Augustinus

Wer sein Leben auf die Einheit ausrichtet, hat den Herzenswunsch Gottes getroffen.

Chiara Lubich

Einkehr

Kehr in dich still zurück, ruh in dir selbst aus, so fühlst du höchstes Glück.

Friedrich Rückert

Einklang

Die erste Bedingung, um mit anderen in Harmonie leben zu können, ist die, mit sich selbst in Einklang zu sein.

Aristide Gabelli

Glück ist, wenn deine Gedanken, deine Worte und dein Tun im Einklang sind.

Mahatma Gandhi

Einmaligkeit

Wenn du darauf vertraust, dass ein Engel auch deinen persönlichen Weg begleitet, wirst du entdecken, wozu du fähig bist. Du wirst deine Einmaligkeit spüren und den göttlichen Glanz deiner Seele.

Anselm Grün

Einmütigkeit

Der Gott der Geduld und des Trostes schenke euch die Einmütigkeit, die Christus Jesus entspricht.

Röm 15,5

Wir sollten stets eingedenk sein, dass der heutige Tag nur einmal kommt und nimmer wieder.

Arthur Schopenhauer

Selig ist der Mensch, der mit sich in Frieden lebt. Es gibt auf Erden kein größeres Glück.

Matthias Claudius

Einsamkeit

Bete, dass deine Einsamkeit der Stachel werde, etwas zu finden, wofür du leben kannst, und groß genug, um dafür zu sterben.

Dag Hammarskjöld

Bist du einsam, so besuche einen, der noch einsamer ist als du.

Sprichwort

Der Weg eines Menschen zu Gott heißt an seiner steilsten Stelle – Einsamkeit.

Peter Lippert

Die Einsamkeit ist der Weg, der zum Leben führt. Hier tauscht man Himmlisches für Irdisches ein und Ewiges für Vergängliches.

Bruno der Karthäuser

Die Stille muss man nicht fürchten, wohl aber die Einsamkeit.

Renate Gall

Hier in der Einsamkeit reduziert der Mensch sich auf sich selber.

Paula Modersohn-Becker

Tatsächlich sind es die wichtigsten Momente im Leben, wenn wir allein sind.

Anne Morrow-Lindbergh

Verlasse von Zeit zu Zeit die Menschen, suche die Einsamkeit, um im Schweigen und anhaltendem Gebet deine Seele zu erneuern!

Carlo Carretto

Vor der Einsamkeit nicht fliehen, in die Einsamkeit sich nicht flüchten, sie von Zeit zu Zeit suchen und aushalten und der Heilung eine Chance geben.

Margot Bickel

Wer sich zu viel und zu laut über Einsamkeit beklagt, langweilt sich in seiner eigenen Gesellschaft.

Maria Monski

Einschätzung

Misstraue deinem Urteil über die, die sich deiner Wertschätzung nicht erfreuen.

Madeleine Delbrêl

Richte nie den Wert des Menschen schnell nach einer kurzen Stunde. Oben sind bewegte Wellen, doch die Perle liegt am Grunde.

Otto von Leixner

Vergewissern wir uns jeweils gut, wenn wir die Meinung eines anderen zurückweisen, dass wir die Meinung zurückweisen und nicht die Person.

Charles Lamb

Wie hoch dich Gott einschätzt, magst du daraus erkennen, was er für dich geworden ist.

Bernhard von Clairvaux

Einsicht

Das müssen wir auch lernen: andere ihr Kreuz tragen zu sehen und es ihnen nicht abnehmen zu können. Es ist schwerer, als das eigene Kreuz zu tragen, aber wir kommen auch daran nicht vorbei.

Edith Stein

Es regnet viele Tropfen ehe man die Einsicht gewinnt und viele Jahre vergehen, ehe man weiser wird.

Adalbert Stifter

Wenn du innerlich gut und lauter wärest, dann würdest du alles viel leichter sehen und wohl verstehen.

Thomas von Kempen

Einstellung

Die letzte der menschlichen Freiheiten besteht in der Wahl der Einstellungen zu den Dingen.

Viktor Emil Frankl

Die liebende Gesinnung, nicht der Gegenstand macht die Tat christlich.

Jacques Leclercq

Einzigartigkeit

Jeder Mensch, auch der geringste, ist so in Gottes Hand, als wäre er Gottes einzige Sorge.

Friedrich von Bodelschwingh

Eitelkeit

Das Einzige, um das uns niemand beneidet, ist der letzte Platz; darum gibt es auf diesem Platz weder Eitelkeit noch Herzeleid.

Thérèse von Lisieux

Wo Eitelkeit anfängt, hört der Verstand auf.

Marie von Ebner-Eschenbach

Elend

Nichts tröstet mächtiger als die Gewissheit, mitten im Elend von der Liebe Gottes umfangen zu werden.

Johannes Calvin

Eltern

Das Leben der Eltern ist das Buch, in dem die Kinder lesen.

Augustinus

Die Mütter geben unserem Geiste Wärme und die Väter Licht.

Jean Paul

Erst wenn man eigene Kinder hat, weiß man, wie groß die Liebe der Eltern war.

unbekannt

Großeltern sind Eltern, denen der liebe Gott eine zweite Chance gegeben hat.

Holländisches Sprichwort

Kinder brauchen keine Erholung, sie brauchen erholte Eltern.

Weisheit

Wohl denen, die ihren Kindern den Sinn dafür bewahren, dass kleine Dinge erfreuen.

Jeremias Gotthelf

Empfangen

Empfange jeden freundlich, rede kurz mit ihm, entlasse ihn getröstet und hänge dein Herz nicht an ihn.

Heinrich Seuse

Empfindung

Es gibt so seltene Momente, wo man so bis ins tiefste Tal hinein empfindet.

Franziska Gräfin zu Reventlow

Ende

Aufhören können, das ist nicht eine Schwäche, das ist eine Stärke.

Ingeborg Bachmann

Es ist ganz gewiss. Dass alles in Freude enden wird.

Reinhold Schneider

In jedem Ende liegt ein neuer Anfang.

Miguel de Unamuno

Jede dunkle Nacht hat ein helles Ende.

Persisches Sprichwort

Energie

Die Liebe ist die universellste und geheimnisvollste der kosmischen Energien.

Pierre Teilhard de Chardin

Leben bringt Leben hervor. Energie schafft Energie. Indem man sich verschenkt, wird man reich.

Sarah Bernhardt

Engel

Alles Sichtbare auf dieser Welt steht unter dem Schutz eines Engels.

Augustinus von Canterbury

Als Mittler der Güte Gottes nehmen die Engel uns in ihre Obhut, sind uns ein starker Schirm, lenken unsere Schritte und sorgen, dass uns kein Übel geschieht.

Johannes Calvin

Denkst du an Engel, so bewegen sie ihre Flügel.

unbekannt

Denn er hat seinen Engeln befohlen, dass sie dich behüten auf allen deinen Wegen, dass sie dich auf den Händen tragen und du deinen Fuß nicht an einen Stein stoßest.

Ps 91,11

Der Mensch soll sich behutsam schnäuzen und nur hinter sich ausspucken, wegen der Engel, die vor ihm stehen.

Alte Mönchsweisheit der Benediktiner

Der Menschen Engel ist die Zeit.

Friedrich Schiller

Die Engel haben keinen Körper. Sie können allerdings unter bestimmten Umständen aufgrund ihrer Sendung zugunsten des Menschen in sichtbarer Gestalt erscheinen.

Papst Johannes Paul II.

Die Engel unseres Lebens fliegen manchmal so hoch, dass wir sie nicht mehr sehen können, doch sie verlieren uns niemals aus den Augen.

Jean Paul Richter

Die goldenen Augenblicke im Strom des Lebens fließen vorbei, und wir sehen nichts als Sand; die Engel kommen auf Besuch zu uns, und wir erkennen sie erst, wenn sie fort sind.

George Eliot

Die heiligen Engel beginnen ihr Wächteramt vor der Taufe. Sie verlassen die ihnen Anvertrauten nie ganz, so gottlos sie auch leben mögen.

Thomas von Aquin

Die Seele ist nie ohne Geleit der Engel.

Bernhard von Clairvaux

Doch die Existenz der Engel, die bezweifle ich nie: Lichtgeschöpfe sonder Mängel, hier auf Erden wandeln sie.

Heinrich Heine

Ein Engel ist jemand, den Gott dir ins Leben schickt, unerwartet und unverdient, damit er dir, wenn es ganz dunkel ist, ein paar Sterne anzündet.

Phil Bosmans

Einen Engel wünsche ich uns, dass wir von ihm sehen lernen und die hohe schwere Kunst: Leise hören in dem Lärm.

Ursula Koch

Engel können fliegen, weil sie sich selbst leicht nehmen.

Gilbert Keith Chesterton

Engel sehen nicht die äußere Gestalt, sondern das Wesen der Dinge.

unbekannt

Engel sind Boten Gottes. Sie zeigen Gottes heilende und helfende Nähe. Gott sendet seine Engel, um uns zu schützen. Sie sind Wegbegleiter. Gott spricht: »Ich werde einen Engel schicken, der dir vorausgeht. Er soll dich auf dem Weg schützen.«

nach Ex 23,20

Ich sagte zu dem Engel, der an der Pforte des neuen Jahres stand: Gib mir ein Licht, damit ich sicheren Fußes der Ungewissheit entgegengehen kann! Aber er antwortete: Gehe nur in die Dunkelheit und lege deine Hand in die Hand Gottes! Das ist besser als ein Licht und sicherer als ein bekannter Weg!

aus China

Im festen Glauben, immer einen treuen unsichtbaren Begleiter an deiner Seite zu haben, wirst du deine Hoffnung nie verlieren.

Mathilde von der Au

Im Leben gibt es mitunter Augenblicke, in denen ein Mensch uns wie in Vertretung eines Engels entgegen kommt, uns hilft oder ein Wort spricht, das uns unvergesslich bleibt.

Dan Lindholm

Jedes sichtbare Ding auf der Welt steht unter der Obhut eines Engels.

Augustinus

Lege die Hand, Herr, unter mein Haupt; lass dein Licht leuchten über mich. Der Segen deiner Engel schütze mich vom Scheitel bis zur Sohle.

Irischer Segensspruch

Möge Gott dir viele Lebensjahre gewähren, er weiß ganz bestimmt, dass die Erde zu wenig Engel hat und der Himmel übervoll von ihnen ist.

Irischer Segensspruch

Möge immer ein Engel dir vorausgehen, damit du in seine Fußstapfen treten kannst.

unbekannt

Musik ist die Sprache der Engel.

Thomas Carlyle

Oft ist ein Engel jemand, der Hoffnung in traurigen Menschen erweckt.

Tanja Grassecker

Oh Mensch, lerne tanzen, sonst wissen die Engel im Himmel mit dir nichts anzufangen.

Augustinus

Und ein Engel wacht über allem, was nur sichtbar ist in dieser Welt.

Augustinus von Hippo

Von Zeit zu Zeit erscheinen uns wunderbare Engel, geschickt verkleidet, als ganz normale menschliche Wesen.

Adele Basheer

Was der Menschheit unmöglich ist, vermag die Macht und die Kraft der Engel zu vollbringen.

Joseph Glanvill

Wenn du darauf vertraust, dass ein Engel auch deinen persönlichen Weg begleitet, wirst du entdecken, wozu du fähig bist. Du wirst deine Einmaligkeit spüren und den göttlichen Glanz deiner Seele.

Anselm Grün

Wenn ein Kind stolpert, hält ein guter Engel seine Hand hin.

Jüdische Weisheit

Wenn Menschen einander lieben, singen die Engel.

aus Brasilien

Wer einen Engel zum Freund hat, braucht die ganze Welt nicht zu fürchten.

Martin Luther

Wer unter Menschen nur einen Engel sucht, der findet kaum Menschen. Wer aber unter Menschen nur Menschen sucht, der findet gewiss einen Engel.

Gottlieb Moritz Saphir

Wir können die Engel nicht sehen. Aber es ist genug, dass sie uns sehen.

Charles Haddon-Spurgeon

Wir sind Engel mit nur einem Flügel. Um fliegen zu können, müssen wir uns umarmen.

Luciano de Crescenzo

Wir sind in der Tat eine Art Engel, der keine Flügel mehr hat; aber wir erinnern uns daran, dass wir sie einmal hatten, und wenn wir daran glauben, sie wiederzubekommen, dann werden wir von der Hoffnung verwandelt.

Papst Johannes Paul I.

Wir verlassen nicht Christus, um den Engeln zu dienen, sondern wollen gerade durch die Engel zu Christus hingeführt werden.

Adolf Rodewyk

Engel des Mutes

Wenn wir einen neuen Schritt in unserem Leben wagen, steht uns der Engel des Mutes beiseite. Er hilft uns, unser Ziel klar vor Augen zu sehen, ohne zu vernachlässigen, was uns von jeher am Herzen liegt. Dank ihm finden wir auf neuen Wegen das nötige Gleichgewicht.

Friedrich Lengries

Engel Gottes

Ich wünsche dir, dass ein Engel Gottes über deinem Haus steht und dir einen Traum eingibt von dem großen, göttlichen Reich, aus dem wir kommen und in das wir heimkehren.

Jörg Zink

Entdeckung

Einen Menschen zu entdecken, das ist nicht minder abenteuerlich als eine Fahrt in bisher unbekanntes Land.

Hannelore Frank

Man entdeckt keine neuen Weltreiche ohne den Mut, alte Küsten aus den Augen zu verlieren.

André Gide

Wer Schmetterlinge lachen hört, der weiß, wie Wolken schmecken. Der wird im Mondschein, ungestört von Furcht, die Nacht entdecken.

Novalis

Entsagung

Das Geheimnis der glücklichen Lebens liegt in der Entsagung.

Mahatma Gandhi

Es gibt keine Größe, die nicht auf Überwindung und Entsagung ruhte.

Romano Guardini

Entscheidung

Der schlimmste Weg, den man wählen kann, ist der, keinen zu wählen.

Friedrich II.

Der Schwache zweifelt vor der Entscheidung, der Starke danach.

Karl Kraus

Es ist besser, unvollkommene Entscheidungen durchzuführen, als beständig nach vollkommenen Entscheidungen zu suchen, die es niemals geben wird.

Charles de Gaulle

Es ist im Ganzen nicht zu glauben, wie schlau und erfinderisch die Menschen sind, um der letzen Entscheidung zu entgehen.

Søren Kierkegaard

Fälle nie eine Entscheidung, wenn du ganz froh oder ganz traurig bist!

unbekannt

Gott hat jedem die freie Entscheidung gegeben, und er will niemanden zwingen, sondern nur die Richtung weisen, einladen und raten.

Angela Merici

Ich muss wählen zwischen zwei Möglichkeiten zu leben. Wählen bedeutet aber auch lassen.

Kyrilla Spiecker

Jeder Lebensmoment ist eine Entscheidung!

Karl Barth

Wenn du vor einer wichtigen Entscheidung stehst, dann stelle dir vor, du lägest auf deinem Sterbebett.

Ignatius von Loyola

Wenn ich eine Entscheidung getroffen habe, muss ich hinfort nicht mit ihren Gründen, sondern mit ihren Folgen leben.

Friedrich Schwanecke

Wer das Ziel kennt, kann entscheiden, wer entscheidet, findet Ruhe, wer Ruhe findet, ist sicher, wer sicher ist, kann überlegen, wer überlegt, kann verbessern.

Konfuzius

Wir müssen lernen, nicht aus dem Gedränge der Zwecke und Vorurteile, sondern aus dem Wesen der Dinge heraus zu entscheiden.

Romano Guardini

Entschlossenheit

Es gibt immer noch nichts Ansteckenderes als ein entschlossenes und von Überzeugung geprägtes Leben.

Pierre Teilhard de Chardin

Entspannung

Einen Tag ungestört in Muße zu verleben, heißt einen Tag ein Unsterblicher zu sein.

unbekannt

Lass mein Nichtstun, wenn nichts zu tun ist, voll ungetrübten tiefen Friedens sein wie der Abend am Strande, wenn die See schweigt.

Rabindranath Tagore

Enttäuschung

Auch eine Enttäuschung, wenn sie nur gründlich und endgültig ist, bedeutet einen Schritt vorwärts.

Max Planck

Enttäuschungen sollte man verbrennen, nicht einbalsamieren.

Mark Twain

Manches wird nicht verweigert, es wird nur hinausgeschoben, um zur geeigneten Zeit gegeben zu werden.

Augustinus

Nicht weinen, nicht zürnen, sondern begreifen.

Spinoza

Wir müssen endliche Enttäuschung annehmen, aber wir dürfen nie die unendliche Hoffnung verlieren.

Martin Luther King

Erbärmlichkeit

Lieben Sie Ihre Erbärmlichkeit, denn an ihr übt Gott sein Erbarmen.

Elisabeth von Dijon

Erbauung

Monde und Jahre vergehen, aber ein schöner Moment leuchtet das Leben hindurch.

Franz Grillparzer

Erbe

Was taugt das geistige Erbe, wenn es keinen Erben mehr gibt.

Antoine de Saint-Exupéry

Erde

Die Erde gehört nicht dem Menschen; der Mensch gehört der Erde.

Rede des Häuptlings Seattle

Die Erde ist es wert, der Anfang des Himmels zu sein.

Joseph Wittig

Lass den Himmel sich auf der Erde widerspiegeln, auf dass die Erde zum Himmel werden möge.

Dschelal ed-Din Rumi

Unsere Erde ist ein wunderbarer Wohnplatz. Der Mensch darf König, aber kein Räuber sein.

Phil Bosmans

Erdenleben

Es kommt immer ganz anders! Das ist das wahrste Wort und im Grunde auch der beste Trost, der dem Menschen in seinem Erdenleben mit auf den Weg gegeben worden ist.

Wilhelm Raabe

Erdkreis

Liebe ist das Band, das den Erdkreis verbindet.

Pestalozzi

Erdulden

Manchmal denkt man, Gott müsste einem in allen Widerständen des Lebens ein sichtbares Zeichen geben, dass einem hilft. Aber dies ist eben sein Zeichen: dass er einen durchhalten und es wagen und dulden lässt.

Jochen Klepper

Erfahrung

Das Alter eines Menschen – es bedeutet eine schöne Fracht von Erfahrungen und Erinnerungen.

Antoine de Saint-Exupéry

Das ist das Schöne an einem Fehler: Man muss ihn nicht zweimal machen.

Thomas Alva Edison

Das Jahresende ist kein Ende und kein Anfang, sondern ein Weiterleben mit der Weisheit, die uns die Erfahrung gelehrt hat.

Hal Borland

Der Weg wächst im Gehen unter deinen Füßen, wie durch ein Wunder.

Reinhold Schneider

Die Erfahrung lehrt uns, dass die Liebe nicht darin besteht, dass man einander in die Augen sieht, sondern dass man gemeinsam in gleicher Richtung blickt.

Antoine de Saint-Exupéry

Die Weisheit eines Menschen misst man nicht nach seinen Erfahrungen, sondern nach seiner Fähigkeit, Erfahrungen zu machen.

George Bernard Shaw

Erfahrung bleibt die beste Wünschelrute.

Johann Wolfgang von Goethe

Erfahrung ist der Anfang der Weisheit.

Alkman

Erfahrung ist wie die Sonne. Sie lässt Blüten welken, aber Früchte reifen.

Salvador Dali

Erfahrung ist wie eine Laterne im Rücken: Sie beleuchtet immer nur das, was wir bereits hinter uns haben.

Konfuzius

Erfahrung ist, wenn man seine Dummheiten mit Klugheit begeht,

Alexander Engel

Erfahrung sind die Fehler, an die wir uns erinnern wollen.

Voltaire

Erfahrung wird durch Fleiß und Mühe erlangt.

William Shakespeare

Erfahrungen bezahlt man teuer, obwohl man sie gebraucht billiger haben könnte.

aus Amerika

Erfahrungen vererben sich nicht, jeder muss sie allein machen.

Kurt Tucholsky

Es ist die Aufgabe eines jeden Menschen, zu sich selbst zu kommen, das innerste Wesen seines Ichs zu entdecken. Wie man dorthin gelangen kann und mit welchen Erfahrungen diese Entdeckung zusammenhängt, ist und bleibt aber ein Geheimnis.

Edith Stein

Etwas Schönes dazulernen macht Spaß. Etwas Schlechtes verlernen macht Mühe.

Phil Bosmans

Fremde Erfahrungen ritzen die Haut, eigene Erfahrungen schneiden ins Fleisch.

Kroatisches Sprichwort

Graue Haare sind eine prächtige Krone, auf dem Weg der Gerechtigkeit wird sie gefunden.

Spr 16,31

Ich habe die Erfahrung gemacht, dass ich nicht immer das bekommen kann, was ich gerne möchte. Also habe ich gelernt, immer das zu mögen, was ich bekomme.

Anthony de Mello

Lass dich durch deine Fehler nicht in Verlegenheit bringen. Es gibt keinen besseren Lehrmeister, als deine Fehler verstehen zu lernen.

Thomas Carlyle

Man ist nicht unbedingt fortschrittlich, wenn man alles wegwirft, nur weil es alt ist.

Alfred Kumpf

Nichts erweitert so den Horizont, schenkt so viel Selbstvertrauen wie Erfahrung!

Sylvia Plath

Werde reich an Erkenntnis und aller Erfahrung!

nach Phil 1,9

Wir glauben, Erfahrungen zu machen, aber die Erfahrungen machen uns.

Eugène Ionesco

Wir machen keine neuen Erfahrungen, aber es sind immer neue Menschen, die alte Erfahrungen machen.

Rahel Varnhagen

Erfindung

Ich träume von Dingen, die es noch nie gegeben hat, und frage: Warum nicht?

Robert F. Kennedy

Erfolg

Der Erfolg ist keiner der Namen Gottes.

Martin Buber

Ich kenne keinen sicheren Weg zum Erfolg, nur einen zum sicheren Misserfolg – es jedem recht machen zu wollen.

Plato

Wenn du in deinem Leben Erfolg haben willst, lege die Vergangenheit in die Hände Gottes zurück, überlasse ihm die Zukunft und lebe jeden Augenblick, wie er kommt, in Fülle.

Michel Quoist

Wer einen hohen Berg erklimmen will, tut das nicht in Sprüngen, sondern schrittweise und langsam.

Gregor der Große

Erfolglosigkeit

Nichts tun ist besser, als mit viel Mühe nichts schaffen.

Laotse

Erfüllung

Achte auf das Kleine in der Welt, das macht das Leben reicher und zufriedener.

Carl Hilty

Das Leben der Menschen erfüllt sich durch viele Tode hindurch.

Basilius der Große

Das Schönste im Leben ist nicht die Erfüllung, sondern die Erwartung der Erfüllung.

Anna Magnani

Die großen Dinge des Daseins werden nur den betenden Geistern geschenkt.

Peter Wust

Die Sehnsucht ist es, die uns're Seele nährt, und nicht die Erfüllung.

Julius Langbehn

Erfüllung ist der Feind der Sehnsucht.

Erich Maria Remarque

Gott schenke dir, was dein Herz begehrt, und lasse all deine Pläne gelingen.

Ps 20,5

Ich lebe mein Leben in wachsenden Ringen, die sich über die Dinge ziehen. Ich werde den letzten vielleicht nicht vollbringen, aber versuchen will ich ihn.

Rainer Maria Rilke

Im Herzen eines jeden Menschen gibt es eine Leere, die nur Gott durch seinen Sohn Jesus Christus füllen kann.

Blaise Pascal

Ob ein Tag groß ist in deinem Leben, hängt ganz von dir ab. Jeder wird genauso wichtig, so gehaltvoll, so heilig wie du ihn haben willst.

Paul Wilhelm Keppler

Wenn etwas in Erfüllung geht, was man lange beharrlich erbetet hat, so ist es immer fast noch überwältigender als eine sofortige Erhörung.

Edith Stein

Wenn unser Leben sich neigt, so sollen wir sein wie die Bäume des Herbstes, voll reifer Früchte.

Johann Heinrich Pestalozzi

Wer liebt, gibt. Gibt immer. Und er hat in sich eine Fülle, die nie endet.

Chiara Lubich

Wir erbitten von Gott, was uns gefällt; wir bekommen von Gott, was uns Not tut.

Léon Bloy

Zeit des Wartens und Ausschauhaltens nach dem, der meine Sehnsucht erfüllt. Die immer kürzer werdenden Tage wecken in mir die Sehnsucht nach Licht und Wärme, nach Geborgenheit und Heimat.

Anselm Grün

Zufriedenheit ist der Stein der Weisen. Zufriedenheit wandelt in Gold, was immer sie berührt.

Benjamin Franklin

Erheiterung

Ohne Freude, ohne Erheiterung kann das Menschenherz nicht sein, am wenigsten in der Jugend.

Adolph Kolping

Erholung

Die Erholung ist die Würze der Arbeit.

Plutarch

Ein Erholungsurlaub soll die Unausgeglichenheiten des regulären Lebens auffangen.

Yehudi Menuhin

Einen Tag ungestört in Muße zu verleben, heißt einen Tag ein Unsterblicher zu sein.

unbekannt

Erhörung

Nur das ehrliche, aufrichtige Gebet findet Erhörung; das heuchlerische Lippengebet wendet sich wie ein Fluch gegen den Urheber selber.

Adolph Kolping

Erinnerung

Das Alter eines Menschen – es bedeutet eine schöne Fracht von Erfahrungen und Erinnerungen.

Antoine de Saint-Exupéry

Der Mensch den wir lieben, ist nicht mehr da, wo er war, aber überall, wo wir seiner gedenken.

Augustinus

Die Erinnerung ist ein Fenster, durch das ich dich sehen kann, wann immer ich will.

unbekannt

Die Erinnerung ist eine mysteriöse Macht. Sie bildet Menschen um. Wer das, was schön war, vergisst, wird böse. Wer das, was schlimm war, vergisst, wird dumm.

Laotse

Die gute Zeit fällt nicht vom Himmel, sondern wir schaffen sie selbst, sie liegt in unserem Herzen eingeschlossen.

Fjodor M. Dostojewski

Die schönsten Erinnerungen sammelt man immer zu zweit.

Luise Rinser

Ein Mensch wird nicht sterben, so lange ein anderer sein Bild im Herzen trägt.

Irmgard Erath

Erinnerungen sind kostbar. Lassen wir uns nur nicht rauben, was Gott uns schon gegeben hat.

Astrid Eichler

Je schöner und voller die Erinnerungen, desto schwerer die Trennung. Aber die Dankbarkeit verwandelt die Qual der Erinnerung in eine stille Freude. Man trägt das vergangene Schöne nicht wie einen Stachel, sondern wie ein kostbares Geschenk in sich.

Dietrich Bonhoeffer

Jede Begegnung, die unsere Seele berührt, hinterlässt eine Spur, die nie ganz verweht.

Lore Lilian Boden

Jeder Abschied ist die Geburt einer Erinnerung.

Salvador Dali

Man lebt zweimal: Das erste Mal in der Wirklichkeit, das zweite Mal in der Erinnerung.

Honore de Balzac

Monde und Jahre vergehen, aber ein schöner Moment leuchtet das Leben hindurch.

Franz Grillparzer

Nichts ruft die Erinnerung an die Vergangenheit so lebhaft wach wie die Musik.

Madame de Staël

Sich auf ein wirkliches Erinnern und Gedenken einzulassen, ist in unserer lauten und schnellen Zeit ein großes Wagnis.

Eva Nees

Weine nicht, weil es vorbei ist, sondern lache, weil es so schön war.

Gabriel García Márquez

Wenn wir gehen, muss etwas zurückbleiben, und sei es nur die Erinnerung an ein gutes Wort.

Heide von Horix-Schwesinger

Wer sich nicht an Gutes erinnert, das ihm zuteil wurde, ist bereits heute zum Greis geworden.

Epikur

Wer im Gedächtnis seiner Lieben lebt, der ist nicht tot, der ist nur fern. Tod ist nur, wer vergessen wird.

Immanuel Kant

Wir üben Vergessen, wo Erinnern Not täte. Wir horten Erinnern, wo Verzeihen befreite.

Kyrilla Spiecker

Erkenntnis

Alles, was sonst getrennt auftritt, ist im Glauben verschmolzen: Erkenntnis, Liebe, Tat.

Edith Stein

Am Abend wird man klug für den vergangenen Tag, doch niemals klug genug für den, der kommen mag.

Friedrich Rückert

Betrachte beizeiten den Lauf deines Lebens und werde dir bewusst, wie viele Flüsse darin münden, die dich stützen und nähren.

aus China

Das Ärgernis täuscht die Sinne, verwirrt den Geist, trübt die Reinheit der Erkenntnis.

Petrus Chrysologus

Das Beste steht nicht immer nur in den Büchern, sondern in der Natur; nur haben die Menschen meist nicht die Augen, es zu sehen.

Adalbert Stifter

Das freie Meer befreit den Geist.

Johann Wolfgang von Goethe

Das Rechte erkennen und nichts tun, ist Mangel an Mut.

Konfuzius

Das Wissen um Gott ist die Mitgift der Seele von Anfang an.

Tertullian

Dass Verstand erst mit den Jahren kommt, sieht man nicht eher ein, als bis der Verstand und die Jahre da sind.

Jean Paul

Der Zweifel ist das Wartezimmer der Erkenntnis.

Chinesisches Sprichwort

Die Klugheit steht zurück, um zu sehen.

Carmen Sylvia

Die verstehen sehr wenig, die nur verstehen, was sich erklären lässt.

Marie von Ebner-Eschenbach

Die Welt ist voll von kleinen Freuden, die Kunst besteht darin, sie zu sehen.

unbekannt

Drei Dinge muss der Mensch wissen, um gut zu leben: Was für ihn zu viel, was für ihn zu wenig, und was genau richtig ist.

Weisheit der Suaheli

Du musst nur mit dem Herzen sehen, dann blüht es ringsum auf wie bunte Blumen.

Gisela Pusch-Brasch

Erzähle mir und ich vergesse. Zeige mir und ich erinnere mich. Lass mich tun und ich verstehe!

Konfuzius

Erkenntnis ist Anbetung.

Gerhart Hauptmann

Es kommt nicht darauf an, alles zu erkennen, sondern das Erkannte zu tun.

Clemente Pereira

Frei werden. Alles Wesentliche vollzieht sich im Wandel, im Loslassen, im Öffnen der Hände, um geduldig wartend Neues zu empfangen.

Corinna Mühlstedt

Gott ist höher und tiefer als alle Erkenntnis: nur die Liebe erreicht ihn.

Gertrud von Helfta

Herr, gib mir blinde Augen für Dinge, die nichts taugen, und Augen voller Klarheit für all deine Wahrheit.

Johann Michael Sailer

Ich glaube, um zu erkennen.

Anselm von Canterbury

Ich kann in drei Worten alles zusammenfassen, was ich über das Leben gelernt habe: Es geht weiter.

Robert Frost

Ich will das Licht auf den Leuchter setzen, und allen Augen, die es von ferne sehen, soll ein Strahl der Erkenntnis entgegenleuchten.

Mechthild von Magdeburg

Ich wünsche dir, dass ein Engel Gottes über deinem Haus steht und dir einen Traum eingibt von dem großen, göttlichen Reich, aus dem wir kommen und in das wir heimkehren.

Jörg Zink

Im Schweigen sehen wir alles in einem anderen Licht. Wer schweigen lernt, wird andere Menschen innerlich anrühren.

Mutter Teresa

In der vollkommenen Stille hört man die ganze Welt.

Kurt Tucholsky

In fließendem Wasser kann man sein eigenes Bild nicht sehen, wohl aber in ruhendem Wasser. Nur wer selber ruhig bleibt, kann zur Ruhestätte all dessen werden, was Ruhe sucht.

Laotse

In Wirklichkeit erkennen wir nichts; denn die Wahrheit liegt in der Tiefe.

Demokrit

Jeden Morgen sollt ihr beten: Mein Gott sende mir deinen Geist, damit er mich erkennen lasse, wer ich bin und wer du bist.

Johannes Maria Vianney

Jedes Menschen Urteil über einen anderen bleibt Fragment, Versuch, vom Irrtum überdunkelt und mit Missverständnissen belastet. Gott allein kennt die Wahrheit.

Hannelore Frank

Keiner erwartet von dir, dass du die ganze Wüste vor dem Verdursten rettest. Deine Aufgabe ist es, dieser einen Blume das Leben zu erhalten.

Afrikanische Weisheit

Klug ist, wer nur die Hälfte von dem glaubt, was er hört. Noch klüger ist, wer erkennt, welche Hälfte die richtige ist.

unbekannt

Man wird ausdauernder für das tätige, nach außen gerichtete Dasein, wenn man sich von Zeit zu Zeit ganz in sich selbst zurückzieht.

André Maurois

Nicht auf Lichter und Lampen kommt es an, und es liegt nicht an Mond und Sonne, sondern dass wir Augen haben, die Gottes Herrlichkeit sehen können.

Selma Lagerlöf

Nicht das Vielwissen sättigt die Seele und gibt ihr Befriedigung, sondern das innere Schauen und Verkosten der Dinge.

Ignatius von Loyola

Nicht in der Erkenntnis liegt das Glück, sondern im Erwerben der Erkenntnis.

Edgar Allan Poe

Nur im ruhigen Teich spiegelt sich das Licht der Sterne.

aus China

Richte nie den Wert des Menschen schnell nach einer kurzen Stunde. Oben sind bewegte Wellen, doch die Perle liegt am Grunde.

Otto von Leixner

Suche deine eigene Weisheit in dir selbst.

Padma Sambhava

Suche Gott nicht in fernen Ländern. Es ist ganz in deiner Nähe. Lass nur das Licht brennen, und du wirst ihn immer sehen. Wache und bete. Zünde immer wieder die Lampe an, und du wirst seine Liebe sehen und erkennen, wie gut der Gott ist, den du liebst.

Mutter Teresa

Tu meine Augen auf, dass ich sehe und tief innewerde, wie groß deine Liebe zu mir ist: dass ich mich mit ganzer Seele zu dir wende.

unbekannt

Um zu sehen, musst du die Augen offen halten. Um zu erkennen musst du sie schließen und denken.

Antiker Philosoph

Unser Erkennen ist Stückwerk.

1 Kor 13,9

Was du besitzest im Geist, das erkennst du, was du erkennst, das nimmt dich ein, was dich einnimmt, das erschließt dir eine neue Welt.

Bettina von Arnim

Wenn du Abstand hältst, bist du den Dingen am nächsten. Nur so erkennst du, wie sie zueinander liegen und was wirklich wichtig ist.

Meng Kun-liu

Wer andere kennt, ist klug; wer sich selber kennt, ist weise.

Laotse

Wer gesammelt in die Tiefe geht, der sieht auch die kleinen Dinge in großen Zusammenhängen.

Edith Stein

Willst du dich selber erkennen, so sieh, wie die anderen es treiben. Willst du die anderen verstehen, blick in dein eigenes Herz.

Friedrich Schiller

Wir haben in unserem Leben keine andere Aufgabe, als das Auge des Herzens gesunden zu lassen, mit dem wir Gott sehen können.

Augustinus

Wir stehen immer noch vor der Tür, hinter der die großen Antworten warten.

Arthur Schnitzler

Erleben

Wer etwas erleben will, muss einfach den ersten Schritt dazu machen.

Elisabeth Starr-Hill

Erlebnis

Das Glück besteht mehr in einer allgemeinen Veranlagung des Geistes und des Herzens als in einer Vielzahl bestimmter glücklicher Augenblicke im Leben. Es besteht mehr in der Fähigkeit, diese glücklichen Augenblicke aufzunehmen.

Charles de Montesquieu

Öffnet man die Augen, so wird jeder Tag zum Erlebnis.

Oskar Kokoschka

Erlösung

Jesus hat uns nicht die Erlösung vom Kreuz gebracht, sondern die Erlösung durch das Kreuz.

Johannes Stadler

Erneuerung

Gott spricht: Siehe, ich mache alles neu!

Offb 21,5

Seht her, nun mache ich etwas Neues. Schon kommt es zum Vorschein, merkt ihr es nicht?

Jes 43,19

Ernst

Je mehr ein Mensch des ganzen Ernstes fähig ist, desto herzlicher kann er lachen.

Arthur Schopenhauer

Machen Sie sich erst einmal unbeliebt, dann werden Sie auch ernst genommen.

Konrad Adenauer

Nimm das Leben ernst, aber hänge ihm keine Gewichte an.

Friedl Beutelrock

Wenn jeder da, wo er lebt, Jesus Christus ernst nimmt, dann wird Friede sein.

Mutter Teresa

Ernte

Auch nach einer schlechten Ernte muss man wieder säen.

Reinhold Schneider

Es ist mit der Liebe wie mit den Pflanzen: Wer Liebe ernten will, muss Liebe säen.

Jeremias Gotthelf

Errungenschaften

Einfach sich freuen ist wichtiger als alle materiellen Errungenschaften.

Charles A. Lindbergh

Erschaffung

Zu dir hin hast du uns erschaffen, und ruhelos ist unser Herz, bis es zur Ruhe kommt in dir!

Augustinus

Erwachsen werden

Nur wer erwachsen wird und ein Kind bleibt, ist ein Mensch.

Erich Kästner

Erwählt sein

Nicht ihr habt mich erwählt, sondern ich habe euch erwählt und dazu bestimmt, das ihr hingeht und Frucht bringt und dass eure Frucht bleibt.

Joh 15,16

Erwartung

Das Schönste im Leben ist nicht die Erfüllung, sondern die Erwartung der Erfüllung.

Anna Magnani

Keiner erwartet von dir, dass du die ganze Wüste vor dem Verdursten rettest. Deine Aufgabe ist es, dieser einen Blume das Leben zu erhalten.

Afrikanische Weisheit

Manches wird nicht verweigert, es wird nur hinausgeschoben, um zur geeigneten Zeit gegeben zu werden.

Augustinus

Erziehung

Denkst du an ein Jahr, säe ein Samenkorn. Denkst du an ein Jahrzehnt, pflanze einen Baum. Denkst du an ein Jahrhundert, erziehe einen Menschen.

Aus China

Erziehung ist vor allem Sache des Herzens.

Don Bosco

Erziehung ist Beispiel und Liebe, sonst nichts.

Friedrich Wilhelm August Fröbel

Kein größeres Geschenk können wir einem Kinde machen, als dass wir seinen Blick schärfen für die Schönheit und das Geheimnis der Welt, in der wir leben.

Rachel Carson

Lang ist der Weg durch Lehren, kurz und wirksam durch Beispiele.

Seneca

Man erzieht durch das, was man sagt, mehr noch durch das, was man tut, am meisten aber durch das, was man ist.

Ignatius von Antiochien

Mit aufmerksamer, geduldiger und langmütiger Miene gelangt man besser und schneller zum Ziel als mit Strenge und Peitsche.

Papst Johannes XXIII.

Eucharistie

Die Eucharistie ... ist das Sakrament des Leibes und Blutes Christi, das er selbst ein für allemal dargebracht hat, um uns von der Sünde und dem Tod zu befreien, und das er seiner Kirche anvertraut hat, damit sie unter den Gestalten von Brot und Wein sein Opfer darbringe und damit für immer ihre Gläubigen nähre.

Papst Johannes Paul II.

Man braucht die Armen, um ihn zu berühren. Man findet Kraft und Nahrung in der Eucharistie, und wenn man gestärkt ist, will man diese Kraft nutzen, sie auszugeben.

Mutter Teresa

Eucharistiefeier

Sonntag und sonntägliche Eucharistiefeier sind Gottes Zeit, die er mit uns teilt, und unsere Zeit, die wir mit ihm und untereinander teilen. Nur solche geteilte Zeit ist heilige Zeit.

Klaus Hemmerle

Evangelium

Das Evangelium ist kein Kaufhaus-Katalog zum Aussuchen.

Kyrilla Spiecker

Der einzige Maßstab menschlicher Freiheit ist das göttliche Gesetz, das uns im Evangelium Christi gegeben ist.

Papst Johannes Paul II.

Jesus Christus hat dem Tod die Macht genommen und uns das Licht des unvergänglichen Lebens gebracht durch das Evangelium.

2 Tim 1,10

Lebe das, was du vom Evangelium verstanden hast. Und wenn es noch so wenig ist. Aber lebe es.

Roger Schutz

Wie man zum Himmel geht, nicht wie der Himmel geht, will uns die Schrift lehren.

Robert Bellarmin

Ewigkeit

Das Leben ist zu kurz, aber doch von unendlichem Wert, denn es birgt den Keim der Ewigkeit in sich.

Franz von Sales

Der Augenblick ist jenes Zweideutige, darin Zeit und Ewigkeit einander berühren.

Søren Kierkegaard

Die Zeit, Gott zu suchen, ist dieses Leben. Die Zeit, Gott zu finden, ist der Tod. Die Zeit, Gott zu besitzen, ist die Ewigkeit.

Franz von Sales

Immer soll in uns die Stille sein, die nach der Ewigkeit hin offensteht und horcht.

Romano Guardini

Jeder Augenblick ist ein Teil der Ewigkeit.

unbekannt

Was der Zeit unterworfen ist, das gebrauche, was ewig ist, danach strebe.

Thomas von Kempen

Wir haben eine Ewigkeit vor uns, aber wir haben nur kurze Zeit, um sie vorzubereiten.

Gabriele Mistral

Fähigkeiten

Gott hat jedem Menschen die Fähigkeit verliehen, etwas zu erreichen. Keinen Menschen hat er ohne alle Talente gelassen.

Martin Luther King

Unsere Wünsche sind Vorgefühle der Fähigkeiten, die in uns liegen, Vorboten desjenigen, was wir zu leisten imstande sein werden.

Johann Wolfgang von Goethe

Falten

Ich bin stolz auf meine Falten. Sie sind das Leben in meinem Gesicht.

Brigitte Bardot

Familie

Wenn die Festung »Familie« gefallen ist, kann man die Kirchen schließen.

Rudolf Graber

Wer zum Glück in der Welt beitragen möchte, der sorge zunächst einmal für eine glückliche Atmosphäre im eigenen Haus.

Albert Schweitzer

Fasten

Das Fasten heilt die Wunden, die die Sünde geschlagen hat, aber die Narben der Sünde werden erst durch die Barmherzigkeit entfernt.

Petrus Chrysologus

Das Fasten ist Nahrung der Seele; es zügelt die Unmäßigkeit der Sprache und schließt die Lippen.

Johannes Chrysostomus

Der Verzicht nimmt nicht. Der Verzicht gibt. Er gibt die Kraft der Einfachheit.

Martin Heidegger

Faste, wenn du siegen willst!

Ambrosius von Mailand

Fasten heißt lernen, mit den einfachen Dingen glücklich zu sein. Fasten heißt, sich freimachen von den tausend Fesseln der tausend toten Dinge. Fasten heißt, die einfachen, kleinen Freuden in Dankbarkeit zu genießen.

Phil Bosmans

Wer mit dem Fasten das Gebet verbindet, hat zwei Flügel, die leichter sind als der Wind.

Johannes Chrysostomus

Willst du, dass dein Gebet zu Gott aufsteigt, schaff ihm zwei Flügel: Fasten und Almosen geben.

Augustinus

Fehler

Das ist das Schöne an einem Fehler: Man muss ihn nicht zweimal machen.

Thomas Alva Edison

Den größten Fehler, den man im Leben machen kann, ist, immer Angst zu haben, einen Fehler zu begehen.

Dietrich Bonhoeffer

Der größte Fehler des Menschen ist, dass er so viele kleine hat.

Jean Paul

Die fremden Fehler seien dir ein Spiegel für deine eigenen.

Ignatius von Loyola

Die großen Tugenden machen einen Menschen bewundernswert, die kleinen Fehler machen ihn liebenswert.

Pearl S. Buck

Einen Fehler eingestehen, ist keine Schwäche, sondern Stärke.

Franziska Maier-Höffern

Fehler gehören zum Leben. Was zählt, ist, wie man auf die Fehler reagiert.

Nikki Giovanni

Gern verzeihen wir unseren Freunden die Fehler, die uns nicht betreffen.

Luc de Clapiers Vauvenargues

Ich muss beim Tadeln eines Fehlers so viel wie möglich die Person dessen schonen, der ihn begangen hat.

Franz von Sales

Jeder Fehler erscheint unglaublich dumm, wenn andere ihn machen.

Georg Christoph Lichtenberg

Lass dich durch deine Fehler nicht in Verlegenheit bringen. Es gibt keinen besseren Lehrmeister, als deine Fehler verstehen zu lernen.

Thomas Carlyle

Mit Adleraugen sehen wir die Fehler anderer, mit Maulwurfsaugen unsere eigenen.

Franz von Sales

Ob einer allein oder alle einen Fehler begehen: Es bleibt ein Fehler.

Alfred Kumpf

Stört dich ein Fehler eines anderen, so übe an dir selbst das entgegengesetzte Gute. Dein Beispiel wirkt mehr als Worte.

Teresa von Ávila

Wenn wir selber keine Fehler hätten, würden wir sie nicht mit großem Vergnügen an anderen entdecken.

François de La Rochefoucauld

Wir helfen einem Menschen mehr, wenn wir ihm ein günstiges Bild seiner selbst vorhalten, als wenn wir ihn unablässig mit seinen Fehlern konfrontieren.

Albert Camus

Feiertag

Die Menschen verkommen, wenn sie kein Feiertagskleid anziehen.

Thomas Carlyle

Feigheit

Das Rechte sehen und es nicht tun ist Feigheit.

Konfuzius

Feigheit ist fehlender Mut vor sich selbst.

Erich Klein

Feind

Es ist leichter einem Feind zu vergeben als einem Freund.

Dorothee Deluzy

Seinem Feind zu vergeben, ist mehr als bis ans Ende der Welt zu laufen, dass die Füße bluten.

J. Bernhart

Feindschaft

Vermöchten wir alle nur für einen einzigen Tag höflich zu sein: Die Feindschaft unter den Menschen würde sich in Liebe verwandeln.

Chinesische Weisheit

Feste
Ein Leben ohne Feste ist ein langer Weg ohne Einkehr.

Demokrit

Finden
Suchen, das ist das Ausgehen von alten Beständen und ein Findenwollen von bereits Bekanntem im Neuen. Finden, das ist das völlig Neue. Alle Wege sind offen, und was gefunden wird, ist unbekannt. Es ist ein Wagnis, ein heiliges Abenteuer.

Pablo Picasso

Finsternis
Gott ist Licht, und keine Finsternis ist in ihm.

1 Joh 1,5

Flamme
Das Licht, das dir im Auge flammt, das leuchtet sehr und zündet mehr als hunderttausend Kerzen.

Angelus Silesius

Flamme Gottes, lass mich dein Brennstoff sein.

Jim Elliot

Flügel
Deine Seele hat Flügel – nutze sie, um deine Grenzen zu erforschen.

Viktor Levin

Wir sind in der Tat eine Art Engel, der keine Flügel mehr hat; aber wir erinnern uns daran, dass wir sie einmal hatten, und wenn wir daran glauben, sie wiederzubekommen, dann werden wir von der Hoffnung verwandelt.

Papst Johannes Paul I.

Folgen
Wenn ich eine Entscheidung getroffen habe, muss ich hinfort nicht mit ihren Gründen, sondern mit ihren Folgen leben.

Friedrich Schwanecke

Fragen
Gut fragen heißt viel wissen.

Arabisches Sprichwort

Ich glaube, dass die Bibel allein die Antwort auf alle unsere Fragen ist und dass wir nur anhaltend und etwas demütig zu fragen brauchen, um die Antwort von ihr zu bekommen.

Dietrich Bonhoeffer

Frauen
Frauen sind eines der Rätsel des Allmächtigen, um den Männern zu zeigen, dass er mehr weiß als sie.

Ellen Glasgow

Frei sein
Aber frei will ich sein und ganz mein, und was ich gebe, das soll mich nicht binden.

Bettina von Arnim

Freiheit
Bewahre in allen Dingen die Freiheit des Geistes, und sieh zu, wohin er dich führt.

Ignatius von Loyola

Der einzige Maßstab menschlicher Freiheit ist das göttliche Gesetz, das uns im Evangelium Christi gegeben ist.

Papst Johannes Paul II.

Die echte Freiheit ist nicht eine Freiheit von etwas, sondern eine Freiheit zu etwas.

Johann Heinrich Pestalozzi

Die Fähigkeit, das Wort »nein« auszusprechen, ist der erste Schritt zur Freiheit.

Nicolas Chamfort

Die Freiheit besteht darin, dass man alles das tun kann, was einem anderen nicht schadet.

Matthias Claudius

Die Freiheit der Meinung setzt voraus, dass man eine hat.

Heinrich Heine

Die Freiheit des Menschen liegt nicht darin, dass er tun kann, was er will, sondern dass er nicht tun muss, was er nicht will.

Jean-Jacques Rousseau

Die Freiheit ist eine Frucht, die in der Religion lebt.

Bernardo López Garcia

Die Freiheit ist wie die Luft und die Sonne; man muss sie verloren haben, um zu wissen, dass man ohne sie nicht leben kann.

Giacomo Matteotti

Die letzte der menschlichen Freiheiten besteht in der Wahl der Einstellungen zu den Dingen.

Viktor Emil Frankl

Die Menschen sind doch sonderbare Wesen. Die Freiheit, die sie haben, benutzen sie nicht, aber sie verlangen die, die sie nicht haben: sie haben Denk-Freiheit und verlangen Rede-Freiheit.

Søren Kierkegaard

Die Selbsthingabe ist die freieste Tat der Freiheit.

Edith Stein

Die Unabhängigkeit und Freiheit der Menschen beruht weniger auf der Kraft der Arme als auf der Mäßigung der Herzen.

Jean-Jacques Rousseau

Die Unvermeidbarkeit der Schuld ist der Preis der Freiheit, die uns mitgegeben ist von Gott.

Hannelore Frank

Die Vergebung bedeutet Wiedererlangen der eigenen Freiheit; sie ist der Schlüssel in unserer Hand, der die eigene Gefängniszelle öffnet.

Stefan Kardinal Wyszyński

Freiheit bedeutet Verantwortlichkeit. Das ist der Grund, weshalb die meisten Menschen sich davor fürchten.

George Bernard Shaw

Freiheit besteht nicht darin, dass man tun kann, was man will, sie gibt einem nur das Recht zu tun, was man soll.

Papst Johannes Paul II.

Freiheit besteht vor allem darin, das zu tun, was man nach seinem Gewissen tun soll.

Albert Schweitzer

Freiheit ist die Macht, die wir über uns selbst haben.

Hugo Grotius

Freiheit ist die vorzügliche Auszeichnung des Menschen. Angefangen von ihren innersten Entscheidungen muss jede Person sich in einem Akt bewusster Selbstbestimmung, vom eigenen Gewissen beseelt, ausdrücken können. Ohne Freiheit sind die menschlichen Akte leer und wertlos.

Papst Johannes Paul II.

Freiheit ist nicht möglich ohne Autorität, sonst wird sie zum Chaos, und Autorität nicht ohne Freiheit, sonst wird sie zur Tyrannei.

Stefan Zweig

Freiheit ist nichts als die Möglichkeit, unter allen Bedingungen das Vernünftige zu tun.

Johann Wolfgang von Goethe

Freiheit lohnt sich nicht, wenn sie nicht die Freiheit zu irren einschließt.

Mahatma Gandhi

Hast du Freiheit? Bist du frei? Es ist eine Frage des Seins, nicht des Besitzens.

Margot Bickel

Ich kann meine Freiheit nicht zum Ziel nehmen, wenn ich nicht zugleich die Freiheit der anderen zum Ziel nehme.

Jean Paul Sartre

In notwendigen Dingen: Einheit. In fraglichen Dingen: Freiheit. In allen Dingen: Liebe.

Augustinus

Liebe ist die einzige Freiheit in dieser Welt, weil sie den Geist in eine solche Höhe erhebt, dass weder menschliche Gesetze noch die Phänomäne der Natur ihren Lauf zu ändern vermögen.

Khalil Gibran

Wenn niemand mehr verzichten kann, ist die Freiheit gefährdet.

Papst Pius XII.

Wer ungetrübt und heiter sein will, der muss eines besitzen: das ist die innere Freiheit.

Meister Eckhart

Fremde

Erst die Fremde lehrt uns, was wir an der Heimat besitzen.

Theodor Fontane

Freude

Ausgestrahlte Freude strahlt immer zurück.

Zenta Maurina

Das ist das Herrliche an jeder Freude, dass sie unverdient kommt und niemals käuflich ist.

Hermann Hesse

Das Leben wird ein Fest, wenn du dich freuen kannst an einfachen, alltäglichen Dingen.

Phil Bosmans

Das Schönste, was es in der Welt gibt, ist ein leuchtendes Gesicht.

Albert Schweitzer

Das Vergnügen ist der Feind der Freude.

Romano Guardini

Der beste Weg, sich selbst eine Freude zu machen, ist: zu versuchen, einem anderen eine Freude zu bereiten.

Mark Twain

Der Glaube hat nicht nur den Sinn, sondern auch die Freude in die Welt gebracht.

Paul Claudel

Der Mensch ist für die Freude geschaffen – und die Freude ist für den Menschen.

Franz von Sales

Der Mensch ist nicht zum Vergnügen, sondern zur Freude geboren.

Paul Claudel

Der Standard der Freude sollte von Jahr zu Jahr wachsen dürfen.

Prentice Mulford

Die einzige Sache, die wir in unserem Leben meistens nicht ernst genug nehmen, ist die Freude und der Humor.

Phil Bosmans

Die Freude Gottes spiegle sich in deinem Gesicht, Freude für alle, die dich sehen. Gottes Gegenwart erhalte dich, die Engel Gottes mögen dich schützen.

Irischer Segensspruch

Die Freude ist das Salz im menschlichen Leben. Ohne Freude ist alles abgeschmackt.

Johann Jakob W. Heinse

Die Freude ist das vitalste Lebenselement.

Hildegard von Bingen

Die Freude ist unser göttliches Erbteil. Nur sie kann uns beglücken. Sie hat eine so mächtige Beziehung zu unserem Herzen, dass dieses ohne sie keine Ruhe findet. Gott schuf die Freude zu unserem Besten.

Franz von Sales

Die Freude steckt nicht in den Dingen, sondern im Innersten unserer Seele.

Thérèse von Lisieux

Die Freude, das kostbarste Lebenselixier, eine herrliche Medizin zur Verlängerung unseres Lebens.

C. L. Schleich

Die Freuden des Himmels mögen durch zwei Dinge gesteigert werden: dass Gott dich beim Namen ruft und dass dein Schutzengel ein Loblied auf dich anstimmt.

Irischer Segensspruch

Die Geduld ist der Schlüssel zur Freude.

aus Arabien

Die schönste Freude erlebt man immer da, wo man sie am wenigsten erwartet.

Antoine de Saint-Exupéry

Die Seele nährt sich von dem, woran sie sich freut.

Augustinus

Einfach sich freuen ist wichtiger als alle materiellen Errungenschaften.

Charles A. Lindbergh

Es gibt viele Freuden in unseres Herrgottes Welt, man muss sich nur aufs Suchen verstehen.

Søren Kierkegaard

Es ist ein ungeheures Glück, wenn man fähig ist, sich freuen zu können.

George Bernard Shaw

Freude im Übermaß zeugt Kummer.

Chinesisches Sprichwort

Freude – welch eine Urkraft, mächtig genug, um die Welt aus den Angeln zu heben.

Elisabeth Langgässer

Freude ist ein Zeichen, dass man dem Licht nahe ist.

Edith Stein

Freude ist eine gesunde Kost.

Chinesisches Sprichwort

Freude ist Gebet, Freude ist Stärke, Freude ist Liebe, Freude ist ein Netz von Liebe, mit dem man Seelen fangen kann.

Mutter Teresa

Freude ist keine Gabe des Geistes; sie ist eine Gabe des Herzens.

Ludwig Börne

Freude ist Kraft. Wer tief froh ist, kann viel leichter gut sein.

Werner de Boor

Freude ist, wo man die Vergangenheit annimmt und gern in die Zukunft blickt.

Adalbert Ludwig Balling

Freude öffnet, Traurigkeit verschließt das Herz.

Franz von Sales

Freude und Schmerz sind gleich kostbare Gaben, und es gilt, sie eines wie das andere völlig auszukosten, jedes in seiner Reinheit, ohne dass man sie zu vermischen sucht.

Simone Weil

Freude wird jedes Mal dein Abendrot sein, wenn du den Tag nützlich zugebracht hast.

Thomas von Aquin

Freude, Mäßigkeit und Ruh' schließen dem Arzt die Türe zu.

Friedrich von Logau

Freude, mein Lieber, ist die Medizin des Lebens.

Ernest Hemingway

Freuden sind unsere Flügel, Schmerzen und Sporen.

Jean Paul

Freue dich, weil Gott dich liebt!

Hildegard von Bingen

Freue dich, so viel du kannst; Freude macht stark.

Dietrich Bonhoeffer

Frohsinn und Freude ist eine Form der Erfüllung des göttlichen Willens.

Leo Tolstoi

Geteilte Freude ist doppelte Freude, geteilter Schmerz ist halber Schmerz.

Christoph August Tiedge

Gott ist der Gott der Freude. Die Freude ist also die echte religiöse Haltung.

Franz von Sales

Ich habe erkannt, dass es wichtig ist, sich selbst zu lieben. Nur wer sich selbst liebt, kann Freude weitergeben und wahre Freunde gewinnen.

Gabriele Riedel

Ich schlief und träumte: Das Leben wäre Freude. Ich erwachte und sah: Das Leben ist Pflicht. Ich handelte, und siehe das Leben war Freude.

Rabindranath Tagore

In Gott sollst du dich freuen. Das ist nur möglich, wenn du dich über etwas Schönes freust.

Franz von Sales

Je freudloser die Welt ist, desto mehr sollten wir uns bemühen, Licht und Freude zu verbreiten.

Clemens August Graf von Galen

Kleine Freuden sind die Stufen zum Glück.

Brigitte Theilen

Mach einem Menschen Freude, und es beglückt dein eigenes Ich.

Theodor Hieck

Man soll die Leute froh machen! Es macht mich glücklich, die Leute glücklich zu sehen.

Louis Armstrong

Nichts gelingt gut, außer man vollbringt es mit Freude.

Thomas von Aquin

Niemand besitzt die wahre Freude, wenn er nicht in der Liebe ist.

Thomas von Aquin

Ohne Freude, ohne Erheiterung kann das Menschenherz nicht sein, am wenigsten in der Jugend.

Adolph Kolping

Reich sein an Freuden hängt nicht vom Geldbeutel ab, sondern vom Herzen.

Jeremias Gotthelf

Schenke mir, Gott, jeden Tag ein wenig Freude; denn kaufen kann ich sie nicht.

Paul Roth

Seine Freude in der Freude des anderen finden zu können – das ist das Geheimnis des Glücks.

Georges Bernanos

Traurig sein ist etwas Natürliches. Vielleicht ein Atemholen zur Freude.

Paula Modersohn-Becker

Unser Glück ist abhängig von den Umständen. Unsere Freude ist abhängig von unserer Herzensbeziehung zu Gott.

Maria Prean

Wahre Freuden sind still und verlangen die Stille.

Ruth Schaumann

Was die Sonne für die Natur, das ist die Freude für unser Leben.

Augustin Wibbelt

Wenn du an dir nicht Freude hast, die Welt wird dir nicht Freude machen.

Paul Heyse

Wenn wir wüssten, wie kurz das Leben ist, wir würden uns gegenseitig mehr Freude machen.

Ricarda Huch

Wer Freude genießen will, muss sie teilen. Das Glück wurde als Zwilling geboren.

Lord Byron

Wer sich freuen kann, der soll nicht warten bis morgen.

Johann Heinrich Pestalozzi

Wie viele Freuden werden zertreten, weil die Menschen meist nur in die Höhe gucken und, was zu ihren Füßen liegt, nicht sehen!

Frau Rat Goethe

Wir sind alle aus der Freude geboren und kehren zu ihr zurück.

Waldemar Bonsels

Wir wurden dazu erschaffen, Freude in die Welt zu tragen, damit wir einander und damit wir Gott lieben können.

Mutter Teresa

Wo man Liebe aussät, da wächst Freude empor.

William Shakespeare

Freuden des Geistes

Die Freuden des Geistes sind Heilmittel gegen die Wunden des Herzens.

Madame de Staël

Freuden, kleine

Die Welt ist voll von kleinen Freuden, die Kunst besteht darin, sie zu sehen.

unbekannt

Freund

Alle Schätze dieser Erde wiegen nicht einen guten Freund auf.

Voltaire

Allzu große Nähe hindert manchmal, dass Freunde sich gegenseitig klar erkennen.

Gertrud von Helfta

Deine Ratschläge sollen dem Freund nicht schmeicheln, sondern helfen.

Solon

Der einzige Weg, Freunde zu haben, ist Freund zu sein.

Aristoteles

Den wahren Freund erkennt man in der Not.

Quintus Ennius

Der Freund erweist zu jeder Zeit Liebe, als Bruder für die Not wird er geboren.

Spr 17,17

Die eigentliche Aufgabe eines Freundes ist es, dir beizustehen, wenn du im Unrecht bist. Jedermann ist auf deiner Seite, wenn du im Recht bist.

Mark Twain

Du bist es, ein Mensch aus meiner Umgebung, mein Gefährte, mein Freund, mein Vertrauter.

Ps 55,14

Ein Freund ist ein Mensch, vor dem man laut denken kann.

Ralph Waldo Emerson

Ein Freund ist gleichsam ein anderes Ich.

Marcus Tullius Cicero

Ein Freund ist jemand, der die Melodie deines Herzens kennt und sie dir vorsingt, wenn du sie vergessen hast.

Griechisches Sprichwort

Ein guter Freund ist mehr wert als hundert Verwandte.

Deutsches Sprichwort

Ein wahrer Freund ist der, der deine Hand nimmt, aber dein Herz berührt.

unbekannt

Ein wahrer Freund trägt mehr zu unserem Glück bei als tausend Feinde zu unserem Unglück.

Marie von Ebner-Eschenbach

Es gibt keinen größeren Schmeichler als das eigene Ich und kein besseres Mittel gegen Selbstbeweihräucherung als die Offenheit eines Freundes.

Francis Bacon

Es ist leichter, einem Feind zu vergeben als einem Freund.

Dorothee Deluzy

Es muss Herzen geben, welche die Tiefe unseres Wesens kennen und auf uns schwören, selbst wenn die ganze Welt uns verlässt.

Karl Gutzkow

Gäbe man einem Menschen alle Herrlichkeit der Welt, was hilft's, wenn er keinen Freund hat, dem er es sagen kann?

Catharina Elisabeth Goethe

Geh eine Meile, einen Kranken zu besuchen, zwei, um Frieden zu stiften und drei, um einen Freund zu sehen.

Arabische Weisheit

Gern verzeihen wir unseren Freunden die Fehler, die uns nicht betreffen.

Luc de Clapiers Vauvenargues

Herr, schick mir die strengen Freunde, die mich nach falschen Tönen abklopfen.

Kurtmartin Magiera

Ich brauche keinen Freund, der sich jedesmal mit mir verändert und mein Kopfnicken erwidert, denn das tut mein Schatten weit besser.

Plutarch

In den Tagen höchsten Glückes soll man besonders auf den Rat seiner Freunde hören und ihnen sogar noch mehr Gewicht einräumen als zuvor. Das sind gerade die Zeiten, in denen wir uns hüten müssen, Schmeichlern unser Ohr zu leihen.

Marcus Tullius Cicero

Jeder Freund ist des anderen Sonne und Sonnenblume zugleich.

Jean Paul

Jedermann kann für die Leiden eines Freundes Mitgefühl aufbringen. Es bedarf aber eines wirklich edlen Charakters, um sich über die Erfolge eines Freundes zu freuen.

Oscar Wilde

Keine Straße ist lang mit einem Freund an der Seite.

aus Japan

Mein Freund muss kein Freund der ganzen Welt sein.

Gotthold Ephraim Lessing

Menschen zu finden, die mit uns fühlen und empfinden, ist wohl das schönste Glück auf Erden.

Carl Spitteler

Ohne Freunde können wir kein vollkommenes Leben haben.

Dante Alighieri

Wer einen Engel zum Freund hat, braucht die ganze Welt nicht zu fürchten.

Martin Luther

Freunde

Es ist nicht so sehr die Hilfe der Freunde, die uns hilft, als vielmehr das vertrauensvolle Wissen, dass sie uns helfen werden.

Epikur

Es ist schlimm, erst dann zu merken, dass man keine Freunde hat, wenn man Freunde bräuchte.

Plutarch

Freunde sind eine Gabe Gottes.

Johann Georg Hamann

Freunde sind Gärten, in denen man sich ausruhen kann.

Antoine de Saint-Exupéry

Freunde sind nie heimatlos, denn einer wohnt in des anderen Herzen.

Rabindranath Tagore

Freunde zu haben, bedeutet, reich zu sein.

Spanisches Sprichwort

Gott sende dir Freunde auf deinem Lebensweg, geistige Gefährten. Er gebe dir gute Stunden des Gesprächs mit ihnen, das beglückende Gefühl beim Austausch von Erfahrungen und Erkenntnissen.

Hildegunde Wöller

Höret den Rat verständiger Freunde, das hilft euch am besten.

Johann Wolfgang von Goethe

Ich wünsche dir Freunde, hilfreiche und störende, solche, die du brauchst, solche, die dich brauchen.

Jörg Zink

Manche Menschen sind wie ein Spiegel, der uns hilft, in die verborgenen Winkel unserer Seele zu schauen.

Jochen Mariss

Miteinander plaudern und lachen, sich Gefälligkeiten erweisen, ... das ist es, was man an Freunden liebt.

Augustinus

Neuer Freunde Wort erklingt dem Ohr beredter als gewohnter Freunde Trost.

Euripides

Setzt eure Zelte weit auseinander, aber nähert eure Herzen.

Arabisches Sprichwort

Sich Freunde aussuchen? – Welch ein Irrtum! Denn Freunde sind die Geschenke des Himmels, und es sind gerade jene, die uns als Nichtausgesuchte zufallen.

Maria-Theresia Radloff

Vielerlei brauche ich zu einem erfüllten Leben: Freunde, mit denen ich Glück und Unglück teilen kann, leidenschaftliche Liebe, geistige Ansprache und den Luxus der Einsamkeit.

Anne Ranasinghe

Wer keine Freunde hat, lebt nur zur Hälfte.

Französisches Sprichwort

Wessen wir am meisten im Leben bedürfen, ist jemand, der uns dazu bringt, das zu tun, wozu wir fähig sind.

Ralph Waldo Emerson

Wirklich gute Freunde sind Menschen, die sich ganz gut kennen und trotzdem zueinander halten.

Marie von Ebner-Eschenbach

Zwei Freunde müssen sich im Herzen ähneln, in allem anderen können sie grundverschieden sein.

Sully Prudhomme

Freundlichkeit

Am wertvollsten sind die Menschen, die es schaffen, anderen Menschen ein Lächeln ins Gesicht zu zaubern!

unbekannt

Bewähre dich, sei stark, freundlich, klug, und du hast gewonnen.

Katharine Mansfield

Ein freundlicher Blick durchdringt die Düsternis wie ein Sonnenstrahl.

Albert Schweitzer

Ein freundliches Wort kostet nichts und ist doch das schönste aller Geschenke.

Daphne du Maurier

Freundliche Worte können kurz und leicht ausgesprochen werden, aber ihr Nachklang ist unendlich.

Mutter Teresa

Freundlichkeit gegen jedermann ist die erste Lebensregel, die uns manchen Kummer ersparen kann.

Helmuth von Moltke

Freundlichkeit ist eine Höflichkeit des Herzens, die der Liebe verwandt ist.

Johann Wolfgang von Goethe

Freundlichkeit ist eine Sprache, die Taube hören und Blinde lesen können.

Mark Twain

Ihr sollt nicht Wunder tun und dabei unfreundlich sein; da ist es mir lieber, ihr macht Fehler und seit dabei fröhlich.

Mutter Teresa

Freundschaft

Auch als Freundschaft dringt heimlich die Liebe ins Herz.

Ovid

Der eigentliche Kern der Freundschaft, ein Glaube, ein Hoffen, ein gemeinsames Werk! Es liegt eine große Freude darin.

Annette von Droste-Hülshoff

Die Freundschaft lässt sich nicht von der Wirklichkeit trennen, genauso wenig wie das Schöne. Sie ist ein Wunder, wie das Schöne. Und das Wunder besteht einfach in der Tatsache, dass sie existiert.

Simone Weil

Egoismus ist das Gift der Freundschaft.

Honoré de Balzac

Eine vollkommene Freundschaft gibt es nur zwischen guten und an Rechtschaffenheit sich gleichstehenden Menschen.

Aristoteles

Es gibt einige Freundschaften, die im Himmel beschlossen sind und auf Erden vollzogen werden.

Matthias Claudius

Es gibt nichts Schöneres im Leben als die Freundschaft; du hast jemand, dem du dein Innerstes öffnen, dem du Geheimnisse mitteilen und das Verborgene deines Herzens zeigen kannst.

Ambrosius

Freundschaft – das ist wie Heimat.

Kurt Tucholsky

Freundschaft ist die Blüte eines Augenblicks und die Frucht der Zeit.

August von Kotzebue

Freundschaft ist die Ehe der Seelen.

Voltaire

Freundschaft ist nicht nur ein köstliches Geschenk, sondern auch eine dauernde Aufgabe.

Ernst Zacharias

Freundschaft ist so etwas wie Liebe mit Verstand.

Sabine Sauer

Freundschaft verzaubert. Sie macht gute Zeiten noch besser und lässt uns die schlechten vergessen.

Maeve Binchy

Freundschaft: ein Weiterwerden des Lebens.

Rudolf Eucken

In der Freundschaft müssen beide Teile gleich viel geben und empfangen können. Jedes zu große Übergewicht von einer Seite, alles, was die Gleichung hebt, stört die Freundschaft.

Adolf Freiherr von Knigge

Liebende Freundschaft überwindet alles!

Francesco Petrarca

Man kann den Wert einer Freundschaft an ihren Blättern, Blüten und Früchten erkennen.

Franz von Sales

Nur auf dem Weg der Freundschaft kann man einen Menschen richtig erkennen.

Aurelius Augustinus

Ohne Worte werden in der Freundschaft alle Gedanken, alle Wünsche, alle Erwartungen geboren und geteilt, mit einer Freude, die keiner Bestätigung bedarf.

Khalil Gibran

Treue Liebe kann zwischen Menschen von sehr verschiedenem, dauernde Freundschaft nur zwischen Menschen von gleichem Werte bestehen. Aus diesem Grunde ist die zweite viel seltener als die erste.

Marie von Ebner-Eschenbach

Von allen Dingen, die das Glück des Lebens ausmachen, schenkt die Freundschaft uns den größten Reichtum.

Epikur

Wahre Freundschaft ist so selten wie ein Haupttreffer in der Lotterie.

Lebensweisheit

Wahre Freundschaft scheut sich nicht, auch unangenehme Dinge zu sagen, wenn sie notwenig sind.

Christoph Martin Wieland

Wahre Freundschaft setzt eine Seelenidentität voraus, die man selten im Leben findet. Nur zwischen gleichen Naturen kann eine Freundschaft dauerhaft bestehen.

Mahatma Gandhi

Wenn die Jahre wachsen, erkennt man den Wert der Freundschaft immer tiefer.

Adalbert Stifter

Wenn man einen Menschen in Freundschaft liebt, wünscht man, ihn glücklich zu sehen.

Sully Prudhomme

Würde man die Freundschaft aus der Welt entfernen, dann wäre das Zusammenleben der Menschen zerstört.

Marcus Tullius Cicero

Frieden

Aus Geduld geht der unschätzbare Frieden hervor, welcher das Glück der Welt ist.

Balthasar Gracian y Morales

Das größte menschliche Gebet bittet nicht um den Sieg, sondern um Frieden.

Dag Hammarskjöld

Den ungerechten Frieden finde ich immer noch besser als den gerechten Krieg.

Marcus Tullius Cicero

Der Friede ist ein Baum, der eines langen Wachstums bedarf.

Antoine de Saint-Exupéry

Der Friede kommt auf die Erde nur durch die Herzen der einzelnen Menschen; er findet keine anderen Tore.

Joseph Wittig

Die Rücksicht auf das Rechte des anderen – das ist Friede.

Benito Juarez

Ehre sei Gott in der Höhe, und Friede auf Erden bei den Menschen seiner Gnade.

Lk 2,14

Ein friedvoller Mensch wendet alles zum Guten.

Thomas von Kempen

Ein Mensch des Gebetes ist in Frieden mit sich und der ganzen Welt.

Mahatma Gandhi

Einem jeden Menschen gib seinen Frieden, wenn du es vermagst, ohne dich selbst zu erniedrigen.

Hadewijch

Erst wenn der Mensch in sich selber Frieden gefunden hat, kann er darangehen, ihn in der ganzen Welt zu suchen.

Martin Buber

Es gab noch nie einen guten Krieg oder einen schlechten Frieden.

Benjamin Franklin

Frieden erhalten ist besser als Frieden schließen.

Martin Luther

Frieden ist dort, wo Gerechtigkeit ist.

Josef Viktor Stummer

Frieden ist nie allein Sache der anderen, sondern immer auch ein Stück Arbeit an dir selbst.

Adalbert Ludwig Balling

Frieden wird erst sein, wenn Jesus in uns geboren wird, wenn die grenzenlose Liebe Gottes durch mich hindurch scheint, wenn ich selbst der sanfte Wind werde, der mich trägt, ruhig und klar und ohne Angst.

Corinna Mühlstedt

Frieden wird nur sein, wenn uns das Wohl des Gegners ebenso am Herzen liegt wie das eigene.

Hannelore Frank

Hat man sich mit jemandem entzweit, soll man vor Sonnenuntergang wieder Frieden schließen.

Benedikt von Nursia

Lass uns täglich über die Brücke der Versöhnung gehen, damit die Welt und wir den wahren Frieden finden.

Hubert Janssen

Man muss den Mut haben, in eine Richtung zu gehen, in die bisher noch niemand gegangen ist. Ohne diesen Mut können Völker und Systeme in diesen Zeiten weder einander näher kommen, noch kann man den Frieden herstellen!

Papst Johannes Paul II.

Selig, die Frieden stiften; denn sie werden Söhne Gottes genannt werden.

Mt 5,9

Selig ist der Mensch, der mit sich in Frieden lebt. Es gibt auf Erden keine größeres Glück.

Matthias Claudius

Suche den Frieden und jage ihm nach.

Benedikt von Nursia

Wenn die Macht der Liebe die Liebe zur Macht überwindet, erst dann wird die Welt den Frieden kennen lernen.

Jimi Hendrix

Wenn jeder da, wo er lebt, Jesus Christus ernst nimmt, dann wird Friede sein.

Mutter Teresa

Wenn man Frieden will, muss man immer der sein, der zuerst die Hand reicht.

Yitzak Rabin

Will jemand in Frieden leben, muss der Friede aus ihm selbst kommen.

unbekannt

Willst du in Frieden mit dir selbst leben, versuche nicht, mehr zu sein, als du bist, aber sei das, was du bist, ganz.

Richard Wagner

Wo es Friede und Meditation gibt, da herrschen weder Sorge noch Zweifel.

Franz von Assisi

Wo Vertrauen ist, ist Liebe, wo Liebe ist, ist Frieden, wo Frieden ist, ist Wahrheit. Wo die Wahrheit ist, da ist Gott.

unbekannt

Frieden, innerer

Der Friede in deinem Herzen macht den Menschen, die dir nahe sind, das Leben schön.

Frère Roger

Der innere Friede hängt immer vom Menschen selbst ab: Der Mensch braucht zu seinem Glück im wahren Verstande nichts als ihn und braucht, um ihn zu besitzen, nichts als sich.

Wilhelm von Humboldt

Du darfst auf keinen Fall deinen inneren Frieden verlieren, auch dann nicht, wenn die Welt aus den Fugen zu geraten scheint.

Franz von Sales

Im Zustand des Schweigens findet die Seele ihren Weg in einem klaren Licht, und alles Trügerische und alle Täuschung lösen sich auf in kristallene Klarheit. Die Seele braucht Ruhe, um zu ihrer vollen Größe zu gelangen.

Mahatma Gandhi

Friedenslicht

Gute Gedanken sind das Friedenslicht der Welt.

Maria-Theresia Radloff

Friedfertigkeit

Ein friedfertiger Mensch bewirkt mehr Gutes als ein gelehrter.

Thomas von Kempen

Haltet Frieden untereinander!

1 Thess 5,13

Selig sind die Friedfertigen; denn sie werden Gottes Kinder heißen.

Mt 5,9

Vergeltet niemandem Böses mit Bösem; seid auf das Gute bedacht vor allen Menschen! Ist es möglich, soviel an euch liegt, haltet mit allen Menschen Frieden!

Röm 12,17–18

Friedhof

Der Friedhof liegt voller Menschen, ohne die die Welt nicht leben konnte.

Kurt Tucholsky

Fröhlichkeit

Das Fröhlichsein ist eine Pflicht, die sonderlich dem Christen zukommt.

Martin Luther

Dem Fröhlichen hilft Gott.

Don Bosco

Die Frömmigkeit und die Fröhlichkeit gehören innerlich zusammen.

Alfred Delp

Fröhlich sein, Gutes tun und die Spatzen pfeifen lassen.

Don Bosco

Ihr sollt nicht Wunder tun und dabei unfreundlich sein; da ist es mir lieber, ihr macht Fehler und seit dabei fröhlich.

Mutter Teresa

Nur dem Fröhlichen blüht der Baum des Lebens.

Ernst Moritz Arndt

Frohsinn

Frohsinn und Freude ist eine Form der Erfüllung des göttlichen Willens.

Leo Tolstoi

Frohsinnige Menschen sind ideenreich.

U. Taibai

Heiterkeit und Frohsinn sind die Sonne, unter der alles gedeiht.

Jean Paul

Herzensfreude ist Leben für den Menschen, Frohsinn verlängert ihm die Tage.

Sir 30,22

Frömmigkeit

Die Frömmigkeit und die Fröhlichkeit gehören innerlich zusammen.

Alfred Delp

Gott dienen und das Dasein genießen, ist nicht voneinander zu trennen. Frömmigkeit und Glück gehören zusammen.

Ludwig Marcuse

Fronleichnam

Das Fest von Fronleichnam ist ein seltsames Fest. Es feiert, was jeden Tag in der bescheidenen Stille der Kirche gefeiert wird: Das Geheimnis der Altäre. Es zeigt in festlichem Zug, was jeden Tag nicht nur gezeigt, sondern emfangen wird: Das heilige Brot des ewigen Lebens.

Karl Rahner

Frucht bringen

Nicht ihr habt mich erwählt, sondern ich habe euch erwählt und dazu bestimmt, das ihr hingeht und Frucht bringt und dass eure Frucht bleibt.

Joh 15,16

Frühling

Das Schönste am Frühling ist, dass er nur dann kommt, wenn man ihn am dringendsten braucht.

Jean Paul

Fügung

Alles fügt sich und erfüllt sich, musst es nur erwarten können.

Christian Morgenstern

Des Menschen Herz plant seinen Weg, doch der Herr lenkt seinen Schritt.

Spr 16,9

Führung

Nur zu dem, was man selbst übt, kann man andere führen.

Edith Stein

Fürbitte

Die Fürbitte ist der Weg aus der Untätigkeit zur Tat.

Eduard Wörmann

Fürbitten heißt: jemandem einen Engel senden.

Martin Luther

Fundament

Wer hohe Türme bauen will, muss lange beim Fundament verweilen.

Anton Bruckner

Furcht

Ein großer Teil der Sorgen besteht aus unbegründeter Furcht.

Carl Hilty

Es ist sonderbar, dass der Mensch sich nicht vor sich selbst fürchtet.

Friedrich von Schlegel

Furcht ist nicht in der Liebe, sondern die vollkommene Liebe treibt die Furcht aus.

1 Joh 4,18

Fürchte dich nicht und sei unverzagt, denn der Herr, dein Gott, ist mit dir bei allem, was du unternimmst.

Jos 1,9

Fürchte dich nicht, geh über die Brücke, überschreite, überwinde die Angst, und du wirst leben.

Ursula Krattiger

In jedem Fall ist Hoffen besser als Fürchten!

Jean Paul

Tapfer ist, wer von seiner Furcht keine Notiz nimmt.

George Patton

Überlass dich ganz Gott und hab keine Furcht. Er wird sich nicht entziehen und wird dich nicht fallen lassen.

Augustinus

Viele glauben nichts, aber fürchten alles.

Friedrich Hebbel

Wir müssen immerfort Deiche des Mutes bauen gegen die Flut der Furcht.

Martin Luther King

Furchtlosigkeit

Wald und freie Bergluft haben mich zur Furchtlosigkeit erzogen, zu gläubiger Lebensfreude, zu dankbarem Staunen vor aller Schönheit, zur Wissenschaft von der ewigen Wiederkehr des Frühlings.

Ludwig Ganghofer

Gabe

Jede Gabe ist eine Aufgabe.

Käthe Kollwitz

Geben

Aber frei will ich sein und ganz mein, und was ich gebe, das soll mich nicht binden.

Bettina von Arnim

Alles was man gibt, ist Gewinn, und was man nicht gibt, ist Verlust.

Christine von Schweden

Denn eine bekümmerte Seele ist Gott nahe, und Not führt zu dem, der geben und helfen kann, der aber wohl verachtet würde, wenn er immer und uneingeschränkt hülfe.

Gregor von Nazianz

Der hat immer etwas zu geben, dessen Herz voll Liebe ist.

Meister Eckhart

Es ist gut, zu geben – auf eine Bitte hin; doch besser ist es, ungebeten zu geben – aus Verständnis für des anderen Not.

Khalil Gibran

Geben macht reich, festhalten arm.

Eva von Tiele-Winckler

Ihr denkt stets an das, was ihr behalten oder verlieren könnt, denkt doch an das, was ihr geben könnt.

Romain Rolland

Leben heißt: geben und nehmen – oft nehmen wir zu viel.

Phil Bosmans

Nehmen füllt die Hände, Geben füllt das Herz.

Margarete Seemann

Nicht vom Geben, sondern vom Behalten werden wir krank.

Antoine de Saint-Exupéry

Niemand ist so arm, dass er nicht etwas zu geben hätte, und niemand ist so reich, dass er nichts zu empfangen brauchte.

Dom Hélder Câmara

Überlege einmal, bevor du gibst, zweimal, bevor du annimmst, und tausendmal, bevor du verlangst.

Marie von Ebner-Eschenbach

Was du weggibst, ist dein; was du behälst, geht dir verloren.

E. Punk

Wer liebt, gibt. Gibt immer. Und er hat in sich eine Fülle, die nie endet.

Chiara Lubich

Wir müssen das, was wir haben, froh und gerne geben.

Elisabeth von Thüringen

Gebet

Als mein Gebet immer andächtiger und innerlicher wurde, da hatte ich immer weniger und weniger zu sagen. Zuletzt wurde ich ganz still.

Søren Kierkegaard

Befiehl dem Herrn deinen Weg und vertrau ihm; er wird es fügen.

Ps 37,5

Beginne jedes Gebet damit, dass du dich in die Gegenwart Gottes versetzt. Daran halte dich ausnahmslos, und du wirst bald sehen, wie nützlich dir das ist.

Franz von Sales

Beten heiligt die Arbeit.

Jeremias Gotthelf

Beten heißt, Gott in unser Leben einlassen, so dass er uns hilft, unseren Nächsten ebenfalls einzulassen.

Louis Evely

Beten ist der Herzschlag des Glaubens. Bei Gott sind wir immer erwartet, immer willkommen, ohne jede Vorbedingung.

unbekannt

Beten ist die radikalste Form, sich einzumischen.

unbekannt

Beten ist mehr Lauschen als Sprechen.

Zenta Maurina

Betet Gott an, seid gerecht und wohltätig; das heißt Mensch sein.

Voltaire

Damit das Gebet fruchtbar wird, muss es aus dem Herzen kommen und das Herz Gottes erreichen.

Mutter Teresa

Das Gebet als letzte Hingabe an Gott gefasst, macht still, macht kindlich, macht objektiv.

Peter Wust

Das Gebet geht nicht durch das Gehirn, sondern durch das Herz.

Carlo Carretto

Das Gebet gibt uns ein reines Herz, und ein reines Herz kann Gott sehen.

Mutter Teresa

Das Gebet in der Frühe entscheidet über den Tag.

Dietrich Bonhoeffer

Das Gebet ist der Schlüssel am Morgen und der Riegel am Abend.

Mahatma Gandhi

Das Gebet ist die höchste Leistung, deren der Mensch fähig ist.

Edith Stein

Das Gebet ist eine der wesentlichsten Notwendigkeiten des modernen Menschen.

Papst Paul VI.

Das Gebet ist eine wunderbare Ergänzung unserer Mühen, aber es wäre ein gefährlicher Ersatz dafür.

Martin Luther King

Das Gebet macht das Herz weit, bis es fähig ist, Gott, der sich uns schenkt, aufzunehmen.

Mutter Teresa

Das Gebet ist Mutter und Ursprung aller Seelenerhebung.

Bonaventura

Das Gebet verbindet die Seele mit Gott.

Juliane von Norwich

Das Gebet, das ein Mensch mit aller Macht leistet, hat eine große Kraft.

Mechthild von Magdeburg

Das größte menschliche Gebet bittet nicht um den Sieg, sondern um Frieden.

Dag Hammarskjöld

Das gute Gebet hat nicht viele Worte, die rasch verhallen, sondern wenige Gedanken, die aus dem Herzen kommen und das Leben durchdringen.

Petrus Chrysologus

Das schönste Gebet ist ohne Worte. Es lebt gänzlich aus der Hingabe zu Gott.

Christa Franze

Das tägliche Gebet ist ein täglicher Schutz vor vielem sichtbaren und unsichtbaren Unglück.

Adolph Kolping

Der Mensch erlangt die Fülle des Gebets nicht, wenn er sich selbst auf bestmögliche Weise äußert, sondern erst, wenn er zulässt, dass Gott selbst im Gebet vollständig gegenwärtig wird.

Papst Johannes Paul II.

Der Mensch ist nie größer als dort, wo er kniet.

Papst Johannes XXIII.

Die Frucht des Gebetes ist ein tieferer Glaube, und die Frucht des Glaubens ist die Liebe. Die Frucht der Liebe ist das Dienen.

Mutter Teresa

Die großen Dinge des Daseins werden nur den betenden Geistern geschenkt.

Peter Wust

Die größte Hilfe ist uns das Gebet. Beten wir, so gibt Gott uns jene Kraft, die wir aus uns selbst nicht haben.

Alfons Maria von Ligouri

Diese drei bleiben uns: das Wort, das Werk und das Gebet. Am wirksamsten ist das Gebet.

Bernhard von Clairvaux

Durch das Gebet wird Zeit nicht versäumt, sondern gewonnen.

Erich Puzik

Durch Gebete weicht der Staub von der Seele und die Last vom Gewissen und die Angst aus dem Herzen.

Hermann Bezzel

Ein Amulett gegen Traurigkeit und Kleinmut der Seele ist das Gebet.

Vitus

Ein einziger dankbarer Gedanke gen Himmel ist das vollkommenste Gebet.

Gotthold Ephraim Lessing

Ein Mensch des Gebetes ist in Frieden mit sich und der ganzen Welt.

Mahatma Gandhi

Es ist besser zu beten, als über das Gebet zu sprechen.

unbekannt

Es muss auch Menschen geben, die für solche beten, die nie beten.

Victor Hugo

Es wäre schlimm, wenn man sich dem Gebet nur in verborgenen Winkeln hingeben könnte.

Teresa von Ávila

Gebet ist die Tür aus dem Gefängnis unserer Sorge.

Helmut Gollwitzer

Gott sortiert Gebete sicherlich nicht nach Konfessionen.

J. G. Herder

Gottes Wort und der Christen Gebet erhalten die Welt.

Martin Luther

Hände im Gebet zu falten, ist der Anfang eines Aufstandes gegen die Unordnung in der Welt.

Karl Barth

Ich habe Gott selten um das gebeten, was die Menschen »Glück« nennen. Ich bitte meist nur um die Kraft und Freudigkeit, meine Bestimmung zu erfüllen.

Friedrich Lienhard

Im Gebet kommen viele Dinge wieder ins Lot. Das Gebet hat heilende Kraft, macht ruhig, sachlich, objektiv, menschlich.

Peter Wust

Je mehr wir im stillen Gebet empfangen, desto mehr können wir in unserem tätigen Leben geben. Wir brauchen die Stille, um Seelen anrühren zu können.

Mutter Teresa

Lassen Sie es nie am Gebete fehlen, Sie finden darin die Fülle der göttlichen Gnaden.

Pauline von Mallinckrodt

Mit allerlei Bitten und Gebeten flehet allezeit im Geiste!

Eph 6,18

Mit Gift im Herzen kann man nicht beten.

Johannes Cassian

Nahe ist der Herr den zerbrochenen Herzen, er hilft denen auf, die zerknirscht sind.

Ps 34,19

Nicht alle beten, die in die Kirche gehen.

aus Irland

Nur das ehrliche, aufrichtige Gebet findet Erhörung; das heuchlerische Lippengebet wendet sich wie ein Fluch gegen den Urheber selber.

Adolph Kolping

Oft ist das Schweigen die einzige Möglichkeit, mein Gebet auszudrücken, aber Gott versteht alles.

Thérèse von Lisieux

Sei ein Mensch des Gebets, und du wirst ein Mensch des Friedens sein.

Léon Bloy

So bete ich das MISERERE, spreche das AMEN und hoffe auf das ALLELUJA.

Hugo Aufderbeck

Sprich mit Gott von deinem Leben, von deinen Plänen, von deinen Sorgen, von deinen Freunden, von deinen Befürchtungen, von allem, was dich bewegt.

Alfons Maria von Liguori

Trag oft dein Herz zu Gott und sei glücklich, dass du ihm gehörst.

Franz von Sales

Unsere Seelen sind so viel wert wie unser Gebet. Unsere Arbeit trägt in dem Maße Frucht, wie sie ein ehrliches Gebet hervorbringt.

Mutter Teresa

Von der Übernahme und Erfüllung der Verantwortung hängt es ab, ob es sich wirklich um ein Gebet oder um ein frommes Gerede handelt.

Alfred Delp

Wenn das einzige Gebet, das du während deines ganzen Lebens sprichst, »Danke« heißt, würde das genügen.

Meister Eckhart

Wenn wir beten, werden wir zu einem Strahl der Liebe Gottes: bei uns zu Hause, dort, wo wir leben, und schließlich für die ganze große Welt.

Mutter Teresa

Wer alles auf den Dienst Gottes richtet, für den ist alles Gebet.

Ignatius von Loyola

Wer betet, gibt Jesus Christus Raum in seinem Leben. Denn das Gebet ist die geöffnete Tür, durch die Jesus eintreten kann.

Peter Hahne

Wer sich als besserer Mensch vom Gebet erhebt, dessen Gebet ist erhört.

George Meredith

Wie die zarten Blumen willig sich entfalten und der Sonne stillehalten, lass mich so still und froh deine Strahlen fassen und dich wirken lassen.

Gerhard Tersteegen

Willst du, dass dein Gebet zu Gott aufsteigt, schaff ihm zwei Flügel: Fasten und Almosen geben.

Augustinus

Wir können und wir müssen unsere Arbeiten in ein Gebet verwandeln. Niemals können wir das Gebet durch Arbeit ersetzen.

Mutter Teresa

Geborgenheit

Du umschließt mich von allen Seiten und legst deine Hand auf mich.

Ps 139,5

Geborgenheit ist freilich ein stärkeres Wort für Glück.

Johann Wolfgang von Goethe

Liebe und Geborgenheit halten schützend ihre Flügel über dich.

Rita Tomasetti

Nur wer geborgen ist, kann sich wahrnehmen. Nur wer sich wahrnimmt, kann sich wandeln.

Sabine Naegeli

Gebote

Alles, was in den Geboten Gottes dir schwer scheint wird leicht und voll Wonne, wenn du die Liebe hast.

Antonius von Padua

Die Gebote des Herrn sind viele und doch nur eines; viele durch die Verschiedenheit der Werke, eines in der Wurzel der Liebe.

Gregor der Große

Die Wege des Herrn sind Huld und Treue denen, die seinen Bund und seine Gebote bewahren.

Ps 25,10

Die zehn Gebote sind deshalb so kurz und logisch, weil sie ohne Mitwirkung von Juristen zustande gekommen sind.

Charles de Gaulle

Ein neues Gebot gebe ich euch: Liebt einander! Wie ich euch geliebt habe, so sollt auch ihr einander lieben.

Joh 13,34

Gebrauch

Nicht in den Dingen liegt das Böse, sondern in dem unrechten Gebrauch.

Augustinus

Gebrechlichkeit

Glücklich ist der Mensch, der seinen Nächsten trägt in seiner ganzen Gebrechlichkeit, wie er sich wünscht, von jenem getragen zu werden in seiner Schwäche.

Franz von Assisi

Geburt

Aller Tod in der Natur ist Geburt, gerade im Sterben erscheint sichtbar die Erhöhung des Lebens.

Johann Gottlieb Fichte

Die Welt wird jedesmal neu erschaffen, wenn ein Kind geboren wird. Geboren zu werden bedeutet, dass uns eine ganze Welt geschenkt wird.

Jostein Gaarder

Ich wünsch dir so viel gute Zeit, als Sand im breiten Meere leit. Es soll dir so viel gut ergehen, als Sternlein an dem Himmel stehn. Es soll dich Gott so viel Mal segnen, als Tröpflein in sieben Jahren regnen.

Süddeutsches Sprichwort

In jedem Kind träumt Gott den Traum der Liebe, in jedem Kind wacht ein Stück Himmel auf, in jedem Kind blüht Hoffnung, wächst die Zukunft, in jedem Kind wird unsere Erde neu.

unbekannt

Jedes Kind, das zur Welt kommt, predigt sogleich das Evangelium der Liebe.

Karl Gutzkow

Kinder sind das lieblichste Pfand in der Ehe; sie binden und erhalten das Band der Liebe.

Martin Luther

Kinder sind eine Gabe Gottes, dass sie zur Welt kommen, ist ein Geschenk.

Ps 127,3

Wenn das Schreien eines Neugeborenen durch dein Haus dringt, lausche ihm wie einem Musikstück, und es wird dich weniger stören.

Chief Kitpou

Geburt Christi

Der Geburtstag des Herrn ist der Geburtstag des Friedens.

Leo der Große

Die Geburt Jesu in Betlehem ist keine einmalige Geschichte, sondern ein Geschenk, das ewig bleibt.

Martin Luther

Stern und Engel, Hirten und die Weisen künden uns das Große, was geschah. Und wir loben, danken und wir preisen, Gott ist nah!

Dietrich Bonhoeffer

Wird Christus tausendmal zu Betlehem geboren – und nicht in dir, du bleibst doch ewiglich verloren.

Angelus Silesius

Wir feiern Weihnachten, auf dass diese Geburt auch in uns Menschen geschieht. Wenn sie aber nicht in mir geschieht, was hilft sie mir dann? Gerade, dass sie auch in mir geschehe, darin liegt alles.

Meister Eckhart

Geburtstag

Ich habe Geburtstag, weil mir vor Jahren das Leben geschenkt wurde. Aber ich feiere Geburtstag, weil mir das Leben an jedem Tag neu geschenkt wird.

Rainer Haak

Mein Wunsch für dich: Deine Gaben sollen wachsen mit den Jahren. Gott hat sie dir geschenkt, und sie sollen die Herzen derer, die du liebst, mit Freude erfüllen. Und in jeder Stunde der Freude und des Leides wird Gott mit dir sein, dich segnen; und du mögest in seiner Nähe bleiben.

aus Irland

Vertraue die Vergangenheit Gottes Gnade an, die Gegenwart seiner Liebe und die Zukunft seiner Fürsorge.

Augustinus

Gedächtnis

Wer im Gedächtnis seiner Lieben lebt, der ist nicht tot, der ist nur fern. Tod ist nur, wer vergessen wird.

Immanuel Kant

Gedanken

Das Glück deines Lebens hängt von der Beschaffenheit deiner Gedanken ab.

Marc Aurel

Der rastlose Arbeitsmensch von heute hat tagsüber keine Zeit, sich Gedanken zu machen, und abends ist er zu müde dazu. Alles in allem hält er das für Glück.

George Bernard Shaw

Die Seele hat die Farbe deiner Gedanken.

Marc Aurel

Glück ist, wenn deine Gedanken, deine Worte und dein Tun im Einklang sind.

Mahatma Gandhi

Gute Gedanken sind das Friedenslicht der Welt.

Maria-Theresia Radloff

Man muss sich durch die kleinen Gedanken, die einen ärgern, immer wieder durchfinden zu den großen Gedanken, die einen stärken.

Dietrich Bonhoeffer

Von Zeit zu Zeit wünsche ich dir Gedankensprünge himmelhoch in Siebenmeilenstiefeln und dass deine Hoffnung dir voran dabei stets auf großem Fuße lebt.

Isabella Schneider

Was du mit dem Herzen denkst, holt der Verstand nicht ein.

Blaise Pascal

Was wir heute denken, werden wir morgen sein.

Weisheit

Wir lieben die Menschen, die frisch heraus sagen, was sie denken – falls sie das Gleiche denken wie wir.

Mark Twain

Gott wird diejenigen nicht vergessen, die sich selbst vergaßen, um an andere zu denken.

Augustinus

Gedenken

Der Mensch den wir lieben, ist nicht mehr da, wo er war, aber überall, wo wir seiner gedenken.

Augustinus

Sich auf ein wirkliches Erinnern und Gedenken einzulassen, ist in unserer lauten und schnellen Zeit ein großes Wagnis.

Eva Nees

Geduld

Ahme den Gang der Natur nach – ihr Geheimnis ist Geduld!

Ralph Waldo Emerson

Alles nimmt ein gutes Ende für den, der warten kann.

Leo Tolstoi

Aus Geduld geht der unschätzbare Frieden hervor, welcher das Glück der Welt ist.

Balthasar Gracian y Morales

Bäume sind Meister der Geduld: Sie bieten Schatten und liefern uns Obst, und Vögel nisten in ihren Zweigen ... Und lehren sie uns nicht jedes Jahr aufs neue, mit frischem Mut wieder anzufangen?

Dom Hélder Câmara

Dass ein Mensch ein ruhiges oder rastliches Leben in Gott hat, das ist gut; dass der Mensch ein mühevolles Leben mit Geduld erträgt, das ist besser; aber dass man Ruhe habe im mühevollen Leben, das ist das Allerbeste.

Meister Eckhart

Der Schlüssel zu allem ist Geduld. Nicht durch Aufschlagen, sondern durch Ausbrüten wird aus einem Ei ein Küken.

aus China

Der Mensch, der den Berg abtrug, war derselbe, der anfing, die kleinen Steine wegzutragen.

aus China

Die Liebe hat zwei Töchter: die Güte und die Geduld.

Japanisches Sprichwort

Die Geduld ist der Schlüssel zur Freude.

aus Arabien

Die Grundlage aller Demut ist immer Geduld – und das nicht nur mit anderen, sondern auch mit sich selbst und allen unseren Verrichtungen.

Christa Franze

Geduld ist das Einzige, das man verlieren kann, ohne es zu besitzen.

Georg Christoph Lichtenberg

Geduld ist das Zugpferd der Hoffnung.

unbekannt

Geduld ist die praktische Kunst zu hoffen.

Helene Matuschka

Geduld ist die Wurzel und Hüterin aller Tugenden.

Gregor der Große

Geduld ist ein langsamer, aber ein verlässlicher Baumeister.

Margarete Seemann

Geduld ist ein Pflaster für alle Wunden.

Cervantes

Geduld ist erlernbar, Geduld bringt großen Gewinn. Geduld ist eine göttliche Eigenschaft. Nur der Ungeduldige glaubt es noch nicht.

Hannelore Frank

Geduld ist mehr wert als hektische Geschäftigkeit.

Margery Kempe

Gegen Schmerzen der Seele gibt es nur zwei Arzneimittel: Hoffnung und Geduld.

Pythagoras

Hab Geduld in allen Dingen, vor allem mit dir selbst.

Franz von Sales

Humor und Geduld sind die Kamele, mit denen ich durch die Wüste komme.

Phil Bosmans

Ich lerne es täglich, lerne es unter Schmerzen, denen ich dankbar bin: Geduld ist alles!

Rainer Maria Rilke

Ich muss Geduld haben, nicht Vernunft, ich muss die Wurzeln tiefer treiben, nicht an den Ästen rütteln.

Hermann Hesse

Ist man in kleinen Dingen nicht geduldig, bringt man die großen Vorhaben zum Scheitern.

Konfuzius

Man muss ein halbes Leben daranwenden, um einzusehen, dass sich die Waage des Daseins nur im Gleichgewicht halten lässt, wenn man zweierlei in die Schalen legt: Geduld und Liebe.

Karl Heinrich Waggerl

Mit dir selbst hab Geduld – Gott hat sie auch.

Edith Stein

Mut und ausharren. Immer den nächsten gezeigten Schritt auch tun! Also treu sein im Kleinen und zugleich offen sein für ganz neue Schritte.

Katharina von Tobien

Säen bedeutet Geduld.

Maria-Theresia Radloff

Sei geduldig gegen jedermann!

1 Thess 5,14

Sich nicht über die Maßen wichtig nehmen! Geduldig sein gegen andere und auch gegen sich selbst. Geduldig auch gegen seine eigene Last.

Anna Schieber

Verzeihen ist mehr als Recht haben, Geduld ist stärker als Gewalt.

Romano Guardini

Warten gibt Stärke. Warten bringt die jungen Trauben zur Reife und wandelt, was nur sprossender keim war, zu kraftvoller Saat.

Ovid

Wer Geduld sagt, sagt Mut, Ausdauer, Kraft.

Marie von Ebner-Eschenbach

Würdest du wissen, wie viel Geduld Gott mit dir haben muss und hat, du würdest wohl etwas mehr Geduld mit anderen aufbringen.

Walter Goes

Gefahr

Die Furchtsame erschrickt vor der Gefahr, der Feige in ihr, der Mutige nach ihr.

Jean Paul

Große Gefahren haben das Schöne, dass sie die Brüderlichkeit von Fremdem ans Licht bringen.

Victor Hugo

Gefährten

Von allen Gefährten, die mich begleiten, ist mir keiner so treu geblieben wie der Schutzengel.

Clemens Brentano

Gefühl

Das Herz hat seine Gründe, die der Verstand nicht kennt.

Blaise Pascal

Die besten und schönsten Dinge auf der Welt kann man weder sehen noch anfassen. Man muss sie mit dem Herzen fühlen.

Helen Keller

Die Seele spürt, ob das, was sie in sich aufnimmt, mit ihrem eigenen Sein verträglich und dafür förderlich ist oder nicht.

Edith Stein

Es gibt kaum ein beglückenderes Gefühl, als zu spüren, dass man für andere Menschen etwas sein kann. Dabei kommt es gar nicht auf die Zahl, sondern auf die Intensität an.

Dietrich Bonhoeffer

Lerne denken mit dem Herzen, und lerne fühlen mit dem Geist.

Theodor Fontane

Mensch sein heißt, sich das Mitfühlen und Mitleiden mit den Menschen zu bewahren.

Albert Schweitzer

Was dein erstes Gefühl dir antwortet, das tue.

Heinrich von Kleist

Wo man am meisten fühlt, weiß man am wenigsten zu sagen.

Annette von Droste-Hülshoff

Gegenteil

Gerade das Gegenteil tun ist auch eine Nachahmung

Georg Christoph Lichtenberg

Gegenwart

Das Leben ist immer ein Werden, aber man darf nicht vergessen, es in der Gegenwart zu leben.

Jacques Salomé

Die Gegenwart ist die einzige Zeit, die uns wirklich gehört, und wir sollten sie nach Gottes Willen nutzen.

Blaise Pascal

Die Kinder kennen weder Vergangenheit noch Zukunft, und – was uns Erwachsenen kaum passieren kann – sie genießen die Gegenwart.

Jean de La Bruyère

Die Stunde ist kostbar. Warte nicht auf eine spätere, gelegenere Zeit.

Katharina von Siena

Für Gott gibt es keine Vergangenheit und keine Zukunft, für Gott ist alles Gegenwart.

Miguel de Cervantes Saavedra

Halte deine Stunden zusammen – denn du wirst weniger vom Morgen abhängen, wenn du das Heute erfasst.

Seneca

Halte immer an der Gegenwart fest. Jeder Zustand, ja jeder Augenblick ist von unendlichem Wert, denn er ist der Repräsentant einer ganzen Ewigkeit.

Johann Wolfgang von Goethe

Kümmere dich nicht um das, was irgendwo eines Tages in weiter Ferne in der Zukunft geschehen wird; überlege und achte genau auf das was jetzt, hier, an diesem Ort geschieht.

John Ruskin

Schau nicht traurig in die Vergangenheit. Sie kommt nicht mehr zurück. Verbessere lieber klug die Gegenwart. Sie ist dein.

Henry Wadsworth Longfellow

Über die Vergangenheit jammern, von der Zukunft träumen und die Gegenwart verschlafen: das ist der Bankrott des Lebens.

Josef Cascales

Vergangenheit ist Geschichte, Zukunft ist Geheimnis, und jeder Augenblick ist ein Geschenk.

Ina Deter

Wer die Gegenwart unzufrieden verachtet, dem kommen selten Tage des Friedens.

Jeremias Gotthelf

Wer mit seiner Geschichte nicht im Reinen ist, wird mit seiner Gegenwart nicht klarkommen und auch seine Zukunft nicht bewältigen können.

Theo Breul

Wer Vergangenes auf sich beruhen lassen kann, hat mehr Kraft und Energie für die Gegenwart und Zukunft.

Anton Oreto

Wer vor der Vergangenheit die Augen schließt, wird blind für die Gegenwart.

Richard von Weizsäcker

Zukunft bauen heißt: Die Gegenwart leben.

Antoine de Saint-Exupéry

Gegenwart Gottes

Beginne jedes Gebet damit, dass du dich in die Gegenwart Gottes versetzt. Daran halte dich ausnahmslos, und du wirst bald sehen, wie nützlich dir das ist.

Franz von Sales

Beten heißt, die Gegenwart Gottes erleben.

Franz von Sales

Gegner

Frieden wird nur sein, wenn uns das Wohl des Gegners ebenso am Herzen liegt wie das eigene.

Hannelore Frank

Man soll einem Gegner keine übleren Beweggründe zutrauen, als man selber hat.

James Berrie

Wer seinen Gegner umarmt, macht ihn bewegungsunfähig.

Tunesisches Sprichwort

Geheimnis

Der Anfang der Weisheit ist das Erfülltsein vom Geheimnis, dass es die Welt und das Leben gibt.

Albert Schweitzer

Es ist eine große Begabung, ein Geheimnis zu bewahren, diskret zu sein, nicht zu lauschen, nicht zu spionieren. Das ist eine große Kunst und wahrer Edelmut.

Stefan Kardinal Wyszyński

Gott hat in den Menschen viele wunderbare Geheimnisse gesät, die in ihm liegen und sind wie die Samen in der Erde.

Philippus Paracelsus

Gottes Geheimnisse begreift man nicht, man betet sie an.

Wilhelm von Humboldt

Hinter jedem Menschen steht ein großes Geheimnis, seine Geschichte, sein Weg, seine Umwege. Dieses Geheimnis zu ergründen, deines, meines, das Geheimnis des Lebens überhaupt – lohnt sich.

Margot Bickel

Was ist die Zeit? Ein Geheimnis – wesenlos und allmächtig.

Thomas Mann

Wenn du jedes Ding lieben wirst, dann wirst du das göttliche Geheimnis aller Dinge erschauen, und dann wirst du schließlich die ganze Welt mit jener umfassenden Liebe umfangen.

Fjodor M. Dostojewski

Wer den kleinsten Teil eines Geheimnisses hingibt, hat den anderen nicht mehr in der Gewalt.

Jean Paul

Wer wird sich dazu versteigen, über himmlische Dinge zu urteilen, wo ihm die irdischen noch rätselhaft sind?

Hieronymus

Gehorsam

Wer mit Milde befiehlt, dem gehorcht man gern.

Seneca

Geist

Alles Sichtbare ist nur die äußere Gestalt, in die sich ein Unsichtbares hüllt.

Gertrud von Le Fort

Das freie Meer befreit den Geist.

Johann Wolfgang von Goethe

Denn es ist doch zuletzt nur der Geist, der jede Technik lebendig macht.

Johann Wolfgang von Goethe

Der Geist ist die Atmosphäre der Seele.

Joseph Joubert

Du kannst den Geist nicht erzeugen. Du kannst ihn nur empfangen.

Bettina von Arnim

Ein fröhlicher Geist war schon immer ein idealer Wegweiser zu einem gesunden Körper.

Sri Chinmoy

Ein Mensch mit Geist ist viel, mit Charakter mehr, mit Herz alles.

Sprichwort

Geist ist die Kraft, Einheit zu geben, und ist darum eine schöpferische Kraft.

Leo Baeck

Ich weiß keine höhere Anweisung an den Geist als: Frag dich selber!

Bettina von Arnim

In deine Hände lege ich voll Vertrauen meinen Geist; du hast mich erlöst, Herr, du treuer Gott.

Ps 31,6

Jeder lebendige Geist wurzelt im Herzen.

Dimitrij S. Mereschkowskij

Lehre mich, deinen Willen zu tun; denn du bist mein Gott. Dein guter Geist leite mich auf ebenem Pfad.

Ps 143,10

Was du besitzest im Geist, das erkennst du, was du erkennst, das nimmt dich ein, was dich einnimmt, das erschließt dir eine neue Welt.

Bettina von Arnim

Geist Gottes

Geist des lebendigen Gottes, erfrische mich wie Tau am Morgen, forme mich, erfülle mich, sende mich.

Segen aus der ökumenischen Frauenarbeit

Was das Auge freut, erfrischt den Geist, und was den Geist erfrischt, erfrischt den Körper.

Prentice Mulford

Wen der Geist Gottes ergreift – den schüttelt er.

Meinolf Steinhofer

Wenn Gottes Geist in dir wohnt, so verdrängt er nicht deinen Geist.

Augustinus

Geiz

Die gefährlichsten Herzkrankheiten sind noch immer Hass, Neid und Geiz.

Pearl S. Buck

Gelassenheit

Alle Unordnung des inneren und des äußeren Menschen wird geordnet in der Gelassenheit, in der man sich lässt und Gott überlässt!

Meister Eckhart

Das Wichtigste im Leben ist, die innere Gelassenheit zu bewahren und niemals unseren Willen zu suchen, sondern den Willen Gottes.

Papst Johannes XXIII.

Den Puls des eigenen Herzens fühlen. Ruhe im Inneren, Ruhe im Äußeren. Wieder Atem holen lernen, das ist es.

Christian Morgenstern

Die Gabe der Ruhe und der Gelassenheit ist besonders notwendig. Mit ihr lassen sich alle Übel in Freude ertragen.

Papst Johannes XXIII.

Die Gelassenheit ist eine anmutige Form des Selbstbewusstseins.

Marie von Ebner-Eschenbach

Geborgenheit im Letzten gibt Gelassenheit im Vorletzten.

Romano Guarchini

Geh deinen Weg gelassen und ruhig inmitten des Lärms und der Hast dieser Zeit und erinnere dich, welcher Frieden in der Stille liegt.

Lebensregel von Baltimore

Gelassenheit gewinnt man nur in der Besinnung auf das Wesentliche.

Georg Moser

Gelassenheit wendet großes Unheil ab.

Koh 10,4

Gott gebe mir die Gelassenheit, Dinge hinzunehmen, die ich nicht ändern kann, den Mut, Dinge zu ändern, die ich ändern kann, und die Weisheit, das eine vom anderen zu unterscheiden.

Reinhold Niebuhr

Um den Gelassenen her wächst der Friede, und die Stille ist der Raum, in dem die Dinge sich klären.

Jörg Zink

Geld

Es gibt so viele Dinge, die man nicht mit Geld bezahlt, wohl aber mit einem Lächeln, einer Aufmerksamkeit, einem »Danke«.

Léon-Joseph Kardinal Suenens

Ich denke nie über Geld nach. Es kommt stets. Der Herr schickt es uns. Wir tun sein Werk, er sorgt für die Mittel. Wenn er sie uns nicht gibt, dann bedeutet das, dass er das Werk nicht wünscht. Wozu sich da aufregen?

Mutter Teresa

Gelegenheiten

Die Welt, so mangelhaft sie auch ist, sie ist dennoch schön und reich.Denn sie besteht aus lauter Gelegenheiten zur Liebe.

Søren Kierkegaard

Nichts wird so oft unwiederbringlich versäumt wie eine Gelegenheit, die sich täglich bietet.

Marie von Ebner-Eschenbach

Gelehrsamkeit

Der aus Büchern erworbene Reichtum fremder Erfahrung heißt Gelehrsamkeit. Eigene Erfahrung ist Weisheit.

Gotthold Ephraim Lessing

Geleit

Ich bin der Herr dein Gott, der dich leitet auf dem Wege, den du gehen sollst.

Jes 48,17

Eine Seele ist nie ohne Geleit der Engel, wissen doch diese erleuchteten Geister, dass unsere Seele mehr Wert hat.

Bernhard von Clairvaux

Geliebt werden

Das höchste Glück des Lebens ist die Gewissheit, dass wir geliebt sind.

Victor Hugo

Dies bedeutet Glück, das Glück schlechthin: zu lieben und zu spüren: Ich bin geliebt.

Chiara Lubich

Man braucht Geld zum Leben, aber Leben ist mehr als Geld haben. Zum Leben gehört das Lieben und Geliebtwerden.

Hugo Aufderbeck

Nichts macht uns feiger und gewissenloser als der Versuch, von allen Menschen geliebt zu werden.

Marie von Ebner-Eschenbach

Gelingen

Es sind die Mühen, die uns vorwärts bringen. Ohne Mühe gibt es kein Gelingen.

Friederike Weichselbaumer

Nichts gelingt gut, außer man vollbringt es mit Freude.

Thomas von Aquin

Gemeinsamkeiten

Die schönsten Erinnerungen sammelt man immer zu zweit.

Luise Rinser

Gemeinsamkeiten machen eine Beziehung angenehm, interessant wird sie jedoch erst durch die kleinen Verschiedenheiten.

Konfuzius

Wer etwas Eigenes haben will, verliert das Gemeinsame.

Thomas von Kempen

Gemeinschaft

Die Reife eines Menschen zeigt sich am deutlichsten an dem Dienst, den er in der Gemeinschaft leistet.

Pedro Arrupe

Lebe so mit den Menschen, als sähe es Gott; rede so mit Gott, als hörten es die Menschen.

Seneca

Nichts verändert und ermutigt uns mehr als die innere Gemeinschaft mit Gott, seinem Licht und seiner Liebe.

Helmut Blatt

Treu ist Gott, durch den ihr berufen worden seid zur Gemeinschaft mit seinem Sohn Jesus Christus, unserem Herrn.

1 Kor 1,9

Gemüt

Ein fröhliches Herz tut dem Leib wohl, ein bedrücktes Gemüt lässt die Glieder verdorren.

Spr 17,22

Frohes Gemüt kann Schnee in Feuer verwandeln.

aus Spanien

Sage dir immer: ich kann, wenn noch so einsam, an allen Orten glücklich sein; denn glücklich ist, wer sich selbst ein glückliches Los bereitet, dies ist: gute Gemütsstimmung, gute Neigungen, gute Handlungen.

Marc Aurel

Gemütsruhe

Ein Hauptstudium der Jugend sollte sein, die Einsamkeit ertragen lernen, weil sie eine Quelle des Glücks und der Gemütsruhe ist.

Arthur Schopenhauer

Generationen

Jede Generation lächelt über die Väter, lacht über die Großväter und bewundert die Urgroßväter.

William Somerset Maugham

Sei nicht zu stolz, einen jüngeren Mitbruder um Rat zu bitten!

Benedikt von Nursia

Genie

Das Genie beginnt die schönen Werke, aber nur die Arbeit vollendet sie.

Joseph Joubert

Dem Genie, dem das Lächeln fehlt, fehlt ein Flügel.

Italienisches Sprichwort

Genügsamkeit

Ist der Mensch mäßig und genügsam, so ist auch das Alter keine schwere Last; ist er es nicht, so ist auch die Jugend voller Beschwerden.

Plato

Weniger zu brauchen ist besser als mehr zu haben.

Augustinus

Genuss

Die allein sind imstande, wahrhaft die Welt zu genießen, die mit der unsichtbaren Welt beginnen.

John Henry Newman

Genießen heißt gebrauchen mit Freude, nicht in der Hoffnung, sondern in der Wirklichkeit.

Augustinus

Lebenskunst ist die Fähigkeit, gerade das Einfache besonders zu genießen.

Thomas Romanus Bökelmann

Gerechtigkeit

Ein von Zorn getrübtes Auge sieht nicht mehr, was recht oder unrecht ist.

Bernhard von Clairvaux

Gerechtigkeit ohne Barmherzigkeit ist lieblos, Barmherzigkeit ohne Gerechtigkeit ist entehrend.

Friedrich von Bodelschwingh

Man kann nicht gerecht sein, wenn man nicht menschlich ist.

Luc de Clapiers Vauvenargues

Man kommt nicht als Gerechter auf die Welt, man wird es. Wer ein Gerechter geworden ist, muss an sich selber arbeiten, damit er es bleibt.

Elie Wiesel

Sei gerecht, ehe du großmütig bist.

Elisabeth Fry

Wenn die Güte ihr nicht vorausgeht, ist die Gerechtigkeit ein trockenes Brot

Madeleine Delbrêl

Gerede

Wenn du nichts Gutes über einen anderen zu sagen weißt, sage überhaupt nichts.

Philippinische Weisheit

Gesang

Halte dich an Gott. Mache es wie der Vogel, der nicht aufhört zu singen, auch wenn der Ast bricht. Denn er weiß, dass er Flügel hat.

Don Bosco

Vögel singen in einer Welt, die krank, lieblos, ungerecht ist. Vielleicht haben sie Recht.

Andrea Schwarz

Geschäfte

Sei am Tag mit Lust bei den Geschäften, aber mache nur solche, dass du nachts ruhig schlafen kannst.

Thomas Mann

Geschehnisse

Ist eine Sache geschehen, dann rede nicht darüber, es ist schwer, verschüttetes Wasser wieder zu sammeln.

Chinesische Weisheit

Geschenk

Besser ein kleines Geschenk als ein großes Versprechen.

Französisches Sprichwort

Das Herz ist ein Gut, das man nicht verkaufen oder kaufen, sondern nur verschenken kann.

Gustave Flaubert

Der hat nicht viel gegeben, der nicht sich selbst geschenkt hat.

J. M. Perrin

Die Geburt Jesu in Betlehem ist keine einmalige Geschichte, sondern ein Geschenk, das ewig bleibt.

Martin Luther

Ein freundliches Wort kostet nichts und ist doch das schönste aller Geschenke.

Daphne du Maurier

Glücklich ist einer, der bereit ist, Zeit zu verschenken, auch wenn er keine hat.

Adalbert Ludwig Balling

Immer, wenn ich mitten im Alltag innehalte und gewahr werde, wie viel mir geschenkt ist, werden die zahllosen Selbstverständlichkeiten zu einer Quelle des Glücks.

Gustave Flaubert

Nichts öffnet das Herz so sehr wie die Aufmerksamkeit, die man einem Menschen schenkt.

Léon-Joseph Kardinal Suenens

Sich Freunde aussuchen? – Welch ein Irrtum! Denn Freunde sind die Geschenke des Himmels, und es sind gerade jene, die uns als Nichtausgesuchte zufallen.

Maria-Theresia Radloff

Geschichte

Die Geschichte soll nicht das Gedächtnis beschweren, sondern den Verstand erleuchten.

Gotthold Ephraim Lessing

Für unsere eigene Geschichte sind wir alle zuständig.

Walter Dirks

Jesus Christus ist der Schlüssel der Historie.

Johannes von Müller

Hinter jedem Menschen steht ein großes Geheimnis, seine Geschichte, sein Weg, seine Umwege. Dieses Geheimnis zu ergründen, deines, meines, das Geheimnis des Lebens überhaupt – lohnt sich.

Margot Bickel

Liebe deine Geschichte! Es ist der Weg, den Gott mit dir gegangen ist.

Leo Tolstoi

Geschöpf

Die Geschöpfe sind die Fußspuren Gottes.

Gregor der Große

Jedes Geschöpf ist mit einem anderen verbunden, und jedes Wesen wird durch ein anderes gehalten.

Hildegard von Bingen

Jedes Kind ist kostbar. Jedes ist ein Geschöpf Gottes.

Mutter Teresa

Was kann der Schöpfer lieber sehen als ein fröhliches Geschöpf.

Gotthold Ephraim Lessing

Gesellschaft

Habt keine Angst vor den Mächtigen dieser Welt; zieht euch nicht zurück angesichts von Kritik und Unverständnis. Der beste Dienst, den wir unserer Gesellschaft leisten können, ist, ihr ständig das Wort und die Verheißung Gottes in Erinnerung zu rufen und ihr seine Heilswege anzubieten.

Papst Johannes Paul II.

Gesicht

Das Schönste, was es in der Welt gibt, ist ein leuchtendes Gesicht.

Albert Schweitzer

Ich bin stolz auf meine Falten. Sie sind das Leben in meinem Gesicht.

Brigitte Bardot

Mit zwanzig Jahren hat ein jeder das Gesicht, das Gott ihm gab: mit vierzig das Gesicht, das ihm das Leben gab: mit sechzig das Gesicht, das er verdient.

Albert Schweitzer

Gesicht verlieren

Wenn du dein Gesicht verlierst, mach weiter; verlierst du den Kopf, hör auf.

Madeleine Delbrêl

Gesichtsausdruck

Am Aussehen erkennt man den Menschen, am Gesichtsausdruck erkennt ihn der Weise.

Sir 19,30

Gesinnung

Hoch steht über aller Begeisterung, über allem Enthusiasmus, selbst über allem Genie und Talent – die Gesinnung.

Rahel Varnhagen

Gespräch

Jedes Gespräch ist ein Fenster in die Seele des anderen.

Herbert Madinger

Gestalt

Alles Sichtbare ist nur die äußere Gestalt, in die sich ein Unsichtbares hüllt.

Gertrud von Le Fort

Die Engel haben keinen Körper. Sie können allerdings unter bestimmten Umständen aufgrund ihrer Sendung zugunsten des Menschen in sichtbarer Gestalt erscheinen.

Papst Johannes Paul II.

Gesundheit

Der Gesunde hat viele Wünsche, der Kranke nur einen.

aus Indien

Die Zufriedenheit, die aus einer geregelten Lebensführung kommt, fördert die Gesundheit und ein langes Leben.

Mahatma Gandhi

Ein fröhlicher Geist war schon immer ein idealer Wegweiser zu einem gesunden Körper.

Sri Chinmoy

Gesundheit ist weniger ein Zustand als eine Haltung. Und sie gedeiht mit der Freude am Leben.

Thomas von Aquin

Ich wünsche dir Gesundheit des Lachens, ein langes Leben, ein starkes Herz und immer etwas Flüssiges im Mund.

Irischer Segensspruch

Kein Reichtum geht über den Reichtum der Gesundheit.

Sir 30,16

Überhaupt aber beruhen neun Zehntel unseres Glücks allein auf der Gesundheit.

Arthur Schopenhauer

Zufriedenheit hält einem sogar eine Erkältung vom Leib.

Friedrich Nietzsche

Getragen sein

Ich bleibe derselbe, so alt ihr auch werdet, ich will euch tragen, bis ihr grau werdet. Ich habe es getan, und ich werde euch weiterhin tragen.

Jes 46,4

Wir Christen gehen nur deshalb in den Stürmen der Welt nicht unter, weil wir vom Kreuzesholz getragen werden.

Augustinus

Gewalt

Die Gewalt ist die schwächste aller Kräfte.

De Gobineau

Hütet euch davor, etwas gewaltsam durchsetzen zu wollen.

Angela Merici

Nicht die Gewalt, sondern die Liebe vermag alles.

Papst Johannes Paul I.

Wo Kultur wegbricht, wird Platz frei für Gewalt.

August Everding

Gewinn

Alles, was man gibt, ist Gewinn, und was man nicht gibt, ist Verlust.

Christine von Schweden

Gewissen

Achte auf den Rat des Gewissens, denn einen treueren Berater hast du nicht.

Sir 37,13

Das Einzige, was sich weder Mehrheitsbeschluss noch Gewalt beugen darf, ist das menschliche Gewissen.

Harper Lee

Das Gewissen ist der einzige Spiegel, der weder betrügt noch schmeichelt.

Christine von Schweden

Freiheit besteht vor allem darin, das zu tun, was man nach seinem Gewissen tun soll.

Albert Schweitzer

Für mich ist Gott Wahrheit und Liebe. Gott ist Ethik und Moralität. Gott ist Furchtlosigkeit. Gott ist die Quelle von Licht und Leben, doch er ist über all dem und jenseits all dessen. Gott ist Gewissen.

Mahatma Gandhi

Ich weiß keine höhere Anweisung an den Geist als: Frag dich selber!

Bettina von Arnim

Jeder Mensch hat ein Gewissen; es mahnt ihn, er soll nichts fürchten und soll nichts versäumen, was das Herz von ihm fordert.

Bettina von Armin

Man soll nie etwas tun, das man nicht vor jedermann tun könnte.

Teresa von Ávila

Nie habe ich daran gedacht, einer Sache zuzustimmen, die gegen mein Gewissen wäre.

Thomas Morus

Opfere nie dein Gewissen der Klugheit auf. Aber sei klug.

Friedrich Hölderlin

Sei am Tag mit Lust bei den Geschäften, aber mache nur solche, dass du nachts ruhig schlafen kannst.

Thomas Mann

Was nützt es dir, keinen Mitwisser zu haben, da du ein Gewissen hast?

Seneca

Gewissheit

Seid gewiss: Ich bin bei euch alle Tage bis zum Ende der Welt.

Mt 28,20

Gewohnheit

Die täglichen Menschenerlebnisse sind die tiefsten, wenn man sie von der Gewohnheit befreit.

Robert Musil

Wenn die Liebe der Gewöhnung widersteht, hat sie nichts mehr zu fürchten.

Alfred de Musset

Wie viele Menschen behaupten doch, sie hingen an der Ordnung, und verteidigen dadurch nur Gewohnheiten.

Georges Bernanos

Gipfel

Wer den Gipfel zur Weisheit erreichen will, muss zum Gipfel der Liebe gelangen, denn niemand ist vollkommen im Wissen, der nicht vollkommen ist in der Liebe.

Rhabanus Maurus

Glaube

Ach nein, das ist kein Sterben, wenn Christen heimwärts gehen. Es ist nur ein Verwandeln vom Glauben in das Sehen.

Hedwig von Redern

Alle Bücher, die ich gelesen, haben mir den Trost nicht gegeben, den mir das Wort in der Bibel Ps 23,4 gab: Und ob ich schon wanderte im finsteren Tal, fürchte ich kein Unglück; denn du bist bei mir.

Immanuel Kant

Alles, was sonst getrennt auftritt, ist im Glauben verschmolzen: Erkenntnis, Liebe, Tat.

Edith Stein

Darin liegt der Adel und die Schönheit des Glaubens: dass wir das Herz haben etwas zu wagen.

John Henry Newman

Dem Menschen einen Glauben schenken, heißt, seine Kraft verzehnfachen.

Gustav le Bon

Den Sprung in den Glauben kann mir niemand abnehmen.

Søren Kierkegaard

Der Glaube hat nicht nur den Sinn, sondern auch die Freude in die Welt gebracht.

Paul Claudel

Der Glaube ist der Anfang aller guten Werke.

Martin Luther

Der Glaube ist ein Sprung ins Gewisse.

Werner Steinberg

Der Glaube ist keine Zumutung für unseren Verstand, sondern für unseren Stolz.

Werner Steinberg

Der Glaube ist Liebe, und wo Liebe ist, da hat Gott sein Heiligtum in unserer Mitte.

Johann Heinrich Pestalozzi

Der Glaube ist unentbehrlich zum Leben.

Martin Andersen Nexö

Der Glaube lässt uns begreifen, dass es etwas Unbegreifliches gibt.

Anselm von Canterbury

Der Glaube muss, um echt zu sein, gebende Liebe sein.

Mutter Teresa

Der Glaube, senfkorngroß, versetzt den Berg ins Meer. Denkt, was er könnte tun, wenn er ein Kürbis wär.

Angelus Silesius

Der Optimismus ist die Harmonie zwischen dem Geist des Menschen und dem verheißenden Geist Gottes.

Helen Keller

Die Frucht des Gebetes ist ein tieferer Glaube, und die Frucht des Glaubens ist die Liebe. Die Frucht der Liebe ist das Dienen.

Mutter Teresa

Die Hoffnung lässt erhoffte Dinge spüren, und wenn sie glaubt, sieht sie den Himmel offen.

Sully Prudhomme

Entscheidend ist nicht, durch den Glauben die Krankheit zu verlieren, sondern mit dem Glauben in der Krankheit zu bestehen.

Anselm Grün

Ernst und groß und herrlich ist unser Glaube. Er ist die Wahrheit Gottes an uns, in der all unser Sehnen und Warten seine Vollendung findet.

Karl Leisner

Glaube ist der Vogel, der singt, wenn die Nacht noch dunkel ist.

Rabindranath Tagore

Glauben – das ist die Heiterkeit, die von Gott kommt.

Papst Johannes XXIII.

Glauben heißt, beständig das Frohe, Glückliche, Gute erwarten.

Søren Kierkegaard

Glauben heißt, sich diesem Gott hinzugeben, der größer ist – größer als meine Zweifel und größer als meine Fragen.

Lynne Hybels

Glauben heißt: Die Unbegreiflichkeit Gottes ein Leben lang auszuhalten.

Karl Rahner

Glauben heißt: durch den Horizont blicken.

Afrikanisches Sprichwort

Glauben ist nicht Wissen um das Geheimnis des Universums, sondern die Gewissheit, dass es ein Geheimnis gibt, das größer ist als wir.

Rabbi David Wolpe

Glücklich, wer an Gott glaubt, denn er wird, wenn auch nicht ohne Mühe und Leid, schließlich alle Mühsale des Lebens überwinden.

Vincent van Gogh

Gott? Jener Große, Verrückte, der noch immer an Menschen glaubt.

Kurt Marti

Ich glaube an Gott, so wie ein Blinder an die Sonne glaubt, nicht weil er sie sieht, sondern weil er sie fühlt.

Phil Bosmans

Ich glaube, an die Sonne, auch wenn sie nicht scheint. Ich glaube an die Liebe, auch wenn ich sie nicht spüre. Ich glaube an Gott, auch wenn er schweigt. Ich glaube, ich glaube!

Christoph Blumhardt

Ich habe Menschen gekannt, denen ihr Glück ihr Gott war. Sie glaubten an ein Glück, und der Glaube gab ihnen Mut. Mut gab ihnen Glück und Glück Mut.

Georg Christoph Lichtenberg

Ich halte noch immer fest an dem Glauben, an die innerliche Güte des Menschen.

Anne Frank

Jesus Christus spricht: Amen, amen, ich sage euch: Wer glaubt, hat das ewige Leben.

Joh 6,47

Kämpfe den guten Kampf des Glaubens, ergreife das ewige Leben, zu dem du berufen worden bist und für das du vor vielen Zeugen das gute Bekenntnis abgelegt hast.

1 Tim 6,12

Man muss Mut haben zum Leben. Aber auch einen langen Atem und den Glauben an sich selbst.

Alte Spruchweisheit

Mein Gefühl sagt mir, dass es Gott gibt, und es sagt mir nicht, dass es ihn nicht gibt. Das genügt mir.

Jean de La Bruyère

Menschen, die aus der Hoffnung leben, sehen weiter. Menschen, die aus der Liebe leben, sehen tiefer. Menschen, die aus dem Glauben leben, sehen alles in einem anderen Licht.

Lothar Zenetti

Nicht alle beten, die in die Kirche gehen.

aus Irland

Nun aber bleibt Glaube, Liebe, Hoffnung, diese drei. Aber die Liebe ist das schwächste Glied in der Kette, die Stelle, an welcher der Teufelskreis bricht.

Eva Zeller

Nur der Glaube kann halten, was die Hoffnung verspricht.

Adrienne von Speyr

Ohne Kopf ist der Glaube blind. Ohne Herz ist der Glaube blutleer. Ohne Hand ist der Glaube wirkungslos.

Alter Spruch

Seid wachsam, steht fest im Glauben, seid mutig, seid stark!

1 Kor 16,13

Um mit Gewissheit zu glauben, musst du erst mal zweifeln.

Stanislaus I.

Und so ist's mein gewisser Glaube, dass am Ende alles gut ist, und alle Trauer und der Weg zu wahrer heiliger Freude ist.

Friedrich Hölderlin

Unter den Dingen, die klar in der Schrift niedergelegt sind, sind alle Angelegenheiten zu finden, die den Glauben und die Lebensführung betreffen.

Augustinus

Viele glauben nichts, aber fürchten alles.

Friedrich Hebbel

Welcher Glaube wäre anmutiger als der an Schutzengel, die die Pfade des irrenden Menschen umschweben?

Ferdinand Gregorovius

Wenn der Glaube an Gott erloschen ist, wird sich die Welt vor nichts mehr fürchten.

Gertrud von Le Fort

Wenn wir im Glauben ein Wagnis eingehen und Gott bitten, dass er es uns durchstehen lässt, dann können wir Wunder erleben.

Irmela Hofmann

Wer Glauben hat, der zittert nicht. Er überstürzt nichts, er ist nicht pessimistisch, er verliert nicht die Nerven. Glauben, das ist die Heiterkeit, die von Gott kommt.

Papst Johannes XXIII.

Wer Gott aufgibt, löscht die Sonne aus, um mit einer Laterne weiterzuwandern.

Christian Morgenstern

Wie wirst du dich mir geben, wenn du dich nicht mir selbst gibst? Und wenn ich so im Schweigen der Betrachtung verstumme, antwortest du mir, Herr, tief in meinem Herzen und sagst: Sei du dein und ich werde dein sein.

Nikolaus von Kues

Wir kommen zum Glauben weniger durch die Vernunft als durch das Herz.

Blaise Pascal

Wo Glaube, Liebe, Güte wohnt, wird jeder Tag mit Freud belohnt.

Veronika Spitaler

Glaube, gelebter

Die großen Gelegenheiten, Gott zu dienen, sind selten; die kleinen kommen immer vor.

Franz von Assisi

Gott wünscht sich, dass du in deinem Leben etwas von seinem unendlich schönen, großzügigen Wesen wiedergibst. Deswegen hat er beschlossen, in der Tiefe deines Herzens gegenwärtig zu sein.

Thérèse von Lisieux

Man wirft uns nicht vor, Christen zu sein; man wirft uns vor, es nicht genug zu sein.

Léon-Joseph Kardinal Sueners

Wenn ich jemanden für das Christentum gewinnen will, lasse ich ihn in meinem Hause wohnen.

Cyrill von Alexandrien

Glaube, sehender

Herr, gib mir einen sehenden Glauben, dann wird meine Arbeit nie zur Plage, und ich werde neue Freunde finden, im Eingehen auf Launen, im Erfüllen der Wünsche aller armen Leidenden.

Mutter Teresa

Glaubensüberzeugung

Was nicht in meinem Plan lag, das hat in Gottes Plan gelegen. Und je öfter mir so etwas begegnet, desto lebendiger wird in mir die Glaubensüberzeugung, dass es – von Gott her gesehen – keinen Zufall gibt.

Edith Stein

Glaubensverlust

Ungewissheit schützt vor Glaubensverlust.

Elisabeth Hablé

Glaubwürdigkeit

Es gehört zu deiner Berufung, das Evangelium von den Dächern zu rufen, nicht durch das Wort, sondern durch dein Leben.

Charles de Foucauld

Gleichgesinnte

Menschen zu finden, die mit uns fühlen und empfinden, ist wohl das schönste Glück auf Erden.

Carl Spitteler

Gleichgewicht

Auf schmalem Pfad zu gehen, lehrt uns, das Gleichgewicht zu halten.

Elisabeth Maria Maure

Das Leben liebt das Gleichgewicht.

unbekannt

Der Tag ist ein Berg. Du musst ihn täglich besteigen, Lawinengeröll, Taugras, Wipfel, die den Himmel im Gleichgewicht halten.

Rose Ausländer

Der Weise vermag es, durch seine Reinheit und Ruhe alle Dinge der Welt ins Gleichmaß zu bringen.

Laotse

Im Leben herrscht immer ein Gleichgewicht – man kann nicht nehmen, ohne auch zu geben.

Yehudi Menuhin

In der Freundschaft müssen beide Teile gleich viel geben und empfangen können. Jedes zu große Übergewicht von einer Seite, alles, was die Gleichung hebt, stört die Freundschaft.

Adolf Freiherr von Knigge

Man muss ein halbes Leben daranwenden, um einzusehen, dass sich die Waage des Daseins nur im Gleichgewicht halten lässt, wenn man zweierlei in die Schalen legt: Geduld und Liebe.

Karl Heinrich Waggerl

Schwer ist es, die rechte Mitte zu treffen: das Herz zu härten für das Leben, es weich zu halten für das Lieben.

Jeremias Gotthelf

Strebe nach Ruhe, aber durch das Gleichgewicht, nicht durch den Stillstand deiner Tätigkeit.

Friedrich Schiller

Wahre Ruhe ist nicht Mangel an Bewegung. Sie ist Gleichgewicht der Bewegung.

Ernst von Feuchtersleben

Wenn wir einen neuen Schritt in unserem Leben wagen, steht uns der Engel des Mutes beiseite. Er hilft uns, unser Ziel klar vor Augen zu sehen, ohne zu vernachlässigen, was uns von jeher am Herzen liegt. Dank ihm finden wir auf neuen Wegen das nötige Gleichgewicht.

Friedrich Lengries

Glück

Bei Lichte besehen sind Ruhe und Glück überhaupt dasselbe.

Theodor Fontane

Das Glück begreifen, dass der Boden, auf dem du stehst, nicht größer sein kann, als die zwei Füße die ihn bedecken.

Franz Kafka

Das Glück besteht darin, in dem zur Maßlosigkeit neigenden Leben das rechte Maß zu finden.

Leonardo da Vinci

Das Glück besteht mehr in einer allgemeinen Veranlagung des Geistes und des Herzens als in einer Vielzahl bestimmter glücklicher Augenblicke im Leben. Es besteht mehr in der Fähigkeit, diese glücklichen Augenblicke aufzunehmen.

Charles de Montesquieu

Das Glück besteht nicht darin, dass du tun kannst, was du willst, sondern darin, dass du auch immer willst, was du tust.

Leo Tolstoi

Das Glück deines Lebens hängt von der Beschaffenheit deiner Gedanken ab.

Marc Aurel

Das Glück erkennt man nicht mit dem Kopf, sondern mit dem Herzen.

aus Norwegen

Das Glück ist ein bunter Zugvogel und legt nur dort eine Rast ein, wo man nicht nach ihm hascht.

Klara Flügel

Das Glück ist ein Zustand der Ruhe.

Gaston de Lévis

Das Glück ist meistens wie die Brille, nach der man vergebens sucht. Man findet sie nicht, weil man sie schon auf der Nase hat.

Paul Hörbiger

Das Glück wird den Menschen so selten zuteil, weil sie es draußen suchen statt drinnen.

Walter Nigg

Das größte Geheimnis des Glücks ist, mit sich selbst im Reinen zu sein.

Bernard Le Bovier de Fontenelle

Das wahre Glück besteht in dem, was man gibt.

Johannes Chrysostomus

Das wahre Glück kommt nicht von außen, sonder hat seinen Ursprung im Allerheiligsten des Lebens.

Khalil Gibran

Dem Tapferen hilft das Glück.

Terenz

Dem Tapferen sind Glück und Unglück wie seine rechte und linke Hand; er bedient sich beider.

Katharina von Siena

Der rastlose Arbeitsmensch von heute hat tagsüber keine Zeit, sich Gedanken zu machen, und abends ist er zu müde dazu. Alles in allem hält er das für Glück.

George Bernard Shaw

Die Bescheidenheit glücklicher Menschen kommt von der Ruhe, welche das Glück ihren Gemütern verleiht.

François de La Rochefoucauld

Die Gaben der Natur und des Glücks sind nicht so selten wie die Kunst, sie zu genießen.

Luc de Clapiers Vauvenargues

Die höchste Form des Glücks ist ein Leben mit einem gewissen Grad an Verrücktheit.

Erasmus von Rotterdam

Die Natur hat dafür gesorgt, dass es, um glücklich zu leben, keines großen Aufwandes bedarf, jeder kann sich selbst glücklich machen.

Seneca

Du bist zu schnell gerannt für das Glück. Jetzt, wo du müde bist, holt dich das Glück ein.

Friedrich Nietzsche

Ein altes Sprichwort sagt: »Großes Glück fordert starke Schultern«. Und doch prüft niemand, wie viel sein Herz und sein Verstand tragen können.

Johann Anton Leisewitz

Ein wenig Hilfe will das Glück schon haben.

aus Südfrankreich

Es gehört auch zur Lebensklugheit, dass wir uns nicht dauernd mit den Menschen vergleichen, die glücklicher sind als wir.

Sigrid Undset

Es gibt kein Glück, das der inneren Stille gleich käme.

Simone Weil

Es gibt keinen Weg ins Glück. Glück ist der Weg.

buddhistische Weisheit

Es ist ein ungeheures Glück, wenn man fähig ist, sich freuen zu können.

George Bernard Shaw

Es ist umsonst, dass dir das Glück gewogen, wenn du nicht selbst erkennst, wie sehr du glücklich bist.

Anton Tschechow

Geborgenheit ist freilich ein stärkeres Wort für Glück.

Johann Wolfgang von Goethe

Glück besteht oft aus Aufmerksamkeiten in kleinen Dingen, Unglück oft aus Vernachlässigung kleiner Dinge.

Wilhelm Busch

Glück findest du nicht, wenn du es suchst, sondern wenn du zulässt, dass es dich findet.

unbekannt

Glück gibt es nur, wenn wir vom Morgen nichts verlangen und vom Heute dankbar annehmen, was es bringt.

Hermann Hesse

Glück ist das Einzige, das sich verdoppelt, wenn man es teilt.

Albert Schweitzer

Glück ist der Stuhl, der plötzlich da steht, wenn man sich zwischen zwei andere setzen wollte.

George Bernard Shaw

Glück ist ein Prozess, ist die Fertigkeit, zwischen Traum und Wirklichkeit eine eigene Lebenskonzeption zu finden.

Irene Runge

Glück ist etwas, was man geben kann, ohne es zu haben.

Ricarda Huch

Glück ist meistens ein Sammelbegriff für Tüchtigkeit, Klugheit, Fleiß und Beharrlichkeit.

Charles F. Kettering

Glück ist nicht eine Station, wo man ankommt, sondern eine Art zu reisen.

Margaret Lee Rumbeck

Glück ist nichts Äußeres, sondern ein leises Singen der Seele.

Zenta Maurina

Glück ist nur da, wo die Wünsche stillstehen.

Friedrich Rückert

Glück ist nur ein Augenblick, Leid lässt sich mehr Zeit.

Wolfgang Borchert

Glück ist, wenn deine Gedanken, deine Worte und dein Tun im Einklang sind.

Mahatma Gandhi

Glück und Unglück nehmen den Menschen die Maske ab.

aus Malaysia

Glück ist nicht in einem ewig lachenden Himmel zu suchen, sondern in ganz feinen Kleinigkeiten, aus denen wir unser Leben zurechtzimmern.

Carmen Sylva

Glücklich ist immer, der dankbar ist, weil er leben darf.

Adalbert Ludwig Balling

Glücklich machen ist das höchste Glück! Aber auch dankbar empfangen können ist ein Glück.

Theodor Fontane

Glückliche Leute haben Kräfte frei und können etwas tun.

Hannelore Frank

Gott dienen und das Dasein genießen, ist nicht voneinander zu trennen. Frömmigkeit und Glück gehören zusammen.

Ludwig Marcuse

Herr, schenke mir Sinn für Humor: Gib mir die Gnade, einen Scherz zu verstehen, damit ich ein wenig Glück kenne im Leben und anderen davon weiterschenken darf.

Thomas Morus

Ich habe Menschen gekannt, denen ihr Glück ihr Gott war. Sie glaubten an ein Glück, und der Glaube gab ihnen Mut. Mut gab ihnen Glück und Glück Mut.

Georg Christoph Lichtenberg

Immer, wenn ich mitten im Alltag innehalte und gewahr werde, wie viel mir geschenkt ist, werden die zahllosen Selbstverständlichkeiten zu einer Quelle des Glücks.

Gustave Flaubert

Kleine Freuden sind die Stufen zum Glück.

Brigitte Theilen

Lieben heißt, unser Glück in das Glück eines anderen zu legen.

Gottfried Wilhelm Leibnitz

Mach einem Menschen Freude, und es beglückt dein eigenes Ich.

Theodor Hieck

Man braucht nur mit viel Liebe einer Sache nachzugehen, so gesellt sich einem das Glück dazu.

Johannes Trojan

Man muss glücklich sein, um glücklich zu machen. Und man muss glücklich machen, um glücklich zu bleiben.

Maurice Maeterlinck

Man spürt selten, was Glück ist; aber man weiß meistens, was Glück war.

François Rosay

Mancher rennt dem Glück nach und weiß nicht, dass er es zu Hause hat.

Adolph Kolping

Mit dem Glück ist es wie mit der Wahrheit: man hat sie nicht, man ist in ihr.

Theodor W. Adorno

Nicht aus jeder Handlung erwächst Glück, aber es gibt kein Glück, ohne zu handeln.

Benjamin Disraeli

Oft kommt das Glück durch eine Tür herein, von der man gar nicht wusste, dass man sie offen gelassen hatte.

John Barrmore

Seelenruhe, Heiterkeit und Zufriedenheit sind die Grundlagen allen Glücks, aller Gesundheit und des langen Lebens.

Christoph Wilhelm Hufeland

Seine Freude in der Freude des anderen finden zu können – das ist das Geheimnis des Glücks.

Georges Bernanos

So muss man leben! Immer die kleinen Freuden aufpicken, bis das große Glück kommt. Und wenn es nicht kommt, dann hat man wenigstens die kleinen Glücke gehabt.

Theodor Fontane

Um den vollen Wert des Glücks zu erfahren, brauchen wir jemanden, mit dem wir es teilen.

Mark Twain

Uns gehört nur die Stunde. Und eine Stunde, wenn sie glücklich ist, ist viel.

Theodor Fontane

Unser wahres Glück ist nicht von dieser Welt, aber wir schreiben es ihr gern fälschlicherweise zu.

Christa Franze

Wahres Glück wird nicht geringer, wenn man es anderen freigiebig zuteil werden lässt.

Theodor Fontane

Wenn das Glück uns entgegenkommt, trägt es fast nie das Gewand, in dem wir es erwarten.

Madame Amiel-Lapeyre

Wer anderen hilft, verhilft sich selbst zum Glück!

Theodor Billroth

Wer Freude genießen will, muss sie teilen. Das Glück wurde als Zwilling geboren.

Lord Byron

Willst du glücklich werden, dann mehre nicht den Besitz, sondern mindere die Wünsche.

Seneca

Willst du immer weiter schweifen? Sieh, dass Gute liegt so nah. Lerne nur das Glück ergreifen, denn das Glück ist immer da.

Johann Wolfgang von Goethe

Wir können nicht glücklich sein, solange wir nicht gelernt haben, über uns selber zu lachen.

Dorothy Dix

Selig ist der Mensch, der mit sich in Frieden lebt. Es gibt auf Erden kein größeres Glück.

Gautama Buddha

Glücklich leben

Die Natur hat dafür gesorgt, dass es, um glücklich zu leben, keines großen Aufwandes bedarf, jeder kann sich selbst glücklich machen.

Seneca

Wie glücklich würde mancher leben, wenn er sich um andere Leute Sachen so wenig bekümmerte als um seine eigenen.

Georg Christoph Lichtenberg

Glücklich sein

Der Mensch allein ist unvollkommen. Er braucht einen zweiten, um glücklich zu sein.

Blaise Pascal

Der Mensch ist gerade so glücklich, wie er es nach seinem Entschluss sein will.

Abraham Lincoln

Glücklich ist einer, der bereit ist, Zeit zu verschenken, auch wenn er keine hat.

Adalbert Ludwig Balling

Glücklich sind die Menschen, wenn sie haben, was gut für sie ist.

Plato

Man ist immer glücklich, wenn man Kräfte in sich selbst findet, die man sich selbst nicht zutraut.

Johann Georg Zimmermann

Sage dir immer: ich kann, wenn noch so einsam, an allen Orten glücklich sein; denn glücklich ist, wer sich selbst ein glückliches Los bereitet, dies ist: gute Gemütsstimmung, gute Neigungen, gute Handlungen.

Marc Aurel

Um glücklich zu sein, muss man seine Vorurteile abgelegt und seine Illusionen behalten haben.

Marquise de Châtelet

Wer glücklich ist, sollte nicht noch glücklicher sein wollen.

Theodor Fontane

Das Leben ist nicht immer so, wie man es sich wünscht. Der einzige Weg zum Glücklichsein ist, das Beste daraus zu machen.

Jennie Churchill

Glücklichsein heißt: die Ungeduld nach dem Glück hinter sich zu haben.

Maurice Maeterlinck

Gott ist dem Leiden näher als dem Glücklichsein. Die Wege Gottes sind geheimnisvoll, aber sinnvoll, weil er sie mit uns geht.

Anton Kner

Quintessenz des Glücklichseins: nicht von etwas, für etwas leben.

Marc Roden

Glückseligkeit

Des menschlichen Lebens letztes Ziel ist: Glückseligkeit.

Thomas von Aquin

Glückseligkeit besteht nur in Augenblicken; ich wurde glücklich, da ich das lernte.

Karoline Schlegel

Im Meer der Seele liegt die Insel Glückseligkeit.

Anke Maggauer-Kirsche

Glücksfälle

Viele Dinge dünken uns Glücksfälle zu sein, und wir nennen sie auch so; wenn wir aber die Absicht wüssten, die Gott dabei hat, so würden wir klar sehen, dass es lauter Gnaden sind.

Alfons Maria von Liguori

Gnade

Herr, ich habe getan, was ich konnte, was noch fehlt, möge deine Gnade hinzufügen.

Franz von Assisi

Herr, lass die Sonne deiner Gnade auf mein Herz scheinen, damit es offen bleibt auf dein Wort zu hören und dir zu folgen

Meinolf Steinhofer

Jetzt ist sie da, die Zeit der Gnade; jetzt ist er da, der Tag des Heils.

2 Kor 6,2

Wer an das Geheimnis der Gnade glaubt, der bleibt vor Gott demütig.

Franz Josef Wothe

Gnaden

Gnaden sind auch immer Pflichten.

Michael Kardinal Faulhaber

Lassen Sie es nie am Gebete fehlen, Sie finden darin die Fülle der göttlichen Gnaden.

Pauline von Mallinckrodt

Viele Dinge dünken uns Glücksfälle zu sein, und wir nennen sie auch so; wenn wir aber die Absicht wüssten, die Gott dabei hat, so würden wir klar sehen, dass es lauter Gnaden sind.

Alfons Maria von Liguori

Gott

Alle Gegensätze laufen in Gott zusammen.

Nikolaus von Kues

Der Glaube ist Liebe, und wo Liebe ist, da hat Gott sein Heiligtum in unserer Mitte.

Johann Heinrich Pestalozzi

Der Himmel ist ein Spiegelbild Gottes; der Mensch ist der Spiegel aller Wunder Gottes.

Hildegard von Bingen

Der nächste Weg zu Gott geht durch der Liebe Tür.

Angelus Silesius

Die ganze Welt schuf Gott. Und er ließ zu, dass auch der Mensch sich seine Welt baue.

Hildegard von Bingen

Die Seele nimmt Gott gefangen, fesselt ihn, um ihn zu entführen, mit den Banden der Liebe und Leidenschaft, denn Gott vermag sich der Liebe nicht zu entziehen.

James Russel Lowell

Die Vollkommenheit erscheint mir leicht. Ich sehe, dass es genügt, sein Nichts zu erkennen und sich wie ein Kind Gott in die Arme zu werfen.

Thérèse von Lisieux

Diese absolute Einheit, die keinen Gegensatz hat, ist das absolut Größte – Gott.

Nikolaus von Kues

Für die Religion steht Gott am Anfang, für die Naturwissenschaft am Ende allen Denkens.

Max Planck

Für mich ist Gott Wahrheit und Liebe. Gott ist Ethik und Moralität. Gott ist Furchtlosigkeit. Gott ist die Quelle von Licht und Leben, doch er ist über all dem und jenseits all dessen. Gott ist Gewissen.

Mahatma Gandhi

Gott führt jeden seine eigenen Wege.

Edith Stein

Gott geht dann in das Haus ein, wenn die Seele nicht nur in seiner Liebe meditiert, sondern Tag und Nacht auch darin arbeitet.

Birgitta von Schweden

Gott ist das, was wir nicht fassen können.

Leopold Schefer

Gott ist der Gott der Freude. Die Freude ist also die echte religiöse Haltung.

Franz von Sales

Gott ist die Liebe; und wer in der Liebe bleibt, der bleibt in Gott und Gott in ihm.

1 Joh 4,16

Gott ist ein guter Vater, setzen wir unsere Hoffnung auf ihn.

Johannes Bosco

Gott ist so groß, dass wir uns nicht klein machen müssen, damit er groß wird.

Johannes Fritzsche

Gott ist höher und tiefer als alle Erkenntnis: nur die Liebe erreicht ihn.

Gertrud von Helfta

Gott liebt uns nicht, weil wir gut sind, sondern, weil er gut ist.

Joseph Ratzinger

Gott schenkt uns die Wurzeln und das Licht, aber wachsen müssen wir selber.

Thomas Romanus

Gott wird nicht größer, wenn du ihn verehrst, aber du wirst größer und glücklicher, wenn du ihm dienst.

Augustinus

Gott würfelt nicht, er spielt Schach.

unbekannt

Gott? Jener Große, Verrückte, der noch immer an Menschen glaubt.

Kurt Marti

Ich sagte zum Mandelbaum: Erzähl' mir von Gott, und er blühte.

aus China

Ich strecke mich aus nach dem lebendigen Gott und überlasse alles ihm.

Hildegard von Bingen

Lasst uns über das Tor des neuen Jahres den Namen Gottes schreiben, den Namen Gottes, in dem unsere Hilfe ist, den Namen Jesus. Jesus bedeutet: Gott hilft.

Karl Rahner

Man muss Gott beim Herzen zu packen verstehen. Das ist seine schwache Seite.

Teresa von Ávila

Nichts soll dich ängstigen, nichts dich erschrecken. Alles geht vorüber. Gott allein bleibt derselbe. Alles erreicht der Geduldige, und wer Gott hat, der hat alles. Gott allein genügt.

Teresa von Ávila

Nirgends bist du so allein mit Gott wie tief im Schmerz.

Margarete Seemann

Segnen heißt, die Hand auf etwas legen und sagen: Du gehörst trotz allem Gott.

Dietrich Bonhoeffer

Was ich Gott vorziehe, entziehe ich Gott.

Kyrilla Spiecker

Wenn alle Türen geschlossen und die Fenster verdunkelt sind, darfst du nicht glauben, allein zu sein. Denn Gott ist bei dir und dein Schutzengel. Und weshalb sollten sie Licht brauchen, um zu sehen, was du tust?

Epiktet

Wir fassen keinen anderen Gott als den, der in jedem Menschen ist, der vom Himmel kam. Ich fange bei der Krippe an.

Martin Luther

Wo Vertrauen ist, ist Liebe, wo Liebe ist, ist Frieden, wo Frieden ist, ist Wahrheit. Wo die Wahrheit ist, da ist Gott.

unbekannt

Die Barmherzigkeit Gottes ist wie der Himmel, der stets über uns fest bleibt. Unter diesem Dach sind wir sicher, wo auch immer wir sind.

Martin Luther

Gott danken

Ich danke Gott, weil er dir ein gutes Herz gab, und ich danke dir, weil du es mir gezeigt hast.

Hermann Gilhaus

Wie oft vergessen wir, Gott zu sagen: Wie gut bist du! Wie liebe ich dich! Die ganze Welt offenbart deine Schönheit.

Paulo Evaristo Kardinal Arns

Wir sollten nicht klagen über das Schöne, das vergangen ist; sich freuen, dass es gewesen ist; Gott danken, dass er es uns geschenkt hat.

Hermann Multhaupt

Gott dienen

Gott dienen, das ist Freiheit.

Augustinus von Hippo

Gott dienen und das Dasein genießen, ist nicht voneinander zu trennen. Frömmigkeit und Glück gehören zusammen.

Ludwig Marcuse

Gott entdecken

Bedenke, dass die Biene es nicht versäumt, auszufliegen, um den Nektar der Blüten zu sammeln. Genauso muss es die Seele mit der Selbsterkenntnis halten. Glaubt es mir und fliegt zuweilen aus, um die Größe Gottes zu betrachten.

Teresa von Ávila

Gott gehören

Wenn wir wirklich Gott gehören, müssen wir zu seiner Verfügung stehen und auf ihn vertrauen. Wir dürfen uns nicht um die Zukunft sorgen, denn dazu besteht kein Grund. Gott ist da.

Mutter Teresa

Gott suchen

Ich suchte den Herrn, und er hat mich erhört, er hat mich von meinen Ängsten befreit.

Ps 34,5

Wenn der Mensch Gott sucht, wird er sich selber finden.

Papst Johannes Paul II.

Wer Gott einmal suchen will, der findet ihn überall.

Novalis

Gottes Bild

Der Mensch ward Gottes Bild. Weil dieses Bild verloren, wird Gott ein Mensch, in dieser Nacht geboren.

Andreas Gryphius

Gottes Führung

Ich weiß nicht, wohin Gott mich führt, aber ich weiß, dass er mich führt.

Gorch Fock

Gottes Gegenwart

Gott verbirgt sich hinter allem, und in allem sind schmale Spalten, durch die er scheint – scheint und blitzt. Ganz dünne, feine Spalten, so dünn, dass man sie nie wiederfindet, wenn man nur einmal den Kopf wendet.

Ernst Barlach

Gottes Geist

Jeden Morgen sollt ihr beten: Mein Gott, sende mir deinen Geist, damit er mich erkennen lasse, wer ich bin und wer du bist.

Johannes Maria Vianney

Gottes Hand

Jeder Mensch, auch der geringste, ist so in Gottes Hand, als wäre er Gottes einzige Sorge.

Friedrich von Bodelschwingh

Wann fängt das Leben an, glücklich zu sein? Wenn man alles, was kommt, aus Gottes Hand nehmen kann.

Carl Hilty

Gottes Herrlichkeit

Nicht auf Lichter und Lampen kommt es an, und es liegt nicht an Mond und Sonne, sondern dass wir Augen haben, die Gottes Herrlichkeit sehen können.

Selma Lagerlöf

Gottes Kommen

Gottes Kommen kündet sich darin an, dass wir fühlen: So darf ich nicht bleiben!

Friedrich Rittelmeyer

Gottes Kraft

Gottes Kraft geht alle Wege mit.

Alfred Delp

Gottes Liebe

Das Wesen der Gottesliebe besteht nicht aus Gefühlen, auch nicht aus süßen, gefühlvollen Worten, sondern nur aus Wollen.

Maximilian Maria Kolbe

Denn ich bin gewiss: Weder Tod noch Leben, weder Engel noch Mächte, weder Gegenwärtiges noch Zukünftiges, weder Gewalten der Höhe oder Tiefe noch irgendeine andere Kreatur können uns scheiden von der Liebe Gottes, die in Christus Jesus ist, unserem Herrn.

Röm 8,38-39

Gottes Liebe fühlen ist etwas Köstliches; aber an Gottes Liebe glauben können, auch wenn du sie nicht fühlst, ist mehr.

C. H. Spurgeon

Gottes Liebe ist immer größer, als unser Leid sein kann.

Franz von Sales

Wenn Gottes Liebe dein Herz durchströmt, wirst du selber in Bewegung geraten. Du wirst deine Schritte zuversichtlich setzen von heute auf morgen und auf alle Zukunft hin.

Jörg Zink

Gottes Macht

Gottes Macht zu helfen ist so groß, dass er immer einen Weg und eine Hilfe für dich hat.

Selma Lagerlöf

Gottes Plan

Ich bin berufen, etwas zu tun oder zu sein, wofür kein anderer berufen ist. Ich habe einen Platz in Gottes Plan auf Gottes Erden, den keiner hat.

John Henry Newman

Was nicht in meinem Plan lag, das hat in Gottes Plan gelegen. Und je öfter mir so etwas begegnet, desto lebendiger wird in mir die Glaubensüberzeugung, dass es – von Gott her gesehen – keinen Zufall gibt.

Edith Stein

Gottes Segen

Gott der Ewige kennt deinen Namen, du bist sein. Darum fürchte dich nicht. Dein Schicksal ist in Gottes Hand, und zuletzt wird alles gut werden, denn Gottes Segen ist immer bei dir.

Hildegunde Wöller

Gottes Sohn

Als aber die Zeit erfüllt war, sandte Gott seinen Sohn.

Gal 4,4

Darum ist der Erlöser der Sohn eines Menschen geworden, damit wir Söhne Gottes werden können.

Leo I., der Große

Der Herr ist mein Licht und mein Heil: Vor wem sollte ich mich fürchten?

Ps 27,1

Gott hat uns in seinem Sohn gezeigt, wie Liebe die Welt verwandelt.

Karl Lehmann

In der Menschwerdung hat Gott sein tiefstes Geheimnis offenkundig gemacht. Gott ward Mensch und machte den Menschen zu seinem Tempel. Gottes Sohn wurde Mensch, damit der Mensch Heimat habe in Gott.

Hildegard von Bingen

Gottes Wille

Heiligkeit besteht darin, mit einem Lächeln den Willen Gottes zu tun.

Mutter Teresa

Gottesbild

Es ist lächerlich, einen Gott nach unseren Maßstäben zu verlangen.

Henri de Lubac

Ich weiß nicht, wie Gott aussieht. Ich versuche auch nicht, ihn ins Bild zu bekommen. Ich kann nur auf ihn warten.

Gustav Heinemann

Gottesdienst

Gott will uns zu seinen Mitarbeitern machen – für die Liebe, den Frieden, das Glück, die Menschlichkeit in der Welt.

Hannelore Frank

Ihr sollt nicht in der Messe beten, ihr sollt die Messe beten.

Papst Pius X.

Wenn der Gottesdienst endet, fängt der Dienst Gottes an.

unbekannt

Gotteserkenntnis

Wenn du fragst, wie die höchste Gotteserkenntnis geschieht, dann befrage nicht die Gelehrsamkeit, sondern die Gnade; nicht den Verstand, sondern die Sehnsucht.

Bonaventura

Wir brauchen uns nicht in der Ferne zu verlieren, wir brauchen nicht alle Höhen und Tiefen zu durchmessen, um das sanfte Gesetz zu entdecken. Gott offenbart sich auch in den scheinbar geringsten Dingen.

Adalbert Stifter

Gottesfurcht

Fürchte den, der Gott nicht fürchtet.

Abd-El Kader

Gottesgabe

Niemand kann es mit Talent allein zu etwas bringen. Talent ist eine Gottesgabe, aber erst harte Arbeit macht daraus Genialität.

Weisheit

Gottesgeschenk

Die Kraft, zu lieben, ist Gottes größtes Geschenk an den Menschen, denn niemals wird es dem Gesegneten, der liebt, genommen werden.

Khalil Gibran

Gott gibt in einem kurzen Augenblick oft das, was er lange Zeit versagt hat.

Thomas von Kempen

Möge Gott dir immer geben, was du brauchst: Arbeit für deine fleißigen Hände, Nahrung für deinen hungrigen Leib, Antworten für deinen fragenden Geist, Freude und Liebe für dein warmes Herz und Frieden für deine suchende Seele.

Irischer Segensspruch

Mein Gefühl sagt mir, dass es Gott gibt, und es sagt mir nicht, dass es ihn nicht gibt. Das genügt mir.

Jean de La Bruyère

Gottesliebe

Das Maß der Gottesliebe heißt: Lieben ohne Maß.

Bernhard von Clairvaux

Es bilde sich niemand ein, dass er Gott liebe, wenn er Abneigung gegen den Nächsten im Herzen trägt.

Maria Ward

Gott lieben ist, ihm das Schönste zuzutrauen. Wenn ich einen Menschen liebe, traue ich ihm alles Gute zu. In meinen Tagträumen, in meinen Wachträumen tut er es schon. Einfach weil ich ihn liebe.

Friedrich Weinreb

Gott liebt dich; Gott liebt mich. – Wer das einmal wirklich erfasst hat, der kommt niemals von Gott los.

Friedrich Maria Rintelen

Stern der Heiligen Nacht. Stern, der alle Zeiten und alle Kontinente überstrahlt. Stern, der immer wieder neu die Botschaft verkündet: Gott liebt uns.

Irmgard Erath

Gottesnähe

Denn eine bekümmerte Seele ist Gott nahe, und Not führt zu dem, der geben und helfen kann, der aber wohl verachtet würde, wenn er immer und uneingeschränkt hülfe

Gregor von Nazianz

Gott ist uns nahe, aber wir sind ihm fern. Gott ist drinnen, aber wir sind draußen. Gott ist in uns heimisch, aber wir sind uns fremd.

Meister Eckhart

Wo du Liebe verteilst, wo du Liebe schenkst, wo du Einsamkeit überbrückst, bist du Gott näher, als du denkst.

Rosemarie Schott-Bingel

Gottessuche

Die Zeit, Gott zu suchen, ist dieses Leben. Die Zeit, Gott zu finden, ist der Tod. Die Zeit, Gott zu besitzen, ist die Ewigkeit.

Franz von Sales

Du brauchst Gott weder hier noch dort zu suchen, er ist nicht weiter als vor der Tür deines Herzens.

Meister Eckhart

Gott ist so groß, dass er es wohl wert ist, ein Leben lang gesucht zu werden.

Teresa von Ávila

Halt an, wo läufst du hin, der Himmel ist in dir; suchst du Gott anderswo, du fehlst ihn für und für.

Angelus Silesius

Löse dein Herz von allem Irdischen, suche Gott, und du wirst ihn finden.

Teresa von Ávila

Nichts ist für uns notwendig außer Gott. Gott finden wir nur, wenn wir unser Herz und unseren Geist in Gott bergen.

Angela von Foligno

Suche Gott nicht in fernen Ländern. Es ist ganz in deiner Nähe. Lass nur das Licht brennen, und du wirst ihn immer sehen. Wache und bete. Zünde immer wieder die Lampe an, und du wirst seine Liebe sehen und erkennen, wie gut der Gott ist, den du liebst.

Mutter Teresa

Sucht ihr mich, so findet ihr mich. Wenn ihr von ganzem Herzen nach mir fragt, lasse ich mich von euch finden.

Jer 29,13-14

Um zu wissen, ob es einen Gott gibt, verlange ich von euch nur eins: Macht doch die Augen auf!

Voltaire

Wer die Wahrheit sucht, der sucht Gott, ob es ihm klar ist oder nicht.

Edith Stein

Wer Gott aufgibt, löscht die Sonne aus, um mit einer Laterne weiterzuwandern.

Christian Morgenstern

Wer Gott einmal suchen will, der findet ihn überall.

unbekannt

Wer Gott findet, der gelangt auch zu sich selbst und zu dem Quell des ewigen Lebens, der in seinem eigenen Innersten auf ihn wirkt.

Edith Stein

Wer Gott sucht, hat ihn bereits gefunden.

Graham Greene

Gottvertrauen

Die Hoffnung, die das Risiko scheut, ist keine Hoffnung. Hoffnung heißt: an das Abenteuer der Liebe glauben; Vertrauen zu den Menschen haben; den Sprung ins Ungewisse tun und sich ganz Gott zu überlassen.

Dom Hélder Câmara

Die Traurigkeit tötet die Frömmigkeit, weil sie das Gottvertrauen raubt und die Seele dauernd in Unruhe und Angst versetzt.

Marzellin Champagnat

Gott hat uns nicht erschaffen, um uns zu verlassen.

Michelangelo

Gott nötig zu haben, ist des Menschen höchste Vollkommenheit.

Søren Kierkegaard

Gott und ich, wir zusammen sind immer die Mehrheit!

Teresa von Ávila

Gott weiß, dass ich da bin. Und das genügt mir.

Papst Johannes XXIII.

Ich bin nur ein kleines Kabel – Gott ist der Strom.

Mutter Teresa

Ich strecke mich aus nach dem lebendigen Gott und überlasse alles ihm.

Hildegard von Bingen

Ich weiß nicht, wohin Gott mich führt, aber ich weiß, dass er mich führt.

Gorch Fock

Lasst und dem Leben trauen, weil Gott es mit uns lebt!

Alfred Delp

Man soll nicht ängstlich fragen: Was wird noch kommen?, sondern sagen: Ich bin gespannt, was Gott noch mit mir vorhat.

Selma Lagerlöf

Vertraue so auf Gott, als ob der Erfolg der Dinge ganz von dir, nicht von Gott abhinge; wende dennoch dabei alle Mühe so an, als ob du nichts, Gott allein alles tun werde.

Ignatius von Loyola

Wer Gott auf seiner Seite hat, fühlt sich durch nichts betrübt.

Norbert von Xanten

Wie die zarten Blumen willig sich entfalten und der Sonne stillehalten, lass mich so still und froh deine Strahlen fassen und dich wirken lassen.

Gerhard Tersteegen

Grab

Eigentlich bin ich froh, dass ich nichts ins Grab mitnehmen kann – das ist die einzige Möglichkeit, all den angesammelten Krempel loszuwerden.

unbekannt

Es ist etwas Großes: An Gräbern stehen und doch froh bleiben.

Hermann Bezzel

Grenzen

Deine Seele hat Flügel – nutze sie, um deine Grenzen zu erforschen.

Viktor Levin

Der Unmöglichkeit sind keine Grenzen gesetzt, der Möglichkeiten gar viele.

Elisabeth Hablé

Ich glaube, dass Begrenzung immer gut und klug ist.

Theodor Fontane

Größe

Alles Große in der Welt wird nur dadurch Wirklichkeit, dass irgendwer mehr tut, als er tun müsste.

Hermann Gmeiner

Es gibt keine Größe, die nicht auf Überwindung und Entsagung ruhte.

Romano Guardini

Es ist nichts groß, was nicht gut ist.

Matthias Claudius

Geistige Größe kann alle körperlichen Gebrechen unsichtbar machen.

unbekannt

Je größer du bist, umso mehr bescheide dich.

Sir 3,18

Kleine Köter ersetzen durch Stimmkraft, was ihnen an Größe fehlt.

Christa Franze

Nicht alles Große ist gut – aber alles Gute ist groß.

Demosthenes

Ein wahrhaft großer Mann wird weder einen Wurm zertreten noch vor dem Kaiser kriechen.

Benjamin Franklin

Großeltern

Großeltern sind Eltern, denen der liebe Gott eine zweite Chance gegeben hat.

Holländisches Sprichwort

Großes tun

Beginne das Schwere, wo es noch leicht ist, tu das Große, wo es noch klein ist, denn alles Schwere auf Erden entspringt aus dem Leichten.

Laotse

Großmut

Die Heiterkeit ist ein Zeichen dafür, dass ein Mensch großmütig ist.

Mutter Teresa

Eine Gunst hört auf, eine Gunst zu sein, wenn Bedingungen an sie geknüpft sind. Großmut treibt keinen Handel mit ihrer Macht.

Thornton Wilder

Herr, lehre mich wahre Großmut! Lehre mich, dir zu dienen, so wie du es verdienst: Geben, ohne zu zählen, arbeiten, ohne Ruhe zu suchen, mich aufopfern, ohne einen anderen Lohn zu erwarten als das Bewusstsein, deinen heiligen Willen zu erfüllen.

Ignatius von Loyola

Sei gerecht, ehe du großmütig bist.

Elisabeth Fry

Wenn die Großmut vollkommen sein soll, muss sie eine kleine Dosis Leichtsinn enthalten.

Marie von Ebner-Eschenbach

Grundsätze

Grundsätze sind das Höchste, was es gibt. Grundsätze muss man so hoch halten, dass man unter Umständen auch einmal darunter durchkriechen kann.

Michael Horlacher

In Aufstellung unserer Grundsätze sind wir strenger als in ihrer Befolgung.

Theodor Fontane

Gut sein

Das Reich des Guten ist ein Reich der Wunder. Die Geschichten von den Regungen des Guten sind die Märchen des Lebens.

Hans Margolius

Es ist gut und tut gut, auch für sich selbst ein aufmerksames Herz zu haben. Es ist gut und tut gut, auch zu sich selbst gut zu sein.

Bernhard von Clairvaux

Versuch nicht, gut zu sein, werde immer besser.

Stefan Mandrysch

Wir sind nicht auf der Welt, um zu wissen, sondern um gut zu sein.

Heinrich Stephan

Gut und Böse

Gott hielt es für uns besser, aus Bösem Gutes zu schaffen, als Böses überhaupt nicht zuzulassen.

Augustinus

Güte

Beharrliche Güte siegt auch über schlechte Menschen.

Seneca

Der Herr kam nicht auf die Welt, damit die Menschen klüger, sondern damit sie gütiger werden.

Karl Heinrich Waggerl

Der Mensch wird durch nichts anderes mehr gepackt als durch Liebe und Güte.

Katharina von Siena

Die Güte des Herzens besteht in einem tiefgefühlten, universellen Mitleid mit allem, was Leben heißt.

Arthur Schopenhauer

Die Güte des Vaters hat einen starken Arm, die Güte der Mutter eine weiche Hand.

aus England

Die Güte muss auf eurem Gesicht erscheinen, in euren Augen, in eurem Lächeln, in der Herzlichkeit eures Grußes. Ihr müsst den Kindern, den Armen, den Leidenden und Einsamen immer ein freudiges Lächeln schenken. Ihr sollt sie nicht nur pflegen, ihr müsst auch euer Herz schenken.

Mutter Teresa

Die Liebe hat zwei Töchter: die Güte und die Geduld.

Japanisches Sprichwort

Güte in den Worten erzeugt Vertrauen; Güte im Denken erzeugt Tiefe; Güte beim Verschenken erzeugt Liebe.

Laotse

Gutmütigkeit hat ihre Grenzen; das unterscheidet sie von der Güte.

Karl Heinrich Waggerl

Ich halte noch immer fest an dem Glauben, an die innerliche Güte des Menschen.

Anne Frank

Keine Erde ist so dürr, dass sie nicht durch Güte fruchtbar wird.

Franz von Sales

Mit Güte kann man fast jeden Menschen überraschen.

Pearl S. Buck

Mütterliche Güte – ein uferloses Meer, unendliche Tiefe.

Russisches Sprichwort

Nicht nur gute Worte soll man für den Nächsten haben, sondern mehr: Das Herz soll ihm gut sein.

Franz von Sales

Sage den Menschen, die du lieb hast, immer wieder, dass du sie lieb hast. Die Liebe der Menschen lebt von gütigen Worten.

Ludwig Köhler

Sei gut zu dir – und vergib den anderen.

buddhistische Weisheit

Seid ein lebendiges Zeichen der Güte Gottes: Güte in eurem Gesicht, Güte in euren Augen, Güte in eurem Lächeln, Güte in eurem herzlichen Gruß.

Mutter Teresa

Stetige Gütigkeit vermag viel. Wie die Sonne das Eis zum Schmelzen bringt, bringt sie Missverständnisse, Misstrauen und Feindseligkeit zum Schwinden.

Albert Schweitzer

Wenn die Güte ihr nicht vorausgeht, ist die Gerechtigkeit ein trockenes Brot.

Madeleine Delbrêl

Wenn du innerlich gut und lauter wärest, dann würdest du alles viel leichter sehen und wohl verstehen.

Thomas von Kempen

Wenn durch einen Menschen ein wenig mehr Liebe und Güte, ein wenig mehr Licht und Wahrheit in der Welt war, hat sein Leben einen Sinn gehabt.

Alfred Delp

Wie dem Geiste nichts zu groß ist, so ist der Güte nichts zu klein.

Jean Paul

Wo Glaube, Liebe, Güte wohnt, wird jeder Tag mit Freud belohnt.

Veronika Spitaler

Güte Gottes

Als Mittler der Güte Gottes nehmen die Engel uns in ihre Obhut, sind uns ein starker Schirm, lenken unsere Schritte und sorgen, dass uns kein Übel geschieht.

Johannes Calvin

Gutes

Alles wahrhaft Gute in der Welt ist aus dem Samenkorn der Liebe geboren.

Jakob Ternay

Das Gute scheint immer das Schwächere zu sein und doch erhält es die Welt.

unbekannt

Das Gute wird erst gut durch Güte!

Karl Heinrich Waggerl

Es gibt kein besseres Mittel, das Gute in den Menschen zu wecken, als sie so zu behandeln, als wären sie schon gut.

François Rabelais

In einem guten Wort ist für drei Winter Wärme, ein böses Wort verletzt wie sechs Monate Frost.

Mongolisches Sprichwort

Jedes Unangenehme hat auch sein Gutes.

Fjodor M. Dostojewski

Lass die Liebe in deinem Herzen wurzeln, und es kann nur Gutes daraus hervorgehen.

Augustinus

Tue alles Gute, das du vermagst, aber tue es so leise wie möglich.

Charles Dickens

Willst du immer weiter schweifen? Sieh, dass Gute liegt so nah. Lerne nur das Glück ergreifen, denn das Glück ist immer da.

Johann Wolfgang von Goethe

Gutes tun

Auf die Gelegenheit, Gutes zu tun, braucht niemand zu warten. Man hat sie in jeder Minute.

Jakob Ternay

Das Gute, das du tust, wird morgen vergessen sein, tu trotzdem Gutes.

Mutter Teresa

Die Tür zum Guten geht schwer auf.

unbekannt

Es ist leichter, etwas für die Menschheit zu tun, als für den unbequemen Menschen, der in diesem Augenblick deiner Hilfe bedarf.

Franz Fassbind

Es ist nicht schwer, etwas Gutes zu tun, aber es ist scher es ein ganzes Leben lang zu tun.

Chinesisches Sprichwort

Man muss das Gute tun, damit es in der Welt ist.

Marie von Ebner-Eschenbach

Niemand ist so arm, dass er nicht fähig wäre, an seines gleichen Gutes zu tun.

Paul Claudel

Versage keine Wohltat dem, der sie braucht, wenn es in deiner Hand liegt, Gutes zu tun.

Spr 3,27

Wenn du recht betrübt bist, dass du meinst, kein Mensch auf der Welt könnte dich trösten, so tue jemandem etwas Gutes, und gleich wird es besser sein.

Peter Rosegger

Wer sich vornimmt, Gutes zu wirken, darf nicht erwarten, dass die Menschen ihm deswegen die Steine aus dem Weg räumen.

Albert Schweitzer

Zehn Jahre lang Gutes tun ist nicht genug. Einen Tag lang Böses tun ist zu viel.

Chinesisches Sprichwort

Zögere nie, wenn es gilt, Gutes zu tun.

Japanische Weisheit

Gütigkeit

Stetige Gütigkeit vermag viel. Wie die Sonne das Eis zum Schmelzen bringt, bringt sie Missverständnisse, Misstrauen und Feindseligkeit zum Schwinden.

Albert Schweitzer

Gutmachung

Der Himmel nimmt einem nichts, ohne es unermesslich zu vergelten.

Edith Stein

Gutmütigkeit

Gutmütigkeit hat ihre Grenzen; das unterscheidet sie von der Güte.

Karl Heinrich Waggerl

Gutmütigkeit ist eine alltägliche Eigenschaft. Güte die höchste Tugend.

Marie von Ebner-Eschenbach

Halt

Halt hat nur, wer sich dem haltenden Gott anvertraut.

unbekannt

Um zu wissen, was ein Anker ist, brauchen wir den Sturm.

Corrie ten Boom

Hand

Ein leeres Herz ist viel ärmer als eine leere Hand.

Curt Goetz

Ein wenig Wohlgeruch haftet immer an der Hand, die Rosen schenkt.

Chinesische Weisheit

Hand Gottes

Je verborgener Gottes Hand, umso stärker ist sie.

John Henry Newman

Hände, gefaltete

Die stärkste Kraft, die dem Menschen gegeben ist, entströmt den gefalteten Händen.

Max Thürkauf

Wer betet, legt die Hände nicht in den Schoß: er faltet sie.

Alfred Kumpf

Handeln

Der eigentliche Zweck des Lebens ist nicht Wissen, sondern Handeln

Thomas Huxley

Die Liebe allein bestimmt den Wert unseres Tuns.

Franz von Sales

Der Mensch hat dreierlei Wege, klug zu handeln: erstens durch Nachdenken, das ist der edelste; zweitens durch Nachahmen, das ist der leichteste; drittens durch Erfahrung, das ist der bitterste.

Konfutse

Es handelt sich nicht nur darum, das Notwendige zu tun, sondern fast ebenso sehr darum, das Nichtnotwendige nicht zu tun.

Künkel

Es ist besser zu handeln und es zu bereuen, als nicht zu handeln und es zu bereuen.

Giovanni Boccaccio

Gelassenheit kann man lernen. Man braucht dazu nur Offenheit, Motivation, ein bisschen Ausdauer und vor allem Bereitschaft, sich von den alten, eingefahrenen Bahnen zu lösen, in denen unser Denken und Handeln sich häufig bewegt.

Ludwig Bechstein

Gib mir, o Herr, ein kindliches Herz zum Glauben; ein mütterliches zum Lieben; ein männliches zum Handeln.

Johann Michael Sailer

Handle nach dem Wort Gottes, und du wirst erleben, dass Gott seine Verheißungen ernst gemeint hat.

Corrie ten Boom

Nicht aus jeder Handlung erwächst Glück, aber es gibt kein Glück, ohne zu handeln.

Benjamin Disraeli

Nicht im Zorn handeln. Nicht auf Rache sinnen. Nicht Falschheit im Herzen tragen. Nicht unaufrichtig Frieden bieten. Nie von der Liebe lassen.

Benedikt von Nursia

Säume nicht, träume nicht, wandle! Frage nicht, klage nicht, handle!

Julius Langbehn

Wer zu handeln versäumt, ist noch keineswegs frei von Schuld. Niemand erhält seine Reinheit durch Teilnahmslosigkeit.

Siegfried Lenz

Wir legen so viel Hoffnung in die Zukunft, aber zu wenig in unser tägliches Handeln.

Zoé Degenhardt

Harmonie

Das höchste Gut ist die Harmonie der Seele mit sich selbst.

Seneca

Der Optimismus ist die Harmonie zwischen dem Geiste des Menschen und dem verheißenen Geiste Gottes.

Helen Keller

Die erste Bedingung, um mit anderen in Harmonie leben zu können, ist die, mit sich selbst in Einklang zu sein.

Aristide Gabelli

Es gibt keine Stimmigkeit, solange nicht Harmonie besteht zwischen Körper, Geist und Seele.

Mahatma Gandhi

Selig ist der Mensch, der mit sich in Frieden lebt. Es gibt auf Erden kein größeres Glück.

Gautama Buddha

Hass

Die gefährlichsten Herzkrankheiten sind noch immer Hass, Neid und Geiz.

Pearl S. Buck

Willst du glücklich leben, hasse niemanden und überlasse die Zukunft Gott.

Johann Wolfgang von Goethe

Heil

Alles Heil liegt mitteninne. Und das Höchste bleibt das Maß.

Emanuel Geibel

Jetzt ist sie da, die Zeit der Gnade; jetzt ist er da, der Tag des Heils.

2 Kor 6,2

Und wenn du die ganze Welt durchlaufen, aber dein Heil versäumt hättest, was nützte dir all dieses Hasten und Rennen.

Thomas von Kempen

Heiland

Freue dich, du meine Seele, deine Trauer ist vorbei, denn der Heiland ist erstanden, und du lebst, du atmest frei.

Otto Jacobi

Heilige

Gott bewahre mich vor Heiligen mit verdrießlichen Mienen.

Teresa von Ávila

Heilige sind unbequem, denn sie erheben den Anspruch des Vorbildes.

unbekannt

Heilige sind Menschen, durch die es den anderen leichter wird, an Gott zu glauben.

Nathan Söderblom

Heilige Schrift

Die Heilige Schrift lesen, heißt von Christus Rat holen.

Franz von Assisi

Unter den Dingen, die klar in der Schrift niedergelegt sind, sind alle Angelegenheiten zu finden, die den Glauben und die Lebensführung betreffen.

Augustinus

Heiliger Geist

Das Feuer hat vier Eigenschaften: es brennt, reinigt, wärmt und leuchtet: In gleicher Weise vernichtet der Heilige Geist die Sünden, reinigt die Herzen, erwärmt die Lauen und erleuchtet die Unwissenden.

Antonius von Padua

Der Heilige Geist ist das Lied der Liebe in unseren Herzen.

Papst Johannes Paul II.

Die Liebe Gottes ist ausgegossen in unsere Herzen durch den Heiligen Geist, der uns gegeben ist.

Röm 5,5

Durchdringe mich, Heiliger Geist, dass ich selbst unwichtig werde und du alleine bleibst.

Jörg Zink

Geist des lebendigen Gottes, erfrische mich wie Tau am Morgen, forme mich, erfülle mich, sende mich.

Segen aus der ökumenischen Frauenarbeit

Ihr werdet die Kraft des Heiligen Geistes empfangen, der auf euch herabkommen wird; und ihr werdet meine Zeugen sein.

Apg 1,8

Mein Gott, sende mir deinen Geist, damit er mich erkennen lasse, wer ich bin und wer du bist.

Johannes Maria Vianney

Und es erschienen ihnen Zungen wie von Feuer, die sich verteilten; auf jedem von ihnen ließ sich eine nieder. Alle wurden mit dem Heiligen Geist erfüllt.

Apg 2,3-4

Heiligkeit

Eines allein macht mich traurig, dass ich nicht heilig bin.

Léon Bloy

Heiligkeit besteht darin, mit einem Lächeln den Willen Gottes zu tun.

Mutter Teresa

Heiligkeit ist kein Luxus, sondern einfach eine Pflicht.

Mutter Teresa

Man kann mit einem Hirtenstab in der Hand heilig werden, aber ebenso gut mit einem Besen.

Papst Johannes XXIII.

Zum Heiligwerden gehört nicht viel Zeit; es gehört nur viel Liebe dazu.

unbekannt

Zuvorkommenheit den anderen gegenüber ist der Anfang der Heiligkeit. Wenn ihr es lernt, zuvorkommend zu sein, werdet ihr Christus immer ähnlicher werden, der im Herzen freundlich war und sich immer den Nöten der anderen zuwandte.

Mutter Teresa

Heiligung

Die Bekehrung ist eine Sache des Augenblicks; die Heiligung ist ein Werk des ganzen Lebens.

Josemaria Escriva de Balaguer

Heilkraft

Es liegt eine wunderbare Heilkraft in der Seele der Natur. Oft gibt der Anblick eines schönen Abendhimmels, der Duft einer Blume der gedrückten Seele Hoffnung und Lebensmut zurück.

Sophie Verena

Heilmittel

Die Freuden des Geistes sind Heilmittel gegen die Wunden des Herzens.

Madame de Staël

Heilung

Der Herr ist eine mächtige Stütze, Freude für das Herz, Licht für die Augen, Heilung, Leben und Segen.

Sir 34,19-20

Die Heilung ist ein geheimnisvoller Vorgang. Manchmal geschieht sie allein durch das Geheimnis der Wunde selbst.

Allan Bozarth Campbell

Heilung bedeutet, dass der Mensch erfährt, was ihn trägt, wenn alles andere aufhört, ihn zu tragen.

Wolfram von Eschenbach

Leg die Hände in den Schoß. Es gibt eine Zeit, da Schweigen heilt.

Gerhard Engelsberger

Luft und Licht heilen und Ruhe heilt, aber den besten Balsam spendet doch ein gütiges Herz.

Theodor Fontane

Vergiss auch nicht in trübster Stunde, Gott schickt dir Heilung vor der Wunde.

Jüdische Weisheit

Heim

Wer zum Glück in der Welt beitragen möchte, der sorge zunächst einmal für eine glückliche Atmosphäre im eigenen Haus.

Albert Schweitzer

Heimat

Ein Glaubender hat immer eine Heimat.

Nelly Sachs

Erst die Fremde lehrt uns, was wir an der Heimat besitzen.

Theodor Fontane

Freundschaft – das ist wie Heimat.

Kurt Tucholsky

Schenke Gott in dir Wohnrecht, dann wirst du beheimatet sein – beheimatet in dir selbst, beheimatet in den andern, beheimatet in Gott.

Margaretha Fischer

Viele Menschen sind deshalb heimatlos, weil sie in sich selbst nicht zu Hause sind.

Annemarie Knorpp

Wer in seinem Herzen daheim ist, dem erscheinen alle Orte auf Erden gleich gut.

Hermann Stehr

Wer in sich selbst zu Hause sein kann, wird sich nirgendwo völlig fremd vorkommen.

Christa Franze

Heimgang

Wir brauchen den Tod nicht zu fürchten, denn er ist nur ein Heimgehen zu Gott.

Mutter Teresa

Heimkehr

Den Weg des Friedens führe uns der allmächtige und barmherzige Herr. Sein Engel geleite uns auf den Weg, dass wir wohlbehalten heimkehren in Frieden und Freude.

Reisesegen

Wir wollen nicht trauern, dass wir sie verloren haben, sondern dankbar sein dafür, dass wir sie gehabt haben, ja auch jetzt noch besitzen. Denn wer heimkehrt zum Herrn, bleibt in der Gemeinschaft der Gottesfamilie und ist nur vorausgegangen.

Hieronymus

Heiterkeit

Der Heiterkeit sollen wir, wenn immer sie sich einstellt, Tür und Tor öffnen; denn sie kommt nie zur unrechten Zeit.

Arthur Schopenhauer

Die Heiterkeit ist ein Zeichen dafür, dass ein Mensch großmütig ist.

Mutter Teresa

Heiterer Sinn stärkt das Herz und macht beharrlich im guten Wandel; deshalb sollte der Diener Gottes immer wohlgemut sein.

Philipp Neri

Heiterkeit und Frohsinn sind die Sonne, unter der alles gedeiht.

Jean Paul

Wir sollen der Heiterkeit, wann immer sie kommt, Tür und Tor öffnen; denn sie kommt nie zur unrechten Zeit.

Arthur Schopenhauer

Wer Glauben hat, der zittert nicht. Er überstürzt nichts, er ist nicht pessimistisch, er verliert nicht die Nerven. Glauben, das ist die Heiterkeit, die von Gott kommt.

Papst Johannes XXIII.

Wer ungetrübt und heiter sein will, der muss eines besitzen: das ist die innere Freiheit.

Meister Eckhart

Herkunft

Jeder Mensch ist achtenswert, wie elend oder lächerlich er auch sei. Denke daran, dass derselbe Geist, der in uns weilt, jeden Menschen beseelt.

Arthur Schopenhauer

Herz

An der Wärme eines sonnigen Herzens blühen verkümmerte Seelen zu neuem Leben auf.

Carl Sonnenschein

Beten ist gut, es macht das Herz froh.

Fjodor M. Dostojewski

Das Gebet gibt uns ein reines Herz, und ein reines Herz kann Gott sehen.

Mutter Teresa

Das Glühen des Herzens ist mehr wert als das Glänzen des Verstandes.

Bernhard von Clairvaux

Das Herz im Himmel, den Himmel im Herzen.

Laotse

Das Herz ist ein Gut, das man nicht verkaufen oder kaufen, sondern nur verschenken kann.

Gustave Flaubert

Das Herz Jesu ist das Gefäß, aus dem wir den Trank seiner Liebe trinken dürfen.

Albert der Große

Das schwere Herz wird nicht durch Worte leichter. Doch können Worte uns zu Taten führen.

Friedrich Schiller

Der Mensch lerne zuerst, dass sein Herz fest bleibe bei Gott, so wird er auch beständig werden in allen seinen Werken.

Meister Eckhart

Der Mensch sieht auf das Äußere, aber der Herr sieht auf das Herz.

1 Sam 16,7

Der Schlüssel zu den Herzen der Menschen wird nie unsere Klugheit, sondern immer unsere Liebe sein.

Hermann Bezzel

Der Verstand kann uns sagen, was wir unterlassen sollen, aber das Herz kann uns sagen, was wir tun müssen.

J. Joubert

Die beste Krippe für Gott ist eines Menschen Herz.

Walter Reisberger

Die Güte des Herzens besteht in einem tiefgefühlten, universellen Mitleid mit allem, was Leben heißt.

Arthur Schopenhauer

Ein frohes Herz kann Schnee in Feuer verwandeln.

aus Spanien

Ein fröhliches Herz ist in der Regel das Ergebnis eines Herzens, das vor Liebe brennt. Lasst niemals etwas euch so mit Sorgen erfüllen, dass ihr die Freude des auferstandenen Christus vergesst!

Mutter Teresa

Ein fröhliches Herz tut dem Leib wohl, ein bedrücktes Gemüt lässt die Glieder verdorren.

Spr 17,22

Ein Herz hat nur, wer es hat für andere.

Friedrich Hebbel

Ein leeres Herz ist viel ärmer als eine leere Hand.

Curt Goetz

Ein liebendes Herz ist ein frohes Herz.

Mutter Teresa

Ein liebendes Herz vernimmt des Schweigens Klang.

Regina Wechselbaumer

Ein wahrer Freund ist der, der deine Hand nimmt, aber dein Herz berührt.

unbekannt

Eine Stelle in der Welt, ein einziges Teilchen wenigstens, können wir verändern: das ist das eigene Herz.

Reinhold Schneider

Es ist nicht der Verstand, auf den es ankommt, sondern das, was ihn leitet: Herz und Charakter.

Fjodor M. Dostojewski

Es ist gut und tut gut, auch für sich selbst ein aufmerksames Herz zu haben. Es ist gut und tut gut, auch zu sich selbst gut zu sein.

Bernhard von Clairvaux

Gebt eure Herzen, aber gebt sie nicht in Haft. Denn allein die Hand des Lebens kann eure Herzen umklammern.

Khalil Gibran

Gib mir, o Herr, ein kindliches Herz zum Glauben; ein mütterliches zum Lieben; ein männliches zum Handeln.

Johann Michael Sailer

Gott sagt nicht: Gib mir ein Herz wie das der Engel, sondern: Schenk mir dein Herz. Es ist dein eigenes Herz, das er verlangt; schenk es ihm, so wie es ist. Er will nichts, als was wir sind und was wir haben.

Franz von Sales

Halt dein Herz offen und lass es groß sein.

Franz von Assisi

Herr, lass die Sonne deiner Gnade auf mein Herz scheinen, damit es offen bleibt, auf dein Wort zu hören und dir zu folgen.

Meinolf Steinhofer

Ich danke Gott, weil er dir ein gutes Herz gab, und ich danke dir, weil du es mir gezeigt hast.

Hermann Gilhaus

Im Herzen eines jeden Menschen gibt es eine Leere, die nur Gott durch seinen Sohn Jesus Christus füllen kann.

Blaise Pascal

Liebenswürdigkeit, Nachsicht und Rücksicht sind die Schlüssel zum Herzen der Menschen.

Don Bosco

Luft und Licht heilen und Ruhe heilt, aber den besten Balsam spendet doch ein gütiges Herz.

Theodor Fontane

Reichtum, Aussehen, Macht, alles ist unbedeutend und nichtig gegen die Größe des Herzens – das Herz allein ist das einzige Kleinod auf der Welt!

Adalbert Stifter

Selig, die ein reines Herz haben; denn sie werden Gott schauen.

Mt 5,8

Schwer ist es, die rechte Mitte zu treffen: das Herz zu härten für das Leben, es weich zu halten für das Lieben.

Jeremias Gotthelf

Wenn dein Herz gut ist, so ist alles gut.

Nikolaus von Flüe

Wohin du auch gehst, geh mit deinem ganzen Herzen.

Konfuzius

Herzen

Der Friede kommt auf die Erde nur durch die Herzen der einzelnen Menschen; er findet keine anderen Tore.

Joseph Wittig

Die Stille ist nicht auf den Gipfeln der Berge, der Lärm nicht auf den Märkten der Städte; beides ist in den Herzen der Menschen.

Laotse

Nicht mit der Laterne, mit dem Herzen suche die Menschen, denn der Liebe allein öffnen die Menschen ihre Herzen.

Peter Rosegger

Herzensfreude

Herzensfreude ist Leben für den Menschen, Frohsinn verlängert ihm die Tage.

Sir 30,22

Herzlichkeit

Der hat immer etwas zu geben, dessen Herz voll Liebe ist.

Meister Eckhart

Viel Kälte ist unter den Menschen, weil wir es nicht wagen, uns so herzlich zu geben, wie wir sind.

Albert Schweitzer

Herzlosigkeit

Es ist sinnlos, am Morgen zu beten und den ganzen Tag über herzlos zu sein.

Alexis Carrel

Heute

Blicke dich nicht um und träume nicht von der Zukunft: Sie wird dir nicht die Vergangenheit zurückgeben, noch andere Glücksträume erfüllen. Deine Pflicht und deine Belohnung - dein Schicksal - sind hier und jetzt.

Dag Hammarskjöld

Halte deine Stunden zusammen - denn du wirst weniger vom Morgen abhängen, wenn du das Heute erfasst.

Seneca

Kümmere dich nicht um das, was irgendwo eines Tages in weiter Ferne in der Zukunft geschehen wird; überlege und achte genau auf das, was jetzt, hier, an diesem Ort geschieht.

John Ruskin

Vielleicht gab es schönere Zeiten, aber diese ist die unsere.

Jean Paul Sartre

Hilfe

Auf der Welt lebt keiner vergebens, der die Bürde der anderen leichter gemacht hat.

Helen Keller

Aus der Tiefe der Unterwelt schrie ich um Hilfe, du hörtest meine Stimme.

Jona 2,3

Dem Fröhlichen hilft Gott.

Don Bosco

Der Wunsch unseres Schutzengels, uns zu helfen, ist weit größer als unser Wunsch, uns von ihm helfen zu lassen.

Don Bosco

Die Liebe fordert, dass wir jedem Menschen zu Hilfe kommen, der in Not ist, auch wenn wir feststellen, dass er Fehler hat.

Vinzenz Pallotti

Ein wenig Hilfe will das Glück schon haben.

aus Südfrankreich

Erlaube, dass dir heilsame Hilfe geschenkt wird.

Ida von Nijvel

Es ist gut, zu geben - auf eine Bitte hin; doch besser ist es, ungebeten zu geben - aus Verständnis für des anderen Not.

Khalil Gibran

Es ist nicht so sehr die Hilfe der Freunde, die uns hilft, als vielmehr das vertrauensvolle Wissen, dass sie uns helfen werden.

Epikur

Gott hilft uns nicht immer am Leiden vorbei, aber er hilft uns hindurch.

Johann Albrecht Bengel

Gottes Macht zu helfen ist so groß, dass er immer einen Weg und eine Hilfe für dich hat.

Selma Lagerlöf

Hinter mir steht ein Höherer, von ihm erhalte ich die nötige Hilfe.

Papst Johannes Paul II.

Im Dank bewahrt der Mensch die Hilfe, die er gestern erfahren hat, vertrauensvoll auf für die Anfechtungen, die ihn bereits morgen wieder bedrängen können.

Klaus Lubkoll

Je schwerer ein Werk ist, desto eher darf man die Hilfe des Himmels erwarten, wenn man aus reiner Liebe zu Gott arbeitet.

Louise von Marillac

Man hilft den Menschen am besten, wenn man der Wahrheit dient.

Carl Sonnenschein

Man kann nicht allen helfen, sagt der Engherzige und hilft keinem.

Marie von Ebner-Eschenbach

Menschen helfen ist doch der einzige Gottesdienst, den es gibt. Mit nichts kann der Mensch sonst Gott einen Dienst erweisen. Aber damit kann er´s wirklich.

Heinrich Lhotzky

Mit Menschen in Not soll man nicht diskutieren; wenn man kann, soll man helfen.

Carl Sonnenschein

Nur wer das Herz hat zu helfen, hat das Recht zu kritisieren.

Abraham Lincoln

Wenn der Mensch unterlässt zu tun, was er vermag, und einzig Hilfe erwartet von Gott, dann scheint er Gott zu versuchen.

Thomas von Aquin

Wer anderen hilft, hilft sich selber.

Georges Bernanos

Wessen wir am meisten im Leben bedürfen, ist jemand, der uns dazu bringt, das zu tun, wozu wir fähig sind.

Ralph Waldo Emerson

Wir helfen einem Menschen mehr, wenn wir ihm ein günstiges Bild seiner selbst vorhalten, als wenn wir ihn unablässig mit seinen Fehlern konfrontieren.

Albert Camus

Hilfsbereitschaft

Edel sei der Mensch, hilfreich und gut! Denn das allein unterscheidet ihn von allen Wesen, die wir kennen.

Johann Wolfgang von Goethe

Man muss manchmal sogar der Versuchung, hilfreich zu sein, widerstehen können.

Marie von Ebner-Eschenbach

Wer sich um andere kümmert, hat keine Zeit, alt zu werden.

Helen Keller

Himmel

Alle wollen in den Himmel, aber keiner will sterben.

Joe Louis

Das Herz im Himmel, den Himmel im Herzen.

Laotse

Der Himmel ist ein Spiegelbild Gottes; der Mensch ist der Spiegel aller Wunder Gottes.

Hildegard von Bingen

Der Mensch soll nicht sorgen, dass er in den Himmel komme, sondern dass der Himmel in ihn komme.

Otto Ludwig

Die Erde ist es wert, der Anfang des Himmels zu sein.

Joseph Wittig

Die Freuden des Himmels mögen durch zwei Dinge gesteigert werden: dass Gott dich beim Namen ruft und dass dein Schutzengel ein Loblied auf dich anstimmt.

Irischer Segensspruch

Halt an, wo läufst du hin, der Himmel ist in dir; suchst du Gott anderswo, du fehlst ihn für und für.

Angelus Silesius

Ich könnte stundenlang mich nachts in den gestirnten Himmel vertiefen, weil mir die Unendlichkeit ferner flammender Welten wie ein Band zwischen diesem und dem künftigen Dasein erscheint.

Wilhelm von Humboldt

Lass den Himmel sich auf der Erde widerspiegeln, auf dass die Erde zum Himmel werden möge.

Dschelal ed-Din Rumi

Sanftmut ist der Himmel, Zorn die Hölle, die Mitte zwischen beiden ist diese Welt. Je sanftmütiger du bist, desto näher bist du dem Himmel.

Martin Luther

Siehe, ich schaffe einen neuen Himmel und eine neue Erde.

Jes 65,17

Sieh in den Himmel und singe, weil dir die Sonne umsonst scheint.

Phil Bosmans

Himmel auf Erden

So weit die Erde Himmel sein kann, so weit ist sie es in einer glücklichen Ehe.

Marie von Ebner-Eschenbach

Himmelreich

Jesus sagte: Lasst die Kinder zu mir kommen, hindert sie nicht daran! Denn Menschen wie ihnen gehört das Himmelreich.

Mt 19,14

Hindernis

Auch aus Steinen, die in den Weg gelegt werden, kann man Schönes bauen.

Johann Wolfgang von Goethe

Verbringe deine Zeit nicht mit der Suche nach einem Hindernis, vielleicht ist keins da.

Franz Kafka

Wer sich vornimmt, Gutes zu wirken, darf nicht erwarten, dass die Menschen ihm deswegen die Steine aus dem Weg räumen.

Albert Schweitzer

Hinfallen

Nicht das Hinfallen ist schlimm, sondern es ist schlimm, wenn man dort liegen bleibt, wo man hingefallen ist.

Sokrates

Hingabe

All das Gute der Natur gehört der Seele und bleibt ihr Eigentum, wenn sie es mit der gesetzlichen Münze der Natur bezahlt hat, das heißt mit der entsprechenden Hingabe von Herz zu Hirn.

Ralph Waldo Emerson

Das Gebet als letzte Hingabe an Gott gefasst, macht still, macht kindlich, macht objektiv.

Peter Wust

Das innerste Wesen der Liebe ist Hingabe.

Edith Stein

Es ist dein eigenes Herz, das Gott verlangt. Schenke es ihm, so wie es ist.

Franz von Assisi

Überlass dich ganz Gott und hab keine Furcht. Er wird sich nicht entziehen und wird dich nicht fallen lassen.

Augustinus

Wie wirst du dich mir geben, wenn du dich nicht mir selbst gibst? Und wenn ich so im Schweigen der Betrachtung verstumme, antwortest du mir, Herr, tief in meinem Herzen und sagst: Sei du dein und ich werde dein sein.

Nikolaus von Kues

Hinhören

Wir bedürfen der Stunden, in denen wir schweigend lauschen.

Edith Stein

Hinterlassenschaft

Das einzig Wichtige im Leben sind die Spuren von Liebe, die wir hinterlassen, wenn wir ungefragt weggehen und Abschied nehmen müssen.

Albert Schweitzer

Hirte

Der Herr ist mein Hirte, nichts wird mir fehlen. Muss ich auch wandern in finsterer Schlucht, ich fürchte kein Unheil; denn du bist bei mir, dein Stock und dein Stab geben mir Zuversicht.

Ps 23,1.4

Hochmut

Zwischen Hochmut und Demut steht ein Drittes, dem das Leben gehört – und das ist ganz einfach der Mut.

Theodor Fontane

Hoffnung

Auferstehung ist unser Glaube, Wiedersehen unsere Hoffnung, Gedenken unsere Liebe.

Augustinus

Betrachte immer die helle Seite der Dinge! Und wenn sie keine haben, dann reibe die dunkle, bis sie glänzt.

Altes Sprichwort

Christus steht nicht hinter uns als unsere Vergangenheit, sondern vor uns als unsere Hoffnung.

Friedrich von Bodelschwingh

Das Kreuz Christi ist eine Last von der Art, wie es die Flügel der Vögel sind. Sie tragen aufwärts.

Bernhard von Clairvaux

Deine Kraft liegt in deiner Hoffnung.

Luise Rinser

Der Herr ist freundlich zu dem, der auf ihn hofft, zur Seele, die ihn sucht.

Klgl 3,25

Der Himmel hat den Menschen als Gegengewicht gegen die vielen Mühseligkeiten des Lebens drei Dinge gegeben: die Hoffnung, den Schlaf und das Lachen.

unbekannt

Der Lebende soll hoffen.

Johann Wolfgang von Goethe

Die Hoffnung ist das Fenster unserer Seele, durch das wir immer ein Stückchen Himmel sehen.

Irmgard Erath

Die Hoffnung lässt erhoffte Dinge spüren, und wenn sie glaubt, sieht sie den Himmel offen.

Sully Prudhomme

Die Hoffnung öffnet die Tür zur Veränderung.

unbekannt

Die Hoffnung, die das Risiko scheut, ist keine Hoffnung. Hoffnung heißt: an das Abenteuer der Liebe glauben; Vertrauen zu den Menschen haben; den Sprung ins Ungewisse tun und sich ganz Gott zu überlassen.

Dom Hélder Câmara

Die Hoffnung schließt ein, dass wir uns Gott anvertrauen in allem, was er uns schickt, selbst wenn er uns überrascht mit Ereignissen, die wir nicht wollten.

Bernhard Häring

Eine frohe Hoffnung ist mehr wert als zehn trockene Wirklichkeiten.

Franz Grillparzer

Es ist die Hoffnung, die den Schiffbrüchigen mitten im Meer veranlasst, mit seinen Armen zu rudern, obwohl kein Land in Sicht ist.

Ovid

Gegen Schmerzen der Seele gibt es nur zwei Arzneimittel: Hoffnung und Geduld.

Pythagoras

Gott ist ein guter Vater, setzen wir unsere Hoffnung auf ihn.

Johannes Bosco

Gott ist Licht, und keine Finsternis ist in ihm.

1 Joh 1,5

Gott schließt nie eine Tür, ohne eine andere zu öffnen.

unbekannt

Harre, hoffe nicht vergebens.Zählest du der Stunde Schlag; Wechsel ist das Los des Lebens, und – es kommt ein andrer Tag!

Theodor Fontane

Hebe deine Augen auf, und du wirst Sterne sehen.

Philippinisches Sprichwort

Hoffen heißt, an das Abenteuer der Liebe zu glauben.

Dom Hélder Câmara

Hoffnung haben: auf das Wunder Gottes warten.

Maria-Regina Bottermann-Broj

Hoffnung ist nicht die Überzeugung, dass etwas gut ausgeht, sondern die Gewissheit, dass etwas Sinn hat, egal wie es ausgeht.

Václav Havel

Hoffnung ist nichts anderes als das Vertrauen auf die Endlosigkeit der göttlichen Liebe. Als Hoffende schauen wir Gott ins Herz. Sich selbst hat er uns ja geschenkt.

Charles de Foucauld

Ich trau auf deine Hand, dass sie mich wohl behüte, weil alle deine Güte und Liebe mir bekannt, und dass ein sichrer Hort das Unheil von mir wende. O Herr, in deine Hände! Dies sei mein letztes Wort.

Annette von Droste-Hülshoff

In der Liebe liegt der Schlüssel für jede Hoffnung, denn die wahre Liebe hat ihre Wurzel in Gott selbst.

Papst Johannes Paul II.

In jedem Fall ist Hoffen besser als Fürchten!

Jean Paul

In jedem Winter liegt ein Frühlingsahnen, und hinter jedem Schleier der Nacht verbirgt sich ein lächelnder Morgen.

Khalil Gibran

Je dunkler es hier um uns wird, desto mehr müssen wir das Herz öffnen für das Licht von oben.

Edith Stein

Kein Mensch kann den anderen von seinem Leid befreien; aber er kann ihm Mut machen, das Leid zu tragen.

Selma Lagerlöf

Kein Tal ist so tief, dass es nicht einen Weg zur Höhe gäbe.

Michael Kardinal Faulhaber

Kreuz besagt: Es gibt kein Scheitern ohne Hoffnung – keine Finsternis ohne Stern – keinen Sturm ohne rettenden Hafen. Kreuz besagt: Gott ist immer größer als wir Menschen, größer als unser Versagen – Leben ist stärker als der Tod.

Papst Johannes Paul II.

Man sagt, Aberglaube, Angst, Misstrauen und Bosheit seien ansteckend; das ist wahr, aber auch Hoffnung kann anstecken.

Ilja Ehrenburg

Menschen, die aus der Hoffnung leben, sehen weiter. Menschen, die aus der Liebe leben, sehen tiefer. Menschen, die aus dem Glauben leben, sehen alles in einem anderen Licht.

Lothar Zenetti

Nicht das Straucheln ist entscheidend, sondern das Wiederaufrichten, nicht die Resignation, sondern die Hoffnung.

Franz Kardinal König

Nichts im Leben ist hoffnungslos traurig: selbst eine Träne, die die Wange hinabrollt, kitzelt!

unbekannt

Nichts ist so hoffnungslos, dass wir nicht Grund zu neuer Hoffnung fänden.

Niccoló Machiavelli

Nun aber bleibt Glaube, Liebe, Hoffnung, diese drei. Aber die Liebe ist das schwächste Glied in der Kette, die Stelle, an welcher der Teufelskreis bricht.

Eva Zeller

Nur der Glaube kann halten, was die Hoffnung verspricht.

Adrienne von Speyr

Nur durch die Hoffnung bleibt alles bereit, immer wieder neu zu beginnen.

Charles Péguy

Nur mit Hoffnung kann man das Leben ertragen.

Lydia D.

Oft ist ein Engel jemand, der Hoffnung in traurigen Menschen erweckt.

Tanja Grassecker

Optimismus ist das Übersehen alles Negativen und der Glaube an die Hoffnung.

Susann W.

Solange es das noch gibt, diesen wolkenlosen blauen Himmel, darf ich nicht traurig sein.

Anne Frank

Trennung ist unser Los. Wiedersehen unsere Hoffnung.

Hedwig von Redern

Was unseren Geist jung erhält, ist der Glaube; was unser Herz jung erhält, ist die Liebe; was unseren Willen jung erhält, ist die Hoffnung; was unser Leben jung erhält, ist Christus. Denn er ist der Weg, die Wahrheit und das Leben.

Hermann Multhaupt

Was wäre das Leben ohne Hoffnung? Ein Funke, der aus der Kohle springt und verlischt, und wie man bei trüber Jahreszeit einen Windstoß hört, der einen Augenblick saust und dann verhallt, so wäre es mit uns. Es lebte nichts, wenn es nicht hoffte.

Friedrich Hölderlin

Wende dein Gesicht der Sonne zu, und du kannst den Schatten nicht sehen.

Helen Keller

Wenn alles verloren ist, bleibt uns die Zukunft.

Bovee

Wenn du klug bist, so mische eines mit dem anderen: hoffe nicht ohne Zweifel und zweifle nicht ohne Hoffnung.

Seneca

Wenn sich eine Tür schließt, öffnet sich eine andere. Aber wir schauen so lange mit so viel Bedauern auf die geschlossene Tür, dass wir die, die sich für uns geöffnet hat, nicht sehen.

Alexander Graham Bell

Wer die Osterbotschaft gehört hat, der kann nicht mehr mit tragischem Gesicht herumlaufen und die humorlose Existenz eines Menschen führen, der keine Hoffnung hat.

Karl Barth

Wer immer hofft, stirbt singend.

Toskana

Wir brauchen die Nächte, um die Sterne zu entdecken.

aus Brasilien

Wir brauchen Menschen, deren Hoffnung andere trägt und zum Leben erweckt.

Josef Dirnbeck

Wir legen so viel Hoffnung in die Zukunft, aber zu wenig in unser tägliches Handeln.

Zoé Degenhardt

Wie übel wären wir dran, wenn unsere Hoffnung auf Menschen ruhte.

Adolph Kolping

Wir müssen endliche Enttäuschung annehmen, aber wir dürfen nie die unendliche Hoffnung verlieren.

Martin Luther King

Menschen, die von sich überzeugt sind, die ihren Sinn gefunden haben, verbreiten Hoffnung und sind in der Lage zu lieben.

Thomas Meurer

Von Zeit zu Zeit wünsche ich dir Gedankensprünge himmelhoch in Siebenmeilenstiefeln und dass deine Hoffnung dir voran dabei stets auf großem Fuße lebt.

Isabella Schneider

Höflichkeit

Die Höflichkeit ist die Schwester der Liebe.

Franz von Assisi

Freundlichkeit ist eine Höflichkeit des Herzens, die der Liebe verwandt ist.

Johann Wolfgang von Goethe

Höflichkeit ist wie ein Luftkissen: Es mag wohl nichts drin sein, aber es mildert die Stöße des Lebens.

Arthur Schopenhauer

Menschen müssen sich einmal aneinander reiben. Höflichkeit aber ist das Fett, welches das Unangenehme des Reibens vermindert oder erleichtert.

Friedrich Wilhelm Weber

Höhen und Tiefen

Die Stunde auf dem Gipfel wäre nicht halb so schön, wären da zuvor nicht die dunklen Täler zu durchwandern.

Helen Miller

Gott ist ganz oben. Und ganz unten erst recht.

Paul Mommertz

In der Natur weiß jeder, dass Regen genauso nötig und heilsam ist wie Sonnenschein; aber im inneren Leben kann der Mensch das Gleiche nicht begreifen.

Walter Goes

Man kann auch in die Höhe fallen, so wie in die Tiefe.

Friedrich Hölderlin

Holz

Gehe mit Menschen um wie mit Holz! Nur weil ein Stückchen wurmstichig ist, würdest du nie den ganzen Stamm wegwerfen.

aus China

Hören

Einen Engel wünsche ich uns, dass wir von ihm sehen lernen und die hohe schwere Kunst: leise hören in dem Lärm.

Ursula Koch

Gott spricht oft so leise, dass man ihn überhören kann.

Karl Rahner

Wer zu hören versteht, hört die Wahrheit heraus; wer nicht zu hören versteht, hört nur Lärm.

Altchinesische Weisheit

Humor

Aller höhere Humor fängt damit an, dass man die eigene Person nicht mehr ernst nimmt.

Hermann Hesse

Der Genuss des Humors setzt höchste geistige Freiheit voraus.

Friedrich Hebbel

Der Humor nimmt die Welt hin, wie sie ist, sucht sie nicht zu verbessern und zu belehren, sondern sie mit Weisheit zu ertragen.

Charles Dickens

Die einzige Sache, die wir in unserem Leben meistens nicht ernst genug nehmen, ist die Freude und der Humor.

Phil Bosmans

Die Leute, die über sich selber lachen können, die sind schon auf dem richtigen Weg.

Isabella Schneider

Gibt es schließlich eine bessere Form, mit dem Leben fertig zu werden, als mit Liebe und Humor?

Charles Dickens

Herr, schenke mir Sinn für Humor: Gib mir die Gnade, einen Scherz zu verstehen, damit ich ein wenig Glück kenne im Leben und anderen davon weiterschenken darf.

Thomas Morus

Humor ist das Salz der Erde, und wer gut durchsalzen ist, bleibt lange frisch.

Karel Čapek

Humor ist der Schwimmgürtel auf dem Strom des Lebens.

Wilhelm Raabe

Humor ist der Versuch, sich selbst nicht ununterbrochen wichtig zu nehmen.

Ernst Kreuder

Humor ist die Kunst, sich ohne Spiegel selber ins Gesicht zu lachen.

Paul Hörbiger

Humor ist ein Zeichen von Würde. Er beweist, dass der Mensch über alles erhaben ist, was ihm widerfährt.

Romain Gary

Humor ist gesunder Menschenverstand, der tanzt.

aus England

Humor ist nicht erlernbar. Neben Geist und Witz setzt er vor allem ein großes Maß an Herzensgüte voraus, an Geduld, Nachsicht und Menschenliebe.

Curt Goetz

Humor ist unser Freund in allen Lebenslagen. Man kann zum Beispiel mit Humor die Wahrheit sagen, so dass sie uns bekommt und halb so bitter schmeckt.

Fred Endrikat

Humor und Geduld sind die Kamele, mit denen ich durch die Wüste komme.

Phil Bosmans

Sinn für Humor ist eine wunderbare Ergänzung des gesunden Menschenverstandes.

Johann A. Schindler

Wer sich mit Humor wappnet, ist praktisch unverwundbar.

Ernst Penzok

Wir können nicht glücklich sein, solange wir nicht gelernt haben, über uns selber zu lachen.

Dorothy Dix

Ich-Sein

Der Kern des Glücks: Der sein zu wollen, der du bist.

Erasmus von Rotterdam

Der Mensch wird am Du zum Ich.

Martin Buber

Ein Freund ist gleichsam ein anderes Ich.

Marcus Tullius Cicero

Ohne Du ist das Ich unmöglich.

Friedrich Heinrich Jacobi

Sei, der du bist, nicht mehr, nicht weniger, aber der sei!

Peter Altenberg

Wer bin ich? Ich werde mir selbst immer mehr zum Rätsel!

Aurelius Augustinus

Werde, was du noch nicht bist, bleibe, was du jetzt schon bist. In diesem Bleiben und Werden liegt alles Schöne hier auf Erden.

Franz Grillparzer

Ideal

Zeit unseres Lebens bleiben wir unterwegs zu dem Ideal, das Gott in uns hineingelegt hat.

Christeta Hess

Idealist

Man muss Realist und Idealist zugleich sein, um jedes von beiden richtig zu sein.

Carl Peter Fröhling

Idee

Eine wirklich gute Idee erkennt man darin, dass ihre Verwirklichung von vornherein ausgeschlossen ist.

Albert Einstein

Ignoranz

Ignorieren ist noch keine Toleranz.

Theodor Fontane

Illusion

Eine Illusion verlieren heißt: um eine Wahrheit reicher werden.

Arthur Schnitzler

Innerlichkeit

Als mein Gebet immer andächtiger und innerlicher wurde, da hatte ich immer weniger und weniger zu sagen. Zuletzt wurde ich ganz still.

Søren Kierkegaard

Liebe und tue, was du willst. Schweigst du, so schweige aus Liebe! Redest du, rede aus Liebe! Die Wurzel der Liebe sei in deinem Inneren: Aus dieser Wurzel kann nur Gutes kommen.

Augustinus

Innewerden

Tu meine Augen auf, dass ich sehe und tief innewerde, wie groß deine Liebe zu mir ist: dass ich mich mit ganzer Seele zu dir wende.

unbekannt

Innigkeit

Gott sagt nicht: Gib mir ein Herz wie das der Engel, sondern: Schenk mir dein Herz. Es ist dein eigenes Herz, das er verlangt; schenk es ihm, so wie es ist. Er will nichts, als was wir sind und was wir haben.

Franz von Sales

Intelligenz

Dinge wahrzunehmen ist der Keim der Intelligenz.

Laotse

Intoleranz

Toleranz ist manchmal Feigheit, aber Intoleranz deswegen noch kein Zeichen von Mut.

Gerlind Fischer-Diehl

Irrtum

Ein Mensch, der einen Irrtum zugibt, zeigt, dass er heute klüger ist als gestern.

unbekannt

Es kann sein, dass nicht alles wahr ist, was ein Mensch dafür hält, denn er kann irren, aber in allem, was er sagt, muss er wahrhaftig sein.

Immanuel Kant

Jeder Mensch kann irren. Im Irrtum beharren jedoch wird nur der Tor.

Marcus Tullius Cicero

Um schöpferisch zu leben, müssen wir die Angst vor dem Irrtum verlieren.

Joseph Chilton Pearce

Wer nie irrt, wird nie klug.

Johann Wolfgang von Goethe

Wer sich von der Wahrheit nicht besiegen lässt, der wird vom Irrtum besiegt.

Augustinus

Ja

Die kürzesten Wörter, nämlich Ja und Nein, erfordern das meiste Nachdenken.

Pythagoras

Du wagst dein Ja – und erlebst einen Sinn. Du wiederholst dein Ja – und alles bekommt Sinn. Wenn alles Sinn hat, wie kannst du anders leben als ein Ja.

Dag Hammarskjöld

Jahr

An der Schwelle des neuen Jahres lacht die Hoffnung und wispert, es werde uns mehr Glück bringen.

Alfred Lord Tennyson

Begrüße das neue Jahr vertrauensvoll und ohne Vorurteile, dann hast du es schon halb zum Freunde gewonnen.

Novalis

Das alte Jahr vergangen ist, das neue Jahr beginnt. Wir danken Gott zu dieser Frist. Wohl uns, dass wir noch sind!

unbekannt

Die Jahre lehren viel, was die Tage niemals wissen.

Ralph Waldo Emerson

Ein neues Buch, ein neues Jahr. Was werden die Tage bringen? Wird's werden, wie's immer war. Halb scheitern, halb gelingen?

Theodor Fontane

Ein neues Jahr beginnen heißt ein neues Leben zu beginnen.

Papst Johannes XXIII.

Es frommt nicht, dass du zagst und klagst: Wenn rückwärts ohne Reue ins alte Jahr du blicken magst, so zieh mit Mut ins neue.

Friedrich Wilhelm Weber

Es hängt von dir selbst ab, ob du das Jahr als Bremse oder als Motor benutzen willst.

Henry Ford

Ich sagte zu dem Engel, der an der Pforte des neuen Jahres stand: Gib mir ein Licht, damit ich sicheren Fußes der Ungewissheit entgegengehen kann! Aber er antwortete: Gehe nur in die Dunkelheit und lege deine Hand in die Hand Gottes! Das ist besser als ein Licht und sicherer als ein bekannter Weg!

aus China

Ob ein Jahr neu wird, liegt nicht am Kalender, nicht an der Uhr. Ob ein Jahr neu wird, liegt an uns.

Johann Wilhelm Wilms

Was uns das neue Jahr wohl bringt?
Ihr glaubt an manches Wunderbare!
Doch hört, wie diese Frage klingt:
Was bringen wir dem neuen Jahre?

Paul Valéry

Jahresende

Das Jahresende ist kein Ende und kein Anfang, sondern ein Weiterleben mit der Weisheit, die uns die Erfahrung gelehrt hat.

Hal Borland

Jahresring

Mit jedem Jahr, das als Ring um den Baum wächst, wünsche ich dir, dass du dich einliest, immer mehr, zwischen hellen Zeilen und auch dunklen, immer tiefer ins Geheimnis, von dem du selbst die Mitte bist.

Isabella Schneider

Jesus

Für mich ist Jesus mein Gott, ist Jesus mein Bräutigam, ist Jesus mein Leben, ist Jesus meine einzige Liebe, ist Jesus in allem mein Alles, ist Jesus mein Ein und Alles. Jesus, ich liebe dich mit meinem ganzen Herzen, mit meinem ganzen Sein.

Mutter Teresa

Lasst uns über das Tor des neuen Jahres den Namen Gottes schreiben, den Namen Gottes, in dem unsere Hilfe ist, den Namen Jesus. Jesus bedeutet: Gott hilft.

Karl Rahner

Nicht ich musste Jesus finden. Jesus fand mich.

Mutter Teresa

Jugend

Die Jugend ist die Zeit, Weisheit zu lernen, das Alter die Zeit, sie auszunützen.

Jean Jacques Rousseau

Der Jugend wird oft der Vorwurf gemacht, sie glaube, dass die Welt mit ihr anfange. Aber das Alter glaubt noch öfter, dass die Welt mit ihm aufhöre.

Friedrich Hebbel

Die Jugend soll ihren eigenen Weg gehen, aber ein paar Wegweiser können nicht schaden.

Pearl S. Buck

Eine besondere Liebe zu den jungen Leuten müssen wir leben; sich für ihre Zukunft interessieren, sie nach ihren Ideen fragen, teilnehmen an ihrem Leben und uns an die Wünsche und Freuden der eigenen Jugendzeit erinnern.

Hermann Multhaupt

Unsere Jugend ist heruntergekommen und zuchtlos. Die jungen Leute hören nicht mehr auf ihre Eltern. Das Ende der Welt ist nahe.

Keilschrift aus Ur in Chaldäa
ca. 2000 vor Christus

Vergesst niemals die Liebenswürdigkeit im Umgang mit Jugendlichen!

Don Bosco

Jung bleiben

Alt werden, das ist Gottes Gunst, jung bleiben, das ist Lebenskunst.

Sprichwort

Man bleibt jung, solange man noch lernen, andere Gewohnheiten annehmen und Widerspruch ertragen kann.

Marie von Ebner-Eschenbach

Man ist jung, solange man sich für das Schöne begeistern kann und nicht zulässt, dass es vom Nützlichen erdrückt wird.

Jean Paul

Jünger

Wenn ihr in meinem Wort bleibt, seid ihr wahrhaftig meine Jünger. Dann werdet ihr die Wahrheit erkennen, und die Wahrheit wird euch befreien.

Joh 8,31-32

Kaffee

Der Kaffee muss heiß wie die Hölle, schwarz wie der Teufel, rein wie ein Engel, süß wie die Liebe sein.

Französisches Sprichwort

Kälte

Viel Kälte ist unter den Menschen, weil wir es nicht wagen, uns so herzlich zu geben, wie wir sind.

Albert Schweitzer

Kampf

Wer kämpft, kann verlieren. Wer nicht kämpft, hat schon verloren.

Bertolt Brecht

Karfreitag

Das Licht erlischt im Dunkel des Karfreitags, aber es steigt strahlend auf am Auferstehungsmorgen.

Edith Stein

Kind

Bei Kindern braucht man ein Gläschen voll Weisheit, ein Fass voll Klugheit und ein Meer voll Geduld.

Franz von Sales

Das Juwel des Himmels ist die Sonne, das Juwel des Hauses ist das Kind.

aus China

Das Leben der Eltern ist das Buch, in dem die Kinder lesen.

Augustinus

Dein Kind ist dir für dein Verstehen dankbarer als für deine Fürsorge.

Lisa Wenger

Die Arbeit läuft dir nicht davon, wenn du deinem Kind den Regenbogen zeigst. Aber der Regenbogen wartet nicht, bis du mit der Arbeit fertig bist.

aus China

Die Aufgabe der Umgebung ist nicht, ein Kind zu formen, sondern ihm zu erlauben, sich zu offenbaren.

Maria Montessori

Die Welt wird jedesmal neu erschaffen, wenn ein Kind geboren wird. Geboren zu werden bedeutet, dass uns eine ganze Welt geschenkt wird.

Jostein Gaarder

Die Kinder kennen weder Vergangenheit noch Zukunft, und – was uns Erwachsenen kaum passieren kann – sie genießen die Gegenwart.

Jean de La Bruyère

Die Liebe der Mutter zu ihren Kindern ist eine Brücke zu allem Guten: im Leben und in der Ewigkeit.

Türkisches Sprichwort

Ein Kind ist ein Buch, aus dem wir lesen und in das wir schreiben sollen.

Peter Rosegger

Ein Kind ist eine sichtbar gewordene Liebe.

Novalis

Eine glückliche Mutter ist für die Kinder segensreicher als hundert Lehrbücher über die Erziehung.

Johann Heinrich Pestalozzi

Eine Mutter versteht auch, was ein Kind nicht ausspricht.

Jüdisches Sprichwort

Eine Mutter wäre fähig, das Glück zu erfinden, um es ihren Kindern zu geben.

Madeleine Delbrêl

Erst wenn man eigene Kinder hat, weiß man, wie groß die Liebe der Eltern war.

unbekannt

Gott ist als Kind geboren, hat Mensch zu sein erkoren.

Angelus Silesius

Herr, segne dieses Kind und hilf uns, ihm zu helfen, dass es lieben lernt mit seinem ganzen Herzen.

Lothar Zenetti

Ich verzichte auf alle Weisheit, die nicht weinen, auf alle Philosophie, die nicht lachen, auf alle Größe, die sich nicht beugen kann – im Angesicht von Kindern.

Khalil Gibran

In jedem Kind in Liebe geboren, beginnt die Welt aufs neue. In jedem Kind liegt eine Erinnerung an das verlorene Paradies.

Phil Bosmans

In jedem Kind träumt Gott den Traum der Liebe, in jedem Kind wacht ein Stück Himmel auf, in jedem Kind blüht Hoffnung, wächst die Zukunft, in jedem Kind wird unsere Erde neu.

unbekannt

Jedes Kind ist ein Engel, der uns heiligen soll.

Jeremias Gotthelf

Jedes Kind ist kostbar. Jedes ist ein Geschöpf Gottes.

Mutter Teresa

Jedes neugeborene Kind bringt die Botschaft, dass Gott sein Vertrauen in die Menschen noch nicht verloren hat.

Rabindranath Tagore

Kein größeres Geschenk können wir einem Kinde machen, als dass wir seinen Blick schärfen für die Schönheit und das Geheimnis der Welt, in der wir leben.

Rachel Carson

Kinder brauchen keine Erholung, sie brauchen erholte Eltern.

Weisheit

Kinder sind Boten des Glücks.

aus China

Kinder sind Hoffnungen.

Novalis

Kinder sind das lieblichste Pfand in der Ehe; sie binden und erhalten das Band der Liebe.

Martin Luther

Kinder sind ein Rätsel von Gott und schwerer als alle zu lösen, aber der Liebe gelingt's, wenn sie sich selbst bezwingt.

Friedrich Hebbel

Kinder sind eine Gabe Gottes, dass sie zur Welt kommen, ist ein Geschenk.

Ps 127,3

Kinder sind Engel, deren Flügel schrumpfen, je mehr ihre Beine wachsen.

aus Frankreich

Kinder sind nicht nur freundliche Lichtstrahlen des Himmels und Gottesgrüße, sondern auch ernste Fragen aus der Ewigkeit und schwere Aufgaben für die Zukunft.

Friedrich Schleiermacher

Kinder sollen mit viel Liebe aufwachsen, aber sie wollen und brauchen auch Normen.

Astrid Lindgren

Man kann in Kinder nichts hineinprügeln, aber vieles herausstreicheln.

Astrid Lindgren

Mit jedem Kind, das dir begegnet, ertappst du Gott auf frischer Tat.

Martin Luther

Solange die Kinder klein sind, gib ihnen Wurzeln; sind sie älter geworden, gib ihnen Flügel.

Indisches Sprichwort

Wenn ein Kind stolpert, hält ein guter Engel seine Hand hin.

Jüdische Weisheit

Wir können nicht wieder wie die Kinder werden, aber wir können wohl danach trachten, dass die Kinder nicht so werden wie wir.

Erich Kästner

Wo Kinder sind, da ist ein goldenes Zeitalter.

Novalis

Wohl denen, die ihren Kindern den Sinn dafür bewahren, dass kleine Dinge erfreuen.

Jeremias Gotthelf

Zwei Dinge sollen Kinder von ihren Eltern bekommen: Wurzeln und Flügel.

Johann Wolfgang von Goethe

Kindheit

Mit einer Kindheit voll Liebe kann man ein ganzes Leben lang haushalten.

Johann Heinrich Pestalozzi

Kirche

Die Kirche braucht dringend Priester. Wenn sie fehlen, fehlt Jesus in der Welt, fehlt seine Eucharistie, fehlt seine Vergebung.

Papst Johannes Paul II.

Es segne uns der allmächtige Gott, der auf das Bekenntnis des Petrus die Kirche gegründet und durch ihn die Brüder im Glauben gestärkt hat.

Segensspruch

Klage

Statt zu klagen, dass wir nicht alles haben, was wir wollen, sollten wir lieber dankbar sein, dass wir nicht alles bekommen, was wir verdienen.

Dieter Hildebrand

Klarheit

Manchmal muss man die Augen schließen, um klarer zu sehen.

Arabische Weisheit

klein machen

Vor Gott muss man sich beugen, weil er so groß ist, vor dem Kinde, weil es so klein ist.

Peter Rosegger

Kleinigkeiten

Achte auf das Kleine in der Welt, das macht das Leben reicher und zufriedener.

Carl Hilty

Glaube mir, es kommt im Leben auf Kleinigkeiten an.

Johann Heinrich Pestalozzi

Ich fühle, dass Kleinigkeiten die Summe des Lebens ausmachen.

Charles Dickens

Im Tau kleiner Dinge findet das Herz seinen Morgen und seine Erquickung.

Khalil Gibran

Kleinmut

Kleinmut und Ängstlichkeit hindern einen Menschen oft, das Gute zu tun, zu dem er fähig wäre, wenn er im Vertrauen auf Gottes Hilfe Mut fassen würde.

Thomas More

Kloster

Menschen fragen manchmal, was Mönche in einem Kloster tun. Die Antwort lautet: Wir fallen und stehen auf, wir fallen und stehen auf, und abermals fallen wir und stehen wieder auf. Und wir finden die Stärke aufzustehen, indem wir Gott unsere Schwäche bekennen.

Pachomius

Klugheit

Alle Menschen sind klug: die einen vorher, die anderen nachher.

Fernöstliche Weisheit

Bewähre dich, sei stark, freundlich, klug, und du hast gewonnen.

Katherine Mansfield

Das Glück des täglichen Lebens liegt im Wirken der Klugheit, durch das der Mensch sich selbst und andere regiert.

Thomas von Aquin

Der Morgen ist immer klüger als der Abend.

Russland

Die Klugheit steht zurück, um zu sehen.

Carmen Sylvia

Ein Mensch, der einen Irrtum zugibt, zeigt, dass er heute klüger ist als gestern.

unbekannt

Klug ist, wer nur die Hälfte von dem glaubt, was er hört. Noch klüger ist, wer erkennt, welche Hälfte die richtige ist.

unbekannt

Sei klüger als andere, wenn du kannst – aber sage es ihnen nicht.

Gilbert Keith Chesterton

Wenn Ärger im Menschen ist, so macht man selten das Klügste, sondern gewöhnlich das Dümmste.

Jeremias Gotthelf

Wer nie irrt, wird nie klug.

Johann Wolfgang von Goethe

Knien

Es ist genug Raum in der Grotte von Betlehem für jeden, der sich zu bücken weiß.

Roland Knox

Kommendes

Wer nur zurückschaut, kann nicht sehen, was auf ihn zukommt.

Konfuzius

Kommunion

Ich wünsche dir zur Kommunion, dass Gott Vater und Gott Sohn beschützen dich mit Segen auf allen deinen Wegen. Dann wanderst fromm und glücklich du der gold'nen Himmelpforte zu.

Ernst Moritz Arndt

In der heiligen Kommunion haben wir Christus in der Gestalt von Brot. In unserer Arbeit finden wir ihn in der Gestalt von Fleisch und Blut. Es ist derselbe Christus.

Mutter Teresa

Kompromiss

Kompromiss heißt die Kunst, einen Kuchen so zu teilen, dass jeder denkt, er habe das größte Stück bekommen.

Ludwig Erhard

Können

Das Geheimnis des Könnens liegt im Wollen.

Giuseppe Mazzini

Man kann, weil man glaubt, zu können.

Vergil

Konsum

Nicht das Verlangen nach einem besseren Leben ist schlecht, sondern falsch ist ein Lebensstil, der vorgibt, dann besser zu sein, wenn er auf das Haben und nicht auf das Sein ausgerichtet ist. Man will mehr haben, nicht um mehr zu sein, sondern um das Leben in Selbstgefälligkeit zu konsumieren.

Papst Johannes Paul II.

Kopf

Wer den Kopf in den Sand steckt, darf sich nicht wundern, wenn er in den Hintern getreten wird.

unbekannt

Körper

Dieselbe Sorgfalt wie auf den Körper muss man auch auf die Seele verwenden. Meist denkt man nicht daran und verletzt sie.

Thérèse von Lisieux

Es ist unglaublich, wie viel Kraft die Seele dem Körper zu leihen vermag.

Wilhelm von Humboldt

Schenk dir selbst täglich eine halbe Stunde Stille, damit du in deinem Körper deine Seele wieder entdeckst.

unbekannt

Kraft

Alle guten Kräfte kommen aus der Tiefe des Schweigens, und sofern sie durch Unruhe nicht vertrieben werden, bleiben sie uns hilfreich stützend zugegen.

Christa Franze

Aus dem Schweigen kommt alle Kraft.

Bernhard von Clairvaux

Deine Kraft liegt in deiner Hoffnung.

Luise Rinser

Der Wille Gottes ist entweder eine Last, die wir tragen, oder eine Kraft, die uns trägt.

Corrie ten Boom

Die Botschaft von Weihnachten: Es gibt keine größere Kraft als die Liebe. Sie überwindet den Hass, wie das Licht die Finsternis.

Martin Luther King

Die dem Herrn vertrauen, schöpfen neue Kraft, sie bekommen Flügel wie Adler. Sie laufen und werden nicht müde, sie gehen und werden nicht matt.

Jes 40,31

Die größte Hilfe ist uns das Gebet. Beten wir, so gibt Gott uns jene Kraft, die wir aus uns selbst nicht haben.

Alfons Maria von Ligouri

Die leisen Kräfte sind es, die das Leben tragen.

Romano Guardini

Die Liebe ist eine gewaltige Kraft; sie ist die einzige unüberwindliche Kraft dieser Welt.

Fjodor M. Dostojewski

Die Ruhe ist die Quelle jeder großen Kraft.

Fjodor M. Dostojewski

Freude ist Kraft. Wer tief froh ist, kann viel leichter gut sein.

Werner de Boor

Gott, der Herr, ist meine Kraft.

Hab 3,19

Gott verlangt nichts vom Menschen, ohne ihm zugleich die Kraft dafür zu geben.

Edith Stein

Herr, ich bitte dich, schenke meinen Händen Geschicklichkeit, meinem Verstand Scharfblick und meinem Herzen Mitgefühl und Sanftmut. Verleihe mir Zielstrebigkeit, die Kraft, einen Teil der Last meiner leidenden Mitmenschen auf mich zu nehmen.

Mutter Teresa

Nicht in den Zweigen, in den Wurzeln steckt des Baumes Kraft.

Gertrud von Le Fort

Nur die Ruhe ist die Quelle jeder großen Kraft.

Fjodor M. Dostojewski

Von der Seele geht die Kraft aus, um den Leib zu beleben, wie vom Wasser die Erde belebt wird. Die Seele freut sich, mit dem Leib zu wirken.

Hildegard von Bingen

Kraft geben

Ruhen wir aus im Herzen jener, die wir lieben, gleichwie jene, die wir gern haben, in unserem Herzen ruhen sollen.

Bernhard von Clairvaux

Kraft sammeln

Manchmal träume ich davon, dass ich nicht immer nur blühen muss, sondern Zeit, Ruhe habe, um Kraft für neue Triebe zu sammeln.

Andrea Schwarz

Nichts geht mehr. Alles steht still. Pausen der Stille in meinem Leben, ich brauche sie. Sie helfen mir: Kräfte zu sammeln, mich auf das Wesentliche zu besinnen, zu mir selbst zu finden und – Gott zu finden.

Anselm von Canterbury

Wir hätten alle mindestens eine Stunde Einsamkeit am Tag nötig, um aufzufüllen und Atem zu schöpfen.

Maria Schell

Kraft, heilende

Im Gebet kommen viele Dinge wieder ins Lot. Das Gebet hat heilende Kraft, macht ruhig, sachlich, objektiv, menschlich.

Peter Wust

Krankheit

Der Gesunde hat viele Wünsche, der Kranke nur einen.

aus Indien

Die gefährlichsten Herzkrankheiten sind noch immer Hass, Neid und Geiz.

Pearl S. Buck

Die Krankheit ist ein Hindernis für den Körper, nicht für den Willen, sofern dieser es nicht selbst so will.

unbekannt

Entscheidend ist nicht, durch den Glauben die Krankheit zu verlieren, sondern mit dem Glauben in der Krankheit zu bestehen.

Anselm Grün

Es sind nicht alle krank, die jammern.

aus Russland

Freude, Mäßigkeit und Ruh' schließen dem Arzt die Türe zu.

Friedrich von Logau

Geistige Größe kann alle körperlichen Gebrechen unsichtbar machen

unbekannt

Ich glaube, dass Krankheiten Schlüssel sind, die uns gewisse Tore öffnen können. Denn ich glaube, es gibt gewisse Tore, die nur Krankheit öffnen kann.

André Gide

Ich habe viel in der Krankheit gelernt, das ich niemals in meinem Leben hätte lernen können.

unbekannt

Weder alte noch kranke Menschen sind Außenseiter der Gesellschaft; sie gehören vielmehr wesentlich dazu. Wir alle sind ihre Schuldner.

Papst Johannes Paul II.

Kränkungen

Schreibe Kränkungen in den Staub und meißle Wohltaten in den Marmor.

Bejamin Franklin

Kreuz

Das Kreuz Christi ist eine Last von der Art, wie es die Flügel der Vögel sind. Sie tragen aufwärts.

Bernhard von Clairvaux

Das Kreuz ist die große Urkunde der ewigen Barmherzigkeit.

Friedrich von Bodelschwingh

Das müssen wir auch lernen: andere ihr Kreuz tragen zu sehen und es ihnen nicht abnehmen zu können. Es ist schwerer, als das eigene Kreuz zu tragen, aber wir kommen auch daran nicht vorbei.

Edith Stein

Ehe das Kreuz war, gab es keine Leiter in den Himmel.

Augustinus

Es gibt so viele Kreuze wie Menschen.

Fulton Sheen

Kreuz besagt: Es gibt kein Scheitern ohne Hoffnung – keine Finsternis ohne Stern – keinen Sturm ohne rettenden Hafen. Kreuz besagt: Gott ist immer größer als wir Menschen, größer als unser Versagen – Leben ist stärker als der Tod.

Papst Johannes Paul II.

Nicht mit dem Schwert, sondern mit dem Kreuz machte sich Christus den Erdkreis untertan.

Augustinus

Wir Christen gehen nur deshalb in den Stürmen der Welt nicht unter, weil wir vom Kreuzesholz getragen werden.

Augustinus

Wir müssen das Kreuz tragen, ehe es uns trägt.

Paul Claudel

Krieg

Den ungerechten Frieden finde ich immer noch besser als den gerechten Krieg.

Marcus Tullius Cicero

Es gab noch nie einen guten Krieg oder einen schlechten Frieden.

Benjamin Franklin

Krippe

Die beste Krippe für Gott ist eines Menschen Herz.

Walter Reisberger

Krise

Krise kann ein produktiver Zustand sein. Man muss ihr nur den Beigeschmack der Katastrophe nehmen.

Max Frisch

Kritik

Der letzte Beweis von Größe liegt darin, Kritik ohne Groll zu ertragen.

Victor Hugo

Glücklich sind diejenigen, die erfahren, was man an ihnen aussetzt, und die sich danach verbessern können.

William Shakespeare

Nur wer das Herz hat zu helfen, hat das Recht zu kritisieren.

Abraham Lincoln

Kummer

Dass die Vögel der Sorge und des Kummers über dein Haupt fliegen, kannst du nicht verhindern. Doch du kannst verhindern, dass sie Nester in deinem Haar bauen.

Martin Luther

Die Hälfte aller Kümmernisse des Lebens kann darauf zurückgeführt werden, dass man zu schnell ja oder nicht früh genug nein gesagt hat.

George Bernard Shaw

Lächeln

Am Lachen erkennt man den Fröhlichen, am Lächeln den Weisen.

Max Rössler

Am wertvollsten sind die Menschen, die es schaffen, anderen Menschen ein Lächeln ins Gesicht zu zaubern!

unbekannt

Das Lächeln ist ein Fenster, durch das man sieht, ob das Herz zu Hause ist.

aus Russland

Das Leben ist kurz, aber ein Lächeln ist nur die Mühe einer Sekunde.

Kubanisches Sprichwort

Das Leben ist wie ein Spiegel: Wenn man hineinlächelt, lächelt es zurück.

Nubar Gulbenkian

Die Blume ist das Lächeln der Pflanze.

Peter Hille

Die Güte muss auf eurem Gesicht erscheinen, in euren Augen, in eurem Lächeln, in der Herzlichkeit eures Grußes. Ihr müsst den Kindern, den Armen, den Leidenden und Einsamen immer ein freudiges Lächeln schenken. Ihr sollt sie nicht nur pflegen, ihr müsst auch euer Herz schenken.

Mutter Teresa

Ein kleines Lächeln ist besser als eine große Ansprache.

Papst Johannes Paul I.

Ein Lächeln ist die kürzeste Entfernung zwischen zwei Menschen.

Victor Borge

Ein Lächeln ist wie eine Berührung. Es bringt etwas von der Wirklichkeit Gottes in unser Leben.

Mutter Teresa

Ein Lächeln verzaubert die Welt für einen ganzen kostbaren Augenblick.

Ernst R. Hauschka

Gott schenkt dir das Gesicht. Lächeln musst du selber.

aus Irland

Wer lächelt, statt zu toben, ist immer der Stärkere.

Japanische Weisheit

Wir werden nie wissen, wie viel Gutes ein einfaches Lächeln vollbringen kann. Ein Lächeln ist wie eine Berührung. Es bringt etwas von der Wirklichkeit Gottes in unser Leben,

Mutter Teresa

Lachen

Das Lachen ist die Sonne, die aus dem menschlichen Antlitz den Winter vertreibt.

Victor Hugo

Der Himmel hat den Menschen als Gegengewicht gegen die vielen Mühseligkeiten des Lebens drei Dinge gegeben: die Hoffnung, den Schlaf und das Lachen.

unbekannt

Die Leute, die über sich selber lachen können, die sind schon auf dem richtigen Weg.

Isabella Schneider

Entscheidend ist, dass jemand über sich selbst lachen kann.

Heinz Rühmann

In seinem Lachen liegt der Schlüssel, mit dem wir den ganzen Menschen entschlüsseln.

Thomas Carlyle

Je mehr ein Mensch des ganzen Ernstes fähig ist, desto herzlicher kann er lachen.

Arthur Schopenhauer

Lache das Leben an! Vielleicht lacht es wieder.

Jean Paul

Lachen ist eine Macht, vor der die Größten dieser Welt sich beugen müssen.

Emil Zola

Lachen können ist auch eine Gnade; gemeinsam mit anderen lachen, kann auch Nächstenliebe sein.

Anna Dengel

Wer einen Menschen wieder zum Lachen bringt, der schließt ihm das Himmelreich auf.

Jürgen Moltmann

Langeweile

Langeweile ist eine Halbschwester der Verzweiflung.

Marie von Ebner-Eschenbach

Langsamkeit

Übe dich in Langsamkeit. Zwinge dich zur Langsamkeit.

Novalis

Lärm

Die Stille ernährt, der Lärm verbraucht.

Reinhold Schneider

Die Stille ist nicht auf den Gipfeln der Berge, der Lärm nicht auf den Märkten der Städte; beides ist in den Herzen der Menschen.

Laotse

Last

Aus schwersten Lasten schafft Gott neue Möglichkeiten.

Friedrich von Bodelschwingh

Das Kreuz Christi ist eine Last von der Art, wie es die Flügel der Vögel sind. Sie tragen aufwärts.

Bernhard von Clairvaux

Der Körper kann große Lasten tragen, wenn man ihn strafft. Mit der Seele ist es ebenso.

Michel de Montaigne

Der Wille Gottes ist entweder eine Last, die wir tragen, oder eine Kraft, die uns trägt.

Corrie ten Boom

Du weißt nicht, wie schwer die Last ist, die du nicht trägst.

aus Afrika

Gott nimmt nicht die Lasten, sondern stärkt die Schultern.

Franz Grillparzer

Kommt alle zu mir, die ihr mühselig und beladen seid. Ich werde euch Ruhe verschaffen.

Mt 11,28

Ohne Liebe sind wir uns selbst zur Last. Durch die Liebe tragen wir einander.

Augustinus

Wenn die Last des Tages dich ins Wanken bringt, soll die Erde für dich tanzen, damit du das Gleichgewicht wiedererlangst.

Irischer Segensspruch

Wenn du keine Last zu tragen hast, dann nur deshalb, damit du die der anderen mittragen kannst.

Madeleine Delbrêl

Wir müssen immer daran denken, dass andere schlechter dran sind als wir. Der beste Weg den eigenen Schmerz zu lindern, besteht darin, die Last anderer auf sich zu nehmen.

Hermann Multhaupt

Leben

Aller Tod in der Natur ist Geburt, gerade im Sterben erscheint sichtbar die Erhöhung des Lebens.

Johann Gottlieb Fichte

Alles wahre Leben ist Bewegung.

Martin Buber

Als du ein Kind warst, schien dir eine Woche eine Ewigkeit, seit du älter wirst, scheint ein Jahr nur einen Augenblick zu dauern. Wie du es auch erlebst: Du hast Zeit. Mag sie lang oder kurz sein: Du kannst sie mit Leben füllen.

Hildegunde Wöller

An den wichtigsten Scheidewegen des Lebens stehen meist keine Wegweiser.

Hedwig Dransfeld

Das Bewusstsein eines erfüllten Lebens und die Erinnerung an viele gute Stunden sind das größte Glück auf Erden.

Marcus Tullius Cicero

Das einzig Mittel, das Leben zu ertragen, ist: es schön zu finden.

Rudolf Leonhard

Das Leben der Menschen erfüllt sich durch viele Tode hindurch.

Basilius der Große

Das Leben gehört dir nicht allein. Das Leben wird dir geschenkt, um es weiterzugeben.

unbekannt

Das Leben gleicht einem Buch. Toren durchblättern es flüchtig, der Weise liest es mit Bedacht, weil er weiß, dass er es nur einmal lesen kann.

Jean Paul

Das Leben ist ein Spiel. Man macht keine größeren Gewinne, ohne Verluste zu erzielen.

Christine von Schweden

Das Leben ist ein Wunder. Es kommt über mich, dass ich oftmals die Augen schließen muss.

Paula Modersohn-Becker

Das Leben ist eine Chance, nütze sie. Das Leben ist ein Traum, mach daraus Wirklichkeit. Das Leben ist eine Pflicht, erfüllte sie. Das Leben ist ein Spiel, spiele es. Das Leben ist kostbar, gehe sorgfältig damit um. Das Leben ist Reichtum, bewahre ihn.

Mutter Teresa

Das Leben ist eine Reise. Je weniger Gepäck man dabei hat, desto mehr Eindrücke kann man mitnehmen.

Hanna Schygulla

Das Leben ist immer ein Werden, aber man darf nicht vergessen, es in der. Gegenwart zu leben.

Jacques Salomé

Das Leben ist kurz, aber ein Lächeln ist nur die Mühe einer Sekunde.

Kubanisches Sprichwort

Das Leben ist Schönheit, bewundere sie. Das Leben ist Seligkeit, genieße sie. Das Leben ist Traurigkeit, überwinde sie. Das Leben ist Kampf, akzeptiere ihn. Das Leben ist ein Versprechen, erfülle es.

Mutter Teresa

Das Leben ist tatsächlich voller Wunder. Mehr noch: es ist wunderbar, und jeder, der es nicht länger als selbstverständlich hinnimmt, wird das sofort bestätigen.

Anthony de Mello

Das Leben ist Veränderung, und ohne Erneuerung ist es unbegreiflich.

Nikolai Berdjajew

Das Leben liebt das Gleichgewicht.

unbekannt

Das Leben muss strömen. Wasser, das nicht fließt, bedeckt sich mit Schaum und fault.

Alphonse de Lamartine

Das Leben spielt sich immer heute ab, und heute muss man auskosten, nützen und genießen, nicht morgen oder übermorgen.

Hannelore Frank

Das Leben wird ein Fest, wenn du dich freuen kannst an einfachen, alltäglichen Dingen.

Phil Bosmans

Das Leben zerbricht, aber eben dadurch geht die Tür auf, und Er steht auf der anderen Seite.

Romano Guardini

Dass die Zeit vergeht, gibt dem Leben den tiefen Ernst der Verantwortung für die Stunde.

Paul Althaus

Der auferstandene Christus macht das Leben zum Fest.

Athanasius von Alexandrien

Der Geist, der allen Dingen Leben verleiht, ist die Liebe.

Tschu-Li

Der Glaube ist unentbehrlich zum Leben.

Martin Andersen Nexö

Der Mensch lebt und bestehet nur eine kleine Zeit; und alle Welt vergehet mit ihrer Herrlichkeit. Es ist nur einer ewig und an allen Enden, und wir in seinen Händen.

Matthias Claudius

Der Weg zu Gott, zum wahren Leben, führt nicht an der Welt vorbei, sondern in das Miteinander mit dem Nächsten.

unbekannt

Die Freude, das kostbarste Lebenselixier, eine herrliche Medizin zur Verlängerung unseres Lebens.

C. L. Schleich

Die Früchte deines Lebens wachsen erst, nachdem der Pflug durch dein Land gegangen ist.

Henri Nouwen

Die drei Dimensionen eines vollkommenen Lebens: die Liebe zu sich selbst, die Liebe zum Nächsten und die Liebe zu Gott.

Martin Luther King

Die Güte des Herzens besteht in einem tiefgefühlten, universellen Mitleid mit allem, was Leben heißt.

Arthur Schopenhauer

Die Liebe ist schließlich das Glück und der Trost unseres Lebens. Wer nur sich selbst sucht, wird auch nur sich selbst finden, und er wird vereinsamen. Die Seligkeit liegt in der Liebe.

Franz Sawicki

Die Neugier ist der Docht in der Kerze des Lebens.

Weisheit

Die Schönheit ist die Lebensnahrung der Seele.

Bettina von Armin

Die Schuld gehört zu unserem Leben wie das tägliche Brot.

Alfred Delp

Die Seele nährt sich von dem, woran sie sich erfreut.

Augustinus

Die Spielregeln des Lebens verlangen von uns nicht, dass wir um jeden Preis siegen, wohl aber, dass wir den Kampf nie aufgeben.

Gerhard Witzel

Die Summe unseres Lebens sind die Stunden, in denen wir liebten.

Wilhelm Busch

Drei Dinge muss der Mensch wissen, um gut zu leben: Was für ihn zu viel, was für ihn zu wenig, und was genau richtig ist.

Weisheit der Suaheli

Du lebst nicht von den Dingen, sondern vom Sinn der Dinge.

Antoine de Saint-Exupéry

Ein angenehmes und heiteres Leben kommt nicht von äußeren Dingen; der Mensch bringt aus seinem Inneren wie aus einer Quelle Lust und Freude in sein Leben.

Plutarch

Ein ewiges Rätsel ist das Leben, und ein Geheimnis bleibt der Tod.

Emanuel Geibel

Erst, wenn man mit dem Leid umzugehen weiß, dann weiß man auch mit dem Leben umzugehen.

Friederike Weichselbaumer

Es geschieht zu jeder Zeit etwas Unerwartetes; unter anderem ist auch deshalb das Leben so interessant.

Marie von Ebner-Eschenbach

Es gibt Augenblicke in unserem Leben, in denen Zeit und Raum tiefer werden und das Gefühl des Daseins sich unendlich ausdehnt.

Charles de Baudelaire

Es gibt ein Land der Lebenden und ein Land der Toten, und die Brücke zwischen ihnen ist die Liebe, das Einzige, was bleibt, das Einzige, was von Bedeutung ist.

Thornton Wilder

Es gibt erfülltes Leben trotz vieler unerfüllter Wünsche.

Dietrich Bonhoeffer

Es ist nicht auszudenken, was Gott aus den Bruchstücken unseres Lebens machen kann, wenn wir sie ihm ganz überlassen.

Blaise Pascal

Es ist schön zu leben, weil leben anfangen ist, immer, in jedem Augenblick.

Cesare Pavese

Fange jetzt an zu leben, und zähle jeden Tag als ein Leben für sich.

Seneca

Fürchte dich vor allen Sünden, sei bereit zu allen Tugenden und beharrlich in allen Dingen, dann kannst du dein Leben zu einem guten Ende bringen.

Mechthild von Magdeburg

Gibt es schließlich eine bessere Form, mit dem Leben fertig zu werden, als mit Liebe und Humor?

Charles Dickens

Glaube mir, es kommt im Leben auf Kleinigkeiten an.

Johann Heinrich Pestalozzi

Glücklich leben und naturgemäß ist eins.

Seneca

Glücklich, wer an Gott glaubt, denn er wird, wenn auch nicht ohne Mühe und Leid, schließlich alle Mühsale des Lebens überwinden.

Vincent van Gogh

Gott, gib, dass ich diesen Tag so lebe, dass ich wert bin, ihn zu erleben.

Marie von Ebner-Eschenbach

Ich fühle, dass Kleinigkeiten die Summe des Lebens ausmachen.

Charles Dickens

Ich habe versucht, das Leben gut zu behandeln, und es hat mich belohnt. Denn das Leben erwidert unweigerlich Lächeln mit Lächeln, Tritt mit Tritt!

Prentice Mulford

Ich kann in drei Worten alles zusammenfassen, was ich über das Leben gelernt habe: Es geht weiter.

Robert Frost

Ich schlief und träumte, das Leben wäre Freude. Ich erwachte und sah, das Leben ist Pflicht. Ich handelte und siehe, das Leben war Freude.

Rabindranath Tagore

Ich wünsche dir, dass du an jedem Tag deines Lebens tatsächlich lebendig bist.

Jonathan Swift

Ihr, die ihr mich so geliebt habt, seht nicht auf das Leben, das ich beendet habe, sondern auf das, welches ich beginne.

Augustinus

Im Grunde sind es doch die Verbindungen mit Menschen, welche dem Leben seinen Wert geben.

Wilhelm von Humboldt

Im Leben geht es nicht nur darum, gute Karten zu haben, sondern auch darum, mit einem schlechten Blatt gut zu spielen.

Robert Louis Stevenson

Im Leben herrscht immer ein Gleichgewicht – man kann nicht nehmen, ohne auch zu geben.

Yehudi Menuhin

In jeder Minute, die du im Ärger verbringst, versäumst du 60 glückliche Sekunden deines Lebens.

Albert Schweitzer

Jeden Morgen soll die Schale unseres Lebens hingehalten werden, um aufzunehmen, zu tragen und zurückzugeben.

Dag Hammarskjöld

Jeder Morgen, den Gott uns gibt, ist ein Geschenk. Darum sollte keine Stunde vertändelt, auch kein Tag nutzlos verbracht werden.

Adolf Kardinal Bertram

Jeder sollte für sich eine Zeit der Besinnung schaffen. Sie schenkt uns die Möglichkeit, uns eins zu fühlen mit allen lebenden Geschöpfen.

Mahatma Gandhi

Jeder Tag ist der Anfang eines Lebens, jedes Leben ist der Anfang der Ewigkeit.

Rainer Maria Rilke

Jeder Tag ist ein neues Leben, jedes Aufwachen und Aufstehen eine kleine Geburt, jeder frische Morgen ist eine kleine Jugend.

Arthur Schopenhauer

Jesus spricht: Denn ich lebe, und auch ihr sollt leben.

Joh 14,19

Jesus spricht: Ich bin die Auferstehung und das Leben. Wer an mich glaubt, wird leben, auch wenn er stirbt.

Joh 11,25

Lache das Leben an! Vielleicht lacht es wieder.

Jean Paul

Lebe so, dass du an jedem Abend sagen kannst, dieser Tag hat gewonnen.

Ignaz Aurelius Feßler

Lebe so, dass zu keiner Zeit der Tod dich unvorbereitet findet.

Thomas von Kempen

Leben ist das Einatmen der Zukunft.

Pierre Leroux

Leben ist das, was passiert, während du eifrig dabei bist, andere Pläne zu machen.

John Lennon

Leben kann man nur vorwärts, das Leben verstehen nur rückwärts.

Søren Kierkegaard

Leben muss strömen. Wasser, das nicht fließt, bedeckt sich mit Schaum und fault.

Alphonse de Lamartine

Leben wir, so leben wir dem Herrn, sterben wir, so sterben wir dem Herrn. Ob wir leben oder ob wir sterben, wir gehören dem Herrn.

Röm 14,8

Lebt ein neues Leben. Um die anderen Meinungen, die jetzt und später aufkommen, kümmert euch nicht, sie gehen euch nichts an.

Angela Merici

Man braucht Geld zum Leben, aber Leben ist mehr als Geld haben. Zum Leben gehört das Lieben und Geliebtwerden.

Hugo Aufderbeck

Man kann sich das Leben auch durch zu großen Ernst verscherzen.

Peter Sirius

Man muss nicht sein Tempo steigern, um mehr vom Leben zu haben.

Mahatma Gandhi

Mitten im Leben sind wir vom Tod umfangen.

Martin Luther

Mögest du alle Tage deines Lebens wirklich leben!

Jonathan Swift

Mögest du leben, so lange du willst, und es wollen, so lange du lebst.

Keltischer Trinkspruch

Nicht den Tod sollte man fürchten, sondern dass man nie beginnen wird zu leben.

Marc Aurel

Nicht der Mensch hat am meisten gelebt, welcher die höchsten Jahre zählt, sondern derjenige, welcher sein Leben am meisten empfunden hat.

Jean Baptiste Rousseau

Nicht die Jahre in unserem Leben zählen, sondern das Leben in unseren Jahren.

Adlai Ewing Stevenson

Nicht Jahre machen das Leben aus, sondern Augenblicke.

Friederike Wechselbaumer

Nie erfahren wir unser Leben stärker als in großer Liebe und in tiefer Trauer.

Rainer Maria Rilke

Nimm jeden Tag als ein Leben für sich.

Seneca

Oft an den Tod zu denken, ist auch eine Art, sich mehr des Lebens zu freuen.

Papst Johannes XXIII.

Ohne Freunde können wir kein vollkommenes Leben haben.

Dante Alighieri

Pflege das Leben, wo du es triffst.

Hildegard von Bingen

Richte dein Leben so ein, als würdest du lange und zugleich, als würdest du nur kurze Zeit auf Erden sein.

Epicharmos

Schon wegen der Neugier ist das Leben lebenswert.

Jüdisches Sprichwort

Solange wir das Leben haben, sollen wir es mit den uns eigenen Farben der Liebe und der Hoffnung ausmalen.

Marc Chagall

Tod ist vielleicht nur Aufwachen vom Leben.

Karl Lagerfeld

Träume, als würdest du ewig leben. Lebe, als würdest du morgen sterben.

James Dean

Trenne alles, was eigentlich Geschäft ist, vom Leben.

Johann Wolfgang v. Goethe

Über dem Leben steht der Tod, aber über dem Tod steht wieder das Leben.

Gorch Fock

Unser großes und herrliches Meisterwerk ist: richtig leben.

Michel Eyguem de Montaigne

Unser Leben ist die Geschichte unserer Begegnungen.

Anton Kner

Unser Leben ist ein stetes Neubeginnen. Entscheidend ist, dass man den Mut nicht verliert.

Robert de Langeac

Unser Leben ist viel schwerer als das unserer Vorfahren, weil wir uns so viele Dinge anschaffen müssen, die uns das Leben erleichtern.

Gabriel Laub

Vielerlei brauche ich zu einem erfüllten Leben: Freunde, mit denen ich Glück und Unglück teilen kann, leidenschaftliche Liebe, geistige Ansprache und den Luxus der Einsamkeit.

Anne Ranasinghe

Wann fängt das Leben an, glücklich zu sein? Wenn man alles, was kommt, aus Gottes Hand nehmen kann.

Carl Hilty

Weise Lebensführung gelingt keinem durch Zufall. Man muss, solange man lebt, lernen, wie man leben soll.

Seneca

Wenn du das Leben liebst, liebt es dich auch.

Arthur Rubinstein

Wenn du in deinem Leben Erfolg haben willst, lege die Vergangenheit in die Hände Gottes zurück, überlasse ihm die Zukunft und lebe jeden Augenblick, wie er kommt, in Fülle.

Michel Quoist

Wenn du besonders ärgerlich und wütend bist, erinnere dich, dass das menschliche Leben nur einen Augenblick währt.

Marc Aurel

Wenn wir aufhören, den Sinn unseres Handelns nur am Erebnis zu messen, tun wir den ersten Schritt in ein erfülltes Leben.

unbekannt

Wenn wir nachdenken über unser Leben, sollte uns eigentlich die Tatsache, dass wir am Leben sind, am meisten überraschen.

Reinhold Schneider

Wer rückwärts sieht, gibt sich verloren, wer lebt und leben will, muss vorwärts sehen.

Ricarda Huch

Wir leben auf der Welt, dass wir Gott und dem Nächsten dienen.

Sophie Mereau

Wir wohnen nicht, um zu wohnen, sondern wir wohnen, zum zu leben.

Paul Johannes Tillich

Wo Liebe neu geboren wird, wird das Leben neu geboren.

Vincent van Gogh

Woher weißt du, dass dein Leben vor dir herläuft und du dich beeilen musst? Vielleicht ist es hinter dir, und du brauchst nur innezuhalten?

Ben Meir

Leben, ewiges

Das Leben hört für uns nicht auf, wenn der Tod kommt. Der Tod ist keine Mauer, sondern ein Tor. Das Leben wird nicht abgebrochen, wenn die Seele vom irdischen Leibe scheidet.

George Marshall

Die Gabe Gottes ist das ewige Leben in Jesus Christus, unserem Herrn.

Röm 6,23

Ein glückliches Leben ist der Genuss der Gegenwart, das ewige Leben ist die Hoffnung der Zukunft.

Ambrosius

Jesus Christus spricht: Amen, amen, ich sage euch: Wer glaubt, hat das ewige Leben.

Joh 6,47

Ostern ist das Siegesfest des ewigen Lebens.

Gertrud von Le Fort

So sehr hat Gott die Welt geliebt, dass er seinen einzigen Sohn hingab, damit jeder, der an ihn glaubt, nicht zugrunde geht, sondern das ewige Leben hat.

Joh 3,16

Wer stirbt, erwacht zum ewigen Leben.

Franz von Assisi

Leben, neues

Ein neues Leben zu beginnen ist dir möglich; sieh die Dinge wieder so, wie du sie früher einmal ansahest. Darin liegt nämlich das neue Leben.

Marc Aurel

Wir wollen jeden Tag ein neues Leben beginnen.

Edith Stein

Leben, unvergängliches

Jesus Christus hat dem Tod die Macht genommen und uns das Licht des unvergänglichen Lebens gebracht durch das Evangelium.

2 Tim 1,10

Lebende

Der Lebende soll hoffen.

Johann Wolfgang von Goethe

Man sollte niemals sagen: »Er ist tot«, oder: »Das ist ein Toter.« Sagen wir: »Das ist ein Lebender, den man nicht mehr sieht.« Das ist richtiger und kommt der Wahrheit näher, denn im Grunde genommen gibt es keine Toten, sondern nur Lebende, die ihre Form geändert haben.

Maurice Maeterlinck

Lebensabschnitt

Das Leben mit seinen verschiedenen Epochen ist eine Schatzkammer. Wir werden reich in jedem Gewölbe beschenkt; wie reich, das erkennen wir erst bei dem Eintritt in das nächste Gewölbe.

Friedrich Hebbel

Lebensauffassung

Die christlichen Tugenden Glaube, Hoffnung und Liebe sind beredter Ausdruck einer optimistischen Lebensauffassung.

Carl Peter Fröhling

Lebensaufgabe

Es gibt keine dringendere Aufgabe im Leben als diese: allen und allem mit Liebe begegnen.

Reinhold Schneider

Es wäre eine noch größere Freude zu leben, wenn jeder die Hälfte von dem täte, was er von anderen verlangt.

Valérie von Martens

Lebensausrichtung

Lebe das, was du vom Evangelium verstanden hast. Und wenn es noch so wenig ist. Aber lebe es.

Roger Schutz

Lebenseinstellung

Dem Vergangenen: Dank, dem Kommenden: Ja!

Dag Hammarskjöld

Engel können fliegen, weil sie sich selbst nicht so schwer nehmen.

Schottische Redensart

Herr, schenke mir eine Seele, der die Langeweile fremd ist, die kein Murren kennt, kein Seufzen und Klagen, und lasse nicht zu, dass ich mir viele Sorgen mache, um dieses Etwas, das sich so breit macht, und sich »ich« nennt.

Thomas Morus

Was du tust, tue ganz. Wenn ich esse, dann esse ich. Wenn ich trinke, dann trinke ich. Wenn ich singe, dann singe ich. Wenn ich spiele, dann spiele ich. Wenn ich bete, dann bete ich.

Indische Weisheit

Wer immer hofft, stirbt singend.

Toskana

Wie bunt unser Leben ist, hängt auch von der Farbe unserer Gedanken und Stimmungen ab.

Brigitte Bardot

Lebensende

Wenn dem Menschen am Ende seines Lebens ein Lächeln übrig bleibt, so ist das ein sehr anständiger Reingewinn.

Horst Wolfram Geissler

Wenn unser Leben sich neigt, so sollen wir sein wie die Bäume des Herbstes, voll reifer Früchte.

Johann Heinrich Pestalozzi

Lebenserfahrung

Der ganze Reiz und die ganze Schönheit des Lebens setzen sich aus Licht und Schatten zusammen.

Leo Tolstoi

Der Umgang mit einem Menschen, der die Welt schon kennt, trägt viel dazu bei, dass wir uns selber erkennen.

Teresa von Ávila

Lebensfrage

Mit Gott oder ohne Gott leben, das ist die eigentliche und größte Lebensfrage.

Carl Hilty

Wer ein »Warum« zum Leben hat, erträgt fast jedes »Wie«.

Friedrich Nietzsche

Lebensfreude

Bereits die Einstellung, sich weniger Sorgen zu machen, kann für mehr Freude im Leben sorgen.

Ernst Ferstl

Nur der mit Leichtigkeit, mit Freude und Lust die Welt sich zu erhalten weiß, der hält sie fest.

Bettina von Arnim

Schenke mir, Gott, jeden Tag ein wenig Freude; denn kaufen kann ich sie nicht.

Paul Roth

Trotz der Einschränkungen, die mit dem Alter verbunden sind, bewahre ich mir die Lebensfreude. Dafür danke ich dem Herrn.

Papst Johannes Paul II.

Wald und freie Bergluft haben mich zur Furchtlosigkeit erzogen, zu gläubiger Lebensfreude, zu dankbarem Staunen vor aller Schönheit, zur Wissenschaft von der ewigen Wiederkehr des Frühlings.

Ludwig Ganghofer

Wenn die Augen Energie ausstrahlen, achtet niemand auf die Falten.

Alberta Ferretti

Wer wie ein Kind genießt den Tag, hat keinen zu bereuen, und kann sich, was auch kommen mag, auf etwas Neues freuen.

Friedrich Rückert

Lebensführung

Das Leben hat als Geheimnis begonnen und wird als Geheimnis enden, aber welch eine wunderbare Zeit liegt dazwischen.

Diane Ackermann

Die Zufriedenheit, die aus einer geregelten Lebensführung kommt, fördert die Gesundheit und ein langes Leben.

Mahatma Gandhi

Lebt nicht wie Unwissende, sondern wie Menschen, die wissen, worauf es ankommt.

Eph 5,15

Manchmal brauchen wir eine Wüste, ein Gefühl der Leere, um die Fülle des Lebens zu spüren.

Soledad Elbert-Böhm

Unter den Dingen, die klar in der Schrift niedergelegt sind, sind alle Angelegenheiten zu finden, die den Glauben und die Lebensführung betreffen.

Augustinus

Weise Lebensführung gelingt keinem durch Zufall. Man muss, solange man lebt, lernen, wie man leben soll.

Seneca

Lebensgestaltung

Man muss sein Leben aus dem Holz schnitzen, das einem Gott in die Hände gab.

Theodor Storm

Lebensglück

Es ist eine Unwahrheit, wenn man das Nichterreichen eines Unerreichbaren für einen Verlust des Lebensglückes ansieht; denn die Fähigkeit unseres Herzens für das Glück ist eine unermessliche.

Theodor Storm

Lebensinhalt

Die Liebe ist der Endzweck der Weltgeschichte, das Amen des Universums.

Novalis

Du kannst dein Leben nicht verlängern noch verbreitern, nur vertiefen

Gorch Fock

Es gibt Wichtigeres im Leben, als beständig dessen Geschwindigkeit zu erhöhen.

Mahatma Gandhi

Öffnet man die Augen, so wird jeder Tag zum Erlebnis.

Oskar Kokoschka

Zwei Dinge bedenke: woher und wohin, dann hat dein Leben den richtigen Sinn.

Margarete Seemann

Lebensintensität

Nicht der Mensch hat am meisten gelebt, welcher die höchsten Jahre zählt, sondern derjenige, welcher sein Leben am meisten empfunden hat.

Jean Baptiste Rousseau

Lebensjahre

Deine Weisheit sei die Weisheit der grauen Haare, aber dein Herz sei das Herz der unschuldigen Kindheit.

Franz von Schiller

Möge Gott dir viele Lebensjahre gewähren, er weiß ganz bestimmt, dass die Erde zu wenig Engel hat und der Himmel übervoll von ihnen ist.

Irischer Segensspruch

Lebensklugkeit

Es gehört auch zur Lebensklugheit, dass wir uns nicht dauernd mit den Menschen vergleichen, die glücklicher sind als wir.

Sigrid Undset

Lebensklugheit bedeutet: Alle Dinge möglichst wichtig, aber keines völlig ernst nehmen.

Arthur Schnitzler

Lebenskonzeption

Glück ist ein Prozess, ist die Fertigkeit, zwischen Traum und Wirklichkeit eine eigene Lebenskonzeption zu finden.

Irene Runge

Lebenskreuz

Das Lebenskreuz wird uns auferlegt, doch die Blume der Freude müssen wir selber in unserem Garten pflanzen oder suchen gehen.

Zenta Maurina

Lebenskunst

Die Kunst des Lebens besteht darin, die kleinen Freuden zu sehen, zu finden und zu empfinden.

Bruno Bürgel

Die Kraft zu lieben, die Gesundheit, sich, das Leben, Freundschaft und Geist zu genießen und zu erwidern, ist der Zauber, der alles bezwingt. Grübeln, Angst, Zweifel sind Kinder des Todes und Geschwister des Elends.

Ludwig Tieck

Die wahren Lebenskünstler sind bereits glücklich, wenn sie nicht unglücklich sind.

Jean Anouilh

Ein Wissen ist besonders wichtig und zuverlässig: das Wissen, wie man leben soll. Und gerade dieses Wissen wird geringgeschätzt und als unwichtig und unzuverlässig angesehen.

Lew N. Graf Tolstoj

Es ist nicht der unwichtigste Teil der Lebenskunst, die schönen Dinge im Leben nicht aufhören, sondern ausklingen zu lassen.

Elisabeth Bergner

Ich habe gelernt, vom Leben nicht viel zu erwarten. Das ist das Geheimnis aller echten Heiterkeit und der Grund, warum ich immer angenehme Überraschungen statt trostloser Enttäuschungen erlebe.

George Bernhard Shaw

Lebenskunst besteht darin, die eigene Natur mit der eigenen Arbeit in Einklang zu bringen.

Luis Ponce de Léon

Lebenskunst besteht nicht darin, aus dem Vollen zu schöpfen, sondern Quellen zu finden.

Thomas Romanus

Lebenskunst ist die Fähigkeit, gerade das Einfache besonders zu genießen.

Thomas Romanus Bökelmann

Lebenskunst ist die Kunst, über den Mitteln den Zweck nicht aus dem Gedächtnis zu verlieren.

Robert Saitschick

Leicht zu leben ohne Leichtsinn, heiter zu sein ohne Ausgelassenheit, Mut zu haben ohne Übermut – das ist die Kunst des Lebens.

Theodor Fontane

Von allen Besitztümern auf Erden ist das Wertvollste die Lebenskunst. Denn alles andere können Kriege und Schicksalsschläge rauben, die Lebenskunst aber bleibt uns bewahrt.

Hipparchos

Weise Lebensführung gelingt keinem Menschen durch Zufall. Man muss, solange man lebt, lernen, wie man leben soll.

Seneca

Zu wissen, wie man altert, ist das Meisterwerk der Weisheit und eines der schwierigsten Kapitel aus der großen Kunst des Lebens.

Henri Frédéric Amiel

Lebenslauf

Betrachte beizeiten den Lauf deines Lebens und werde dir bewusst, wie viele Flüsse darin münden, die dich stützen und nähren.

aus China

Lebenslinien

Die Linien des Lebens sind verschieden, wie Wege sind und wie der Berge Grenzen. Was hier wir sind, kann dort ein Gott ergänzen mit Harmonie und ewigem Lohn und Frieden.

Friedrich Hölderlin

Lebensmut

Es liegt eine wunderbare Heilkraft in der Seele der Natur. Oft gibt der Anblick eines schönen Abendhimmels, der Duft einer Blume der gedrückten Seele Hoffnung und Lebensmut zurück.

Sophie Verena

Jede Krise ist eine Gnade, weil sie die Möglichkeit eines Neuanfangs in sich birgt.

Katharina von Tobien

Man muss Mut haben zum Leben. Aber auch einen langen Atem und den Glauben an sich selbst.

Alte Spruchweisheit

Was zählt, ist unser Mut zu leben.

Luise Rinser

Wir haben nichts zu fürchten – außer der Furcht selbst.

Franklin Delano Roosevelt

Lebensqualität

Wir können uns nicht aussuchen, wie wir sterben – oder wann. Aber wir können entscheiden, wie wir jetzt leben.

Joan Baez

Lebensraum

Wo Gott dich hingesät hat, da sollst du blühen.

Afrikanisches Sprichwort

Lebensregel

»Wirf weg, damit du nicht verlierst!« ist die beste Lebensregel.

Friedrich Hebbel

Freundlichkeit gegen jedermann ist die erste Lebensregel, die uns manchen Kummer ersparen kann.

Helmuth von Moltke

Lebensreise

Irgendwann in deinem Leben wirst du auf eine Reise gehen. Es wird die längste Reise sein, die du je gemacht hast. Es ist die Reise zu dir selbst.

Katharine Sharp

Lebenssinn

Das, was dem Leben Sinn verleiht, gibt auch dem Tod Sinn.

Antoine de Saint-Exupéry

Dass zwei sich richtig lieben, gibt erst der Welt den Sinn, macht sie erst rund und richtig bis an die Sterne hin.

Matthias Claudius

Den Sinn erhält das Leben einzig durch die Liebe. Das heißt: Je mehr wir zu lieben und uns hinzugeben fähig sind, desto sinnvoller wird unser Leben.

Hermann Hesse

Der Glaube hat nicht nur den Sinn, sondern auch die Freude in die Welt gebracht.

Paul Claudel

Ich bin berufen, etwas zu tun oder zu sein, wofür kein anderer berufen ist. Ich habe einen Platz in Gottes Plan auf Gottes Erden, den keiner hat.

John Henry Newman

Wenn durch einen Menschen ein wenig mehr Liebe und Güte, ein wenig mehr Licht und Wahrheit in der Welt war, hat sein Leben einen Sinn gehabt.

Alfred Delp

Wer nicht den tiefen Sinn des Lebens im Herzen sucht, der sucht vergebens.

Friedrich von Bodenstedt

Lebensstil

Nicht das Verlangen nach einem besseren Leben ist schlecht, sondern falsch ist ein Lebensstil, der vorgibt, dann besser zu sein, wenn er auf das Haben und nicht auf das Sein ausgerichtet ist. Man will mehr haben, nicht um mehr zu sein, sondern um das Leben in Selbstgefälligkeit zu konsumieren.

Papst Johannes Paul II.

Lebenstraum

Lasst uns immer in den großen Traum des Lebens kleine bunte Träume weben.

Jean Paul

Lebensweg

Auf dem Weg durchs Leben kann man den Wind nicht immer im Rücken haben.

Sprichwort

Befiehl dem Herrn deinen Weg und vertrau ihm, er wird es fügen.

Ps 37,5

Das Leben gleicht einer kurvenreichen Strecke. Man sieht immer nur bis zur nächsten Straßenbiegung. Aber es genügt, dass Gott die ganze Strecke übersieht.

Anton Kner

Das Leben ist ein Prozess, der uns verwandelt. Jeder von uns wird zu dem, woran er glaubt und was er liebt.

Divio Barsotti

Das Leben verläuft in Gleisen, die dauernd ausgebessert werden müssen.

unbekannt

Der Herr sei vor dir, um dir den rechten Weg zu zeigen.

Segenswunsch

Des Menschen Herz plant seinen Weg, doch der Herr lenkt seinen Schritt.

Spr 16,9

Ein Stück des Weges liegt hinter dir, ein anderes hast du noch vor dir. Wenn du verweilst, dann nur um dich zu stärken, nicht aber um aufzugeben.

Augustinus

Es ist in Ordnung, dass der Mensch auf seine Höhe kommt und dass er wieder absteigt. Da ist nichts zu murren.

Käthe Kollwitz

Es kommt nicht darauf an, von welcher Straße du kommst, denn die Richtung deines Weges bestimmt, wo du ankommen wirst.

aus China

Geh einfach Gottes Pfad, lass nichts sonst Führer sein, so gehst du recht und grad, und gingst du ganz allein.

Christian Morgenstern

Geh Wege, die noch niemand ging, damit du Spuren hinterlässt.

Antoine de Saint-Exupéry

Gehe den Weg, den Gott dir gezeichnet hat, sei er verschlungen oder gerade; aber verlass ihn nicht, wie er auch sei, denn es ist dein Weg.

Guy de Larigaudie

Gott sei mit dir, wenn es Abend wird, dass du dankbar zurückschauen kannst auf die Last und die Lust des vergangenen Tages und gewiss sein kannst, dass nichts vergeblich war.

Christa Spilling-Nöker

Liebe deine Geschichte! Es ist der Weg, den Gott mit dir gegangen ist.

Leo Tolstoi

Möge Gott auf dem Weg, den du vor dir hast, vor dir hergehen. Das ist mein Wunsch für deine Lebensreise. Mögest du die hellen Fußstapfen des Glücks finden und ihnen auf dem ganzen Weg folgen.

Irischer Segensspruch

Nur wer seinen eigenen Weg geht, kann von niemandem überholt werden.

Marlon Brando

Richte dein Leben ein, wie du denkst. Aber vergiss nicht zu denken.

Miklucho-Maklai

So spricht Gott: Ich werde einen Engel schicken, der dir vorausgeht. Es soll dich auf dem Weg schützen und dich an den Ort bringen, den ich bestimmt habe.

Ex 23,20

Sorge nicht, wohin dich der einzelne Schritt führt; nur wer weit blickt, findet sich zurecht.

Dag Hammarskjöld

Was du bist, ist Gottes Geschenk an dich, was du wirst, ist dein Geschenk an Gott.

aus Indien

Wege entstehen dadurch, dass wir sie gehen.

Franz Kafka

Wer sich selbst gefunden hat, der kann nichts auf der Welt mehr verlieren.

Stefan Zweig

Wer uns vor nutzlosen Wegen warnt, leistet uns ebenso guten Dienst wie derjenige, der uns den rechten Weg anzeigt.

Heinrich Heine

Wohin du auch gehst, geh mit deinem ganzen Herzen.

Konfuzius

Zeit unseres Lebens bleiben wir unterwegs zu dem Ideal, das Gott in uns hineingelegt hat.

Christeta Hess

Lebensweisheit

An jedem beliebigen Morgen kann sich alles ändern. Man darf nur den Zorn, den Groll und die Eifersucht vom Vortag nicht wieder in sich aufwachen lassen.

Gilbert Cesbron

Alles hören, vieles vergessen, einiges verbessern.

Papst Johannes XXIII.

Die wahre Lebensweisheit besteht darin, im Alltäglichen das Wunderbare zu sehen.

Pearl S. Buck

Es ist ein merkwürdiges, doch einfaches Geheimnis der Lebensweisheit aller Zeiten, dass jede kleinste selbstlose Hingabe, jede Teilnahme, jede Liebe uns nur reicher macht.

Hermann Hesse

Humor ist das Salz der Erde, und wer gut durchsalzen ist, bleibt lange frisch.

Karel Čapek

Seine Grundsätze soll man für die wenigen Augenblicke in seinem Leben aufsparen, in denen es auf Grundsätze ankommt. Für das meiste genügt ein wenig Barmherzigkeit.

Albert Camus

Tanze im Feuer das Wunder des Lebens! Fließe mit dem Wasser in die Tiefe deiner Träume! Atme im Wind die Weite des Himmels! Wachse in die Erde zur Quelle deiner Kräfte!

Indianische Weisheit

Trete den großen Sorgen des Lebens mutig entgegen, den kleinen mit Geduld, und wenn du deine täglichen Aufgaben fleißig erfüllt hast, gehe in Frieden schlafen.

Victor Hugo

Wenn du immer rennst, wirst du niemanden mehr begegnen. Und was noch bedeutungsvoller ist, du wirst dir selbst nicht mehr begegnen.

Michel Quoist

Lebenszeit

Das ganze Geheimnis, sein Leben zu verlängern, besteht darin, es nicht zu verkürzen.

Ernst von Feuchtersleben

Das Leben ist kurz, und seine Zeit verlieren, ist eine Sünde.

Albert Camus

Der ideale Tag ist heute, wenn wir ihn dazu machen.

Horaz

Der Mensch besitzt nichts Edleres und Kostbareres als die Zeit.

Ludwig van Beethoven

Die Stunde ist kostbar. Warte nicht auf eine spätere, gelegenere Zeit.

Katharina von Siena

Dieser Tag ist der erste Tag von der verbleibenden Zeit deines Lebens.

Coretta King

Es genügt nicht, unserem Leben mehr Jahre zu geben, wir müssen unseren Jahren mehr Leben geben.

Joseph Kardinal Höffner

Habe keine Angst, dass dein Leben eines Tages endet! Fürchte mehr, dass du versäumst, es richtig zu beginnen.

John Henry Newmann

Mit jedem Jahr, das als Ring um den Baum wächst, wünsche ich dir, dass du dich einliest, immer mehr, zwischen hellen Zeilen und auch dunklen, immer tiefer ins Geheimnis, von dem du selbst die Mitte bist.

Isabella Schneider

Nichts ist höher zu schätzen als der Wert des Tages.

unbekannt

Wenn wir wüssten, wie kurz das Leben ist, wir würden uns gegenseitig mehr Freude machen.

Ricarda Huch

Wir alle gehen der untergehenden Sonne entgegen; die letzten Strahlen machen bewusst, wie kostbar der Tag war.

unbekannt

Zwischen Ankunft und Abschied ist uns nur eine begrenzte Zeit gegeben, die wir ausfüllen können mit Liebe, aber nicht anhalten und verlängern.

unbekannt

Lebensziel

Der dich gemacht hat, weiß auch, was er mit dir machen will.

Augustinus

Wir haben in unserem Leben keine andere Aufgabe, als das Auge des Herzens gesunden zu lassen, mit dem wir Gott sehen können.

Augustinus

Lebewesen

Der Mensch ist ein Lebewesen, das imstande ist, Opfer zu bringen.

Yves Congar

Leere

Im Herzen eines jeden Menschen gibt es eine Leere, die nur Gott durch seinen Sohn Jesus Christus füllen kann.

Blaise Pascal

Lehre

Der Schmerz ist wie ein heiliger Engel, durch ihn lernt der Mensch mehr als durch alle Erfolge.

Adalbert Stifter

Er hat eine Lehre, er hat Offenbarung.

1 Kor 14, 26

Erzähle mir und ich vergesse. Zeige mir und ich erinnere mich. Lass mich tun und ich verstehe!

Konfuzius

Jede Minute, jeder Mensch, jeder Gegenstand kann dir eine nützliche Lehre geben, wenn du sie nur zu entwickeln verstehst.

Heinrich von Kleist

Keine Weisheit, die uns auf Erden gelehrt werden kann, kann uns das geben, was uns ein Wort und ein Blick der Mutter gibt.

Wilhelm Raabe

Leichtes

Wähle den Weg über die Bäche und stürze dich nicht gleich in das Meer! Man muss durch das Leichte zum Schwierigen gelangen.

Thomas von Aquin

Leid

Das Leid in der Welt verursacht leider der Mensch selbst.

Maria-Theresia Radloff

Das Leid kann sehr menschenwürdig sein, und es hat seine Berechtigung wie Liebe und Freude.

Maria Sporer

Das Leid, welches der Mensch an den Tieren vollzieht, ist niemals in Gottes Botschaft enthalten.

Maria-Theresia Radloff

Die mit Tränen säen, werden mit Freude ernten.

Ps 126,5

Erst wenn man mit dem Leid umzugehen weiß, dann weiß man auch mit dem Leben umzugehen.

Friederike Weichselbaumer

Ertrage das Leid von heute. Pack es nicht zu dem von gestern und lade dir auch nicht das Leid von morgen auf.

A. T. Méndéz

Frage nie: »Warum gibt es Leid?«, sondern: »Wozu dient es mir?«

Eugene Heimler

Glück ist nur ein Augenblick, Leid lässt sich mehr Zeit.

Wolfgang Borchert

Gott ist nicht gekommen, das Leid zu beseitigen, er ist nicht gekommen, es zu erklären, sondern er ist gekommen, es mit seiner Gegenwart zu erfüllen.

Paul Claudel

Gottes Liebe ist immer größer, als unser Leid sein kann.

Franz von Sales

Kein Leid ist sinnlos. Immer gründet es in der Weisheit Gottes.

Thomas von Aquin

Kein Mensch kann den anderen von seinem Leid befreien; aber er kann ihm Mut machen, das Leid zu tragen.

Selma Lagerlöf

Unglück und Leid geben uns Gelegenheit, widerstandsfähiger zu werden.

Esther Gut

Leiden

Die Leiden sind wie Gewitterwolken: In der Ferne sehen sie schwarz aus, über uns grau.

Jean Paul

Die Welt des menschlichen Leidens fordert unaufhörlich eine andere Welt: die Welt der menschlichen Liebe.

Papst Johannes Paul II.

Gott hilft uns nicht immer am Leiden vorbei, aber er hilft uns hindurch.

Johann Albrecht Bengel

Gott ist dem Leiden näher als dem Glücklichsein. Die Wege Gottes sind geheimnisvoll, aber sinnvoll, weil er sie mit uns geht.

Anton Kner

Leistung

Persönlichkeiten werden nicht durch schöne Reden geformt, sondern durch Arbeit und Leistung.

Albert Einstein

Sobald du sagst: Ich habe genug geleistet – bist du verloren.

Augustinus

Lernen

Arbeite und lerne, und du kannst gar nicht verhindern, dass du etwas wirst.

Andrew Carnegie

Etwas Schönes dazulernen macht Spaß. Etwas Schlechtes verlernen macht Mühe.

Phil Bosmans

Lernen ist wie Rudern gegen den Strom. Hört man damit auf, treibt man zurück.

Laotse

Weise Lebensführung gelingt keinem durch Zufall. Man muss, solange man lebt, lernen, wie man leben soll.

Seneca

Wenn man etwas nicht weiß, so kann man fragen; wenn man etwas nicht kann, so kann man es lernen.

Lü Bu We

Lesen

Lesen ohne Nachdenken macht stumpf; Nachdenken ohne Lesen geht irre.

Bernhard von Clairvaux

Selig der, der liest, und die, welche hören.

Offb 1,3

Leuchten

Das Licht, das dir im Auge flammt, das leuchtet sehr und zündet mehr als hunderttausend Kerzen.

Angelus Silesius

Diese Nacht darf nicht einsam sein und nicht ohne Lobgesang. Sie darf nicht dunkel bleiben, sondern werde erhellt vom himmlischen Licht; zahllose Lichter sollen angezündet werden in der ganzen Christenheit!

Thomas von Kempen

Wenn die Augen Energie ausstrahlen, achtet niemand auf die Falten.

Alberta Ferretti

Licht

Alle Lichter, die wir anzünden, zeugen von dem Licht, das da erschienen ist in der Dunkelheit.

Friedrich von Bodelschwingh

Das Licht, das auf die Dinge fällt, verwandelt sie.

Dom Hélder Câmara

Der Tod ist das Tor zum Licht. Am Ende eines mühsam gewordenen Weges.

Franz von Assisi

Die Ahnung ist des Herzens Licht.

Karl Lieberecht

Die Botschaft von Weihnachten: Es gibt keine größere Kraft als die Liebe. Sie überwindet den Hass, wie das Licht die Finsternis.

Martin Luther King

Die Seele ist das Licht des Körpers, und die Weisheit ist das Licht der Seele.

aus Israel

Du verlierst nichts, wenn du mit deiner Kerze die eines anderen anzündest.

aus Dänemark

Gott gab den Schatten, damit wir das Licht besser sehen können.

unbekannt

Ich bin das Licht, das in die Welt gekommen ist, damit jeder, der an mich glaubt, nicht in der Finsternis bleibt.

Joh 12,46

Ich glaube, dass wenn der Tod unsere Augen schließt, wir in einem Lichte stehen, von welchem unser Sonnenlicht nur der Schatten ist.

Arthur Schopenhauer

Ich glaube, dass wir einen Funken jenes ewigen Lichtes in uns tragen, das im Grunde des Seins leuchten muss und welches unsere schwachen Sinne nur von ferne ahnen können.

Johann Wolfgang von Goethe

Ich will das Licht auf den Leuchter setzen, und allen Augen, die es von ferne sehen, soll ein Strahl der Erkenntnis entgegenleuchten.

Mechthild von Magdeburg

Je dunkler es hier um uns wird, desto mehr müssen wir das Herz öffnen für das Licht von oben.

Edith Stein

Lebt als Kinder des Lichts! Das Licht bringt lauter Güte, Gerechtigkeit und Wahrheit hervor.

Eph 5, 8–9

Licht bedeutet nicht, dass es keine Nacht mehr gibt, aber es bedeutet, dass die Nacht erhellt und überwunden werden kann.

Heinrich Fries

Wenn auch alle Lichter der Welt erlöschen, der Lichtgedanke lebt doch: Es gibt einen Gott!

Henrik Ibsen

Wer dem Licht entgegengeht, sieht seinen Schatten nicht.

Erhard Blanck

Licht und Schatten

Erst wenn wir uns dem Dunkel stellen, wird uns der Schritt ins Licht geschenkt.

Julius Kardinal Döpfner

Für die Heiteren ist das Dasein nicht Mühsal, sondern ein Wechsel von Licht und Schatten.

Zenta Maurina

Vielleicht ist das, was wir Dunkel nennen, nur eine Form von Licht, die uns fehlt.

Ullrich Schaffer

Wenn Gott den Schatten erschaffen hat, dann war es, um das Licht hervorzuheben.

Papst Johannes XXIII.

Licht, ewiges

Der geringste Widerstand des ewigen Lichtes kann ein Herz verwandeln.

Reinhold Schneider

Liebe

Alle Dinge werden zu einer Quelle der Lust, wenn man sie liebt.

Thomas von Aquin

Alles vergeht. Am Abend des Lebens bleibt nur die Liebe.

Elisabeth von Dijon

Alles wahrhaft Gute in der Welt ist aus dem Samenkorn der Liebe geboren.

Jakob Ternay

Alles, was ihr tut, lasst in Liebe geschehen.

1 Kor 16,14

Alles, was man über die Liebe sagen kann, ist ein Nichts. Denn je weiter du darin fortschreitest, desto weniger weißt du davon.

Katharina von Genua

Alles, was sonst getrennt auftritt, ist im Glauben verschmolzen: Erkenntnis, Liebe, Tat.

Edith Stein

Darin besteht die Liebe: Dass sich zwei Einsame beschützen und berühren und miteinander reden.

Rainer Maria Rilke

Das Edelste an der Liebe ist das Vertrauen zueinander.

Julius Grosse

Das einzig Wichtige im Leben sind die Spuren von Liebe, die wir hinterlassen, wenn wir ungefragt weggehen und Abschied nehmen müssen.

Albert Schweitzer

Das Gewand der Liebe ist aus dem Stoff des Alltags gemacht.

Paul Bolkovax

Das innerste Wesen der Liebe ist Hingabe.

Edith Stein

Das Maß der Liebe ist die Liebe ohne Maß.

Franz von Sales

Das Wunder der Liebe: sie hört niemals auf, weil Gott sie unaufhörlich erneuert.

Carlo Carretto

Da, wo Liebe ist, ist der Sinn des Lebens erfüllt.

Dietrich Bonhoeffer

Dem, der wahrhaft liebt, wird alles Liebe.

Honoré de Balzac

Den anderen annehmen heißt, nicht nur seine Grenzen, sondern auch seine Fähigkeiten bejahen.

Kyrilla Spiecker

Den Sinn erhält das Leben einzig durch die Liebe. Das heißt: Je mehr wir zu lieben und uns hinzugeben fähig sind, desto sinnvoller wird unser Leben.

Hermann Hesse

Denen, die lieben, ist nichts zu schwer; keine Mühe ist zu hart für den, den die Sehnsucht erfüllt.

Hieronymus

Der Geist, der allen Dingen Leben verleiht, ist die Liebe.

Tschu-Li

Der Glaube ist Liebe, und wo Liebe ist, da hat Gott sein Heiligtum in unserer Mitte.

Johann Heinrich Pestalozzi

Der Mensch wird durch nichts anderes mehr gepackt als durch Liebe und Güte.

Katharina von Siena

Der nächste Weg zu Gott geht durch der Liebe Tür.

Angelus Silesius

Der Preis deiner Liebe bist du selbst.

Augustinus

Der Schlüssel zu den Herzen der Menschen wird nie unsere Klugheit, sondern immer unsere Liebe sein.

Hermann Bezzel

Der Zauber der Liebe veredelt das, was durch sie berührt wird.

Franz Grillparzer

Die allerstillste Liebe ist die Liebe zum Guten.

Marie von Ebner-Eschenbach

Die am meisten lieben, sprechen am wenigsten.

Schottisches Sprichwort

Die Bande der Liebe werden mit dem Tod nicht durchschnitten.

Thomas Mann

Die drei Dimensionen eines vollkommenen Lebens: die Liebe zu sich selbst, die Liebe zum Nächsten und die Liebe zu Gott.

Martin Luther King

Die Erfahrung lehrt uns, dass die Liebe nicht darin besteht, dass man einander in die Augen sieht, sondern dass man gemeinsam in gleicher Richtung blickt.

Antoine de Saint-Exupéry

Die Frucht des Gebetes ist ein tieferer Glaube, und die Frucht des Glaubens ist die Liebe. Die Frucht der Liebe ist das Dienen.

Mutter Teresa

Die Kraft zu lieben ist Gottes größtes Geschenk an den Menschen, denn niemals wird es dem Gesegneten, der liebt, genommen werden.

Khalil Gibran

Die Liebe allein bestimmt den Wert unseres Tuns.

Franz von Sales

Die Liebe allein versteht das Geheimnis, andere zu beschenken und dabei selbst reich zu werden.

Clemens Brentano

Die Liebe bewährt sich in den Werken, deren sie fähig ist, in den Hindernissen, die sie überwindet, in der Lust, die sie trägt.

Augustinus

Die Liebe hat die Kraft der Verwandlung.

Stefan Andres

Die Liebe hat zwei Töchter: die Güte und die Geduld.

Japanisches Sprichwort

Die Liebe hemmt nichts; sie kennt nicht Tür noch Riegel und dringt durch alles sich; sie ist ohn` Anbeginn, schlug ewig ihre Flügel und schlägt sie ewiglich.

Matthias Claudius

Die Liebe ist der Endzweck der Weltgeschichte, das Amen des Universums.

Novalis

Die Liebe ist ein Brunnen, aus dem wir nur soviel trinken, als wir hineingeschöpft haben.

Stendhal

Die Liebe ist eine gewaltige Kraft; sie ist die einzige unüberwindliche Kraft dieser Welt.

Fjodor M. Dostojewski

Die Liebe ist schließlich das Glück und der Trost unseres Lebens. Wer nur sich selbst sucht, wird auch nur sich selbst finden, und er wird vereinsamen. Die Seligkeit liegt in der Liebe.

Franz Sawicki

Die Liebe lebt vom Wunder, nicht vom Recht.

Christina Busta

Die Liebe macht sich keine Sorgen, sie scheut keine Mühe, und die Liebe will mehr, als sie vermag.

Thomas von Kempen

Die Liebe macht vieles Unmögliche möglich.

Johann Wolfgang von Goethe

Die Liebe schenkt immer das Leben, der Egoismus bringt immer den Tod.

Michel Quoist

Die Liebe sucht allein die Ehre Gottes und das Heil der Menschen.

Katharina von Siena

Die Liebe trägt die Seele, wie die Füße den Leib tragen.

Katharina von Siena

Die Liebe wandelt die Seelen um und macht sie frei.

Bernhard von Clairvaux

Die Liebe weint mit den Weinenden, freut sich mit den Frohen, ist glücklicher über des anderen Wohl als über das eigene.

Katharina von Siena

Die Liebe weist dem Menschen seines Lebens Ziel. Die Vernunft gibt ihm die Mittel in die Hand, es zu erreichen.

Chinesische Weisheit

Die Liebe zählt mehr als die Furcht.

Johannes Maria Vianney

Die Seele nimmt Gott gefangen, fesselt ihn, um ihn zu entführen, mit den Banden der Liebe und Leidenschaft, denn Gott vermag sich der Liebe nicht zu entziehen.

James Russel Lowell

Die Sprache der Liebe ist die einzige Fremdsprache, die alle Menschen verstehen.

Josef Freinademetz

Die Summe unseres Lebens sind die Stunden, in denen wir liebten.

Wilhelm Busch

Die Tugenden, die uns in der Zeit und der Ewigkeit glücklich machen, sind Demut und Liebe.

Johannes Bosco

Die Welt besteht aus lauter Gelegenheiten zur Liebe.

Søren Kierkegaard

Die Welt des menschlichen Leidens fordert unaufhörlich eine andere Welt: die Welt der menschlichen Liebe.

Papst Johannes Paul II.

Die wirkliche Liebe beginnt, wo keine Gegengabe mehr erwartet wird.

Antoine de Saint-Exupéry

Die Zeit ist kurz, um Beweise unserer Liebe zu geben, und wir leben nur einmal.

Maximilian Kolbe

Ein einziges Wort befreit uns von der Last und dem Schmerz des Lebens: dieses Wort ist die Liebe.

Sophokles

Ein neues Gebot gebe ich euch: Liebt einander! Wie ich euch geliebt habe, so sollt auch ihr einander lieben.

Joh 13,34

Eine Seele, die liebt, ist für die Welt eine kleine Sonne, die Gott ausstrahlt.

Chiara Lubich

Eine Zunge und zwei Hände hat uns Gott gegeben, weil er will, dass wir mehr tun sollen als reden. Das Wort ohne Werk ist tot, ja die ganze Welt ohne Liebe ist nichts wert. Die Liebe aber hat ihren Sitz nicht im Mund, sondern im Herzen aufgeschlagen.

Ignatius von Loyola

Einen Menschen lieben, heißt einwilligen, mit ihm alt zu werden.

Albert Camus

Eines wahren Christen Verstand ist die Liebe.

Rupert Schützbach

Es gibt ein Land der Lebenden und ein Land der Toten, und die Brücke zwischen ihnen ist die Liebe, das Einzige, was bleibt, das Einzige, was von Bedeutung ist.

Thornton Wilder

Es gibt keine dringendere Aufgabe im Leben als diese: allen und allem mit Liebe begegnen.

Reinhold Schneider

Es ist mit der Liebe wie mit den Pflanzen: Wer Liebe ernten will, muss Liebe säen.

Jeremias Gotthelf

Es kommt nicht darauf an, was wir tun, sondern darauf, wieviel Liebe wir in das stecken, was wir tun. Kleine Dinge mit großer Liebe.

Mutter Teresa

Freude ist Gebet, Freude ist Stärke, Freude ist Liebe, Freude ist ein Netz von Liebe, mit dem man Seelen fangen kann.

Mutter Teresa

Früchte reifen durch die Sonne, Menschen reifen durch die Liebe.

Julius Langbehn

Früher habe ich geglaubt, ich müsse die Menschen bekehren, jetzt weiß ich, ich muss lieben, und die Liebe bekehrt, wen sie will.

Mutter Teresa

Für mich ist Gott Wahrheit und Liebe. Gott ist Ethik und Moralität. Gott ist Furchtlosigkeit. Gott ist die Quelle von Licht und Leben, doch er ist über all dem und jenseits all dessen. Gott ist Gewissen.

Mahatma Gandhi

Furcht ist nicht in der Liebe, sondern die vollkommene Liebe treibt die Furcht aus.

1 Joh 4,18

Gebt eure Herzen, aber gebt sie nicht in Haft. Denn allein die Hand des Lebens kann eure Herzen umklammern.

Khalil Gibran

Gib mir, o Herr, ein kindliches Herz zum Glauben; ein mütterliches zum Lieben; ein männliches zum Handeln.

Johann Michael Sailer

Gibt es schließlich eine bessere Form, mit dem Leben fertig zu werden, als mit Liebe und Humor?

Charles Dickens

Glaubt nicht, Gott wolle uns alle Liebe zur Welt verbieten. Nein, wir sollen sie lieben, da alles, dem er Dasein gab, unserer Liebe wert ist.

Katharina von Siena

Gott gab seiner Schöpfung nur einen einzigen Pfeiler: die Liebe.

Elisabeth von Rumänien

Gott hat uns in seinem Sohn gezeigt, wie Liebe die Welt verwandelt.

Karl Lehmann

Gott ist höher und tiefer als alle Erkenntnis: nur die Liebe erreicht ihn.

Gertrud von Helfta

Herz, worauf wartest du? Lieben kannst du sofort.

Johannes vom Kreuz

Hoffen heißt an das Abenteuer der Liebe glauben, Vertrauen zu den Menschen haben, den Sprung ins Ungewisse tun und sich ganz Gott überlassen.

Augustinus

Im Augenblick der Liebe wird der Mensch nicht nur für sich, sondern auch für den anderen Menschen verantwortlich.

Franz Kafka

In der Liebe liegt der Schlüssel für jede Hoffnung, denn die wahre Liebe hat ihre Wurzel in Gott selbst.

Papst Johannes Paul II.

In notwendigen Dingen: Einheit. In fraglichen Dingen: Freiheit. In allen Dingen: Liebe.

Augustinus

Ja, die Liebe ist eine Macht, die alles ordnet, alles an seinen Platz stellt, allem einen Sinn gibt und eine Bedeutung und Wichtigkeit.

Josef Pieper

Je mehr man liebt, desto liebenswürdiger scheinen einem die andern.

Jakob Ternay

Jedes Licht der Liebe, das ich für andere entzünde, erhellt und wärmt mich selbst.

Joseph Bernhart

Keine Liebe ist größer als die, in der man seine Schwäche zeigen darf.

Ernst Wiechert

Lass die Liebe in deinem Herzen wurzeln, und es kann nur Gutes daraus hervorgehen.

Augustinus

Liebe darf nicht nur schenken und geben. Liebe muss tausendmal verzeihen.

Gertrud Maassen

Liebe hat kein Alter, sie wird ständig geboren.

Blaise Pascal

Liebe heißt, dass wir uns dem anderen ganz ohne Garantie ausliefern.

Erich Fromm

Liebe ist das Band, das den Erdkreis verbindet.

Johann Heinrich Pestalozzi

Liebe ist das Einzige, das wächst, wenn wir es verschwenden.

Ricarda Huch

Liebe ist die einzige Freiheit in dieser Welt, weil sie den Geist in eine solche Höhe erhebt, dass weder menschliche Gesetze noch die Phänomene der Natur ihren Lauf zu ändern vermögen.

Khalil Gibran

Liebe ist die stärkste Macht der Welt, und doch ist sie die demütigste, die man sich vorstellen kann.

Mahatma Gandhi

Liebe ist ein Wort aus Licht, geschrieben von einer Hand aus Licht.

Khalil Gibran

Liebe ist eine Frucht, die immer Saison hat und von der jeder pflücken kann, so viel er will.

Mutter Teresa

Liebe ist nicht blind, sie hat durchblickendere Augen als Rechnungen und Logik.

Josef Sudbrack

Liebe ist nicht ein, sondern das einzige Mittel, um glücklich zu werden.

François Sagan

Liebe ist nicht einfach ein Gefühl, das ein Leben lang hält. Liebe ist ein Ja zum Partner, das man immer wieder neu finden muss.

Annemarie Pfeifer

Liebe ist wie eine Frucht, die in jeder Jahreszeit reift und die jedermann pflücken kann.

Mutter Teresa

Liebe lehrt man, indem man sie vorlebt.

Carlo M. Martini

Liebe macht nicht blind, der trägste Geist, das unbegabteste Herz werden hellsichtig, werden klug, wenn sie lieben.

Heinrich Mann

Liebe muss sich erst am Menschen entzünden, bevor sie zu Gott emporlodern kann.

B. Warth

Liebe richtet den Blick nach vorne, Hass blickt zurück, Angst hat den ganzen Kopf voller Augen.

Friedrich Nietzsche

Liebe ruft Liebe hervor: unendliches Wachstum.

Hans Margolius

Liebe siegt immer.

Don Bosco

Liebe und Geborgenheit halten schützend ihre Flügel über dich.

Rita Tomasetti

Liebe und tue, was du willst. Schweigst du, so schweige aus Liebe! Redest du, rede aus Liebe! Die Wurzel der Liebe sei in deinem Inneren: Aus dieser Wurzel kann nur Gutes kommen.

Augustinus

Liebe verausgabt sich nicht. Je mehr du gibst, desto mehr bleibt dir.

Antoine de Saint-Exupéry

Liebe, die den Alltag nicht verträgt, ist keine Liebe.

Adrienne von Speyr

Lieben heißt, unser Glück in das Glück eines anderen zu legen.

Gottfried Wilhelm Leibnitz

Lieben kann nur der, der Liebe hat. Man hat die Liebe aber erst, wenn man sie verschenkt.

Augustinus

Liebt einander, aber macht die Liebe nicht zu einer Fessel: Lasst sie eher ein wogendes Meer zwischen den Ufern eurer Seelen sein.

Khalil Gibran

Man braucht nur mit viel Liebe einer Sache nachzugehen, so gesellt sich einem das Glück dazu.

Johannes Trojan

Man kann niemanden dazu zwingen, einen zu lieben, aber man kann ein Mensch sein, den man lieben kann.

unbekannt

Man kann ohne Liebe Holz hacken, man kann aber nicht ohne Liebe mit Menschen umgehen.

Leo Tolstoi

Man liebt den anderen nicht, wenn man nichts von ihm annimmt.

Afrikanische Weisheit

Man muss ein halbes Leben daranwenden, um einzusehen, dass sich die Waage des Daseins nur im Gleichgewicht halten lässt, wenn man zweierlei in die Schalen legt: Geduld und Liebe.

Karl Heinrich Waggerl

Man soll lieben, soviel man kann, und darin liegt die wahre Stärke, und wer viel liebt, der tut auch viel und der vermag viel, und was in Liebe getan wird, das wird gut getan.

Vincent van Gogh

Mein Weg ist Vertrauen und Liebe.

Thérèse von Lisieux

Menschen, die aus der Hoffnung leben, sehen weiter. Menschen, die aus der Liebe leben, sehen tiefer. Menschen, die aus dem Glauben leben, sehen alles in einem anderen Licht.

Lothar Zenetti

Nicht die Gewalt, sondern die Liebe vermag alles.

Papst Johannes Paul I.

Nicht mit der Laterne, mit dem Herzen suche die Menschen, denn der Liebe allein öffnen die Menschen ihre Herzen.

Peter Rosegger

Nichts ist besser organisiert als das, was die Liebe ordnet. Und nichts ist freier als das, was die Liebe eint.

Chiara Lubich

Niemand besitzt die wahre Freude, wenn er nicht in der Liebe ist.

Thomas von Aquin

Nun aber bleibt Glaube, Liebe, Hoffnung, diese drei. Aber die Liebe ist das schwächste Glied in der Kette, die Stelle, an welcher der Teufelskreis bricht.

Eva Zeller

Nur das ist Liebe: Immer wieder die Kraft aufbringen, den Einzelnen als den Besonderen zu sehen.

Luise Rinser

O lasst uns lieben das Kindlein von Betlehem und seine unendliche Liebe mit einer grenzenlosen Liebe erwidern.

Franz von Assisi

Ohne die Liebe gibt es keine Tugend. Sie ist die formende Kraft aller Tugenden.

Thomas von Aquin

Ohne Liebe kann die Seele nicht leben.

Katharina von Siena

Ohne Liebe sind wir uns selbst zur Last. Durch die Liebe tragen wir einander.

Augustinus

Sage den Menschen, die du lieb hast, immer wieder, dass du sie lieb hast. Die Liebe der Menschen lebt von gütigen Worten.

Ludwig Köhler

Schön ist eigentlich alles, was man mit Liebe betrachtet.

Christian Morgenstern

Sich kennen will nicht heißen, alles voneinander zu wissen, sondern Liebe und Vertrauen zueinander haben und einer an den anderen glauben.

unbekannt

Solange man jung ist, gehören alle Gedanken der Liebe. Später gehört alle Liebe den Gedanken.

Albert Einstein

Um geliebt zu werden, sei liebenswürdig.

Ovid

Unsere Liebe darf nicht aus leeren Worten bestehen. Es muss wirkliche Liebe sein, die sich in Taten zeigt.

1 Joh 3,18

Vertrauen und Achtung, das sind die beiden unzertrennlichen Grundpfeiler der Liebe, ohne welche sie nicht bestehen kann; denn ohne Achtung hat Liebe keinen Wert und ohne Vertrauen keine Freude.

Heinrich von Kleist

Verzeihen ist die schwerste Liebe.

Albert Schweitzer

Wahre Liebe lässt die Menschen sich finden, richtet sie auf und hebt sie empor. Sie macht innerlich unabhängig, frei und selbständig.

Johannes Müller

Was unseren Geist jung erhält, ist der Glaube; was unser Herz jung erhält, ist die Liebe; was unseren Willen jung erhält, ist die Hoffnung; was unser Leben jung erhält, ist Christus. Denn er ist der Weg, die Wahrheit und das Leben.

Hermann Multhaupt

Weil Gott den Menschen aus Liebe geschaffen hat, kann der Mensch nicht leben, ohne zu lieben.

Katharina von Siena

Wen der Himmel retten will, den schützt er durch die Liebe.

Laotse

Wenn die Liebe der Gewöhnung widersteht, hat sie nichts mehr zu fürchten.

Alfred de Musset

Wenn die Liebe zu rechnen anfängt, ist es keine Liebe mehr.

Alban Stolz

Wenn dir Liebe geschenkt ist, vergiss die Grenzen. Wenn du Liebe schenkst, bestehe nicht auf Bedingungen. Wenn du Liebe spürst, erwarte keine Erklärung.

Gerhard Engelsberger

Wenn du Liebe hast, spielt es keine Rolle, ob du Kathedralen baust oder in der Küche Kartoffeln schälst.

Dante Alighieri

Wenn du liebst, dringst du ans Licht wie der Same, der in der Erde verborgen war.

Bettina von Arnim

Wenn es überhaupt eine Möglichkeit gibt, einen anderen Menschen positiv zu verändern, dann doch nur, indem man ihn liebt und ihn so langsam sich wandeln hilft von dem, was er ist, zu dem hin, was er sein kann.

Joseph Ratzinger

Wenn ich in allen Sprachen der Welt, ja mit Engelszungen reden kann, aber ich habe keine Liebe, so bin ich nur wie eine dröhnende Pauke oder ein lärmendes Tamburin.

1 Kor 13,1

Wenn Menschen einander lieben, singen die Engel.

aus Brasilien

Wer den anderen liebt, lässt ihn gelten, so wie er ist, wie er gewesen ist und wie er sein wird.

Michel Quoist

Wer denkt und verkündet, dass er zu viel liebt, der liebt weniger.

Dom Hélder Câmara

Wer die Liebe hat, dem kann vieles fehlen. Wem die Liebe fehlt, dem fehlt alles.

Martin Buber

Wer liebt, hat Zeit.

Max Picard

Wer liebt, herrscht ohne Gewalt und dient, ohne Sklave zu sein.

Zenta Maurina

Wer nicht liebt, bewegt sich an der Oberfläche des Lebens. Nur die Liebe erschließt die tieferen Zusammenhänge.

Ulrich Schaffer

Wer sich mit Liebe wappnet, überwindet Zorn, Elend, Übermacht und Missgeschick.

Michelangelo

Wer unfähig ist zu vergeben, der ist auch unfähig zu lieben.

Martin Luther King

Wir finden innere Ruhe bei denen, die wir lieben, und wir schaffen in uns einen ruhigen Ort für jene, die uns lieben.

Bernhard von Clairvaux

Wir haben gelernt, wie die Vögel zu fliegen und wie Fische zu schwimmen. Doch wir haben die einfache Kunst verlernt, wie Brüder zu leben.

Martin Luther King

Wir können nicht immer von der Liebe sprechen, aber wir können sie immer tun.

Augustinus

Wir müssen uns nicht unnötig beunruhigen. Gott sorgt für das Wichtigste: die Liebe. Und sie wird uns nie fehlen.

Hermann Multhaupt

Wirklich reich ist ein Mensch nur dann, wenn er das Herz eines geliebten Menschen besitzt.

Greta Gabor

Wo Glaube, Liebe, Güte wohnt, wird jeder Tag mit Freud belohnt.

Veronika Spitaler

Wo keine Liebe ist, bringen Sie Liebe hin, und Sie werden Liebe finden.

Johannes vom Kreuz

Wo Liebe ist und Weisheit, ist nicht Furcht noch Unwissenheit. Wo Geduld ist und Demut, ist nicht Zorn noch Erregung. Wo Armut ist und Freude, ist nicht Gier noch Geiz.

Franz von Assisi

Wo Liebe neu geboren wird, wird das Leben neu geboren.

Vincent van Gogh

Wo man Liebe aussät, da wächst Freude empor.

William Shakespeare

Wohl erprobt sich die Liebe in der Treue, aber sie vollendet sich erst in der Vergebung.

Werner Bergengruen

Zu lieben ist Segen, geliebt zu werden, Glück.

Leo Tolstoi

Zum Heiligwerden gehört nicht viel Zeit; es gehört nur viel Liebe dazu.

unbekannt

Zwei liebende Herzen, sie sind wie zwei Magnetuhren: Was in der einen sich regt, muss auch die andere mitbewegen; denn es ist nur eins, was in beiden wirkt, eine Kraft, die sie durchgeht.

Johann Wolfgang von Goethe

Liebe Gottes

Möge die Liebe Gottes in deinem Herzen brennen – einer Kerze gleich leuchtend und wärmend.

Irischer Segensspruch

Nichts tröstet mächtiger als die Gewissheit, mitten im Elend von der Liebe Gottes umfangen zu werden.

Johannes Calvin

Sobald wir Gott ernstlich zu lieben beginnen, wird das Lob von Menschen nicht mehr so wichtig.

Christa Franze

Und das Wort ist Fleisch geworden und hat unter uns gewohnt.

Joh 1,14

Welche Wochen wären geeigneter, der Welt das so dringliche Zeugnis der Unentgeltlichkeit zu geben, als die der Fastenzeit. In der Liebe Gottes zu uns ist auch unsere Berufung enthalten, uns ohne Berechnung an die anderen zu verschenken.

Papst Johannes Paul II.

Wer die Liebe Gottes versteht, hat den Schlüssel zum Glück seines Lebens gefunden.

Hermann Heinrich Grafe

Liebe, gebende

Der Glaube muss, um echt zu sein, gebende Liebe sein.

Mutter Teresa

Liebe, umfassende

Wenn du jedes Ding lieben wirst, dann wirst du das göttliche Geheimnis aller Dinge erschauen und dann wirst du schließlich die ganze Welt mit jener umfassenden Liebe umfangen.

Fjodor M. Dostojewski

Liebe, verständnisvolle

Echte Toleranz beruht nicht auf der Schwäche, sondern auf verständnisvoller Liebe.

unbekannt

Lieben

Jeder Mensch ist eine Melodie. Lieben heißt: sie innehaben. Ich bin für dich, du bist für mich ein Lied.

Franz Werfel

Jeder Tag bietet eine Möglichkeit, lieben zu können, wachsen zu können.

Carol Ann Hierl

Jemanden lieben heißt, als Einziger ein für alle anderen unsichtbares Wunder zu sehen.

François Mauriac

Lieben und arbeiten! – Lieben genügt nicht; lieben und arbeiten, das ist erst alles. Lieben, das ist der Samen; arbeiten heißt aufkeimen, auftreiben und Frucht geben.

Miriam vom gekreuzigten Jesus

Wenn ich jemand liebe, werde ich das an ihm lieben, was ihn am meisten zur Person macht.

Thomas Merton

Wer liebt, gibt. Gibt immer. Und er hat in sich eine Fülle, die nie endet.

Chiara Lubich

Wer staunen und lieben kann, gehört zu den Gesegneten dieser Erde.

Manfred Hausmann

Wir vergeben, solange wir lieben.

François de La Rochefoucauld

Wir wurden dazu erschaffen, Freude in die Welt zu tragen, damit wir einander und damit wir Gott lieben können.

Mutter Teresa

Lieben heißt, in dem anderen sich selbst erobern.

Friedrich Hebbel

Man braucht Geld zum Leben, aber Leben ist mehr als Geld haben. Zum Leben gehört das Lieben und Geliebtwerden.

Hugo Aufderbeck

Liebende

In der Liebe kommt es zu dem Paradoxon, dass zwei Wesen eins werden und trotzdem zwei bleiben.

Erich Fromm

Liebende leben von der Vergebung.

Manfred Hausmann

Liebenswürdigkeit

Man liebt einen Menschen nicht wegen seiner Stärken, sondern wegen seiner Schwächen.

Tilla Durieux

Vergesst niemals die Liebenswürdigkeit im Umgang mit Jugendlichen!

Don Bosco

Lob

Sobald wir Gott ernstlich zu lieben beginnen, wird das Lob von Menschen nicht mehr so wichtig.

Christa Franze

Wer viel gelobt wird, wird bucklig.

aus Kamerun

Lobpreis

Lobe den Herrn, meine Seele, und vergiss nicht, was er dir Gutes getan hat.

Ps 103,2

Lohn

Der höchste Lohn für unsere Bemühungen ist nicht das, was wir dafür bekommen, sondern das, was wir dadurch werden.

John Ruskin

Loslassen

»Wirf weg, damit du nicht verlierst!« ist die beste Lebensregel.

Friedrich Hebbel

Frei werden. Alles Wesentliche vollzieht sich im Wandel, im Loslassen, im Öffnen der Hände, um geduldig wartend Neues zu empfangen.

Corinna Mühlstedt

Im Loslassen liegen die Flügel der Freiheit.

Brasilianisches Sprichwort

Manche Leute glauben, Durchhalten mache uns stark; doch manchmal stärkt uns gerade das Loslassen.

Sylvia Robinson

Wir müssen das Loslassen lernen. Es ist die große Lektion des Lebens.

Julie Schlosser

Lösung

Die meisten Probleme lösen sich von selbst, man darf sie nur nicht dabei stören.

Mark W. Bonner

Kein Problem wird gelöst, wenn wir träge darauf warten, dass Gott allein sich darum kümmert.

Martin Luther King

Lügen

Die Wahrheit siegt durch sich selbst, die Lüge braucht stets einen Komplizen.

Epiktet

Lügen und Schwatzen sind wie Bruder und Schwester.

aus Kenia

Nicht die Lügen, sondern die sehr feinen falschen Bemerkungen sind es, die die Läuterung der Wahrheit aufhalten.

Georg Christoph Lichtenberg

Macht

Habt keine Angst vor den Mächtigen dieser Welt; zieht euch nicht zurück angesichts von Kritik und Unverständnis. Der beste Dienst, den wir unserer Gesellschaft leisten können, ist, ihr ständig das Wort und die Verheißung Gottes in Erinnerung zu rufen und ihr seine Heilswege anzubieten.

Papst Johannes Paul II.

Ja, die Liebe ist eine Macht, die alles ordnet, alles an seinen Platz stellt, allem einen Sinn gibt und eine Bedeutung und Wichtigkeit.

Josef Pieper

Lachen ist eine Macht, vor der die Größten dieser Welt sich beugen müssen.

Emile Zola

Wenn die Macht der Liebe die Liebe zur Macht überwindet, erst dann wird die Welt den Frieden kennen lernen.

Jimi Hendrix

Wenn ein großer Herr dir Unrecht tut, lächle ihn an.

aus Nigeria

Willst du den Charakter eines Menschen erkennen, so gib ihm Macht.

Abraham Lincoln

Männer

Frauen sind eines der Rätsel des Allmächtigen, um den Männern zu zeigen, dass er mehr weiß als sie.

Ellen Glasgow

Maß

Alles Heil liegt mitteninne. Und das Höchste bleibt das Maß.

Emanuel Geibel

Das Glück besteht darin, in dem zur Maßlosigkeit neigenden Leben das rechte Maß zu finden.

Leonardo da Vinci

Mäßigkeit

Freude, Mäßigkeit und Ruh' schließen dem Arzt die Türe zu.

Friedrich von Logau

Mauern

Der Mensch baut zu viele Mauern und zu wenig Brücken.

Isaac Newton

Mehrheit

Immer wenn man die Meinung der Mehrheit teilt, ist es Zeit sich zu besinnen.

Mark Twain

In Sachen des Gewissens ist die Mehrheit nicht zuständig.

Mahatma Gandhi

Meinung

Alle unsere Streitereien entstehen daraus, dass einer dem anderen seine Meinung aufzwingen will.

Mahatma Gandhi

Die Freiheit der Meinung setzt voraus, dass man eine hat.

Heinrich Heine

Es gehört mehr Mut dazu, seine Meinung zu ändern, als ihr treu zu bleiben.

Friedrich Hebbel

Ich brauche Informationen, eine Meinung bilde ich mir selbst.

Charles Dickens

Immer wenn man die Meinung der Mehrheit teilt, ist es Zeit sich zu besinnen.

Mark Twain

Man kann nur zu einer eigenen Meinung gelangen, wenn man offen sein kann und sich auch irren darf.

Maxie Wander

Vergewissern wir uns jeweils gut, wenn wir die Meinung eines anderen zurückweisen, dass wir die Meinung zurückweisen und nicht die Person.

Charles Lamb

Mensch

Alle Menschen haben einen Zugang zu Gott, aber jeder einen anderen. Gerade in der Verschiedenheit ihrer Eigenschaften und ihrer Neigungen liegt die große Chance des Menschengeschlechts.

Martin Buber

Das Gebet ist eine der wesentlichsten Notwendigkeiten des modernen Menschen.

Papst Paul VI.

Das Vollkommenste der Welt ist der Mensch. Das Vollkommenste des Menschen ist der Geist. Das Vollkommenste des Geistes ist die Liebe. Das Vollkommenste der Liebe ist Gott.

Franz von Assisi

Der edle Mensch ist frei von Betrübnis und frei von Furcht.

Konfuzius

Der Friedhof liegt voller Menschen, ohne die die Welt nicht leben konnte.

Kurt Tucholsky

Der Mensch lebt und bestehet nur eine kleine Zeit; und alle Welt vergehet mit ihrer Herrlichkeit. Es ist nur einer ewig und an allen Enden, und wir in seinen Händen.

Matthias Claudius

Der Mensch ward Gottes Bild. Weil diese Bild verloren, wird Gott ein Mensch, in dieser Nacht geboren.

Andreas Gryphius

Die ganze Welt schuf Gott. Und er ließ zu, dass auch der Mensch sich seine Welt baue.

Hildegard von Bingen

Die glücklichsten Menschen sind nicht die, die am meisten haben, sondern die, die am meisten danken können.

W. J. Oehler

Die Person steht immer höher als alle sachlichen Werte.

Edith Stein

Ein guter edler Mensch, der mit uns geht, kann uns nicht genommen werden; er lässt eine leuchtende Spur zurück.

Thomas Carlyle

Ein guter Mensch bleibt immer ein Anfänger.

Martial

Gläubige Menschen schließen die Augen, um besser sehen zu können.

unbekannt

Gute Menschen sind ansteckend.

Peter Rosegger

Jeder Mensch ist ein besonderer Gedanke Gottes.

Paul de Lagarde

Jeder Mensch, auch der geringste, ist so in Gottes Hand, als wäre er Gottes einzige Sorge.

Friedrich von Bodelschwingh

Man kann niemanden dazu zwingen, einen zu lieben, aber man kann ein Mensch sein, den man lieben kann.

unbekannt

Merkmal großer Menschen ist es, dass sie an andere weit geringere Anforderungen stellen als an sich selbst.

Marie von Ebner-Eschenbach

Nehmt die Menschen, wie sie sind, nicht wie sie sein wollen.

Franz Schubert

Nur das ist Liebe: Immer wieder die Kraft aufbringen, den Einzelnen als den Besonderen zu sehen.

Luise Rinser

Ostern ist die Zukunft des Menschen. Hier wird er wieder der Mensch, wie er geplant war.

August Everding

Sei ein Mensch des Gebets, und du wirst ein Mensch des Friedens sein.

Léon Bloy

Vieles kann der Mensch entbehren, nur den anderen Menschen nicht.

Ludwig Börne

Was kann der Schöpfer lieber sehen als ein fröhliches Geschöpf.

Gotthold Ephraim Lessing

Weil Gott den Menschen aus Liebe geschaffen hat, kann der Mensch nicht leben, ohne zu lieben.

Katharina von Siena

Wer unter Menschen nur einen Engel sucht, der findet kaum Menschen. Wer aber unter Menschen nur Menschen sucht, der findet gewiss einen Engel.

Gottlieb Moritz Saphir

Wir fassen keinen anderen Gott als den, der in jedem Menschen ist, der vom Himmel kam. Ich fange bei der Krippe an.

Martin Luther

Der Mensch ist ein Lebewesen, das imstande ist, Opfer zu bringen.

Yves Congar

Mensch sein

Habt Zeit für die Mitmenschen! Wenn wir sie kennen, wissen wir, wer unser nächster Nachbar ist. Kennen wir die Menschen unserer Umgebung? Es gibt viele Einsame.

Mutter Teresa

Mensch sein heißt, sich das Mitfühlen und Mitleiden mit den Menschen zu bewahren.

Albert Schweitzer

Menschsein: wachsen, aufeinander zu, über sich selbst hinaus.

Charles Lamp

Mensch sein ist vor allem die Hauptsache. Und das heißt: fest und klar und heiter zu sein, ja heiter trotz alledem, denn das Heulen ist Geschäft der Schwäche.

Rosa Luxemburg

Nicht im Stich lassen, sich nicht und andere nicht, das ist die Mindestutopie, ohne die es sich nicht lohnt, Mensch zu sein.

Hilde Domin

Ohne Du ist das Ich unmöglich.

Friedrich Heinrich Jacobi

Unsere Berufung ist es, Mensch zu sein. Aber wer hat schon den Ehrgeiz?

Sigmund Freud

Werde, was du noch nicht bist, bleibe, was du jetzt schon bist. In diesem Bleiben und Werden liegt alles Schöne hier auf Erden.

Franz Grillparzer

Menschen, unliebsame

Wisst ihr auch, welches das schwerste Werk der Barmherzigkeit ist? Lästige Personen mit Geduld ertragen.

Papst Johannes XXIII.

Lebenskunst besteht zu neunzig Prozent aus der Fähigkeit, mit Menschen auszukommen, die man nicht leiden kann.

Sam Goldwyn

Menschenkenntnis

Der Mensch kennt alle Dinge der Erde, aber den Menschen kennt er nicht.

Jeremias Gotthelf

Ich habe immer gefunden, die sogenannten schlechten Leute gewinnen, wenn man sie genauer kennen lernt, und die guten verlieren.

Immanuel Kant

Sage mir, mit wem du umgehst, und ich werde dir sagen, wer er ist.

Ludwig Marcuse

Menschenkind

Man ist ja von Natur kein Engel, vielmehr ein Welt- und Menschenkind. Und ringsherum ist ein Gedrängel von solchen, die dasselbe sind.

Wilhelm Busch

Menschenleben

Jedes Menschenleben hat einen besonderen Sinn. Wer weiß, wie mancher Mensch in deiner Umgebung lebt, für den gerade du da bist, ohne es zu wissen.

Peter Lippert

Menschenliebe

Es ist leicht, weit entfernte Menschen zu lieben. Es ist aber nicht immer leicht, diejenigen zu lieben, die gleich neben uns wohnen.

Mutter Teresa

Menschenrecht

Ich wäre bereit ..., sogar mit dem Teufel zu reden, wenn es um die Wahrheit, die Religion und die Menschenrechte geht.

Papst Johannes Paul II.

Menschheit

Es ist leichter, etwas für die Menschheit zu tun, als für den unbequemen Menschen, der in diesem Augenblick deiner Hilfe bedarf.

Franz Fassbind

Menschlichkeit

Die großen Tugenden machen einen Menschen bewundernswert, die kleinen Fehler machen ihn liebenswert.

Pearl S. Buck

Eines kannst du immer geben: ein gutes Wort; und wenn du das nicht findest: einen freundlichen Blick.

Augustin Wibbelt

Freude und Lächeln sind Tor und Pforte, durch die viel Gutes in den Menschen hineinhuschen kann.

Christian Morgenstern

In seinem Lachen liegt der Schlüssel, mit dem wir den ganzen Menschen entschlüsseln.

Thomas Carlyle

Man kann nicht gerecht sein, wenn man nicht menschlich ist.

Luc de Clapiers Vauvenargues

Man sieht nur mit dem Herzen gut. Das Wesentliche ist für die Augen unsichtbar.

Antoine de Saint-Exupéry

Menschlichkeit und Sanftmut verdienen bei jeder Gelegenheit empfohlen zu werden, und kein Anlass dazu kann entfernt sein.

Gotthold Ephraim Lessing

Werde kein Mensch, der die Hände zum Nehmen ausstreckt und zum Geben einzieht.

Didache

Menschwerdung

Christus, der Sohn Gottes, ward wie wir, damit wir werden wie er.

Klemens Maria Hofbauer

Der tiefste Grund für die Menschwerdung Christi war der Wille Gottes, uns seine Liebe zu zeigen und sie uns nachdrücklich ans Herz zu legen.

Augustinus

Weil Gott will, dass wir seine Gnade und Liebe spüren, wurde er ein Mensch wie wir.

Johannes Friedrich

In der Menschwerdung hat Gott sein tiefstes Geheimnis offenkundig gemacht. Gott ward Mensch und machte den Menschen zu seinem Tempel. Gottes Sohn wurde Mensch, damit der Mensch Heimat habe in Gott.

Hildegard von Bingen

Messe

Ihr sollt nicht in der Messe beten, ihr sollt die Messe beten.

Papst Pius X.

Milde

Die Milde ist unsere Stärke. Sie löst alle Schwierigkeiten und beseitigt jedes Hindernis.

Papst Johannes XXIII.

Du musst streng sein gegen dich selber, um das Recht auf Milde gegen andere zu haben.

Dag Hammarskjöld

Je vollkommener jemand ist, desto milder und nachsichtiger geht er mit den anderen um.

Thomas More

Milde, die auf Stärke folgt, ist eine Milde, die sich ihrer vergangenen Stärke bewusst ist.

Joseph Joubert

Milde ist besser als Gerechtigkeit.

Luc de Clapiers

So lange es geht, muss man Milde walten lassen, denn jeder kann sie gebrauchen.

Theodor Fontane

Wer milde ist, nicht leicht zürnt und, zürnt er leicht, sich dessen im nächsten Augenblick schämt, dem sind die Götter auch milde.

Wilhelm Raabe

Wer mit Milde befiehlt, dem gehorcht man gern.

Seneca

Miserere
So bete ich das MISERERE, spreche das AMEN und hoffe auf das ALLELUJA.

Hugo Aufderbeck

Misserfolg
Ich kenne keinen sicheren Weg zum Erfolg, nur einen zum sicheren Misserfolg – es jedem recht machen zu wollen.

Plato

Misserfolg ist eine Chance, es beim nächsten Mal besser zu machen.

Henry Ford

Missgeschick
Wer sich mit Liebe wappnet, überwindet Zorn, Elend, Übermacht und Missgeschick.

Michelangelo

Missverständnis
Die Sprache ist die Quelle aller Missverständnisse.

Antoine de Saint-Exupéry

Mitfreude
Liebe beginnt bei der Mitfreude.

Maria-Theresia Radloff

Mitgefühl
An sich selbst muss der Mensch in Erfahrung bringen, wie dem anderen zumute ist.

Wilhelm Raabe

Ein Mensch ohne Mitgefühl verdient nicht, Mensch zu heißen.

Ramakrishna

Es lohnt sich, etwas Schweres auf sich zu nehmen, wenn man es dadurch einem Menschen leichter machen kann.

Stefan Zweig

Herr, ich bitte dich, schenke meinen Händen Geschicklichkeit, meinem Verstand Scharfblick und meinem Herzen Mitgefühl und Sanftmut. Verleihe mir Zielstrebigkeit, die Kraft, einen Teil der Last meiner leidenden Mitmenschen auf mich zu nehmen.

Mutter Teresa

Kein Mensch kann den anderen von seinem Leid befreien; aber er kann ihm Mut machen, das Leid zu tragen.

Selma Lagerlöf

Menschen zu finden, die mit uns fühlen und empfinden, ist wohl das schönste Glück auf Erden.

Carl Spitteler

Wer einmal warm gebettet ist, vergisst gern, wie es den Leuten zumute ist, denen es am Notwendigsten fehlt.

Adolph Kolping

Mitmenschen
Der Mensch kann gar nicht gut genug von seinen Mitmenschen denken.

Immanuel Kant

Habt Zeit für die Mitmenschen! Wenn wir sie kennen, wissen wir, wer unser nächster Nachbar ist. Kennen wir die Menschen unserer Umgebung? Es gibt viele Einsame.

Mutter Teresa

Wie glücklich würde mancher leben, wenn er sich um andere Leute Sachen so wenig bekümmerte als um seine eigenen.

Georg Christoph Lichtenberg

Zeige dich verständnisvoll und suche bei deinem Mitmenschen nach Eigenschaften, die du loben und bewundern kannst.

unbekannt

Mitmenschlichkeit

Auch die, welche dir die Nächsten und die Liebsten sind, erträgst du manchmal schwer. Sei gewiss, es geht ihnen mit dir ebenso.

Ernst von Feuchtersleben

Die Liebe weint mit den Weinenden, freut sich mit den Frohen, ist glücklicher über des anderen Wohl als über das eigene.

Katharina von Siena

Die, denen wir Stütze sind, geben uns Halt.

Marie von Ebner-Eschenbach

Jeder achte nicht nur auf das eigene Wohl, sondern auch auf das der anderen.

Phil 2,4

Mach einem Menschen Freude, und es beglückt dein eigenes Ich.

Theodor Hieck

Wie kannst du für andere das Beste tun, nimmst du dir nicht die Zeit, das für dich zu tun.

Arthur Lassen

Mitteilen

Das Wort ist eine wunderbare Gabe, den Menschen von Gott gegeben, damit sie miteinander reden, miteinander arbeiten, miteinander leben.

Phil Bosmans

Möglichkeit

Vermöchten wir alle nur für einen einzigen Tag höflich zu sein: Die Feindschaft unter den Menschen würde sich in Liebe verwandeln.

Chinesische Weisheit

Moment

Glückliche Momente vergehen nie, wenn man sie im Herzen behält.

unbekannt

Nicht in der Vergangenheit und nicht in der Zukunft sollten wir leben. So gut es geht, den jetzigen Moment leben; er ist immer neu und voller Hoffnung.

Hermann Multhaupt

Mond

Die Sonne scheint für dich – deinetwegen; und wenn sie müde wird, beginnt der Mond, und dann werden die Sterne angezündet.

Søren Kierkegaard

Mönche

Menschen fragen manchmal, was Mönche in einem Kloster tun. Die Antwort lautet: wir fallen und stehen auf, wir fallen und stehen auf, und abermals fallen wir und stehen wieder auf. Und wir finden die Stärke aufzustehen, indem wir Gott unsere Schwäche bekennen.

Paromius

Morgen

Das Gebet ist der Schlüssel am Morgen und der Riegel am Abend.

Mahatma Gandhi

Die erste Morgenstunde ist das Steuerruder des Tages.

Augustinus

Jeden Morgen soll die Schale unseres Lebens hingehalten werden, um aufzunehmen, zu tragen und zurückzugeben.

Dag Hammarskjöld

Jeder Morgen ist eine neue Berufung.

Martin Buber

Wer sich um das Morgen am wenigsten kümmert, geht ihm mit der größten Lust entgegen.

Epikur

Mühen

Das Gebet ist eine wunderbare Ergänzung unserer Mühen, aber es wäre ein gefährlicher Ersatz dafür.

Martin Luther King

Es sind die Mühen, die uns vorwärts bringen. Ohne Mühe gibt es kein Gelingen.

Friederike Weichselbaumer

Mühseligkeiten

Der Himmel hat den Menschen als Gegengewicht gegen die vielen Mühseligkeiten des Lebens drei Dinge gegeben: die Hoffnung, den Schlaf und das Lachen.

unbekannt

Glücklich, wer an Gott glaubt, denn er wird, wenn auch nicht ohne Mühe und Leid, schließlich alle Mühsale des Lebens überwinden.

Vincent van Gogh

Musik

Die Berührung zwischen Gott und der Seele ist Musik.

Bettina von Arnim

Musik ist die Sprache der Engel.

Thomas Carlyle

Nichts ruft die Erinnerung an die Vergangenheit so lebhaft wach wie die Musik.

Madame de Staël

Mut

Bäume sind Meister der Geduld: Sie bieten Schatten und liefern uns Obst, und Vögel nisten in ihren Zweigen ... Und lehren sie uns nicht jedes Jahr aufs neue, mit frischem Mut wieder anzufangen?

Dom Hélder Câmara

Damit das Mögliche entsteht, muss immer wieder das Unmögliche versucht werden.

Hermann Hesse

Das Rechte erkennen und nichts tun, ist Mangel an Mut.

Konfuzius

Der Mensch kann nicht zu neuen Ufern vordringen, wenn er nicht den Mut aufbringt, die alten zu verlassen.

André Gide

Die Hoffnung, die das Risiko scheut, ist keine Hoffnung. Hoffnung heißt: an das Abenteuer der Liebe glauben; Vertrauen zu den Menschen haben; den Sprung ins Ungewisse tun und sich ganz Gott zu überlassen.

Dom Hélder Câmara

Die Wahrheit sagen ist ein Zeichen von Mut.

Zora Neale Hurston

Ein einziger Grundsatz wird dir Mut geben, nämlich, dass kein Übel ewig währt, ja nicht einmal sehr lange dauern kann.

Epikur

Ich habe Menschen gekannt, denen ihr Glück ihr Gott war. Sie glaubten an ein Glück und der Glaube gab ihnen Mut. Mut gab ihnen Glück und Glück Mut.

Georg Christoph Lichtenberg

In diesem Leben ist jeder mutig, der nicht aufgibt.

Paul McCartney

Man kann viel, wenn man sich nur recht viel zutraut.

Wilhelm von Humboldt

Man muss den Mut haben, in eine Richtung zu gehen, in die bisher noch niemand gegangen ist. Ohne diesen Mut können Völker und Systeme in diesen Zeiten weder einander näher kommen, noch kann man den Frieden herstellen!

Papst Johannes Paul II.

Mancher wird erst mutig, wenn er keinen anderen Ausweg mehr sieht.

William Faulkner

Mut beruht vor allem darin, ihn zu haben.

Ellen Key

Mut heißt, seiner Furcht gewachsen zu sein.

Georg Bernard Shaw

Mut ist die Stärke des Geistes, die Furcht zu überwinden.

Martin Luther King

Mut ist genauso ansteckend wie Angst.

Saul Bellow

Mut ist Widerstand gegen die Angst, Sieg über die Angst, aber nicht Abwesenheit von Angst.

Mark Twain

Mut und Ausharren. Immer den nächsten gezeigten Schritt auch tun! Also treu sein im Kleinen und zugleich offen sein für ganz neue Schritte.

Katharina von Tobien

Nichts ist so erfrischend wie ein beherzter Schritt über die Grenzen.

Keith Haring

Viel ist schon gewonnen, wenn nur einer aufsteht und Nein sagt.

Bertolt Brecht

Wage ruhig einen großen Schritt, wenn es nötig ist. Über einen Abgrund kommt man nicht mit zwei kleinen Sprüngen.

David Lloyd George

Wahrheit ist die Quelle des Mutes.

Chinesisches Sprichwort

Wenn das Leben dir von Zeit zu Zeit den Boden des Altvertrauten unter den Füßen wegzieht, und nichts anderes bleibt, als auf neuen Wegen wieder das Gehen zu lernen, dann wünsche ich dir eine Hand, die dir aufstehen hilft, und auch bei deinen ersten Schritten, den zögernden, stolpernden, nahe ist.

Isabella Schneider

Wenn etwas gewaltiger ist als das Schicksal, dann ist es der Mut, der es unerschütterlich trägt.

Emanuel Geibel

Wenn ich einen grünen Zweig im Herzen trage, wird sich ein Singvogel darauf niederlassen.

aus China

Wer Mut zeigt, macht Mut.

Adolph Kolping

Wir müssen immerfort Deiche des Mutes bauen gegen die Flut der Furcht.

Martin Luther King

Worauf Gott seine Hoffnung setzt, das wage ich.

Mechthild von Magdeburg

Zwischen Hochmut und Demut steht ein Drittes, dem das Leben gehört – und das ist ganz einfach der Mut.

Theodor Fontane

Mutlosigkeit

Die Mutlosigkeit ist ein ernstes Hindernis in unserem Leben, weil sie wesentlich einen Mangel an Vertrauen darstellt. Für Christen gibt es keinen wahren Grund, mutlos zu werden.

Michel Quoist

Feigheit ist fehlender Mut vor sich selbst.

Erich Klein

Mutlosigkeit ist immer Beweis eines großen Vertrauens auf sich und eines zu kleinen Vertrauens auf Gott.

Michel Quoist

Mutter

Als Gott die Idee für die Mutter kam, muss er ganz zufrieden gelacht und sie sich schnell patentiert haben – so reich, tiefsinnig, göttlich, so voller Seele, Kraft und Schönheit war dieser Entwurf.

Henry Ward Beecher

Die Hand, die die Wiege bewegt, bewegt die Welt

Gertrud von Le Fort

Die Kirche ist eine alte Frau mit vielen Runzeln und Falten. Aber sie ist meine Mutter. Und eine Mutter schlägt man nicht.

Karl Rahner

Die Liebe der Mutter zu ihren Kindern ist eine Brücke zu allem Guten: im Leben und in der Ewigkeit.

Türkisches Sprichwort

Eine glückliche Mutter ist für die Kinder segensreicher als hundert Lehrbücher über die Erziehung.

Johann Heinrich Pestalozzi

Eine Mutter kann den Platz von allen anderen einnehmen, ihr eigener aber von niemand anderem besetzt werden.

Sprichwort

Eine Mutter versteht auch, was ein Kind nicht ausspricht.

Jüdisches Sprichwort

Eine Mutter wäre fähig, das Glück zu erfinden, um es ihren Kindern zu geben.

Madeleine Delbrêl

Erst wenn man selber Mutter geworden ist, urteilt man mit Mitleid und Verständnis.

Erna Bombeck

Gott hat seine Gnaden nicht an die Sterne gebunden noch in die Tiefen der Meere versenkt, sondern sie in liebe Mutterhände gelegt.

Michael Kardinal Faulhaber

Keine Weisheit, die uns auf Erden gelehrt werden kann, kann uns das geben, was uns ein Wort und ein Blick der Mutter gibt.

Wilhelm Raabe

Man ist Mutter, um zu lieben, ohne Anfang und ohne Ende.

Mariama Bâ

Mütterliche Güte – ein uferloses Meer, unendliche Tiefe.

Russisches Sprichwort

Trage deine Mutter auf den Armen, wenn ihr die Beine versagen; denn sie trug dich im Schoß, als du noch keine hattest.

Friedrich Hebbel

Was wäre die Welt ohne das Herz unserer Mütter, die nicht für sich, sondern für uns leben. Und wie arm wäre das Leben eines Kindes, wenn die Mutter keine Zeit für es hätte.

Hugo Aufderbeck

Die Mütter geben unserem Geiste Wärme und die Väter Licht.

Jean Paul

Gott konnte nicht überall sein, deshalb schuf er die Mütter.

aus Israel

Wenn es eine Weltmeisterschaft in »Heilende Berührungen« gäbe, würde sicherlich den Müttern der erste Preis zugesprochen.

Anna Six

Nachahmung

Gerade das Gegenteil tun ist auch eine Nachahmung.

Georg Christoph Lichtenberg

Nachbar

Es ist leicht, weit entfernte Menschen zu lieben. Es ist aber nicht immer leicht, diejenigen zu lieben, die gleich neben uns wohnen.

Mutter Teresa

Habt Zeit für die Mitmenschen! Wenn wir sie kennen, wissen wir, wer unser nächster Nachbar ist. Kennen wir die Menschen unserer Umgebung? Es gibt viele Einsame.

Mutter Teresa

Wir schaffen uns unsere Freunde, wir schaffen uns unsere Feinde, aber Gott gibt uns unsere Nachbarn.

Gilbert Keith Chesterton

Nachdenken

Lesen ohne Nachdenken macht stumpf; Nachdenken ohne Lesen geht irre.

Bernhard von Clairvaux

Nachfolge

Christus will keine Bewunderer, sondern Nachfolger.

Søren Kierkegaard

Ich bin das Licht der Welt. Wer mir nachfolgt, wird nicht in Finsternis umhergehen, sondern wird das Licht des Lebens haben.

Joh 8,12

Nichts kann einen so zum Nachfolger Christi machen wie die Sorge um den Nächsten.

Johannes Chrysostomus

Nachsicht

Um durch die Welt zu kommen, ist es zweckmäßig, einen großen Vorrat von Vorsicht und Nachsicht mitzunehmen: Durch erstere wird man vor Schaden und Verlust, durch letztere vor Streit und Händeln geschützt.

Arthur Schopenhauer

Nächstenliebe

Wer sich vom Nächsten abwendet, vernachlässigt sich selbst.

unbekannt

Das Licht ist in die Welt gekommen. Jeder muss entscheiden, ob er im Licht der Nächstenliebe oder im Licht der Eigenliebe leben will. Danach werden wir beurteilt. Die wichtigste Frage lautet daher: Was hast du für andere getan?

Martin Luther King

Die Liebe fordert, dass wir jedem Menschen zu Hilfe kommen, der in Not ist, auch wenn wir feststellen, dass er Fehler hat.

Vinzenz Pallotti

Die Nächstenliebe ist eine so kluge Händlerin, dass sie überall Gewinn herausschlägt, wo andere Verlust machen.

Marguerite Porète

Die wahre Liebe besteht darin, die Fehler der Nächsten zu ertragen, sich über seine Schwachheiten nicht zu wundern und aus dessen Tugenden, so gering sie auch sein mögen, Nutzen und Erbauung zu ziehen.

Thérèse von Lisieux

Die Werke der Nächstenliebe sind nichts anderes als ein Überfließen der Liebe Gottes, die in uns ist. Je tiefer jemand mit Gott verbunden ist, desto mehr liebt er den Nächsten.

Mutter Teresa

Du sollst deinen Nächsten lieben wie dich selbst.

Lev 19,18

Es bilde sich niemand ein, dass er Gott liebe, wenn er Abneigung gegen den Nächsten im Herzen trägt.

Maria Ward

Frei sein von Vorurteilen – erste Bedingung der Nächstenliebe.

Marie von Ebner-Eschenbach

Früher habe ich geglaubt, ich müsse die Menschen bekehren, jetzt weiß ich, ich muss lieben, und die Liebe bekehrt, wen sie will.

Mutter Teresa

In der Nächstenliebe gibt es kein Übermaß.

Francis Bacon

Lachen können ist auch eine Gnade; gemeinsam mit anderen lachen, kann auch Nächstenliebe sein.

Anna Dengel

Nächstenliebe lebt mit tausend Seelen, Egoismus mit einer einzigen, und die ist erbärmlich.

Marie von Ebner-Eschenbach

Nächstenliebe wäre leichter, wenn der Nächste nicht so nahe wäre.

Norman Mailer

Selig der Mensch, der den Nächsten in seiner Unzulänglichkeit genau so erträgt, wie er von ihm ertragen werden möchte.

Franz von Assisi

Unsere Nächstenliebe kennt keine Grenzpfähle; sie umfasst alle Menschen aller Sprachen, Nationen und Rassen.

Papst Pius XII.

Weil wir Christus nicht sehen können, können wir unsere Liebe zu ihm nicht ausdrücken. Aber unsere Nächsten können wir immer sehen, und wir können ihnen tun, was wir, könnten wir Christus sehen, ihm tun würden.

Mutter Teresa

Wenn du das Gesicht eines Menschen siehst und du entdeckst darin das Gesicht deines Bruders oder deiner Schwester, dann ist die Nacht zu Ende und der Tag angebrochen.

Jüdische Weisheit

Wenn jemand leidet, wenn jemand einsam ist, hat niemand das Recht, sich fortzustehlen oder die Augen zu schließen.

Elie Wiesel

Wer einmal warm gebettet ist, vergisst gern, wie es den Leuten zumute ist, denen es am Notwendigsten fehlt.

Adolph Kolping

Wie liebevoll ein Mensch auch scheint, er hat keine Liebe, wenn er nicht demütig ist.

Vinzenz von Paul

Nächster

Auch die, welche dir die Nächsten und die Liebsten sind, erträgst du manchmal schwer. Sei gewiss, es geht ihnen mit dir ebenso.

Ernst von Feuchtersleben

Der Nächste ist nicht der, den ich mag, es ist jeder, der mir nahe kommt, ohne Ausnahme.

Edith Stein

Der Weg zu Gott, zum wahren Leben, führt nicht an der Welt vorbei, sondern in das Miteinander mit dem Nächsten.

unbekannt

Die Liebe zu Gott muss sich umsetzen in der Tat für den Nächsten.

Mutter Teresa

Es ist leichter, etwas für die Menschheit zu tun als für den unbequemen Menschen, der in diesem Augenblick deiner Hilfe bedarf.

Franz Fassbind

Glücklich ist der Mensch, der seinen Nächsten trägt in seiner ganzen Gebrechlichkeit, wie er sich wünscht, von jenem getragen zu werden in seiner Schwäche.

Franz von Assisi

Nicht nur gute Worte soll man für den Nächsten haben, sondern mehr: Das Herz soll ihm gut sein.

Franz von Sales

Nacht

Jede dunkle Nacht hat ein helles Ende.

Persisches Sprichwort

Kurz bevor die Sonne aufgeht, ist die Nacht am dunkelsten.

Selma Lagerlöf

Licht bedeutet nicht, dass es keine Nacht mehr gibt, aber es bedeutet, dass die Nacht erhellt und überwunden werden kann.

Heinrich Fries

Ohne die Nacht wüssten wir nichts von den Sternen.

unbekannt

Wer Schmetterlinge lachen hört, der weiß, wie Wolken schmecken. Der wird im Mondschein, ungestört von Furcht, die Nacht entdecken.

Novalis

Man muss durch die Nacht wandern, wenn man die Morgenröte sehen will.

Khalil Gibran

Nähe

Allzu große Nähe hindert manchmal, dass Freunde sich gegenseitig klar erkennen.

Gertrud von Helfta

Natur

Ahme den Gang der Natur nach – ihr Geheimnis ist Geduld!

Ralph Waldo Emerson

All das Gute der Natur gehört der Seele und bleibt ihr Eigentum, wenn sie es mit der gesetzlichen Münze der Natur bezahlt hat, das heißt mit der entsprechenden Hingabe von Herz zu Hirn.

Ralph Waldo Emerson

Das Beste steht nicht immer nur in den Büchern, sondern in der Natur; nur haben die Menschen meist nicht die Augen, es zu sehen.

Adalbert Stifter

Den ganzen Reichtum der Natur erfasst nur der, der glauben kann, denn auch den kahlen dürren Baum sieht er mit anderen Augen an.

Gisela Gräfin zu Solms-Wildenfels

Der Mensch beherrscht die Natur, bevor er gelernt hat, sich selbst zu beherrschen.

Albert Schweitzer

Der Natur aber passt sich der Weise an.

Seneca

Die Gaben der Natur und des Glücks sind nicht so selten wie die Kunst, sie zu genießen.

Luc de Clapiers Vauvenargues

Die ganze Natur soll dem Nutzen dienen, so dass er mit ihr wirke, weil der Mensch ohne die Natur weder leben noch bestehen kann.

Hildegard von Bingen

Die ganze Natur spricht, aber wer kann sie hören? Wer hat Augen, Ohren und ein Herz, diese Sprache zu verstehen?

Phil Bosmans

Die Natur ist ein Brief Gottes an die Menschheit.

Plato

Es liegt eine wunderbare Heilkraft in der Seele der Natur. Oft gibt der Anblick eines schönen Abendhimmels, der Duft einer Blume der gedrückten Seele Hoffnung und Lebensmut zurück.

Sophie Verena

Freude am Schauen und Begreifen ist die schönste Gabe der Natur.

Albert Einstein

In den Handlungen der Natur gibt es keine Ironie.

Sully Prudhomme

Kein Mensch auf Erden hat mir so viel Freude gemacht als die Natur mit ihren Farben, Klängen, Düften, mit ihrem Frieden und ihren Stimmungen.

Peter Rosegger

Öffne dich der Natur, und du entdeckst dich als Teil des Ganzen.

Hannelore Boden

Passe dich dem Schritt der Natur an; ihr Geheimnis heißt Warten, heißt Geduld. Ihre Früchte sind Frieden und Freude.

Ralph Waldo Emerson

Was die Sonne für die Natur, das ist die Freude für unser Leben.

Augustin Wibbelt

Was ist die Schönheit der Natur ohne das fühlende Herz, das sie zu empfinden vermag?

Sophie Mereau

Wenn man die Natur wahrhaft liebt, so findet man sie überall schön.

Vincent van Gogh

Wer die Natur betrachtet, wird vom Geheimnis des Lebens gefangen genommen.

Albert Schweitzer

Wunder geschehen nicht im Widerspruch zur Natur, sondern nur im Widerspruch zu dem, was uns über die Natur bekannt ist.

Augustinus

Naturwissenschaft

Für die Religion steht Gott am Anfang, für die Naturwissenschaft am Ende allen Denkens.

Max Planck

Nehmen

Leben heißt: geben und nehmen – oft nehmen wir zu viel.

Phil Bosmans

Nehmen füllt die Hände, Geben füllt das Herz.

Margarete Seemann

Überlege einmal, bevor du gibst, zweimal, bevor du annimmst, und tausendmal bevor du verlangst.

Marie von Ebner-Eschenbach

Neid

Die gefährlichsten Herzkrankheiten sind noch immer Hass, Neid und Geiz.

Pearl S. Buck

Du musst dich nur vom Neid reinigen, dann verzehnfachst du dein Glück.

Paul Heyse

Ein großer Geist kann niemals Neid empfinden.

Maria-Theresia Radloff

Neid schadet am meisten dem, der ihn hegt, anderen gar wenig. Gleich wie der Rost das Eisen frisst, so frisst der Neid den Neider.

Basilius der Große

Nein sagen

Die Fähigkeit, das Wort »nein« auszusprechen, ist der erste Schritt zur Freiheit.

Nicolas Chamfort

Neuanfang

Wenn wir einen neuen Schritt in unserem Leben wagen, steht uns der Engel des Mutes beiseite. Er hilft uns, unser Ziel klar vor Augen zu sehen, ohne zu vernachlässigen, was uns von jeher am Herzen liegt. Dank ihm finden wir auf neuen Wegen das nötige Gleichgewicht.

Friedrich Lengries

Wir sind nicht festgelegt auf das, was wir jetzt sind. Niemand ist es. Alles ist voll neuer Anfänge, wenn wir sie geschehen lassen.

Jörg Zink

Neubeginn

Das ganze Leben besteht in einem ständigen Neubeginn.

Hugo von Hoffmannsthal

In jedem Winter liegt ein Frühlingsahnen, und hinter jedem Schleier der Nacht verbirgt sich ein lächelnder Morgen.

Khalil Gibran

Nur durch die Hoffnung bleibt alles bereit, immer wieder neu zu beginnen.

Charles Péguy

Unser Leben ist ein stetes Neubeginnen. Entscheidend ist, dass man den Mut nicht verliert.

Robert de Langeac

Neues

Ich träume von Dingen, die es noch nie gegeben hat, und frage: Warum nicht?

Robert F. Kennedy

Neugier

Die Neugier ist der Docht in der Kerze des Lebens.

Weisheit

Die Neugier steht immer an erster Stelle eines Problems, das gelöst werden will.

Galileo Galilei

Ich habe keine besondere Begabung, ich bin nur leidenschaftlich neugierig.

Albert Einstein

Neugier ist die gespannte Angst, dass es Wunder geben könnte.

Anton Kuh

Schon wegen der Neugier ist das Leben lebenswert.

Jüdisches Sprichwort

Nichtstun

Lass mein Nichtstun, wenn nichts zu tun ist, voll ungetrübten tiefen Friedens sein wie der Abend am Strande, wenn die See schweigt.

Rabindranath Tagore

Not

Bevor du verzagst, rufe dir ins Gedächtnis: Zum Glück vermag der Mensch in der Not viel mehr zu ertragen, als er sich in guten Tagen vorzustellen vermochte.

Seneca

Die Liebe fordert, dass wir jedem Menschen zu Hilfe kommen, der in Not ist, auch wenn wir feststellen, dass er Fehler hat.

Vinzenz Pallotti

Es ist gut, zu geben – auf eine Bitte hin; doch besser ist es, ungebeten zu geben – aus Verständnis für des anderen Not.

Khalil Gibran

Manche Not wäre vermeidbar, wenn die Nothelfer vor der Not stünden.

Sorbisches Sprichwort

Mit Menschen in Not soll man nicht diskutieren; wenn man kann, soll man helfen.

Carl Sonnenschein

Oft weckt Not Talent.

Ovid

Stunden der Not vergiss, doch was sie dich lehrten, vergiss nie.

Salomon Geßner

Den wahren Freund erkennt man in der Not.

Quintus Ennius

Not wenden

Durch Verzagen ist noch nie eine Not gewendet worden und keiner zum Ziel gekommen.

M. B.

Notlage

Ich glaube, dass Gott uns in jeder Notlage so viel Widerstandskraft geben will, wie wir brauchen. Aber er gibt sie uns nicht im Voraus, damit wir uns nicht auf uns selbst, sondern allein auf ihn verlassen.

Dietrich Bonhoeffer

Nutzen

Es gibt nicht nur den Nutzen, es gibt auch den Segen.

Josef Pieper

Immer nur an das Nützliche zu denken, bekommt freien und erhabenen Seelen nicht.

Aristoteles

Nützlich sein

Nützlich sein heißt nicht, unentbehrlich zu sein.

Marie von Ebner-Eschenbach

Suche immer zu nützen, suche nie, dich unentbehrlich zu machen.

Maria von Ebner-Eschenbach

Nützliches

Jede Minute, jeder Mensch, jeder Gegenstand kann dir eine nützliche Lehre geben, wenn du sie nur zu entwickeln verstehst.

Heinrich von Kleist

Obhut

Jedes sichtbare Ding auf der Welt steht unter der Obhut eines Engels.

Augustinus

Offenbarung

Der Advent zeichnet sich zum ersten Mal am Horizont der Geschichte des Menschen ab, als Gott sich selbst als der offenbarte, der sich über das Gute freut, der liebt und schenkt.

Papst Johannes Paul II.

Die größte Offenbarung ist die Stille.

Laotse

Die Offenbarung Gottes zeigt uns mehr, was er nicht ist, als was er ist.

Thomas von Aquin

Wir brauchen uns nicht in der Ferne verlieren, wir brauchen nicht alle Höhen und Tiefen zu durchmessen, um das sanfte Gesetz zu entdecken. Gott offenbart sich auch in den scheinbar geringsten Dingen.

Adalbert Stifter

Offenheit

Ehrlichkeit und Offenheit machen dich verwundbar, sei trotzdem ehrlich und offen.

Mutter Teresa

Schwer ist es, die rechte Mitte zu treffen: das Herz zu härten für das Leben, es weich zu halten für das Lieben.

Jeremias Gotthelf

Vergiss nie, dass Offenheit und Schwatzhaftigkeit etwas ganz Verschiedenes sind.

Felicitas von Reznicek

Ohnmacht

In der Ohnmacht dieses Kindes verbirgt sich die Allmacht Gottes.

Friedrich Kardinal Wetter

Opfer

Das allergeringste Opfer kann so viel verändern.

Mutter Teresa

Der Mensch ist ein Lebewesen, das imstande ist, Opfer zu bringen.

Yves Congar

Opposition

Opposition ist die Kunst, so geschickt dagegen zu sein, dass man später dafür sein kann.

Charles Talleyrand

Optimismus

Der Optimismus ist der wahre Stein der Weisen, der in Gold verwandelt, was immer er berührt.

J. E. Chaponnière

Der Optimismus ist die Harmonie zwischen dem Geiste des Menschen und den verheißenden Geiste Gottes.

Helen Keller

Ein Optimist ist ein Mensch, der die Dinge nicht so wichtig nimmt, wie sie sind.

Karl Valentin

Es gibt tausend Gründe zum Pessimismus und nur einen zum Optimismus, aber dieser eine genügt: Der Herr ist mit uns!

Alfred Kardinal Bengsch

Optimismus erzeugt Tatkraft, Pessimismus lähmt sie.

Karl Steinbruch

Optimismus ist das Übersehen alles Negativen und der Glaube an die Hoffnung.

Susann W.

Optimismus ist die Fähigkeit, den blauen Himmel hinter den Wolken zu ahnen.

Madeleine Robinson

Suche jeder Sache die beste Seite abzugewinnen, so muss dir alles zum Besten dienen, und du wirst nie Grund zum Klagen haben.

Eva von Tiele-Winckler

Optimist

Ein Optimist ist ein Mensch, der ein Dutzend Austern bestellt in der Hoffnung, sie mit einer Perle, die er darin findet, bezahlen zu können.

Theodor Fontane

Für den Optimisten ist das Leben kein Problem, sondern bereits die Lösung.

Marcel Pagnol

Wer scharf denkt, wird Pessimist, Wer tief denkt, wird Optimist.

Henri Bergson

Ordnung

Der Mensch bringt täglich sein Haar in Ordnung – warum nicht auch sein Herz?

Altindische Spruchweisheit

Gebraucht die Zeit, sie geht so schnell von hinnen. Doch Ordnung lehrt euch Zeit gewinnen.

Johann Wolfgang von Goethe

In einem aufgeräumten Zimmer ist auch die Seele aufgeräumt.

Ernst von Feuchtersleben

Orientierung

Lebe so mit den Menschen, als sähe es Gott; rede so mit Gott, als hörten es die Menschen.

Seneca

Ostern

Das Licht erlischt im Dunkel des Karfreitags, aber es steigt strahlend auf am Auferstehungsmorgen.

Edith Stein

Das Osterlicht ist der Morgenglanz nicht dieser, sondern einer neuen Erde.

Gertrud von Le Fort

Im Licht der Ostersonne bekommen die Geheimnisse der Erde ein anderes Licht.

Friedrich von Bodelschwingh

Im Ostergeheimnis wurzelt der Glaube, aus ihm schöpft die Hoffnung ihre Kraft, in ihm findet die Liebe zu ihrer ganzen Fülle.

Irmgard Erath

Jesu Auferstehung zeigt, dass Gott Ja zu unserem Sterben sagt, aber Nein zu unserem ewigen Tod. Darum ist Ostern mein Freudentag.

Kurt Rommel

Ostern ist das Siegesfest des ewigen Lebens.

Gertrud von Le Fort

Ostern ist die Zukunft des Menschen. Hier wird er wieder der Mensch, wie er geplant war.

August Everding

Seit Ostern dürfen wir unsere Gegenwart und Zukunft auf Jesus bauen.

Richard Kolb

Wer die Osterbotschaft gehört hat, der kann nicht mehr mit tragischem Gesicht herumlaufen und die humorlose Existenz eines Menschen führen, der keine Hoffnung hat.

Karl Barth

Paar

Der Mensch allein ist unvollkommen. Er braucht einen zweiten, um glücklich zu sein.

Blaise Pascal

Die schönsten Erinnerungen sammelt man immer zu zweit.

Luise Rinser

Paradies

Das Paradies ist nicht dort, wo es die Menschen gewöhnlich suchen. Es harrt der Entdeckung in uns selbst.

Christa Franze

Partner

Ein guter Partner ist wie ein guter Wein – er wird mit den Jahren noch besser.

unbekannt

Liebe ist nicht einfach ein Gefühl, das ein Leben lang hält. Liebe ist ein Ja zum Partner, das man immer wieder neu finden muss.

Annemarie Pfeifer

Pausen

Nichts geht mehr. Alles steht still. Pausen der Stille in meinem Leben, ich brauche sie. Sie helfen mir: Kräfte zu sammeln, mich auf das Wesentliche zu besinnen, zu mir selbst zu finden und – Gott zu finden.

Anselm von Canterbury

Perfektionismus

Ich bin kein Perfektionist. Ich mache die Dinge einfach solange, bis sie richtig sind.

James Cameron

Persönlichkeit

Durch größere Empfänglichkeit und Ehrfurcht vor der Persönlichkeit des anderen entdeckt man in ihm oft mehr, als man erwartet hat.

Ellen Key

Für seine Handlungen sich allein verantwortlich fühlen und allein ihre Folgen, auch die schwersten, tragen, das macht die Persönlichkeit aus.

Ricarda Huch

Persönlichkeiten werden nicht durch schöne Reden geformt, sondern durch Arbeit und Leistung.

Albert Einstein

Wer den anderen liebt, lässt ihn gelten, so wie er ist, wie er gewesen ist und wie er sein wird.

Michel Quoist

Pessimismus

Du sagst: Jedes Ding hat zwei Seiten. Warum siehst du immer nur die eine? Die schwarze.

Altes Sprichwort

Es gibt tausend Gründe zum Pessimismus und nur einen zum Optimismus, aber dieser eine genügt: Der Herr ist mit uns!

Alfred Kardinal Bengsch

Pessimist

Der einzige Mist, auf dem nichts wächst, ist der Pessimist.

Theodor Heuss

Ich habe noch nie einen Pessimisten nützliche Arbeit für die Welt tun sehen.

Papst Johannes XXIII:

Wer scharf denkt, wird Pessimist, Wer tief denkt, wird Optimist.

Henri Bergson

Petrus

Es segne uns der allmächtige Gott, der auf das Bekenntnis des Petrus die Kirche gegründet und durch ihn die Brüder im Glauben gestärkt hat.

Segensspruch

Pfingsten

Der Herr ist der Geist, und wo der Geist des Herrn ist, da ist Freiheit.

2 Kor 3,17

Der Pfingsttag kennt keinen Abend, denn seine Sonne, die Liebe, geht nie unter.

Theodor Fontane

Mein Gott, sende mir deinen Geist, damit er mich erkennen lasse, wer ich bin und wer du bist.

Johannes Maria Vianney

Pflicht

Erfüllte Wünsche, sie schmeicheln den Sinnen. Erfüllte Pflichten befreien das Herz.

Carl Peter Fröhling

Es gibt keine Pflicht, die nicht der Heiterkeit bedürfte, um recht erfüllt zu werden.

John Milton

Gnaden sind auch immer Pflichten.

Michael Kardinal Faulhaber

Ich schlief und träumte, das Leben wäre Freude. Ich erwachte und sah, das Leben ist Pflicht. Ich handelte und siehe, das Leben war Freude.

Rabindranath Tagore

Plage

Es ist genug, dass ein jeglicher Tag seine eigene Plage habe – ein Wort aus dem Neuen Testament. Und sage mir einer, das sei nicht mitten in unserem täglichen Arbeitsärger und Pflichtenkram hineingesprochen.

Hannelore Frank

Pläne

Der Mensch macht seine Pläne, und oft muss er erleben, dass Gott sie umwirft. Wo aber die Suche nach Wahrheit das letzte Ziel ist, da spielt es keine Rolle, ob die Pläne des Menschen durchkreuzt werden: Das Ergebnis ist nie nachteilig, oft sogar besser, als es entworfen war.

Mahatma Gandhi

Leben ist das, was passiert, während du eifrig dabei bist, andere Pläne zu machen.

John Lennon

Priester

Die Kirche braucht dringend Priester. Wenn sie fehlen, fehlt Jesus in der Welt, fehlt seine Eucharistie, fehlt seine Vergebung.

Papst Johannes Paul II.

Gott braucht die Priester, damit sie sein Herz verschenken und das ihrige dazu.

Paul Claudel

Probleme

Die meisten Probleme lösen sich von selbst, man darf sie nur nicht dabei stören.

Mark W. Bonner

Die Neugier steht immer an erster Stelle eines Problems, das gelöst werden will.

Galileo Galilei

Es ist weniger schwierig, Probleme zu lösen, als mit ihnen zu leben.

Pierre Teilhard de Chardin

Indem wir uns mit einem Problem befassen, indem wir es ausforschen, indem wir mit ihm leben, erhalten wir Antworten.

Leonard Bernstein

Kein Problem wird gelöst, wenn wir träge darauf warten, dass Gott allein sich darum kümmert.

Martin Luther King

Krise kann ein produktiver Zustand sein. Man muss ihr nur den Beigeschmack der Katastrophe nehmen.

Max Frisch

Verbringe deine Zeit nicht mit der Suche nach einem Hindernis, vielleicht ist keins da.

Franz Kafka

Wenn du Probleme hast und überhaupt nicht weißt, was du sagen sollst – sage einfach die Wahrheit.

Antoni Slonimski

Prüfstein

Der Prüfstein allen Glücks ist Dankbarkeit.

Gilbert Keith Chesterton

Quelle

Alle Dinge werden zu einer Quelle der Lust, wenn man sie liebt.

Thomas von Aquin

Blicke in dein Inneres! Da drinnen ist die Quelle des Guten, die niemals aufhört zu sprudeln, so lange du nicht aufhörst nachzugraben.

Marc Aurel

Die Quelle, aus der ihr schöpft, muss nur tief genug sein. Dann werden die, die ihr liebt, früher oder später merken, wo sie entspringt.

Mutter Teresa

Die Ruhe ist die Quelle jeder großen Kraft.

Fjodor M. Dostojewski

Die Selbsterkenntnis ist die Quelle allen Wissens.

Lu Chiu-Yüan

Ein angenehmes und heiteres Leben kommt nicht von äußeren Dingen; der Mensch bringt aus seinem Inneren wie aus einer Quelle Lust und Freude in sein Leben.

Plutarch

Hohe Maßstäbe brauchen starke Quellen.

Charles Tayler

Lebenskunst besteht nicht darin, aus dem Vollen zu schöpfen, sondern Quellen zu finden.

Thomas Romanus

Ein Hauptstudium der Jugend sollte sein, die Einsamkeit ertragen lernen, weil sie eine Quelle des Glücks und der Gemütsruhe ist.

Arthur Schopenhauer

Rache

An seinen Feinden rächt man sich am besten dadurch, dass man besser wird als sie.

Diogenes

Die großzügigste und kleinlichste Art der Rache heißt: Verzeihen.

Peter Tille

Es gibt keine edlere Rache, als den Feinden wohlzutun.

Gertrud von Le Fort

Rang

Das Einzige, um das uns niemand beneidet, ist der letzte Platz; darum gibt es auf diesem Platz weder Eitelkeit noch Herzeleid.

Thérèse von Lisieux

Rat

Die Heilige Schrift lesen, heißt von Christus Rat holen.

Franz von Assisi

Ein guter Rat ist wie Schnee. Je sanfter er fällt, desto länger bleibt er liegen und desto tiefer dringt er ein.

Simone Signoret

Höret den Rat verständiger Freunde, das hilft euch am besten.

Johann Wolfgang von Goethe

In den Tagen höchsten Glückes soll man besonders auf den Rat seiner Freunde hören und ihnen sogar noch mehr Gewicht einräumen als zuvor. Das sind gerade die Zeiten, in denen wir uns hüten müssen, Schmeichlern unser Ohr zu leihen.

Marcus Tullius Cicero

Sei nicht zu stolz, einen jüngeren Mitbruder um Rat zu bitten!

Benedikt von Nursia

Ratschlag

Deine Ratschläge sollen dem Freund nicht schmeicheln, sondern helfen.

Solon

Mit nichts ist man so freigebig wie mit seinen Ratschlägen.

François de La Rochefoucauld

Ratschluss

Ich aber bleibe immer bei dir, du hältst mich an meiner Rechten. Du leitest mich nach deinem Ratschluss und nimmst mich am Ende auf in Herrlichkeit.

Ps 73,23-24

Rätsel

Wer wird sich dazu versteigen, über himmlische Dinge zu urteilen, wo ihm die irdischen noch rätselhaft sind?

Hieronymus

Realist

Man muss Realist und Idealist zugleich sein, um jedes von beiden richtig zu sein.

Carl Peter Fröhling

Rechenschaft

Es ist gut, wenn wir nicht vergessen, dass wir nicht nur von einem Wort oder Werk, sondern von jeder Stunde Rechenschaft abzulegen haben.

Gregor von Nazianz

Menschen sind wir Rechenschaft schuldig nach dem Gesetz, aber Gott nach unserem Herzen.

Adolph Kolping

Recht

Die Rücksicht auf das Rechte des anderen – das ist Friede.

Benito Juarez

Recht sehen und hören ist der erste Schritt zur Weisheit des Lebens.

Johann Heinrich Pestalozzi

Rede

Des Weisen Zunge wohnt in seinem Herzen, des Toren Herz in seiner Zunge.

Tausendundeine Nacht

Man redet häufig nur, weil man nicht zu schweigen versteht.

Ambrosius von Mailand

Nur wenn du das Schweigen kennst, wirst du das Reden lernen; was du zu sagen hast, kann nur im Schweigen reifen.

Adrienne von Speyr

Rede nur, wenn du gefragt wirst, aber lebe so, dass man dich fragt.

Paul Claudel

Schön reden tut's nicht, die Tat ziert den Mann!

Adolph Kolping

Von einem Ausgleiten des Fußes wirst du dich schnell erholen; ein Ausgleiten der Zunge wirst du nie überwinden.

Benjamin Franklin

Wenn einer redet, so müssen seine Reden besser sein als sein Schweigen.

Beduinenspruch

Wer zu rasch redet, gibt eine falsche Antwort.

Ägyptisches Sprichwort

Regenbogen

Die Arbeit läuft dir nicht davon, wenn du deinem Kind den Regenbogen zeigst. Aber der Regenbogen wartet nicht, bis du mit der Arbeit fertig bist.

aus China

Regieren

Das Glück des täglichen Lebens liegt im Wirken der Klugheit, durch das der Mensch sich selbst und andere regiert.

Thomas von Aquin

Reichtum

Achte auf das Kleine in der Welt, das macht das Leben reicher und zufriedener.

Carl Hilty

Am reichsten sind die Menschen, die auf das meiste verzichten können.

Rabindranath Tagore

Das ist der größte und sicherste Reichtum: mit dem Seinen zufrieden zu sein.

Marcus Tullius Cicero

Das Leben mit seinen verschiedenen Epochen ist eine Schatzkammer. Wir werden reich in jedem Gewölbe beschenkt; wie reich, das erkennen wir erst bei dem Eintritt in das nächste Gewölbe.

Friedrich Hebbel

Der eigentliche Sinn des Reichtums ist, freigebig davon zu spenden.

Blaise Pascal

Der Mensch ist umso reicher, je mehr Dinge er liegenlassen kann.

Henry David Thoreau

Der wahre Reichtum ist der Mensch und nicht, was er besitzt.

Papst Johannes Paul II.

Niemand ist so arm, dass er nicht für einen Ärmeren ein Sonnenstrahl, ein Lebenslicht werden könnte – niemand so reich, dass er nicht beides brauchte.

Hermann Bezzel

Wirklich reich ist ein Mensch nur dann, wenn er das Herz eines geliebten Menschen besitzt.

Greta Gabor

Zufriedenheit übertrifft Reichtum.

Jean-Baptist Moliére

Reife

Alles, was reifen soll, braucht langes Ruhen. Alles, was zur Tiefe drängt, braucht die Behütung eines gütigen Abseits.

Gertrud von Le Fort

Einfachheit ist das Resultat der Reife.

Friedrich Schiller

Früchte reifen durch die Sonne, Menschen reifen durch die Liebe.

Julius Langbehn

Reinigung

Ruhe ist für die Seele der Anfang der Reinigung.

Basilius der Große

Reise

Alle Reisen haben eine heimliche Bestimmung, die der Reisende nicht ahnt.

Martin Buber

Behüte uns vor aller Gefahr, die uns auf dem Weg bedroht. Bewahre uns vor Unglück. Lass uns Barmherzigkeit vor deinen Augen finden; Verständnis und Freundlichkeit bei allen, die uns begegnen.

aus einem jüdischen Reisegebet

Das wichtigste Stück des Reisegepäcks ist und bleibt ein fröhliches Herz.

Hermann Löns

Den Weg des Friedens führe uns der allmächtige und barmherzige Herr. Sein Engel geleite uns auf den Weg, dass wir wohlbehalten heimkehren in Frieden und Freude.

Reisesegen

Religion

Für die Religion steht Gott am Anfang, für die Naturwissenschaft am Ende allen Denkens.

Max Planck

Resignation

Heitere Resignation – es gibt nichts Schöneres!

Marie von Ebner-Eschenbach

Nicht das Straucheln ist entscheidend, sondern das Wiederaufrichten, nicht die Resignation, sondern die Hoffnung.

Franz Kardinal König

Respekt

Erwarte keinen Respekt nur deiner guten Vorsätze willen.

Henry Ford

Reue

Es ist besser zu handeln und es zu bereuen, als nicht zu handeln und es zu bereuen.

Giovanni Boccaccio

Richten

Der beste Beobachter und der tiefste Denker ist immer der mildeste Richter.

Henry Thomas Buckle

Richtung

An den wichtigsten Scheidewegen des Lebens stehen meist keine Wegweiser.

Hedwig Dransfeld

Ruhig sein – dem Strom der Zeit die rechte Richtung geben.

Han Fe Dsi

Rückblick

Gott sei mit dir, wenn es Abend wird, dass du dankbar zurückschauen kannst auf die Last und die Lust des vergangenen Tages und gewiss sein kannst, dass nichts vergeblich war.

Christa Spelling-Nöker

Wer im Alter noch herzhaft lachen kann, der hat das Leben siegreich bezwungen.

Augustin Wibbelt

Rückschläge

Das Leben der Menschen erfüllt sich durch viele Tode hindurch.

Basilius der Große

Rücksicht

Als Gott den Menschen ins Angesicht schaute, gefiel er ihm sehr gut. Gott hat alle Dinge der Welt so eingerichtet, dass eins auf das andere Rücksicht nimmt.

Hildegard von Bingen

Liebenswürdigkeit, Nachsicht und Rücksicht sind die Schlüssel zum Herzen der Menschen.

Don Bosco

Ruhe

Bei Lichte besehen sind Ruhe und Glück überhaupt dasselbe.

Theodor Fontane

Billig ist der Weg zur inneren Ruhe niemals zu haben weder für den, der ihn geht, noch für den, der andere darauf führen will.

Elly Heuss-Knapp

Das Glück ist ein Zustand der Ruhe.

Gaston de Lévis

Den Puls des eigenen Herzens fühlen. Ruhe im Inneren, Ruhe im Äußeren. Wieder Atem holen lernen, das ist es.

Christian Morgenstern

Die beste Wärterin der Natur ist die Ruhe.

William Shakespeare

Die Kunst des Ausruhens ist ein Teil der Kunst des Arbeitens.

John Steinbeck

Die leisen Worte sind es, die das Leben tragen.

Romano Guardini

Die Ruhe der Seele ist ein herrliches Ding und die Freude an sich selbst.

Johann Wolfgang von Goethe

Die Ruhe ist die Quelle jeder großen Kraft.

Fjodor M. Dostojewski

Die Ruhe wohnt in der Nähe der Weisheit.

Epicharm

Es steht dir frei, dich zu jeder Stunde auf dich selbst zurückzuziehen. Gönne dir recht oft dieses Zurücktreten ins Innere und kräftige so dich selbst.

Marc Aurel

Gib den Füßen Ruhe, aber auch dem Herzen.

aus Nigeria

In fließendem Wasser kann man sein eigenes Bild nicht sehen, wohl aber in ruhendem Wasser. Nur wer selber ruhig bleibt, kann zur Ruhestätte all dessen werden, was Ruhe sucht.

Laotse

Kommt alle zu mir, die ihr mühselig und beladen seid. Ich werde euch Ruhe verschaffen.

Mt 11,28

Ruhe und Befriedigung findet der Mensch nur in sich selbst, nicht in äußeren Dingen.

Anton Tschechow

Ruhe zieht das Leben an, Unruhe verscheucht es.

Gottfried Keller

Ruhig sein – dem Strom der Zeit die echte Richtung geben.

Han Fe Dsi

Strebe nach Ruhe, aber durch das Gleichgewicht, nicht durch den Stillstand deiner Tätigkeit.

Friedrich Schiller

Unruhig ist unser Herz, bis es ruht in dir, o Gott.

Augustinus

Wahre Ruhe ist nicht Mangel an Bewegung. Sie ist Gleichgewicht der Bewegung.

Ernst von Feuchtersleben

Wer das Ziel kennt, kann entscheiden, wer entscheidet, findet Ruhe, wer Ruhe findet, ist sicher, wer sicher ist, kann überlegen, wer überlegt, kann verbessern.

Konfuzius

Wir finden innere Ruhe bei denen, die wir lieben, und wir schaffen in uns einen ruhigen Ort für jene, die uns lieben.

Bernhard von Clairvaux

Zu dir hin hast du uns erschaffen, und ruhelos ist unser Herz, bis es zur Ruhe kommt in dir!

Augustinus

Ruhm Gottes

Das Ziel der Welt ist nicht zuerst das Glück der Menschen, sondern der Ruhm Gottes.

Paul Claudel

Saat

Säen bedeutet Geduld.

Maria-Theresia Radloff

Sakrament

Jeder Zufall, jedes Ereignis, jedes Leid und jede Freude ist ein Sakrament, das uns Gott schenkt.

Elisabeth von Thüringen

Salz

Die Freude ist das Salz im menschlichen Leben. Ohne Freude ist alles abgeschmackt.

Johann Jakob W. Heinse

Samen

Gott hat in den Menschen viele wunderbare Geheimnisse gesät, die in ihm liegen und sind wie die Samen in der Erde.

Philippus Paracelsus

Sanftmut

Die Sanftmut macht uns empfänglich für den göttlichen Geist.

Erasmus von Rotterdam

Herr, ich bitte dich, schenke meinen Händen Geschicklichkeit, meinem Verstand Scharfblick und meinem Herzen Mitgefühl und Sanftmut. Verleihe mir Zielstrebigkeit, die Kraft, einen Teil der Last meiner leidenden Mitmenschen auf mich zu nehmen.

Mutter Teresa

Menschlichkeit und Sanftmut verdienen bei jeder Gelegenheit empfohlen zu werden, und kein Anlass dazu kann entfernt sein.

Gotthold Ephraim Lessing

Sanftmut ist der Himmel, Zorn die Hölle, die Mitte zwischen beiden ist diese Welt. Je sanftmütiger du bist, desto näher bist du dem Himmel.

Martin Luther

Selig sind die Sanftmütigen; denn sie werden das Erdreich besitzen.

Mt 5,5

Sattheit

Christliche Sattheit ist schlimmer als hungriges Heidentum.

Helmut Thielicke

Schale

Jeden Morgen soll die Schale unseres Lebens hingehalten werden, um aufzunehmen, zu tragen und zurückzugeben.

Dag Hammarskjöld

Schatten

Gott gab den Schatten, damit wir das Licht besser sehen können.

unbekannt

Schatz

Dein Schöpfer hat dir den besten Schatz gegeben, einen lebendigen Schatz, deinen Verstand.

Hildegard von Bingen

Schein

Was du scheinst, das werten Menschen. Was du bist, das wertet Gott.

Margarete Seemann

Scheinheiligkeit

Es ist sinnlos, am Morgen zu beten und den ganzen Tag über herzlos zu sein.

Alexis Carrel

Schenken

Nicht nur die Kunst des Schenkens soll man besitzen, sondern auch die, empfangen und annehmen zu können.

Adrienne von Speyr

Schenken ohne Liebe ist eine Beleidigung.

Mutter Teresa

Schicksal

Das Schicksal kann mir einen Weg aufzwingen, aber niemals ein Ziel.

Margarete Seemann

Habe das Schicksal lieb, denn es ist der Gang Gottes durch deine Seele.

Thomas von Aquin

Mit dem Schicksal muss man es halten wie mit der Gesundheit: Es genießen, wenn es gut, und Geduld haben, wenn es böse ist, und zu starken Mitteln nur im äußersten Notfalle greifen.

François de La Rochefoucauld

Was man als Blindheit des Schicksals bezeichnet, ist in Wirklichkeit bloß die Kurzsichtigkeit der Menschen.

William Faulkner

Wenn etwas gewaltiger ist als das Schicksal, dann ist es der Mut, der es unerschütterlich trägt.

Emanuel Geibel

Schlechtigkeit

Sich mit der Schlechtigkeit anderer zu trösten: das ist wirklich ein schlechter Trost.

Alfred Kumpf

Schlichtung

Ein friedvoller Mensch wendet alles zum Guten.

Thomas von Kempen

Schlüssel zum Herzen

Der Schlüssel zu den Herzen der Menschen wird nie unsere Klugheit, sondern immer unsere Liebe sein.

Hermann Bezzel

Schmeicheln

Es gibt keinen größeren Schmeichler als das eigene Ich und kein besseres Mittel gegen Selbstbeweihräucherung als die Offenheit eines Freundes.

Francis Bacon

Schmerz

Der Schmerz ist für eine tiefe Seele wie ein Stern, der in einen Brunnen fällt; er wird nie mehr herausgehoben.

Eleonore van der Straten-Sternberg

Der Schmerz ist wie ein heiliger Engel, durch ihn lernt der Mensch mehr als durch alle Erfolge.

Adalbert Stifter

Freude und Schmerz sind gleich kostbare Gaben, und es gilt, sie eines wie das andere völlig auszukosten, jedes in seiner Reinheit, ohne dass man sie zu vermischen sucht.

Simone Weil

Freuden sind unsere Flügel, Schmerzen und Sporen.

Jean Paul

Gegen Schmerzen der Seele gibt es nur zwei Arzneimittel: Hoffnung und Geduld.

Pythagoras

Geteilte Freude ist doppelte Freude, geteilter Schmerz ist halber Schmerz.

Christoph August Tiedge

Man klagt so sehr bei jedem Schmerz und freut sich so selten, wenn man keinen fühlt.

Georg Christoph Lichtenberg

Nirgends bist du so allein mit Gott wie tief im Schmerz.

Margarete Seemann

Schönheit

Das Beste im Leben ist, Verständnis für alles Schöne zu haben.

Menander

Das Schönste, was es in der Welt gibt, ist ein leuchtendes Gesicht.

Albert Schweitzer

Die Schönheit der Dinge lebt in der Seele dessen, der sie betrachtet.

David Hume

Die Schönheit ist die Lebensnahrung der Seele.

Bettina von Armin

Die Welt ist schön, weil man immer wieder Neues entdeckt, wofür man danken kann, worüber man sich freuen darf.

Adalbert Ludwig Balling

Schön ist eigentlich alles, was man mit Liebe betrachtet.

Christian Morgenstern

Schönheit ist die vollkommene Übereinstimmung des Sinnlichen mit dem Geistigen.

Franz Grillparzer

Viel Zeit brauchen wir nicht, um uns an der Schönheit der unscheinbaren Dinge zu freuen, aber ein offenes Auge, ein offenes Herz.

Eva von Tiele-Winckler

Schöpfer

Was kann der Schöpfer lieber sehen als ein fröhliches Geschöpf.

Gotthold Ephraim Lessing

Schöpferisch sein

So weit unsere Augen reichen, ist die Liebe das einzige schöpferische Prinzip, das wir kennen.

Gertrud von Le Fort

Um schöpferisch zu leben, müssen wir die Angst vor dem Irrtum verlieren.

Joseph Chilton Pearce

Schöpfung

Das Beste steht nicht immer nur in den Büchern, sondern in der Natur; nur haben die Menschen meist nicht die Augen, es zu sehen.

Adalbert Stifter

Das erschaffene Weltall, Himmel und Erde, ist nicht Gott, sondern von Gott. Und weil es von Gott ist, so ist in ihm sein Bild wie das des Menschen im Spiegel.

Emanuel von Swedenborg

Das Leid, welches der Mensch an den Tieren vollzieht, ist niemals in Gottes Botschaft enthalten.

Maria-Theresia Radloff

Den ganzen Reichtum der Natur erfasst nur der, der glauben kann, denn auch den kahlen dürren Baum sieht er mit anderen Augen an.

Gisela Gräfin zu Solms-Wildenfels

Der Mensch beherrscht die Natur, bevor er gelernt hat, sich selbst zu beherrschen.

Albert Schweitzer

Die Erde gehört nicht dem Menschen; der Mensch gehört der Erde.

Rede des Häuptlings Seattle

Die Güte des Herzens besteht in einem tiefgefühlten, universellen Mitleid mit allem, was Leben heißt.

Arthur Schopenhauer

Die Natur ist ein Brief Gottes an die Menschheit.

Plato

Die Schönheit der Welt ist das zarte Lächeln Gottes für uns durch die Materie hindurch.

Simone Weil

Die wichtigste Erkenntnis meines Lebens ist die, dass wir in einem liebenden Universum leben.

Albert Einstein

Erschaffung kommt nur einer unendlichen Macht zu.

Thomas von Aquin

Eine winzig kleine Blume von irgendeinem Wegrain, die Schale einer Muschel am Strand, die Feder eines Vogels. Das alles verkündet dir, dass der Schöpfer ein Künstler ist.

Tertullian

Es muss ein schlechter Gärtner sein, der aus allen seinen Pflanzen nur Rosen ziehen will.

Alfred Kumpf

Freude am Schauen und Begreifen ist die schönste Gabe der Natur.

Albert Einstein

Gott gab seiner Schöpfung nur einen einzigen Pfeiler: die Liebe.

Elisabeth von Rumänien

Herr, ich freue mich an der Schöpfung, und dass du dahinter bist und daneben und davor und darüber und in uns.

Gebet aus Westafrika

Ich bewundere die Weisheit des Schöpfers, die sich auf immer neue Art zu erkennen gibt, und zeige sie anderen.

Karl von Linné

In den Handlungen der Natur gibt es keine Ironie.

Sully Prudhomme

Kein größeres Geschenk können wir einem Kinde machen, als dass wir seinen Blick schärfen für die Schönheit und das Geheimnis der Welt, in der wir leben.

Rachel Carson

Man darf den Baum nicht zerlegen, wenn man ihn kennen lernen will. Der Baum ist eine Macht, die sich langsam dem Himmel vermählt.

Antoine de Saint-Exupéry

Nur wer ein Auge dafür hat, sieht etwas Schönes in jedem Wetter; er findet Schnee, brennende Sonne, Sturm und ruhiges Wetter schön; er findet Kälte und Hitze gut, er hat alle Jahreszeiten gern, er will keinen Tag missen.

Vincent van Gogh

Öffne dich der Natur, und du entdeckst dich als Teil des Ganzen.

Hannelore Boden

Schönheit ist überall. Nicht sie fehlt unseren Augen, sondern unsere Augen sehen oft daran vorbei.

Auguste Rodin

Viel Zeit brauchen wir nicht, um uns an der Schönheit der unscheinbaren Dinge zu freuen, aber ein offenes Auge, ein offenes Herz.

Eva von Tiele-Winckler

Wer gesammelt in die Tiefe geht, der sieht auch die kleinen Dinge in großen Zusammenhängen.

Edith Stein

Wer mithilft, die Schöpfung zu bewahren, baut Brücken in die Zukunft.

Adalbert Ludwig Balling

Wir dürfen nicht annehmen, dass alle Dinge unseretwegen geschaffen worden sind.

René Descartes

Wir wissen, wie sich das Licht bricht, aber das Licht bleibt ein Wunder. Wir wissen, wie die Pflanze wächst, aber die Pflanze bleibt ein Wunder. So ergeht es uns mit allen Dingen auf dieser Welt; wir besitzen viele Kenntnisse, doch die Schöpfung bleibt ein Wunder.

Albert Schweitzer

Schritt

Gib mir nicht, was ich mir wünsche, sondern was ich brauche. Lehre mich die Kunst der kleinen Schritte.

Antoine de Saint-Exupéry

Wage ruhig einen großen Schritt, wenn es nötig ist. Über einen Abgrund kommt man nicht mit zwei kleinen Sprüngen.

David Lloyd George

Schuld

Die Schuld gehört zu unserem Leben wie das tägliche Brot.

Alfred Delp

Die Unvermeidbarkeit der Schuld ist der Preis der Freiheit, die uns mitgegeben ist von Gott.

Hannelore Frank

Wer Verzeihung wünscht von dem, der über ihm steht, der erlasse die Schuld dem, der unter ihm steht.

Tausendundeine Nacht

Schutz

Alles Sichtbare auf dieser Welt steht unter dem Schutz eines Engels.

Augustinus von Canterbury

Behüte uns vor aller Gefahr, die uns auf dem Weg bedroht. Bewahre uns vor Unglück. Lass uns Barmherzigkeit vor deinen Augen finden; Verständnis und Freundlichkeit bei allen, die uns begegnen.

aus einem jüdischen Reisegebet

Denn er hat seinen Engeln befohlen, dass sie dich behüten auf allen deinen Wegen, dass sie dich auf den Händen tragen und du deinen Fuß nicht an einen Stein stoßest.

Ps 91,11

Gott deine Hilfe schützt mich!

Ps 69,30

Mögen die Engel Gottes immer mit dir sein, dich schützen und begleiten auf dem Weg durch den Tag, vom ersten Hahnenschrei bis zum Aufzug des Mondes.

Irischer Segensspruch

Schutzengel

Der Wunsch unseres Schutzengels, uns zu helfen, ist weit größer als unser Wunsch, uns von ihm helfen zu lassen.

Don Bosco

Mein Schutzengel sagt mir öfters: »Johannes, nimm dich nicht so wichtig.«

Papst Johannes XXIII.

Möge dich in allen Zeiten deines Lebens dein persönlicher Schutzengel begleiten und dir das Gefühl schenken, dass du beschützt und behütet bist.

Irischer Segensspruch

Von allen Gefährten, die mich begleiten, ist mir keiner so treu geblieben wie der Schutzengel.

Clemens Brentano

Von der Kindheit an bis zum Tod umgeben Engel mit ihrer Hut und Fürbitte das Leben des Menschen. Einem jeden der Gläubigen steht ein Engel als Beschützer und Hirte zur Seite, um ihn zum Leben zu führen.

Basilius der Große

Welcher Glaube wäre anmutiger als der an Schutzengel, die die Pfade des irrenden Menschen umschweben?

Ferdinand Gregorovius

Schwäche

Das Gute scheint immer das Schwächere zu sein, und doch erhält es die Welt.

unbekannt

Die größte aller Schwächen ist, zu fürchten, schwach zu erscheinen.

Jacques Bénigne Bosset

Glücklich ist der Mensch, der seinen Nächsten trägt in seiner ganzen Gebrechlichkeit, wie er sich wünscht, von jenem getragen zu werden in seiner Schwäche.

Franz von Assisi

Keine Liebe ist größer als die, in der man seine Schwäche zeigen darf.

Ernst Wiechert

Mensch sein ist vor allem die Hauptsache. Und das heißt: fest und klar und heiter zu sein, ja heiter trotz alledem, denn das Heulen ist Geschäft der Schwäche.

Rosa Luxemburg

Geliebt wirst du einzig, wo du dich schwach zeigen darfst, ohne Stärke zu provozieren.

unbekannt

Schwatzhaftigkeit

Lügen und Schwatzen sind wie Bruder und Schwester.

aus Kenia

Vergiss nie, dass Offenheit und Schwatzhaftigkeit etwas ganz Verschiedenes sind.

Felicitas von Reznicek

Schweigen

Alle guten Kräfte kommen aus der Tiefe des Schweigens, und sofern sie durch Unruhe nicht vertrieben werden, bleiben sie uns hilfreich stützend zugegen.

Christa Franze

Aus dem Schweigen kommt alle Kraft.

Bernhard von Clairvaux

Das Schweigen soll in Herz und Verstand sein. Es erzeugt in der Seele die verschiedenen Gaben des Geistes.

Starez Serafim

Der Zustand der Welt ist krank. Wenn ich Arzt wäre und man mich fragt: Was rätst du? Ich würde antworten: Schaffe Schweigen.

Søren Kierkegaard

Ein liebendes Herz vernimmt des Schweigens Klang.

Regina Wechselbaumer

Erst das Schweigen tut das Ohr auf für den inneren Ton in allen Dingen.

Romano Guardini

Im Schweigen sehen wir alles in einem anderen Licht. Wer schweigen lernt, wird andere Menschen innerlich anrühren.

Mutter Teresa

In der Liebe gilt Schweigen oft mehr als Sprechen. Es gibt eine Beredsamkeit des Schweigens, die tiefer eindringt, als das Sprechen es könnte.

Blaise Pascal

Leg die Hände in den Schoß. Es gibt eine Zeit, da Schweigen heilt.

Gerhard Engelsberger

Man redet häufig nur, weil man nicht zu schweigen versteht.

Ambrosius von Mailand

Nur wenn du das Schweigen kennst, wirst du das Reden lernen; was du zu sagen hast, kann nur im Schweigen reifen.

Adrienne von Speyr

Oft ist das Schweigen die einzige Möglichkeit, mein Gebet auszudrücken, aber Gott versteht alles.

Thérèse von Lisieux

Schweigen ist der einzige Segen, den Engel Gottes spenden, wenn die Seele in großer Betrübnis verstummt.

James Greenleaf Whittier

Schweigen ist die Sprache der Ewigkeit. Lärm geht vorüber.

Gertrud von Le Fort

Schweigen kann in einem Gespräch genauso wichtig und wertvoll sein wie die gesprochenen Worte.

Friedrich Haberstich

Schweigen können ist schwieriger als reden. So mancher redet, weil er nicht zu schweigen versteht.

Augustinus

Schweigen schmerzt die Zunge nicht.

Russisches Sprichwort

Wenn einer redet, so müssen seine Reden besser sein als sein Schweigen.

Beduinenspruch

Wir bedürfen der Stunden, in denen wir schweigend lauschen.

Edith Stein

Schwermut

Halte dir die Schwermut fern, sie schadet dem Dienst Gottes mehr als die Sünde.

Martin Buber

Schwieriges

Nichts ist leicht, was sich wirklich lohnt.

Indira Ghandi

Wähle den Weg über die Bäche und stürze dich nicht gleich in das Meer! Man muss durch das Leichte zum Schwierigen gelangen.

Thomas von Aquin

Schwierigkeiten

Angst ist der Zins, den wir für Schwierigkeiten bezahlen, bevor die Zahlung fällig ist.

William Inge

Die Schwierigkeiten, die wir weder überwinden noch vermeiden können, sollten wir mutig ohne zu klagen auf uns nehmen. Wenn wir sie großmütig Gott aufopfern, können sie nützlich werden für das Reich Gottes; denn sie sind ein wertvoller Schatz.

Hermann Multhaupt

Vieles im Leben ist so hoffnungslos verwickelt, dass uns kein anderes Schwert bleibt, den Knoten zu durchhauen, als das Lachen.

Weisheit

Wenn der Weg unendlich scheint und plötzlich nichts mehr gehen will, wie du wünschest – gerade dann darfst du nicht zaudern.

Dag Hammarskjöld

Seele

Das Gebet verbindet die Seele mit Gott.

Juliane von Norwich

Das höchste Gut ist die Harmonie der Seele mit sich selbst.

Seneca

Das Vertrauen erhebt die Seele.

Jean-Jacques Rousseau

Deine Seele hat Flügel – nutze sie, um deine Grenzen zu erforschen.

Viktor Levin

Deine Seele ist eine auserlesene Landschaft.

Paul Verlaine

Denn eine bekümmerte Seele ist Gott nahe, und Not führt zu dem, der geben und helfen kann, der aber wohl verachtet würde, wenn er immer und uneingeschränkt hülfe.

Gregor von Nazianz

Der Herr ist freundlich zu dem, der auf ihn hofft, zur Seele, die ihn sucht.

Klgl 3,25

Die Augen sind die Fenster der Seele.

Hildegard von Bingen

Die Liebe trägt die Seele, wie die Füße den Leib tragen.

Katharina von Siena

Die Liebe wandelt die Seelen um und macht sie frei.

Bernhard von Clairvaux

Die Ruhe der Seele ist ein herrliches Ding und die Freude an sich selbst.

Johann Wolfgang von Goethe

Die Seele ernährt sich von dem, worüber sie sich freut.

Augustinus

Die Seele hat die Farbe deiner Gedanken.

Marc Aurel

Die Seele ist das Licht des Körpers, und die Weisheit ist das Licht der Seele.

aus Israel

Die Seele ist wohl in der Zeit erschaffen, aber sie vergeht niemals mehr, wie die Zahlen einen Anfang haben, aber kein Ende.

Augustinus

Die Seele spürt, ob das, was sie in sich aufnimmt, mit ihrem eigenen Sein verträglich und dafür förderlich ist oder nicht.

Edith Stein

Die Tiefe der Menschenseele birgt unergründliche Kräfte, weil Gott selbst in ihr wohnt.

Franz von Assisi

Dieselbe Sorgfalt wie auf den Körper muss man auch auf die Seele verwenden. Meist denkt man nicht daran und verletzt sie.

Thérèse von Lisieux

Eine Seele ist nie ohne Geleit der Engel, wissen doch diese erleuchteten Geister, dass unsere Seele mehr Wert hat.

Bernhard von Clairvaux

Eine Seele, die liebt, ist für die Welt eine kleine Sonne, die Gott ausstrahlt.

Chiara Lubich

Erst mit der großen Stille fängt die Seele an zu schreiben.

Hanns Dieter Hüsch

Es ist unglaublich, wie viel Kraft die Seele dem Körper zu leihen vermag.

Wilhelm von Humboldt

Gib der Seele einen Sonntag und dem Sonntag eine Seele.

Peter Rosegger

Gott geht dann in das Haus ein, wenn die Seele nicht nur in seiner Liebe meditiert, sondern Tag und Nacht auch darin arbeitet.

Birgitta von Schweden

Im Meer der Seele liegt die Insel Glückseligkeit.

Anke Maggauer-Kirsche

Kein Geschenk vermag eine Menschenseele mehr zu erfreuen als Verständnis.

Elisabeth Hablé

Lobe den Herrn, meine Seele, und vergiss nicht, was er dir Gutes getan hat.

Ps 103,2

Nur in der Tiefe der Seele, mit Hilfe jener Kraft, die stärker ist als alle Vernünftigen, kann Trost und Ruhe gefunden werden.

Wilhelm Busch

Ruhe ist für die Seele der Anfang der Reinigung.

Basilius der Große

Schenk dir selbst täglich eine halbe Stunde Stille, damit du in deinem Körper deine Seele wieder entdeckst.

unbekannt

Unsere Seele soll ihre Rolle nicht vor der Außenwelt spielen, sondern zu Hause, in unserem Inneren, wohin keine Augen reichen als unsere eigenen.

Michel Eyquem de Montaigne

Von der Seele geht die Kraft aus, um den Leib zu beleben, wie vom Wasser die Erde belebt wird. Die Seele freut sich, mit dem Leib zu wirken.

Hildegard von Bingen

Was nützt dem Menschen, wenn er schnell vorankommt, seine Seele aber auf der Strecke bleibt?

Petrus Ceelen

Wenn die Seele nicht schön ist, kann sie das Schöne nicht sehen.

Plato

Seelenfrieden

Im Zustand des Schweigens findet die Seele ihren Weg in einem klaren Licht, und alles Trügerische und alle Täuschung lösen sich auf in kristallene Klarheit. Die Seele braucht Ruhe, um zu ihrer vollen Größe zu gelangen.

Mahatma Gandhi

Nur die Weisheit ist es, welche die Traurigkeit aus dem Herzen vertreibt und die uns nicht vor Angst erstarren lässt. Unter ihrem Geleit lässt sich in Seelenfrieden leben.

Marcus Tullius Cicero

Seelenruhe

Ein Augenblick der Seelenruhe ist besser als alles, was du sonst erstreben magst.

aus Persien

Nichts versüßt unser Dasein mehr als eine gewisse Seelenruhe.

Friedrich der Große

Segen

Bleiben wir am Danken, so bleibt Gott am Segnen.

G. Stäbler

Der Herr denkt an uns, er wird uns segnen.

Ps 115,12

Es gibt nicht nur den Nutzen, es gibt auch den Segen.

Josef Pieper

Es kommt nicht darauf an, geliebt zu werden, sondern zu lieben und anderen zum Segen zu sein.

Eva von Tiele-Winckler

Gott segne dich. Er schenke dir Wohlgefallen an dir und Zufriedenheit mit deinen Begabungen. Er schenke dir das Glück, der sein zu können, der du bist.

Hildegunde Wöller

Gott segne dich im neuen Jahr. Er beschirme dich in seiner Obhut und erfülle dein Leben mit Liebe. Und der Friede Christi begleite dich durch jeden neuen Tag, bis das vollkommene Leben beginnt.

Irischer Segensspruch

Ich will dich segnen, und du sollst ein Segen sein.

Gen 12,2

Lege die Hand, Herr, unter mein Haupt; lass dein Licht leuchten über mich. Der Segen deiner Engel schütze mich vom Scheitel bis zur Sohle.

Irischer Segensspruch

Niemand empfängt einen Segen nur für sich selbst.

Friedrich von Bodelschwingh

Segnen heißt, die Hand auf etwas legen und sagen: Du gehörst trotz allem Gott.

Dietrich Bonhoeffer

Unternimm nie etwas, wozu du nicht das Herz hast, dir den Segen des Himmels zu erbitten.

Georg Christoph Lichtenberg

Werde ein Segen für alle, die dir begegnen; du hast einen Auftrag für alle, und wäre es nur ein freundlicher Gedanke, ein Gruß, ein stummes Gebet.

Eva von Tiele-Winckler

Wir leben mitten im Segen Gottes und merken ihn nicht.

Martin Luther

Segenswunsch

Wenn das Leben dir von Zeit zu Zeit den Boden des Altvertrauten unter den Füßen wegzieht, und nichts anderes bleibt, als auf neuen Wegen wieder das Gehen zu lernen, dann wünsche ich dir eine Hand, die dir aufstehen hilft, und auch bei deinen ersten Schritten, den zögernden, stolpernden, nahe ist.

Isabella Schneider

Sehen

Gläubige Menschen schließen die Augen, um besser sehen zu können.

unbekannt

Um zu sehen, musst du die Augen offen halten. Um zu erkennen, musst du sie schließen und denken.

Antiker Philosoph

Sehnsucht

Die Sehnsucht betet stets, auch wenn die Zunge schweigt.

Augustinus von Hippo

Die Sehnsucht ist es, die uns're Seele nährt, und nicht die Erfüllung.

Julius Langbehn

Die Sehnsucht lässt alle Dinge blühen.

Marcel Proust

Es ist doch eigentlich der Hauptinhalt im Leben: Sehnsucht und wieder Sehnsucht.

Franziska Gräfin zu Reventlow

Sehnsucht ist der Beweis, dass der Geist eine höhere Seligkeit sucht.

Bettina von Armin

Wenn du ein Schiff bauen willst, lehre die Männer die Sehnsucht nach dem weiten, endlosen Meer.

Antoine de Saint-Exupéry

Erfüllung ist der Feind der Sehnsucht.

Erich Maria Remarque

Um das Herz und den Verstand eines anderen Menschen zu verstehen, schaue nicht darauf, was er erreicht hat, sondern wonach er sich sehnt.

Khalil Gibran

Zeit des Wartens und Ausschauhaltens nach dem, der meine Sehnsucht erfüllt. Die immer kürzer werdenden Tage wecken in mir die Sehnsucht nach Licht und Wärme, nach Geborgenheit und Heimat.

Anselm Grün

Sein

Erzähle nicht, wie du warst, sondern zeige, wie du bist.

aus Albanien

Unser Eigentum ist nur das, was uns keiner nachmachen kann. Dazu gehört auch unser Sein.

Rahel Varnhagen

Was du scheinst, das werten Menschen. Was du bist, das wertet Gott.

Margarete Seemann

Was ich bin, muss ich ganz sein. Für diese Pflicht gibt es keine Ferien. Keine Grenzen. Diese Pflicht reicht von Pol zu Pol.

Carl Sonnenschein

Wer glaubt, etwas zu sein, hat aufgehört, etwas zu werden.

Sokrates

Willst du in Frieden mit dir selbst leben, versuche nicht, mehr zu sein, als du bist, aber sei das, was du bist, ganz.

Richard Wagner

Seite

Du sagst: Jedes Ding hat zwei Seiten. Warum siehst du immer nur die eine? Die schwarze.

Altes Sprichwort

Jeder Mensch hat seine guten Seiten: man muss nur die schlechten umblättern.

Ernst Jünger

Wer einen Fluss überquert, muss die eine Seite verlassen.

unbekannt

Selbstachtung

Es ist wichtiger, sich selbst zu respektieren, als es allen recht machen zu wollen.

unbekannt

Für dich selbst: Gönne dich dir selbst! Ich sage nicht: Tue das immer. Ich sage nicht: Tue das oft. Aber ich sage: Tue es immer wieder einmal. Sei wie für alle anderen Menschen auch für dich selbst da. Oder jedenfalls sei es nach allen anderen.

Bernhard von Clairvaux

Sei freundlich zu deinem Leib, damit die Seele Lust hat, darin zu wohnen.

Teresa von Ávila

Sei, der du bist, nicht mehr, nicht weniger, aber der sei!

Peter Altenberg

So lange du nicht Frieden machst mit der Person, die du bist, wirst du niemals zufrieden sein mit dem, was du hast.

Doris Mortmann

Wer sich selbst nicht mag, mag auch andere nicht.

unbekannt

Wie kannst du für andere das Beste tun, nimmst du dir nicht die Zeit, das für dich zu tun.

Arthur Lassen

Selbstbeherrschung

Niemand ist frei, der nicht sich selbst Herr ist.

Matthias Claudius

Selbstbesinnung

Du sollst dich nicht immer und nie ganz der äußeren Tätigkeit widmen, sondern ein Quäntchen deiner Zeit und deines Herzens für die Selbstbesinnung zurückhalten.

Bernhard von Clairvaux

Wenn wir uns auf uns selbst besinnen, stellen wir fest, dass wir genau das besitzen, was wir uns wünschen.

Simone Weil

Selbstbewusstsein

Bescheiden können nur die Menschen sein, die genügend Selbstbewusstsein haben.

Gabriel Laub

Die Gelassenheit ist eine anmutige Form des Selbstbewusstseins.

Marie von Ebner-Eschenbach

Selbsterkenntnis

Bedenke, dass die Biene es nicht versäumt, auszufliegen, um den Nektar der Blüten zu sammeln. Genauso muss es die Seele mit der Selbsterkenntnis halten. Glaubt es mir und fliegt zuweilen aus, um die Größe Gottes zu betrachten.

Teresa von Ávila

Das Paradies ist nicht dort, wo es die Menschen gewöhnlich suchen. Es harrt der Entdeckung in uns selbst.

Christa Franze

Die Selbsterkenntnis ist die Quelle allen Wissens.

Lu Chiu-Yüan

Es gibt ein sicheres Zeichen der Selbsterkenntnis: wenn man an sich selbst mehr Fehler bemerkt als an anderen.

Friedrich Hebbel

Es ist die Aufgabe eines jeden Menschen, zu sich selbst zu kommen, das innerste Wesen seines Ichs zu entdecken.

Edith Stein

Lerne zu werden, der du bist!

Pindar

Wer sich selbst gefunden hat, der kann nichts auf der Welt mehr verlieren.

Stefan Zweig

Wie kann man sich selbst kennen lernen? Durch Betrachten niemals, wohl aber durch Handeln. Versuche, deine Pflicht zu tun, und du weißt gleich, was an dir ist.

Johann Wolfgang von Goethe

Selbstfindung

Beschließe, du selbst zu sein, und wisse, dass der, der sich selbst findet, sein Unglück verliert.

Matthew Arnold

Das Paradies ist nicht dort, wo es die Menschen gewöhnlich suchen. Es harrt der Entdeckung in uns selbst.

Christa Franze

Es ist die Aufgabe eines jeden Menschen, zu sich selbst zu kommen, das innerste Wesen seines Ichs zu entdecken. Wie man dorthin gelangen kann und mit welchen Erfahrungen diese Entdeckung zusammenhängt, ist und bleibt aber ein Geheimnis.

Edith Stein

Finde dich, sei dir selber treu, lerne dich verstehen, folge deiner Stimme, nur so kannst du das Höchste erreichen.

Bettina von Arnim

Gott, der jedem Blatt seinen Platz gegeben hat, wird mir auch den meinen zeigen.

Charles de Foucauld

Ich bin der Meinung, dass man das eigene Ich, die innere Quelle, am besten in der Einsamkeit wiederfindet.

Anne Morrow-Lindbergh

Nur ein Mensch, der zu sich selbst zurückgefunden hat, kann zu einem anderen Menschen zurückfinden.

Anne Morrow-Lindbergh

Pausen der Stille in meinem Leben, ich brauche sie. Sie helfen mir: Kräfte zu sammeln, mich auf das Wesentliche zu besinnen, zu mir selbst zu finden und – Gott zu finden.

Anselm von Canterbury

Wenn der Mensch Gott sucht, wird er sich selber finden.

Papst Johannes Paul II.

Wenn man seine Ruhe nicht in sich findet, ist es zwecklos, sie anderswo zu suchen.

François de La Rochefoucauld

Wer Gott findet, der gelangt auch zu sich selbst und zu dem Quell des ewigen Lebens, der in seinem eigenen Innersten auf ihn wirkt.

Edith Stein

Wünsche nicht, etwas anderes zu sein, als du bist, und versuche, das vollkommen zu sein.

Franz von Sales

Selbsthingabe

Die Selbsthingabe ist die freieste Tat der Freiheit.

Edith Stein

Selbstlosigkeit

Wir müssen uns selbstlos einsetzen, dass andere groß und stark werden.

Joseph Kentenich

Selbstverständnis
Nur wer sich selbst als Person, als sinnvolles Ganzes erlebt, kann andere Personen verstehen.

Edith Stein

Selbstvertrauen
Man kann viel, wenn man sich nur recht viel zutraut.

Wilhelm von Humboldt

Nichts erweitert so den Horizont, schenkt so viel Selbstvertrauen wie Erfahrung!

Sylvia Plath

Sieh zuerst, was du bist und was du hast und was du kannst und was du weißt, ehe du bedenkst, was du nicht bist, nicht hast, nicht kannst und nicht weißt.

Johann Caspar Lavater

Selbstverwirklichung
Man sollte nicht auf Selbstverwirklichung hoffen, sondern Hoffnung selbst verwirklichen.

Gerd Uhlenbruck

Ziel des Lebens ist die Selbstverwirklichung. Das eigene Wesen völlig zur Entfaltung bringen, das ist unsere Bestimmung.

Oscar Wilde

Seligkeit
Die Liebe ist schließlich das Glück und der Trost unseres Lebens. Wer nur sich selbst sucht, wird auch nur sich selbst finden, und er wird vereinsamen. Die Seligkeit liegt in der Liebe.

Franz Sawicki

Sich ändern
Alles Menschliche will Dauer – Gott will Verwandlung.

Ricarda Huch

Glücklich sind diejenigen, die erfahren, was man an ihnen aussetzt, und die sich danach verbessern können.

William Shakespeare

Gottes Kommen kündet sich darin an, dass wir fühlen: So darf ich nicht bleiben!

Friedrich Rittelmeyer

Wir selbst müssen die Veränderung sein, die wir in der Welt sehen wollen.

Mahatma Gandhi

Sich beugen
Es ist genug Raum in der Grotte von Betlehem für jeden, der sich zu bücken weiß.

Roland Knox

Vor Gott muss man sich beugen, weil er so groß ist, vor dem Kinde, weil es so klein ist.

Peter Rosegger

Sich einmischen
Beten ist die radikalste Form, sich einzumischen.

unbekannt

Sich finden
Hier in der Einsamkeit reduziert der Mensch sich auf sich selber.

Paula Modersohn-Becker

Sich kennen

Sich kennen will nicht heißen, alles voneinander wissen, sondern Liebe und Vertrauen zueinander haben und einer an den anderen glauben.

Albert Schweitzer

Sich verschließen

Sich abschließen heißt einmauern, und sich einmauern ist Tod.

Theodor Fontane

Sich wichtig nehmen

Mein Schutzengel sagt mir öfters: »Johannes, nimm dich nicht so wichtig.«

Papst Johannes XXIII.

Sicherheit

Die größte Gefahr im Leben ist, dass man zu vorsichtig ist.

Alfred Adler

Sicherheit schafft Gott meinem Leben.

Ps 55,19

Sieger

Besiegt ist nur, wer den Mut verliert. Sieger ist jeder, der weiterkämpfen will.

Franz von Sales

Kein Sieger glaubt an den Zufall.

Friedrich Nietzsche

Sinn

Das, was dem Leben Sinn verleiht, gibt auch dem Tod Sinn.

Antoine de Saint-Exupéry

Du lebst nicht von den Dingen, sondern vom Sinn der Dinge.

Antoine de Saint-Exupéry

Du wagst dein Ja – und erlebst einen Sinn. Du wiederholst dein Ja – und alles bekommt Sinn. Wenn alles Sinn hat, wie kannst du anders leben als ein Ja.

Dag Hammarskjöld

Es ist die Tiefe, aus der ein Wort kommen muss, wenn es wiegen soll.

Dietrich Bonhoeffer

Heiterer Sinn stärkt dass Herz und macht beharrlich im guten Wandel; deshalb sollte der Diener Gottes immer wohlgemut sein.

Philipp Neri

Hoffnung ist nicht die Überzeugung, dass etwas gut ausgeht, sondern die Gewissheit, dass etwas Sinn hat, egal wie es ausgeht.

Václav Havel

Jedes Menschenleben hat einen besonderen Sinn. Wer weiß, wie mancher Mensch in deiner Umgebung lebt, für den gerade du da bist, ohne es zu wissen.

Peter Lippert

Kein Leid ist sinnlos. Immer gründet es in der Weisheit Gottes

Thomas von Aquin.

Wer mit offenen Sinnen durchs Leben geht, dem eröffnen sich Wunder über Wunder.

Ernst Ferstl

Wir sind uns bewusst, dass das, was wir tun, nur wie ein Tropfen im Ozean ist. Aber gäbe es diesen Tropfen nicht, würde er im Ozean fehlen.

Mutter Teresa

Sinn des Lebens

Da, wo Liebe ist, ist der Sinn des Lebens erfüllt.

Dietrich Bonhoeffer

Menschen, die von sich überzeugt sind, die ihren Sinn gefunden haben, verbreiten Hoffnung und sind in der Lage zu lieben.

Thomas Meurer

Nur Jesus Christus ist die angemessene und letzte Antwort auf die große Frage nach dem Sinn des Lebens und der Geschichte.

Papst Johannes Paul II.

Was bin ich? Was soll ich tun? Was kann ich glauben und hoffen? Hierauf reduziert sich alles in der Philosophie.

Georg Christoph Lichtenberg

Wenn die Menschen, gerade die Jugend, ungestüm nach dem Sinn des Lebens fragen: Gebt ihr ihnen eine überzeugende verständliche Antwort!

Papst Johannes Paul II.

Skandal

Besser, es gibt einen Skandal, als dass die Wahrheit zu kurz kommt.

Gregor der Große

Sommer

Es gibt in jeglichem Leben harte Schläge, wie es in jeglichem Sommer Gewitter gibt; und je schöner der Sommer ist, umso mächtiger donnern die einzelnen Gewitter über die Erde.

Jeremias Gotthelf

Sonne

Die kleinen Sterne scheinen immer, während die große Sonne oft untergeht.

unbekannt

Die Sonne scheint für dich – deinetwegen; und wenn sie müde wird, beginnt der Mond, und dann werden die Sterne angezündet.

Søren Kierkegaard

Wir alle gehen der untergehenden Sonne entgegen; die letzten Strahlen machen bewusst, wie kostbar der Tag war.

unbekannt

Sonnenstrahl

Ein einziger Sonnenstrahl genügt, um ein Zimmer zu erleuchten.

Léon-Joseph Kardinal Suenens

Ein Sonnenstrahl reicht hin, viel Dunkelheit zu erhellen.

Franz von Assisi

Wenn die Sonne ihre Strahlen verbirgt, zieht auch die Welt ihre Freude zurück.

Hildegard von Bingen

Sonntag

Gib der Seele einen Sonntag und dem Sonntag eine Seele.

Peter Rosegger

Ohne Sonntag gibt's nur noch Werktage.

Werbekampagne der evangelischen Kirchen

Sonntag und sonntägliche Eucharistiefeier sind Gottes Zeit, die er mit uns teilt, und unsere Zeit, die wir mit ihm und untereinander teilen. Nur solche geteilte Zeit ist heilige Zeit.

Klaus Hemmerle

Sorgen

Dass die Vögel der Sorge und des Kummers über dein Haupt fliegen, kannst du nicht verhindern. Doch du kannst verhindern, dass sie Nester in deinem Haar bauen.

Martin Luther

Das Grämen vor der Zeit halte ich für ein sehr unnützes Geschäft.

Chatharina Elisabeth Goethe

Die Hälfte aller Kümmernisse des Lebens kann darauf zurückgeführt werden, dass man zu schnell Ja oder nicht früh genug Nein gesagt hat.

George Bernard Shaw

Ein großer Teil der Sorgen besteht aus unbegründeter Furcht.

Carl Hilty

Ein Mensch lebt keine hundert Jahre, aber er macht sich Sorgen für tausend.

aus China

Es gibt kein besseres Mittel, die eigenen Kümmernisse zu vergessen, als sich um das Wohl der anderen zu kümmern.

Jakob Ternay

Es gibt nur eine Medizin gegen große Sorgen: kleine Freuden.

Karl Heinrich Waggerl

Es ist gut, manchmal die Sorgen so zu behandeln, als ob sie nicht da wären; das einzige Mittel, ihnen ihre Wichtigkeit zu nehmen.

Rainer Maria Rilke

Gebet ist die Tür aus dem Gefängnis unserer Sorge.

Helmut Gollwitzer

Ich bin ein alter Mann und habe in meinem Leben viele Sorgen gehabt, aber die meisten waren unnötig.

Mark Twain

Ich denke nie über Geld nach. Es kommt stets. Der Herr schickt es uns. Wir tun sein Werk, er sorgt für die Mittel. Wenn er sie uns nicht gibt, dann bedeutet das, dass er das Werk nicht wünscht. Wozu sich da aufregen?

Mutter Teresa

Nimm dir jeden Tag eine halbe Stunde Zeit für deine Sorgen – und in dieser Zeit mache ein Schläfchen.

Laotse

Sorgen sind meist von der Nesseln Art, sie brennen, rührst du sie zu zart; fasse sie nur an herzhaft, so ist der Griff nicht zu schmerzhaft.

Emanuel Geibel

Sorgen sind wie Babys: Je mehr man sie hätschelt, desto besser gedeihen sie.

Helmut Qualtinger

Stunden der Not vergiss, doch was sie dich lehrten, vergiss nie.

Salomon Geßner

Wenn der Weg unendlich scheint und plötzlich nichts mehr gehen will, wie du wünschest – gerade dann darfst du nicht zaudern.

Dag Hammarskjöld

Wenn die Last des Tages dich ins Wanken bringt, soll die Erde für dich tanzen, damit du das Gleichgewicht wiedererlangst.

Irischer Segensspruch

Wir müssen die Widerwärtigkeiten, die Gott uns schickt, annehmen, ohne viel darüber nachzugrübeln, und wir dürfen es als gewiss annehmen, dass es das Beste ist, was uns begegnen kann.

Philipp Neri

Wirf deine Sorge auf den Herrn, er hält dich aufrecht!

Ps 55,23

Sorglosigkeit

Wer sich um das Morgen am wenigsten kümmert, geht ihm mit der größten Lust entgegen.

Epikur

Spiel

Im Leben geht es nicht nur darum, gute Karten zu haben, sondern auch darum, mit einem schlechten Blatt gut zu spielen.

Robert Louis Stevenson

Sprache

Das Wort ist eine wunderbare Gabe, den Menschen von Gott gegeben, damit sie miteinander reden, miteinander arbeiten, miteinander leben.

Phil Bosmans

Die Sprache ist das Spiegelbild der Zeit.

Thomas Schmitz

Die Sprache ist die Quelle aller Missverständnisse.

Antoine de Saint-Exupéry

Wenn ich in allen Sprachen der Welt, ja mit Engelszungen reden kann, aber ich habe keine Liebe, so bin ich nur wie eine dröhnende Pauke oder ein lärmendes Tamburin.

1 Kor 13,1

Wir wollen die Sprache zur echten Verständigung gebrauchen und nicht, um einander lächerlich zu machen.

Ulrich Schaffer

Spruch

Ein guter Spruch ist die Wahrheit eines ganzen Buches in einem einzigen Satz.

Theodor Fontane

Weisheit in kleiner Münze ist, was Sprichwörter uns geben.

Georg Meredith

Spuren

Das einzig Wichtige im Leben sind die Spuren von Liebe, die wir hinterlassen, wenn wir weggehen.

Albert Schweitzer

Menschen begleiten uns eine Weile, einige bleiben für immer, denn sie hinterlassen Spuren in unseren Herzen.

Rainer Maria Rilke

Standpunkt

Wer sich gegen fließendes Wasser stemmt, weil er Standpunkte hat, verursacht Wirbel.

Joachim Kardinal Meisner

Stärke

Alle Stärke liegt innen, nicht außen.

Jean Paul

Der Herr ist treu; er wird euch stark machen und euch vor dem Bösen bewahren.

2 Thess 3,3

Ein Starker rühme sich nicht seiner Stärke!

Jer 9,23

Einen Fehler eingestehen ist keine Schwäche, sondern Stärke.

Franziska Maier-Höffern

Gott ist uns Zuflucht und Stärke, ein bewährter Helfer in der Not.

Ps 46,2

Ich wünsche dir Gesundheit des Lachens, ein langes Leben, ein starkes Herz und immer etwas Flüssiges im Mund.

Irischer Segensspruch

Ich würde am liebsten allen jungen Menschen sagen: Habt vor nichts Angst. Das Leben ist aufregender, schöner und kraftvoller, als ihr euch vorstellen könnt. Wir aber sind viel stärker, als wir glauben.

Elsa Brandström

Man muss sich durch die kleinen Gedanken, die einen ärgern, immer wieder durchfinden zu den großen Gedanken, die einen stärken.

Dietrich Bonhoeffer

Man soll lieben, soviel man kann, und darin liegt die wahre Stärke, und wer viel liebt, der tut auch viel und der vermag viel, und was in Liebe getan wird, das wird gut getan.

Vincent van Gogh

Nach und nach müssen wir die Überzeugung gewinnen, dass Altwerden ein Geschenk Gottes ist, eine Gnade, durch die wir immer mehr am Erlösungswerk Christi teilhaben: darin finden wir Stärke und Freude.

Hermann Multhaupt

Nur die starren Äste brechen den Sturm.

Kanadisches Sprichwort

Schwer ist es, die rechte Mitte zu treffen: das Herz zu härten für das Leben, es weich zu halten für das Lieben.

Jeremias Gotthelf

Von der Seele geht die Kraft aus, um den Leib zu beleben, wie vom Wasser die Erde belebt wird. Die Seele freut sich, mit dem Leib zu wirken.

Hildegard von Bingen

Wer stark ist, kann es sich erlauben, leise zu sprechen.

Theodore Roosevelt

Wir haben viel stärkere Flügel, als wir glauben. Wir wagen nur nicht, sie zu entfalten. Wir wagen nicht zu fliegen.

Luise Rinser

Stärkung

Bitte nicht um eine leichte Bürde, bitte um einen starken Rücken.

Theodore Roosevelt

Herr, stärke unsere schwachen Schritte. Ohne deine Hilfe erreichen wir kein Ziel, schon gar nicht das entscheidende: das ewige Leben.

Papst Johannes Paul II.

Staunen

Wer noch staunen kann, wird auf Schritt und Tritt beschenkt.

Oskar Kokoschka

Wer staunen und lieben kann, gehört zu den Gesegneten dieser Erde.

Manfred Hausmann

Sterben

Ach nein, das ist kein Sterben, wenn Christen heimwärts gehen. Es ist nur ein Verwandeln vom Glauben in das Sehn.

Hedwig von Redern

Ein Mensch wird nicht sterben, so lange ein anderer sein Bild im Herzen trägt.

Irmgard Erath

Ich sterbe nicht, ich trete ein ins Leben.

Thérèse von Lisieux

Ihr, die ihr mich liebt, seht nicht auf das Leben, das ich beende, sondern auf das Leben, das ich beginne.

Augustinus

Leben wir, so leben wir dem Herrn; sterben wir, so sterben wir dem Herrn. Ob wir leben oder ob wir sterben, wir gehören dem Herrn.

Röm 14,8

Sterben ist kein ewiges Getrenntwerden; es gibt ein Wiedersehen an einem helleren Tag.

Michael Kardinal Faulhaber

Sterben ist nichts anderes als das Umwenden einer Seite im Buch des Lebens. In den Augen der anderen ist es der Tod; für die aber, die sterben, ist es das Leben.

Hazrat Inayat Khan

Unsere Toten sind nicht abwesend, sondern nur unsichtbar. Sie schauen mit ihren Augen voller Licht in unsere Augen voller Trauer.

Augustinus

Wir brauchen den Tod nicht zu fürchten, denn er ist nur ein Heimgehen zu Gott.

Mutter Teresa

Wir können uns nicht aussuchen, wie wir sterben – oder wann. Aber wir können entscheiden, wie wir jetzt leben.

Joan Baez

Sterne

Die kleinen Sterne scheinen immer, während die große Sonne oft untergeht.

unbekannt

Die Sonne scheint für dich – deinetwegen; und wenn sie müde wird, beginnt der Mond, und dann werden die Sterne angezündet.

Søren Kierkegaard

Hebe deine Augen auf, und du wirst Sterne sehen.

Philippinisches Sprichwort

Ohne die Nacht wüssten wir nichts von den Sternen.

unbekannt

Stille

Am Morgen eine Schale Blumen aufzustellen, kann uns an einem überfüllten Tag ein Gefühl der Stille geben – wie ein Gedicht zu schreiben oder ein Gebet zu sprechen.

Anne Morrow-Lindbergh

Der Zustand der Welt ist krank. Wenn ich Arzt wäre und man mich fragt: Was rätst du? Ich würde antworten: Schaffe Schweigen.

Søren Kierkegaard

Die Bäume, die Blumen, die Kräuter, sie wachsen in der Stille. Die Sterne, die Sonne, der Mond, sie bewegen sich in der Stille. Die Stille gibt uns eine neue Sicht der Dinge.

Mutter Teresa

Die größte Offenbarung ist die Stille.

Laotse

Die Stille ernährt, der Lärm verbraucht.

Reinhold Schneider

Die Stille gibt uns für alles eine neue Sicht. Wir brauchen die Stille, um die Herzen anzurühren.

Mutter Teresa

Die Stille ist nicht auf den Gipfeln der Berge, der Lärm nicht auf den Märkten der Städte; beides ist in den Herzen der Menschen.

Laotse

Die Stille muss man nicht fürchten, wohl aber die Einsamkeit.

Renate Gall

Erst mit der großen Stille fängt die Seele an zu schreiben.

Hanns Dieter Hüsch

Es gibt kein Glück, das der inneren Stille gleich käme.

Simone Weil

Geh deinen Weg gelassen und ruhig inmitten des Lärms und der Hast dieser Zeit und erinnere dich, welcher Frieden in der Stille liegt.

Lebensregel von Baltimore

Immer soll in uns die Stille sein, die nach der Ewigkeit hin offensteht und horcht.

Romano Guardini

In der Stille reifen die großen Dinge.
Thomas Carlyle

In der vollkommenen Stille hört man die ganze Welt.
Kurt Tucholsky

Je mehr wir im stillen Gebet empfangen, desto mehr können wir in unserem tätigen Leben geben. Wir brauchen die Stille; um Seelen anrühren zu können.
Mutter Teresa

Kehr in dich still zurück, ruh in dir selbst aus, so fühlst du höchstes Glück.
Friedrich Rückert

Man wird ausdauernder für das tätige, nach außen gerichtete Dasein, wenn man sich von Zeit zu Zeit ganz in sich selbst zurückzieht.
André Maurois

Nur in der Stille kann die Wahrheit Früchte ansetzen und Wurzeln schlagen.
Antoine de Saint-Exupéry

Pausen der Stille in meinem Leben, ich brauche sie. Sie helfen mir: Kräfte zu sammeln, mich auf das Wesentliche zu besinnen, zu mir selbst zu finden und – Gott zu finden.
Anselm von Canterbury

Stille kommt von Stehen. Wer still werden will, muss stehen bleiben, um schauen und horchen zu können.
Anselm Grün

Tatsächlich sind es die wichtigsten Momente im Leben, wenn wir allein sind.
Anne Morrow-Lindbergh

Und erkannte, dass sie die Stille nötig hatten, denn nur in der Stille kann die Wahrheit Früchte ansetzen und Wurzeln schlagen.
Antoine de Saint-Exupéry

Verlasse von Zeit zu Zeit die Menschen, such die Einsamkeit, um im Schweigen und anhaltenden Gebet deine Seele zu erneuern!
Carlo Carretto

Wahre Freuden sind still und verlangen die Stille.
Ruth Schaumann

Werde nur ganz still. Dann bist du wie einer, der durch ein hohes Fenster die ganze Welt übersieht.
Hermann Stehr

Wie wenig Lärm machen die wirklichen Wunder.
Antoine de Saint-Exupéry

Wo die Stille mit dem Gedanken Gottes ist, da ist nicht Unruhe noch Zerfahrenheit.
Franz von Assisi

Stimme, innere

Das Gefühl für unseren freien Willen wird durch das tiefere Lauschen auf unsere innere Stimme nur gehoben.
Franz Werfel

Streit

Alle unsere Streitereien entstehen daraus, dass einer dem anderen seine Meinung aufzwingen will.

Mahatma Gandhi

Kein Streit würde lange dauern, wenn die Menschen bedenken würden, wie kurz das Leben ist.

Franziska Kunz

Strenge

Mit aufmerksamer, geduldiger und langmütiger Miene gelangt man besser und schneller zum Ziel als mit Strenge und Peitsche.

Papst Johannes XXIII.

Stress

Täglich eine halbe Stunde auf Gott zu horchen ist wichtig, außer wenn man sehr viel zu tun hat. Dann ist eine ganze Stunde nötig.

Franz von Sales

Strom des Lebens

Die goldenen Augenblicke im Strom des Lebens fließen vorbei, und wir sehen nichts als Sand; die Engel kommen auf Besuch zu uns, und wir erkennen sie erst, wenn sie fort sind.

George Eliot

Stunde

Jeder Tag möge glückliche Stunden dir schenken, die das ganze Jahr dich begleiten. Möge jeder Morgen dir Freude bringen und jeder Abend Frieden. Die Sorgen dagegen sollen nur wenig sich mehren.

Irischer Segensspruch

Uns gehört nur die Stunde. Und eine Stunde, wenn sie glücklich ist, ist viel.

Theodor Fontane

Sturm

Um zu wissen, was ein Anker ist, brauchen wir den Sturm.

Corrie ten Boom

Stütze

Alle guten Kräfte kommen aus der Tiefe des Schweigens, und sofern sie durch Unruhe nicht vertrieben werden, bleiben sie uns hilfreich stützend zugegen.

Christa Franze

Der Herr ist eine mächtige Stütze, Freude für das Herz, Licht für die Augen, Heilung, Leben und Segen.

Sir 34,19-20

Subjektivität

WIDERSTAND: Jeder Terror rechtfertigt sich mit objektiven Notwendigkeiten. Umso mehr gilt es, unbeirrt subjektiv zu sein.

Kurt Marti

Suche

Es gibt viele Freuden in unseres Herrgottes Welt, man muss sich nur aufs Suchen verstehen.

Søren Kierkegaard

Suchen, das ist das Ausgehen von alten Beständen und ein Findenwollen von bereits Bekanntem im Neuen. Finden, das ist das völlig Neue. Alle Wege sind offen, und was gefunden wird, ist unbekannt. Es ist ein Wagnis, ein heiliges Abenteuer.

Pablo Picasso

Wer Engel sucht in dieses Lebens Gründen, der findet nie, was ihm genügt. Wer Menschen sucht, der wird den Engel finden, der sich an seine Seele schmiegt.

Christoph August Tiedge

Zeit unseres Lebens bleiben wir unterwegs zu dem Ideal, das Gott in uns hineingelegt hat.

Christeta Hess

Sünde

Das Leben ist kurz, und seine Zeit verlieren, ist eine Sünde.

Albert Camus

Fürchte dich vor allen Sünden, sei bereit zu allen Tugenden und beharrlich in allen Dingen, dann kannst du dein Leben zu einem guten Ende bringen.

Mechthild von Magdeburg

Gott vergibt die Sünden, aber er macht sie nicht ungeschehen.

Alfred Kumpf

Tadel

Ich muss beim Tadeln eines Fehlers so viel wie möglich die Person dessen schonen, der ihn begangen hat.

Franz von Sales

Tag

Als einen glücklichen Tag sollen wir den betrachten, an dem wir etwas Böses verhindert oder etwas Gutes getan haben.

Vinzenz von Paul

Der ideale Tag ist heute, wenn wir ihn dazu machen.

Horaz

Die erste Morgenstunde ist das Steuerruder des Tages.

Augustinus

Dieser Tag ist der erste Tag von der verbleibenden Zeit deines Lebens.

Coretta Scott King

Ein verloren geglaubter Tag kann der Wegbereiter eines erfolgreichen Tages werden.

Friedl Beutelrock

Fange jetzt an zu leben, und zähle jeden Tag als ein Leben für sich.

Seneca

Gott, gib, dass ich diesen Tag so lebe, dass ich wert bin, ihn zu erleben.

Marie von Ebner-Eschenbach

Jeder Morgen, den Gott uns gibt, ist ein Geschenk. Darum sollte keine Stunde vertändelt, auch kein Tag nutzlos verbracht werden.

Adolf Kardinal Bertram

Jeder Tag ist der Anfang eines Lebens, jedes Leben ist der Anfang der Ewigkeit.

Rainer Maria Rilke

Jeder Tag ist ein neuer Tag. Jeden Tag ist man ein neuer Mensch.

Jean Rhys

Jeder Tag ist ein neues Leben, jedes Aufwachen und Aufstehen eine kleine Geburt, jeder frische Morgen ist eine kleine Jugend.

Arthur Schopenhauer

Nimm jeden Tag als ein Leben für sich.

Seneca

Ob ein Tag groß ist in deinem Leben, hängt ganz von dir ab. Jeder wird genauso wichtig, so gehaltvoll, so heilig, wie du ihn haben willst.

Paul Wilhelm Keppler

Öffnet man die Augen, so wird jeder Tag zum Erlebnis.

Oskar Kokoschka

Seid gewiss: Ich bin bei euch alle Tage bis zum Ende der Welt.

Mt 28,20

Wer wie ein Kind genießt den Tag, hat keinen zu bereuen, und kann sich, was auch kommen mag, auf etwas Neues freuen.

Friedrich Rückert

Wir sollten stets eingedenk sein, dass der heutige Tag nur einmal kommt und nimmer wieder.

Arthur Schopenhauer

Tagesbeginn

Mögest du bei jedem Erwachen eine Stimme hören, die zu dir spricht: Heute wird dir etwas Gutes widerfahren.

Irischer Segensspruch

Wer den Tag mit Lachen beginnt, hat ihn bereits gewonnen.

aus Tschechien

Tagewerk

Danke Gott jeden Morgen beim Erwachen dafür, dass ein Tagwerk vor dir liegt, das du erledigen musst, ob du willst oder nicht.

Charles Kingsley

Nimm dir nicht zu viel vor. Es genügt die friedliche, ruhige Suche nach dem Guten an jedem Tag zu jeder Stunde, und ohne Übertreibung und ohne Ungeduld.

Papst Johannes XXIII.

Reich ist der, der den Tag mit Dank schließen kann.

Carol Ann Hierl

Tu das Werk dieser Tage und verzweifle nicht über dem, das ungetan bleibt. Dein Ungenügen ist die Schule, in die Gott deinen Hochmut schickt.

Rudolf Alexander Schröder

Talent

Gott hat jedem Menschen die Fähigkeit verliehen, etwas zu erreichen. Keinen Menschen hat er ohne alle Talente gelassen.

Martin Luther King

Niemand kann es mit Talent allein zu etwas bringen. Talent ist eine Gottesgabe, aber erst harte Arbeit macht daraus Genialität.

Weisheit

Nutze die Talente, die du hast. Die Wälder wären still, wenn nur die begabtesten Vögel sängen.

Henry von Dyke

Oft weckt Not Talent.

Ovid

Tanzen

O Mensch, lerne tanzen, sonst wissen die Engel im Himmel mit dir nichts anzufangen.

Augustinus

Tapferkeit

Dem Tapferen sind Glück und Unglück wie seine rechte und linke Hand; er bedient sich beider.

Katharina von Siena

Tapfer ist, wer von seiner Furcht keine Notiz nimmt.

George Patton

Wenn es schwer ist, dann muss man tapfer sein. Tapferkeit ist das Allerherrlichste.

Maria Waser

Tat

Alles Große in der Welt wird nur dadurch Wirklichkeit, dass irgendwer mehr tut, als er tun müsste.

Hermann Gmeiner

Das Böse, das wir tun, wird Gott uns vielleicht verzeihen. Aber unverzeihlich bleibt das Gute, das wir nicht getan haben.

Karl Heinrich Waggerl

Das schwere Herz wird nicht durch Worte leichter. Doch können Worte uns zu Taten führen.

Friedrich Schiller

Der Mut wächst immer mit dem Herzen, und das Herz wächst mit jeder guten Tat.

Adolph Kolping

Der Richter beurteilt die Tat. Der Gutachter das Motiv. Gott allein kennt den wahren Grund.

Alfred Kumpf

Die Fürbitte ist der Weg aus der Untätigkeit zur Tat.

Eduard Wörmann

Diese drei bleiben uns: das Wort, das Werk und das Gebet. Am wirksamsten ist das Gebet.

Bernhard von Clairvaux

Eine kleine Tat hat oft mehr Gewicht als tausend große Worte.

unbekannt

Es ist Aberglaube, anzunehmen, Gott werde handeln, wenn wir nichts tun.

Martin Luther King

Es ist nicht genug zu wissen, man muss auch anwenden; es ist nicht genug zu wollen, man muss auch tun.

Johann Wolfgang von Goethe

Es kommt nicht darauf an, was wir tun, sondern darauf, wie viel Liebe wir in das stecken, was wir tun. Kleine Dinge mit großer Liebe.

Mutter Teresa

Für das Können gibt es nur einen Beweis: das Tun.

Marie von Ebner-Eschenbach

Gott ist es, der in euch beides wirkt, das Wollen und das Vollbringen, noch über euren guten Willen hinaus.

Phil 2,13

Gute Taten bleiben unbekannt, böse Taten rennen durch alle Gassen.

aus Mongolei

Jeder ist berufen, etwas in der Welt zur Vollendung zu bringen.

Martin Buber

Kleine Taten, die man ausführt, sind besser als große, die man plant.

George Marshall

Nichts auf der Welt ist so weit wie der Weg vom guten Vorsatz zur Tat.

aus Norwegen

Nichts gelingt gut, außer man vollbringt es mit Freude.

Thomas von Aquin

Schön reden tut's nicht, die Tat ziert den Mann!

Adolph Kolping

Tue alles Gute, das du vermagst, aber tue es so leise wie möglich.

Charles Dickens

Tue nie etwas halb, sonst verlierst du mehr, als du je wieder einholen kannst.

Louis Amstrong

Unsere Liebe darf nicht aus leeren Worten bestehen. Es muss wirkliche Liebe sein, die sich in Taten zeigt.

1 Joh 3,18

Wer das Kleine tut, als wäre es etwas Großes, dem gibt Gott die Gnade, das Große zu tun, als wäre es etwas Kleines.

Rudolf Kögel

Tätigkeit

Die wirklich tätigen Leute erkennt man daran, dass sie Zeit haben.

Jules Romains

Du sollst dich nicht immer und nie ganz der äußeren Tätigkeit widmen, sondern ein Quäntchen deiner Zeit und deines Herzens für die Selbstbesinnung zurückhalten.

Bernhard von Clairvaux

Es ist doch die schönste Sache, wenn man Freude hat an dem, was man tun soll in der Welt.

Jeremias Gotthelf

Hüte dich mit weiser Vorsicht vor dem Vielerlei der Tätigkeiten.

Hadewijch

Nicht die Art der Tätigkeit macht glücklich, sondern die Freude des Schaffens und Gelingens.

Carl Hilty

Ob wir Großes oder Kleines tun, ist nicht so wichtig. Entscheidend ist, dass wir das uns jetzt Mögliche tun.

B. H.

Sei am Tag mit Lust bei den Geschäften, aber mache nur solche, dass du nachts ruhig schlafen kannst.

Thomas Mann

Strebe nach Ruhe, aber durch das Gleichgewicht, nicht durch den Stillstand deiner Tätigkeit.

Friedrich Schiller

Täglich eine halbe Stunde auf Gott zu horchen ist wichtig, außer wenn man sehr viel zu tun hat. Dann ist eine ganze Stunde nötig.

Franz von Sales

Unternimm nie etwas, wozu du nicht das Herz hast, dir den Segen des Himmels zu erbitten.

Georg Christoph Lichtenberg

Was ein innerlicher Mensch tut, das bewirkt bedeutend mehr, als was ein Betriebsmensch durch einen ganzen Wulst von Arbeiten fertig bringt.

Joseph Kentenich

Zwinge deinen Geist ständig, mit aller ihm gegebenen Kraft, tätig zu sein.

Leo Tolstoi

Tatkraft

Einen Vorsprung im Leben hat, wer da anpackt, wo die anderen erst einmal reden.

John F. Kennedy

Wenn wir alles tun, was in unseren Kräften steht, dann tut Gott das Übrige.

Arnold Janssen

Taufe

Du kleiner Mensch, ganz ohne Ahnung, was Leben heißt und Leben ist, du bist uns eine ernste Mahnung, weil du des Lebens Sinnbild bist. Drum wünsche ich dir für dein Leben: Lass Gott dir Ziel und Richtung geben.

Volksmund

Gott segne dich, er gehe dir voran und weise dir den richtigen Weg. Gott sei in deiner Nähe und lege seinen Arm sanft um dich. Gott sei hinter dir, schütze dich vor allem Bösen. Gott sei unter dir, dich aufzufangen wie ein Netz.

Irischer Segensspruch

Herr, segne dieses Kind und hilf uns, ihm zu helfen, dass es lieben lernt mit seinem ganzen Herzen.

Lothar Zenetti

Nun schreib ins Buch des Lebens, Herr, ihre Namen ein, und lass sie nicht vergebens dir zugeführet sein.

Melchior Vulpius

Wir bringen ein Kind zur Taufe, Gott gebe, dass es bald laufe. Wir wünschen, dass es gedeihe und nicht so schreie.

Volksmund

Technik

Denn es ist doch zuletzt nur der Geist, der jede Technik lebendig macht.

Johann Wolfgang von Goethe

Teil

Vielleicht lächelt der zunehmende Mond ungläubig, wenn man ihm sagt, dass er ein Bruckstück ist, das auf Vollendung wartet.

Rabindranath Tagore

Teilen

Wer teilt, dessen Herz fängt zu singen an.

Schwester Emanuelle

Tiefe

Alles, was in die Tiefe geht, ist klar bis zur Durchsichtigkeit.

Leo Tolstoi

Es ist die Tiefe, aus der ein Wort kommen muss, wenn es wiegen soll.

Dietrich Bonhoeffer

Gott ist ganz oben. Und ganz unten erst recht.

Paul Mommertz

Wer gesammelt in der Tiefe lebt, der sieht auch die kleinen Dinge in großen Zusammenhängen.

Edith Stein

Tiefen

Die Stunde auf dem Gipfel wäre nicht halb so schön, wären da zuvor nicht die dunklen Täler zu durchwandern.

Helen Miller

Tier

Das Leid, welches der Mensch an den Tieren vollzieht, ist niemals in Gottes Botschaft enthalten.

Maria-Theresia Radloff

Der unergründliche Gradmesser für die Herzensbildung der Menschen ist, wie sie die Tiere behandeln.

Wolfgang von Regensburg

Die Größe und den moralischen Fortschritt einer Nation kann man daran messen, wie sie die Tiere behandelt.

Mahatma Gandhi

Tod

Alle wollen in den Himmel, aber keiner will sterben.

Joe Louis

Aller Tod in der Natur ist Geburt, gerade im Sterben erscheint sichtbar die Erhöhung des Lebens.

Johann Gottlieb Fichte

Das Leben der Menschen erfüllt sich durch viele Tode hindurch.

Basilius der Große

Das Leben hört für uns nicht auf, wenn der Tod kommt. Der Tod ist keine Mauer, sondern ein Tor. Das Leben wird nicht abgebrochen, wenn die Seele vom irdischen Leibe scheidet.

George Marshall

Das Leben zerbricht, aber eben dadurch geht die Tür auf, und Er steht auf der anderen Seite.

Romano Guardini

Das Letzte ist nicht Tod, sondern Auferstehung, und am Ende steht nicht Verlust, sondern Vollendung des Lebens.

Arthur Schopenhauer

Denn ich bin gewiss: Weder Tod noch Leben, weder Engel noch Mächte, weder Gegenwärtiges noch Zukünftiges, weder Gewalten der Höhe oder Tiefe noch irgendeine andere Kreatur können uns scheiden von der Liebe Gottes, die in Christus Jesus ist, unserem Herrn.

Röm 8,38-39

Der Tod ist das Tor zum Leben.

Wort aus der Frühen Kirche

Der Tod ist das Tor zum Licht. Am Ende eines mühsam gewordenen Weges.

Franz von Assisi

Die Bande der Liebe werden mit dem Tod nicht durchschnitten.

Thomas Mann

Die Trauer wird in Freude verwandelt werden, und der Tod erschließt uns die Pforte des besseren Lebens.

Franz von Assisi

Ein ewiges Rätsel ist das Leben, und ein Geheimnis bleibt der Tod.

Emanuel Geibel

Ein guter edler Mensch, der mit uns geht, kann uns nicht genommen werden; er lässt eine leuchtende Spur zurück.

Thomas Carlyle

Er wird alle Tränen von ihren Augen abwischen: Der Tod wird nicht mehr sein, keine Klage, kein Schmerz.

Offb 21,4

Es gibt ein Land der Lebenden und ein Land der Toten, und die Brücke zwischen ihnen ist die Liebe, das Einzige, was bleibt, das Einzige, was von Bedeutung ist.

Thornton Wilder

Es ist ganz gewiss. Dass alles in Freude enden wird.

Reinhold Schneider

Gott wird diejenigen nicht vergessen, die sich selbst vergaßen, um an andere zu denken.

Augustinus

Gott, der Herr, vernichtet den Tod für immer. Er wischt die Tränen ab von jedem Gesicht.

Jes 25,8

Herr, ich habe getan, was ich konnte, was noch fehlt, möge deine Gnade hinzufügen.

Franz von Assisi

Ich glaube, dass wenn der Tod unsere Augen schließt, wir in einem Lichte stehen, von welchem unser Sonnenlicht nur der Schatten ist.

Arthur Schopenhauer

Jesus Christus hat dem Tod die Macht genommen und uns das Licht des unvergänglichen Lebens gebracht durch das Evangelium.

2 Tim 1,10

Jesus ist in den Tod gegangen, auf dass der Tod an seinem Tod den Tod finde.

Hieronymus

Man lebt zweimal: Das erste Mal in der Wirklichkeit, das zweite Mal in der Erinnerung.

Honore de Balzac

Man sollte niemals sagen: »Er ist tot«, oder: »Das ist ein Toter.« Sagen wir: »Das ist ein Lebender, den man nicht mehr sieht.« Das ist richtiger und kommt der Wahrheit näher, denn im Grunde genommen gibt es keine Toten, sondern nur Lebende, die ihre Form geändert haben.

Maurice Maeterlinck

Menschen begleiten uns eine Weile, einige bleiben für immer, denn sie hinterlassen Spuren in unseren Herzen.

Rainer Maria Rilke

Mitten im Leben sind wir vom Tod umfangen.

Martin Luther

Nicht den Tod sollte man fürchten, sondern dass man nie beginnen wird zu leben.

Marc Aurel

Nicht der Tod wird mich holen, sondern Gott.

Thérèse von Lisieux

Nur durch die Liebe und den Tod berührt der Mensch das Unendliche.

Alexandre Dumas

Oft an den Tod zu denken, ist auch eine Art, sich mehr des Lebens zu freuen.

Papst Johannes XXIII.

Sterben ist kein ewiges Getrenntwerden; es gibt ein Wiedersehen an einem helleren Tag.

Michael Kardinal Faulhaber

Tod ist vielleicht nur Aufwachen vom Leben.

Karl Lagerfeld

Über dem Leben steht der Tod, aber über dem Tod steht wieder das Leben.

Gorch Fock

Was man tief in seinem Herzen besitzt, kann man nicht durch den Tod verlieren.

Johann Wolfgang von Goethe

Wer im Gedächtnis seiner Lieben lebt, der ist nicht tot, der ist nur fern. Tod ist nur, wer vergessen wird.

Immanuel Kant

Wer stirbt, erwacht zum ewigen Leben.

Franz von Assisi

Toleranz

Die Kultur der Toleranz beginnt damit, zu akzeptieren, dass der andere anders ist.

Roman Herzog

Echte Toleranz beruht nicht auf der Schwäche, sondern auf verständnisvoller Liebe.

unbekannt

Ertrage einer den anderen in Liebe.

Eph 4,2

Gott schenke uns das weite Herz der Toleranz, den scharfen Verstand der Unterscheidung, das liebevolle Lächeln des ersten Schöpfungstages.

Sigrid Jahr

Ignorieren ist noch keine Toleranz.

Theodor Fontane

Nur wo wir verwurzelt sind, sind wir wahrhaft tolerant.

Peter Max Boppel

Toleranz ist manchmal Feigheit, aber Intoleranz deswegen noch kein Zeichen von Mut.

Gerlind Fischer-Diehl

Torheiten

Lustige Leute begehen mehr Torheiten als traurige; aber traurige begehen größere.

Ewald Christian von Kleist

Tote

Unsere Toten sind nicht abwesend, sondern nur unsichtbar. Sie schauen mit ihren Augen voller Licht in unsere Augen voller Trauer.

Augustinus

Tradition

Man ist nicht unbedingt fortschrittlich, wenn man alles wegwirft, nur weil es alt ist.

Alfred Kumpf

Tradition bewahren heißt nicht, Asche aufbewahren, sondern eine Flamme am Brennen halten.

Jean Jaurès

Tränen

Er wird alle Tränen von ihren Augen abwischen: Der Tod wird nicht mehr sein, keine Klage, kein Schmerz.

Offb 21,4

Heiße Tränen trocknen schnell.

aus Spanien

Tränen reinigen das Herz.

Fjodor M. Dostojewski

Wenn du weinen kannst, so danke Gott.

Johann Wolfgang von Goethe

Trauer

Die Trauer wird in Freude verwandelt werden, und der Tod erschließt uns die Pforte des besseren Lebens.

Franz von Assisi

Es gibt nichts auf Erden, kein Unglück, keine Sorge, kein Elend, das größer ist als der Trost, der von Christus kommt.

Albert Schweitzer

Gott, der Herr, vernichtet den Tod für immer. Er wischt die Tränen ab von jedem Gesicht.

Jes 25,8

Nie erfahren wir unser Leben stärker als in großer Liebe und in tiefer Trauer.

Rainer Maria Rilke

Nun trauert ihr, aber ich werde euch wiedersehen, und euer Herz wird sich freuen.

Joh 16,22

Selig die Trauernden; denn sie werden Trost finden.

Mt 5,4

Und so ist's mein gewisser Glaube, dass am Ende alles gut ist, und alle Trauer und der Weg zu wahrer heiliger Freude ist.

Friedrich Hölderlin

Wir wollen nicht trauern, dass wir sie verloren haben, sondern dankbar sein dafür, dass wir sie gehabt haben, ja auch jetzt noch besitzen. Denn wer heimkehrt zum Herrn, bleibt in der Gemeinschaft der Gottesfamilie und ist nur vorausgegangen.

Hieronymus

Träume

Ich weiß aus unleugbarer Erfahrung, dass Träume zur Selbsterkenntnis führen.

Georg Christoph Lichtenberg

Nenne dich nicht arm, weil deine Träume nicht in Erfüllung gegangen sind. Wirklich arm ist nur, wer nie geträumt hat.

Marie von Ebner-Eschenbach

Träume, als würdest du ewig leben. Lebe, als würdest du morgen sterben.

James Dean

Unsere Träume können wir erst dann verwirklichen, wenn wir uns entschließen, einmal daraus zu erwachen.

Josephine Baker

Wenigstens nachts lass dein Herz ruhen... Wenigstens nachts hör auf zu rennen; besänftige die Wünsche, die dich verrückt machen; versuch, deine Träume schlafen zu lassen. Gib dich preis, Leib und Seele, endgültig, in Gottes Hände.

Dom Hélder Câmara

Wer keinen Mut zum Träumen hat, hat keine Kraft zum Kämpfen.

unbekannt

Wer nicht nach dem Ungewöhnlichen strebt, dem glückt auch das Gewöhnliche nicht.

Karl Heinrich Waggerl

Traurigkeit

Die Traurigkeit tötet die Frömmigkeit, weil sie das Gottvertrauen raubt und die Seele dauernd in Unruhe und Angst versetzt.

Marzellin Champagnat

Freude öffnet, Traurigkeit verschließt das Herz.

Franz von Sales

Ihr braucht nicht traurig zu sein wie die anderen, die keine Hoffnung haben.

1 Thess 4,13

Je dunkler der Himmel ist, desto heller werden die Sterne erscheinen.

Leonardo da Vinci

Mit den Flügeln der Zeit fliegt die Traurigkeit davon.

Jean de La Fontaine

Nur die Weisheit ist es, welche die Traurigkeit aus dem Herzen vertreibt und die uns nicht vor Angst erstarren lässt. Unter ihrem Geleit lässt sich in Seelenfrieden leben.

Marcus Tullius Cicero

Wir kommen nie aus der Traurigkeit heraus, wenn wir uns ständig den Puls fühlen.

Martin Luther

Traurig sein

Traurig sein ist etwas Natürliches. Vielleicht ein Atemholen zur Freude.

Paula Modersohn-Becker

Trennendes

Wer Trennendes überwinden will, muss sich über die Trennlinien im Klaren sein und darf sie nicht vernebeln.

Franz Kamphaus

Trennung

Was Gott zusammengefügt hat, soll der Mensch nicht scheiden.

Mt 19,6

Je schöner und voller die Erinnerungen, desto schwerer die Trennung. Aber die Dankbarkeit verwandelt die Qual der Erinnerung in eine stille Freude. Man trägt das vergangene Schöne nicht wie einen Stachel, sondern wie ein kostbares Geschenk in sich.

Dietrich Bonhoeffer

Trennung ist unser Los. Wiedersehen unsere Hoffnung.

Hedwig von Redern

Treue

Der Herr ist treu; er wird euch stark machen und euch vor dem Bösen bewahren.

2 Thess 3,3

Mut und Ausharren. Immer den nächsten gezeigten Schritt auch tun! Also treu sein im Kleinen und zugleich offen sein für ganz neue Schritte.

Katharina von Tobien

Treue üben ist eine Tugend, Treue erfahren Glück.

Marie von Ebner-Eschenbach

Wohl erprobt sich die Liebe in der Treue, aber sie vollendet sich erst in der Vergebung.

Werner Bergengruen

Trost

Alle Bücher, die ich gelesen, haben mir den Trost nicht gegeben, den mir das Wort in der Bibel Ps 23,4 gab: Und ob ich schon wanderte im finsteren Tal, fürchte ich kein Unglück; denn du bist bei mir.

Immanuel Kant

Der Engel Gottes sei in dir, um dich zu trösten, wenn du traurig bist..

Irischer Segensspruch

Der Herr sei in dir, um dich zu trösten, wenn du traurig bist.

Segenswunsch

Die Erinnerung ist das einzige Paradies, aus dem wir nicht vertrieben werden können.

Jean Paul

Einzig Gott, unser Herr, kann der Seele Trost geben.

Ignatius von Loyola

Es gibt nichts auf Erden, kein Unglück, keine Sorge, kein Elend, das größer ist als der Trost, der von Christus kommt.

Albert Schweitzer

Es kann nicht immer sein, dass Gott alle Angst von uns nimmt, aber das kann immer möglich werden, dass wir in Angst getröstet werden.

Christoph Blumhardt

Gott hat der Zeit befohlen, die Unglücklichen zu trösten.

Joseph Joubert

Habe den Mut zu trösten.

Gottfried Edel

Ihr, die ihr mich liebt, seht nicht auf das Leben, das ich beende, sondern auf das Leben, das ich beginne.

Augustinus

Man kann Weinenden nicht die Tränen abwischen, ohne sich die Hände nass zu machen.

aus Südafrika

Nur in der Tiefe der Seele, mit Hilfe jener Kraft, die stärker ist als alle Vernünftigen, kann Trost und Ruhe gefunden werden.

Wilhelm Busch

Sammle deine hellen Stunden ein und verwahre sie für die dunkle Zeit.

Ursula Dette

Selig die Trauernden; denn sie werden Trost finden.

Mt 5,4

Sich mit der Schlechtigkeit anderer zu trösten: das ist wirklich ein schlechter Trost.

Alfred Kumpf

Siehe, ich habe dir geboten, dass du getrost und unverzagt seist. Lass dir nicht grauen und entsetze dich nicht; denn der Herr, dein Gott, ist mit dir in allem, was du tun wirst.

Jos 1,9

Tröstet die Kleinmütigen!

1 Thess 5,14

Trösten ist die Kunst des Herzens. Sie besteht oft nur darin, liebevoll zu schweigen und schweigend mitzuleiden.

Otto von Leixner

Und der Engel sprach zu ihnen: Seid getrost und fürchtet euch nicht!

Tob 12,17

Wenn du recht betrübt bist, dass du meinst, kein Mensch auf der Welt könnte dich trösten, so tue jemand etwas Gutes, und gleich wird es besser sein.

Peter Rosegger

Willst du getröstet werden, so vergiss derer, denen es besser geht, und denke immer an die, denen es schlimmer ist.

Meister Eckhart

Trunksucht

Ein Rausch ist zu ertragen, die Trunksucht aber nicht.

Martin Luther

Tugend

Bescheidenheit ist nur dann eine Tugend, wenn keine daraus gemacht wird.

Robert Lembke

Der Lohn der Tugend liegt im Bewusstsein der guten Tat selbst.

Cicero

Die christlichen Tugenden Glaube, Hoffnung und Liebe sind beredter Ausdruck einer optimistischen Lebensauffassung.

Carl Peter Fröhling

Die großen Tugenden machen einen Menschen bewundernswert, die kleinen Fehler machen ihn liebenswert.

Pearl S. Buck

Die Tugenden, die uns in der Zeit und der Ewigkeit glücklich machen, sind Demut und Liebe.

Johannes Bosco

Fürchte dich vor allen Sünden, sei bereit zu allen Tugenden und beharrlich in allen Dingen, dann kannst du dein Leben zu einem guten Ende bringen.

Mechthild von Magdeburg

Man kann die Tugend nach meiner Ansicht kurz und gut definieren als die rechte Ordnung der Liebe.

Augustinus

Ohne die Liebe gibt es keine Tugend. Sie ist die formende Kraft aller Tugenden.

Thomas von Aquin

Tun

Das Getane zeugt für oder gegen dich.

Konfuzius

Das Glück besteht nicht darin, dass du tun kannst, was du willst, sondern darin, das du auch immer willst, was du tust.

Leo Tolstoi

Das Maß an Leid und Freude, das wir erleben, wird durch unser eigenes Tun bestimmt.

Dalai Lama

Tür

Wenn sich eine Tür schließt, öffnet sich eine andere. Aber wir schauen so lange mit so viel Bedauern auf die geschlossene Tür, dass wir die, die sich für uns geöffnet hat, nicht sehen.

Alexander Graham Bell

Überfluss

Jeder Überfluss hat die Armut als Nebenfluss.

Hellmut Walters

Überraschungen

Ich habe gelernt, vom Leben nicht viel zu erwarten. Das ist das Geheimnis aller echten Heiterkeit und der Grund, warum ich immer angenehme Überraschungen statt trostlose Enttäuschungen erlebe.

George Bernard Shaw

Sage ja zu den Überraschungen, die deine Pläne durchkreuzen, deinem Tag eine ganz andere Richtung geben, ja, vielleicht deinem Leben. Sie sind nicht Zufall. Lass dem himmlischen Vater die Freiheit, selber den Verlauf deiner Tage zu bestimmen.

Dom Hélder Câmara

Überzeugung

Es gibt immer noch nichts Ansteckenderes als ein entschlossenes und von Überzeugung geprägtes Leben.

Pierre Teilhard de Chardin

Nur der Überzeugte überzeugt.

Joseph Joubert

Ufer

Der Mensch kann nicht zu neuen Ufern vordringen, wenn er nicht den Mut aufbringt, die alten zu verlassen.

André Gide

Wer einen Fluss überquert, muss die eine Seite verlassen.

unbekannt

Umgang

Freude und Lächeln sind Tor und Pforte, durch die viel Gutes in den Menschen hineinhuschen kann.

Christian Morgenstern

Gehe mit Menschen um wie mit Holz! Nur weil ein Stückchen wurmstichig ist, würdest du nie den ganzen Stamm wegwerfen.

aus China

Nimm das Wohlwollen hinweg, und du entfernst die Sonne aus der Welt, du machst den Verkehr unter Menschen unmöglich.

Gregor der Große

Umkehr

Die große Schuld des Menschen ist, dass er in jedem Augenblick die Umkehr tun kann und sie nicht tut.

Martin Buber

Die zur Umkehr aufrufen, müssen ihrerseits wieder zum Umkehren bereit sein.

Josef Dirnbeck

Umkehr ist der schnellste Weg voran.

Charles Stapleton Lewis

Unabhängigkeit

Die Unabhängigkeit und Freiheit der Menschen beruht weniger auf der Kraft der Arme als auf der Mäßigung der Herzen.

Jean-Jaques Rousseau

Unaufmerksamkeit

Wie viele Freuden werden zertreten, weil die Menschen meist nur in die Höhe gucken und, was zu ihren Füßen liegt, nicht sehen!

Catharina Elisabeth Goethe

Unbegreifliches

Der Glaube lässt uns begreifen, dass es etwas Unbegreifliches gibt.

Anselm von Canterbury

Gott ist das, was wir nicht fassen können.

Leopold Schefer

Unbeliebtheit

Machen Sie sich erst einmal unbeliebt, dann werden sie auch ernst genommen.

Konrad Adenauer

Undank

Der Undank darf uns nicht hindern, Gutes zu tun.

Christine von Schweden

Unendlichkeit

Ich könnte stundenlang mich nachts in den gestirnten Himmel vertiefen, weil mir die Unendlichkeit ferner flammender Welten wie ein Band zwischen diesem und dem künftigen Dasein erscheint.

Wilhelm von Humboldt

Nur durch die Liebe und den Tod berührt der Mensch das Unendliche.

Alexandre Dumas

Zwei Dinge sind unendlich: das Universum und die menschliche Dummeit. Aber bei dem Universum bin ich mir noch nicht ganz sicher.

Albert Einstein

unentbehrlich sein

Nützlich sein heißt nicht, unentbehrlich zu sein.

Marie von Ebner-Eschenbach

Ungerechtigkeit

Es ist besser, aus Liebe zu Gott eine einzige Ungerechtigkeit ohne Murren zu ertragen, als täglich so zu fasten, dass die Sterne leuchten.

Aegidius von Assisi

Ich will bei der Wahrheit bleiben. Ich will mich keiner Ungerechtigkeit beugen. Ich will frei sein von Furcht. Ich will keine Gewalt anwenden. Ich will guten Willens sein gegen jedermann.

Mahatma Gandhi

Unglück

Beschließe, du selbst zu sein, und wisse, dass der, der sich selbst findet, sein Unglück verliert.

Matthew Arnold

Das tägliche Gebet ist ein täglicher Schutz vor vielem sichtbaren und unsichtbaren Unglück.

Adolph Kolping

Dem Tapferen sind Glück und Unglück wie seine rechte und linke Hand; er bedient sich beider.

Katharina von Siena

Glück besteht oft aus Aufmerksamkeiten in kleinen Dingen, Unglück oft aus Vernachlässigung kleiner Dinge.

Wilhelm Busch

Glück und Unglück nehmen den Menschen die Maske ab.

aus Malaysia

Im Unglück sieht man die Wahrheit klarer.

Fjodor M. Dostojewski

Je größer das Unglück, desto schneller muss man die Hände rühren, nicht den Mund.

Ricarda Huch

Mit nichts findet man sich leichter ab als mit fremden Unglück.

Janusz Korczak

Unglück und Leid geben uns Gelegenheit, widerstandsfähiger zu werden.

Esther Gut

Unglücklich sein

Es ist närrisch, heute unglücklich zu sein, nur weil du es in der Zukunft vielleicht einmal sein wirst.

Seneca

Manch einer würde weniger unglücklich sein, wenn er weniger an sich selbst dächte.

W. Francken

Unheil

Ich trau auf deine Hand, dass sie mich wohl behüte, weil alle deine Güte und Liebe mir bekannt, und dass ein sichrer Hort das Unheil von mir wende. O Herr, in deine Hände! Dies sei mein letztes Wort.

Annette von Droste-Hülshoff

Universum

Die Liebe ist der Endzweck der Weltgeschichte, das Amen des Universums.

Novalis

Die wichtigste Erkenntnis meines Lebens ist die, dass wir in einem liebenden Universum leben.

Albert Einstein

Unnützes

Eigentlich bin ich froh, dass ich nichts ins Grab mitnehmen kann – das ist die einzige Möglichkeit, all den angesammelten Krempel loszuwerden.

unbekannt

Unrecht

Das Unrecht trägt, auch wenn es blüht, keine Früchte.

unbekannt

Unrechtes

Nicht in den Dingen liegt das Böse, sondern in dem unrechten Gebrauch.

Augustinus

Unruhe

Ruhe zieht das Leben an, Unruhe verscheucht es.

Gottfried Keller

Unsicherheit

Wer gar zu viel bedenkt, wird wenig leisten.

Friedrich Schiller

Unsichtbares

Das Sichtbare vergeht, doch das Unsichtbare bleibt ewig.

2 Kor 4,18

Wir wissen, dass es noch mehr gibt als das, was wir sehen.

John Henry Newman

unsterblich sein

Einen Tag in ungestörter Muße zu verleben heißt, einen Tag unsterblich zu sein.

aus China

Unterricht

Unterricht bringt Gelehrte hervor, die liebende Zuwendung Weise.

Bernhard von Clairvaux

Unterschiedlichkeit

Nimm es hin, dass andere anders sind, anders denken, anders handeln, anders empfinden, anders sprechen.

Phil Bosmans

Unvollkommenheit

Nicht die Vollkommenen, sondern die Unvollkommenen brauchen unsere Liebe.

Oscar Wilde

Unwegsamkeit

Der Tag ist ein Berg. Du musst ihn täglich besteigen, Lawinengeröll, Taugras, Wipfel, die den Himmel im Gleichgewicht halten.

Rose Ausländer

Wer ein Ziel hat, nimmt auch schlechte Straßen in Kauf.

Kyrilla Spiecker

Unwissenheit

Ich weiß, dass ich nichts weiß.

Sokrates

Ungewissheit schützt vor Glaubensverlust.

Elisabeth Hablé

Unzufriedenheit

Wer die Gegenwart unzufrieden verachtet, dem kommen selten Tage des Friedens.

Jeremias Gotthelf

Unzulänglichkeit

Mit Adleraugen sehen wir die Fehler anderer, mit Maulwurfsaugen unsere eigenen.

Franz von Sales

Urlaub

Ein Erholungsurlaub soll die Unausgeglichenheiten des regulären Lebens auffangen.

Yehudi Menuhin

Urteil

Denken ist schwer. Darum urteilen die meisten.

Carl Gustav Jung

Ein Urteil lässt sich widerlegen, aber ein Vorurteil nie.

Marie von Ebner-Eschenbach

Je mehr Urteil, desto weniger Liebe.

Honoré de Balzac

Jedes Menschen Urteil über einen anderen bleibt Fragment, Versuch, vom Irrtum überdunkelt und mit Missverständnissen belastet. Gott allein kennt die Wahrheit.

Hannelore Frank

Richte nie den Wert des Menschen schnell nach einer kurzen Stunde. Oben sind bewegte Wellen, doch die Perle liegt am Grunde.

Otto von Leixner

Wer wird sich dazu versteigen, über himmlische Dinge zu urteilen, wo ihm die irdischen noch rätselhaft sind?

Hieronymus

Urteilen

Die Weisen sagen: beurteile niemand, bis du an seiner Stelle gestanden bist.

Johann Wolfgang von Goethe

Vater

Gott ist ein guter Vater, setzen wir unsere Hoffnung auf ihn.

Johannes Bosco

Die Mütter geben unserem Geiste Wärme und die Väter Licht.

Jean Paul

Jede Generation lächelt über die Väter, lacht über die Großväter und bewundert die Urgroßväter.

William Somerset Maugham

Veränderung

An jedem beliebigen Morgen kann sich alles ändern. Man darf nur den Zorn, den Groll und die Eifersucht vom Vortag nicht wieder in sich aufwachen lassen.

Gilbert Cesbron

Das Leben ist Veränderung, und ohne Erneuerung ist es unbegreiflich.

Nikolai Berdjajew

Das Leben lehrt den Lebendigen – und wer lebt, muss auf Wechsel gefasst sein.

Johann Wolfgang von Goethe

Die einzige Konstante im Universum ist die Veränderung.

Heraklit

Edel ist die Hand, die arbeitet! Die Hand, die die Welt verwandelt! Die Hand, die eine neue Wirklichkeit für eine menschlichere Gesellschaft errichtet. Die wohltuende Hand, die zum Vorteil und Wohl der Menschheit arbeitet.

Papst Johannes Paul II.

Eine Stelle in der Welt, ein einziges Teilchen wenigstens, können wir verändern: das ist das eigene Herz.

Reinhold Schneider

Erst muss, bevor die Welt sich ändern kann, der Mensch sich ändern.

Bertolt Brecht

Es ist nie zu spät, das zu werden, was man hätte sein können.

Gregor Eliot

Gott hat die Welt mit einem Baby erschüttert, nicht mit einer Bombe.

14-jähriges indisches Mädchen

Gott nimmt den Menschen an, wie er ist, das heißt aber nicht, dass er ihn so lassen will.

Alfred Kumpf

Leben heißt sich verändern; und vollkommen sein, sich oft verändert haben.

John Henry Newman

Nur wer sich ändert, bleibt sich treu.

Wolf Biermann

Umändern kann sich niemand, bessern kann sich jeder.

Ernst von Feuchtersleben

Vielleicht will, was ich nicht ändern kann, mich ändern.

Kyrilla Spiecker

Was man nicht annimmt, kann man nicht ändern.

Carl Gustav Jung

Wenn es überhaupt eine Möglichkeit gibt, einen anderen Menschen positiv zu verändern, dann doch nur, indem man ihn liebt und ihn so langsam sich wandeln hilft von dem, was er ist, zu dem hin, was er sein kann.

Joseph Ratzinger

Wer nichts verändern will, wird auch das verlieren, was er bewahren will.

Gustav Heinemann

Wie herrlich ist es, dass niemand eine Minute zu warten braucht, um damit zu beginnen, die Welt langsam zu ändern.

Anne Frank

Wir selbst müssen die Veränderung sein, die wir in der Welt sehen wollen.

Mahatma Gandhi

Zeit wird kostbar, wenn sie plötzlich wie Sand zwischen den Fingern zerrinnt. Was war, kommt nicht wieder, die Zeit, die bleibt, ist Einladung, manches anders zu machen.

Margot Bickel

Verantwortung

Der Einzelne ist mitverantwortlich für das Ganze durch alles, was er tut.

Karl Jaspers

Die Verantwortung für sich selbst ist die Wurzel jeder Verantwortung.

Mong Dsi

Du bist zeitlebens für das verantwortlich, was du dir vertraut gemacht hast.

Antoine de Saint-Exupéry

Es ist gut, wenn wir nicht vergessen, dass wir nicht nur von einem Wort oder Werk, sondern von jeder Stunde Rechenschaft abzulegen haben.

Gregor von Nazianz

Freiheit bedeutet Verantwortlichkeit. Das ist der Grund, weshalb die meisten Menschen sich davor fürchten.

George Bernard Shaw

Für seine Handlungen sich allein verantwortlich fühlen und allein ihre Folgen, auch die schwersten, tragen, das macht die Persönlichkeit aus.

Ricarda Huch

Habt keine Angst vor den Mächtigen dieser Welt; zieht euch nicht zurück angesichts von Kritik und Unverständnis. Der beste Dienst, den wir unserer Gesellschaft leisten können, ist, ihr ständig das Wort und die Verheißung Gottes in Erinnerung zu rufen und ihr seine Heilswege anzubieten.

Papst Johannes Paul II.

Im Augenblick der Liebe wird der Mensch nicht nur für sich, sondern auch für den anderen Menschen verantwortlich.

Franz Kafka

Keiner von uns ist einzig für sich auf der Welt, er ist auch für alle anderen da.

Gregor von Nazianz

Man soll nie zuschauen, man soll Zeuge sein und mittun und Verantwortung tragen. Der Mensch ohne mittuende Verantwortung zählt nicht.

Antoine de Saint-Exupéry

Verantwortlich ist man nicht nur für das, was man tut, sondern auch für das, was man nicht tut.

Laotse

Viel ist schon gewonnen, wenn nur einer aufsteht und Nein sagt.

Bertolt Brecht

Wir müssen aus dem Schlafe aufwachen und unsere Verantwortung sehen.

Albert Schweitzer

Verbesserung

Es gibt immer ein Stückchen Welt, das man bessern kann – sich selbst.

Gabriel Marcel

Vereinen

Wer Trennendes überwinden will, muss sich über die Trennlinien im Klaren sein und darf sie nicht vernebeln.

Franz Kamphaus

Vergangenheit

Dem Vergangenen: Dank, dem Kommenden: Ja!

Dag Hammarskjöld

Die Vergangenheit ist klar wie Wasser, die Zukunft dunkel wie schwarzer Lack, und die Gegenwart eine leuchtende Perle in meiner Hand.

Östliche Weisheit

Ein Blick in die Vergangenheit hat nur Sinn, wenn er der Zukunft dient.

Konrad Adenauer

Freude ist, wo man die Vergangenheit annimmt und gern in die Zukunft blickt.

Adalbert Ludwig Balling

Kein Fluss fließt zu den Quellen zurück.

aus Thailand

Nicht in der Vergangenheit und nicht in der Zukunft sollten wir leben. So gut es geht, den jetzigen Moment leben; er ist immer neu und voller Hoffnung.

Hermann Multhaupt

Schau nicht traurig in die Vergangenheit. Sie kommt nicht mehr zurück. Verbessere lieber klug die Gegenwart. Sie ist dein.

Henry Wadsworth Longfellow

Über die Vergangenheit jammern, von der Zukunft träumen und die Gegenwart verschlafen: das ist der Bankrott des Lebens.

Josef Cascales

Unsere Vergangenheit bleibt immer Teil unseres Lebens, aber man muss Vergangenheit auch loslassen, um Zukunft zu leben.

Marietta Grade

Vergangenheit ist, wenn es nicht mehr weh tut.

Mark Twain

Weine nicht, weil es vorbei ist, sondern lache, weil es so schön war.

Gabriel García Márquez

Wenn man auch die vergangene Zeit nicht zurückrufen kann, so kann man sie doch dadurch zurückbekommen, dass man den Eifer im Tun des Guten verdoppelt.

Klemens Maria Hofbauer

Wenn man sich nicht an die Vergangenheit erinnern kann, ist man verurteilt, sie zu wiederholen.

George Santayana

Wer die Vergangenheit nicht ehrt, verliert die Zukunft. Wer seine Wurzeln vernichtet, kann nicht wachsen.

Friedensreich Hundertwasser

Wer vor der Vergangenheit die Augen schließt, wird blind für die Gegenwart.

Richard von Weizsäcker

Vergebung

Aus der Vergebung zu leben bedeutet auch, sie stets neu zu erbitten. Sie ist nicht selbstverständlich; darf es auch für unser Gefühl nicht werden.

Romano Guardini

Die Vergebung bedeutet Wiedererlangen der eigenen Freiheit; sie ist der Schlüssel in unserer Hand, der die eigene Gefängniszelle öffnet.

Stefan Kardinal Wyszyński

Es ist leichter, einem Feind zu vergeben als einem Freund.

Dorothee Deluzy

Gott vergibt die Sünden, aber er macht sie nicht ungeschehen.

Alfred Kumpf

Liebende leben von der Vergebung.

Manfred Hausmann

Sei gut zu dir – und vergib den anderen.

Buddhistische Weisheit

Wer unfähig ist zu vergeben, der ist auch unfähig zu lieben.

Martin Luther King

Wir vergeben, solange wir lieben.

François de La Rochefoucauld

Wohl erprobt sich die Liebe in der Treue, aber sie vollendet sich erst in der Vergebung.

Werner Bergengruen

Vergeltung

Der Himmel nimmt einem nichts, ohne es unermesslich zu vergelten.

Edith Stein

Vergessen

Ist eine Sache geschehen, dann rede nicht darüber, es ist schwer, verschüttetes Wasser wieder zu sammeln.

Chinesische Weisheit

Jeder hat im Leben Dinge, die er von sich abschütteln und vergessen muss, und je eher man das tut, umso gescheiter ist es.

Fanny Lewald

Manchmal ist es ganz gut zu vergessen und weiterzuleben.

Lydia D.

Vergnügen

Der Mensch ist nicht zum Vergnügen, sondern zur Freude geboren.

Paul Claudel

Verhalten

Der Richter beurteilt die Tat. Der Gutachter das Motiv. Gott allein kennt den wahren Grund.

Alfred Kumpf

Jeder meint, sein Verhalten sei richtig, doch der Herr prüft die Herzen.

Spr 21,2

Lasst uns dem nachstreben, was zum Frieden dient und zur Erbauung untereinander.

Röm 14,19

Lebe so, dass zu keiner Zeit der Tod dich unvorbereitet findet.

Thomas von Kempen

Man kann niemanden dazu zwingen, einen zu lieben, aber man kann ein Mensch sein, den man lieben kann.

unbekannt

Wie schön ist es, dem Herrn zu danken.

Ps 92,2

Verhängnis

Tröste dich, die Stunden eilen, und was all dich drücken mag, auch die schlimmste kann nicht weilen, und es kommt ein anderer Tag.

Theodor Fontane

Verheißung

Die Verheißungen Gottes stehen über uns, gültiger als die Sterne und wirksamer als die Sonne.

Alfred Delp

Die Welt, die wir sehen, genügt nicht; es ist nur ein Anfang, nur wie eine Verheißung des Kommenden.

John Henry Newman

Verlassenheit

Menschliche Verlassenheit ist die tiefste Wunde unserer Zeit.

Roger Schutz

Verlorenes

Man muss nie verzweifeln, wenn einem etwas verloren geht, ein Mensch oder eine Freude oder ein Glück; es kommt alles noch herrlicher wieder. Was abfallen muss, fällt ab; was zu uns gehört, bleibt bei uns.

Rainer Maria Rilke

Verlust

Alles, was man gibt, ist Gewinn, und was man nicht gibt, ist Verlust.

Christine von Schweden

Vermögen

Der sicherste Ort, wo ihr euer Vermögen hinterlegen könnt, ist der Schoß der Armen.

Petrus Damiani

Vernunft

Die Liebe weist dem Menschen seines Lebens Ziel. Die Vernunft gibt ihm die Mittel in die Hand, es zu erreichen.

Chinesische Weisheit

Die Vernunft quält das Herz, ohne es zu überzeugen.

Marie Jeanne de Riccoboni

Freiheit ist nichts als die Möglichkeit, unter allen Bedingungen das Vernünftige zu tun.

Johann Wolfgang von Goethe

Nur in der Tiefe der Seele, mit Hilfe jener Kraft, die stärker ist als alle Vernünftigen, kann Trost und Ruhe gefunden werden.

Wilhelm Busch

Vernunft – das ist so etwas wie ansteckende Gesundheit.

Alberto Moravia

Wir kommen zum Glauben weniger durch die Vernunft als durch das Herz.

Blaise Pascal

Wo man nicht mit Vernunft handelt, da ist auch Eifer nichts nütze.

Spr 19,2

Verrücktheit

Die höchste Form des Glücks ist ein Leben mit einem gewissen Grad an Verrücktheit.

Erasmus von Rotterdam

Versäumnis

Keine Zukunft vermag gutzumachen, was du in der Gegenwart versäumst.

Albert Schweitzer

Man versäumt immer nur sich selbst!

Ilse Aichinger

Nichts wird so oft unwiederbringlich versäumt wie eine Gelegenheit, die sich täglich bietet.

Marie von Ebner-Eschenbach

Verschiedenartigkeit

Wer sich durch die Verschiedenartigkeit seiner Mitmenschen bereichert fühlt, wird viele Freunde finden.

Dagmar C. Walther

Verschiedenheit

Das Wissen um die Verschiedenheit der Menschen ist ein Schritt zur Versöhnlichkeit unter den Menschen.

Walter Goes

Gemeinsamkeiten machen eine Beziehung angenehm, interessant wird sie jedoch erst durch die kleinen Verschiedenheiten.

Konfuzius

Wir müssen akzeptieren, dass es ein Recht gibt, verschieden zu sein.

John Hume

Versöhnung

Lass uns täglich über die Brücke der Versöhnung gehen, damit die Welt und wir den wahren Frieden finden.

Hubert Janssen

Ohne Versöhnung kann es weder Freiheit noch Liebe geben.

Frère Roger

Selig, die immer bereit sind, den ersten Schritt zu tun – denn sie werden entdecken, dass der andere viel offener ist, als er es zeigen konnte.

Klaus Hemmerle

Suchen wir nicht danach, wer Recht oder Unrecht hat – versöhnen wir uns.

Papst Johannes XXIII.

Weihnachten ist das Rufen Gottes nach Liebe unter den Menschen, nach Verständnis und Versöhnung, nach Frieden und Freundschaft.

Phil Bosmans

Versprechen

Besser ein kleines Geschenk als ein großes Versprechen.

Französisches Sprichwort

Verstand

Das Gefühl versteht, was der Verstand nicht begreift.

Bonaventura

Das Glühen des Herzens ist mehr wert als das Glänzen des Verstandes.

Bernhard von Clairvaux

Dass Verstand erst mit den Jahren kommt, sieht man nicht eher ein, als bis der Verstand und die Jahre da sind.

Jean Paul

Dein Schöpfer hat dir den besten Schatz gegeben, einen lebendigen Schatz, deinen Verstand.

Hildegard von Bingen

Der Verstand kann uns sagen, was wir unterlassen sollen, aber das Herz kann uns sagen, was wir tun müssen.

Joseph Joubert

Ein altes Sprichwort sagt: »Großes Glück fordert starke Schultern«. Und doch prüft niemand, wie viel sein Herz und sein Verstand tragen können.

Johann Anton Leisewitz

Eines wahren Christen Verstand ist die Liebe.

Rupert Schützbach

Es ist nicht der Verstand, auf den es ankommt, sondern das, was ihn leitet: Herz und Charakter.

Fjodor M. Dostojewski

Gott schenke uns das weite Herz der Toleranz, den scharfen Verstand der Unterscheidung, das liebevolle Lächeln des ersten Schöpfungstages.

Sigrid Jahr

Habe den Mut, dich deines eigenen Verstandes zu bedienen.

Immanuel Kant

Sinn für Humor ist eine wunderbare Ergänzung des gesunden Menschenverstandes.

Johann A. Schindler

Was du mit dem Herzen denkst, holt der Verstand nicht ein.

Blaise Pascal

Weisheit entspringt nicht so sehr aus dem Verstand als aus dem Herzen.

Peter Rosegger

Wo Eitelkeit anfängt, hört der Verstand auf.

Marie von Ebner-Eschenbach

Verständigung

Lasst uns Brücken bauen, und wenn der andere nicht zu uns herüberkommen will, so lasst uns zusehen, ob wir nicht zu ihm gehen können.

Augustin Wibbelt

Wir wollen die Sprache zur echten Verständigung gebrauchen und nicht, um einander lächerlich zu machen.

Ulrich Schaffer

Verständnis

Das Beste im Leben ist, Verständnis für alles Schöne zu haben.

Menander

Die verstehen sehr wenig, die nur verstehen, was sich erklären lässt.

Marie von Ebner-Eschenbach

Es gibt in Wahrheit kein letztes Verständnis ohne die Liebe.

Christian Morgenstern

Herr, gib mir die Gnade, dass ich nicht suche, verstanden zu werden, sondern mich mühe, die anderen zu verstehen.

Papst Pius XII.

Kein Geschenk vermag eine Menschenseele mehr zu erfreuen als Verständnis.

Elisabeth Hablé

Nichts in der Welt versteht sich so gut wie zwei Träger gleicher Schmerzen.

Honoré de Balzac

Probleme lösen sich nicht, weil man sie erkannt hat, sondern weil sich der Betroffene verstanden fühlt.

Walter Pacher

Um das Herz und den Verstand eines anderen Menschen zu verstehen, schaue nicht darauf, was er erreicht hat, sondern wonach er sich sehnt.

Khalil Gibran

Was ist es Großes um ein Herz, das ein anderes versteht.

Teresa von Ávila

Wer einen Menschen wieder zum Lachen bringt, der schließt ihm das Himmelreich auf.

Jürgen Moltmann

Zeige dich verständnisvoll und suche bei deinem Mitmenschen nach Eigenschaften, die du loben und bewundern kannst.

unbekannt

Verstehen

Es gibt Dinge, in denen man sich besser ohne Worte versteht.

Edith Stein

Je mehr du verstehst, desto besser kannst du glauben.

Ramon Llull

Man wird einen anderen Menschen nie wirklich verstehen, wenn man die Dinge nicht von seinem Standpunkt aus zu betrachten versucht.

Harper Lee

Verstorbene

Unsere Verstorbenen sind nicht die Vergangenen, sondern die Vorausgegangenen.

Karl Rahner

Wichtig ist, dass wir das Endziel nicht aus den Augen verlieren. Der Gedanke an unsere Verstorbenen hilft uns. Sie sind schon da, wo wir eines Tages sein werden.

Papst Johannes Paul II.

Vertrauen

Auf Gott traue ich mit fester Zuversicht – und dieses Zutrauen hat mich noch nie stecken lassen.

Catharina Elisabeth Goethe

Befiehl dem Herrn deinen Weg und vertrau ihm; er wird es fügen.

Ps 37,5

Behüte mich wie einen Augapfel im Auge, beschirme mich unter dem Schatten deiner Flügel.

Ps 17,8

Das Edelste an der Liebe ist das Vertrauen zueinander.

Julius Grosse

Das Vertrauen erhebt die Seele.

Jean-Jacques Rousseau

Das Vertrauen ist eine zarte Pflanze, ist es zerstört, so kommt es so bald nicht wieder.

Otto von Bismarck

Die dem Herrn vertrauen, schöpfen neue Kraft, sie bekommen Flügel wie Adler. Sie laufen und werden nicht müde, sie gehen und werden nicht matt.

Jes 40,31

Die Mutlosigkeit ist ein ernstes Hindernis in unserem Leben, weil sie wesentlich einen Mangel an Vertrauen darstellt. Für Christen gibt es keinen wahren Grund, mutlos zu werden.

Michel Quoist

Du bist zeitlebens für das verantwortlich, was du dir vertraut gemacht hast.

Antoine de Saint-Exupéry

Es ist nicht auszudenken, was Gott aus den Bruchstücken unseres Lebens machen kann, wenn wir sie ihm ganz überlassen.

Blaise Pascal

Fürchte dich nicht, denn ich bin mit dir; hab keine Angst, denn ich bin dein Gott. Ich helfe dir, ja, ich mache dich stark, ja, ich halte dich mit meiner hilfreichen Rechten.

Jes 41,10

Gott kennt dein Gestern, gibt ihm dein Heute, er sorgt für dein Morgen.

Ernst Modersohn

Gott spricht: Ich lasse dich nicht fallen und verlasse dich nicht.

Jos 1,5

Gott trägt uns, er ist unsere Hilfe.

Ps 68,20

Gott weiß, dass ich da bin. Und das genügt mir.

Papst Johannes XXII.

Halt hat nur, wer sich dem haltenden Gott anvertraut.

unbekannt

Herr, in deine Hände sei Anfang und Ende, sei alles gelegt.

Angelus Silesius

Hoffen heißt, an das Abenteuer der Liebe glauben, Vertrauen zu den Menschen haben, den Sprung ins Ungewisse tun und sich ganz Gott überlassen.

Augustinus

Ich aber bleibe immer bei dir, du hältst mich an meiner Rechten. Du leitest mich nach deinem Ratschluss und nimmst mich am Ende auf in Herrlichkeit.

Ps 73,23-24

Ich glaube, dass Gott uns in jeder Notlage so viel Widerstandskraft geben will, wie wir brauchen. Aber er gibt sie uns nicht im Voraus, damit wir uns nicht auf uns selbst, sondern allein auf ihn verlassen.

Dietrich Bonhoeffer

Ich habe dir eine Tür geöffnet, die niemand mehr schließen kann.

Offb 3,8

Ich trau auf deine Hand, dass sie mich wohl behüte, weil alle deine Güte und Liebe mir bekannt, und dass ein sicherer Hort das Unheil von mir wende. O Herr, in deine Hände! Dies sei mein letztes Wort.

Annette von Droste-Hülshoff

In deine Hände lege ich meine Seele; ich gebe sie dir, mein Gott, mit der ganzen Liebe meines Herzens, mit einem grenzenlosen Vertrauen; denn du bist mein Vater.

Charles de Foucauld

In deine Hände lege ich voll Vertrauen meinen Geist; du hast mich erlöst, Herr, du treuer Gott.

Ps 31,6

Kleinmut und Ängstlichkeit hindern einen Menschen oft, das Gute zu tun, zu dem er fähig wäre, wenn er im Vertrauen auf Gottes Hilfe Mut fassen würde.

Thomas More

Lasst uns dem Leben trauen, weil wir es nicht allein zu leben haben, sondern Gott es mit uns lebt.

Alfred Delp

Lobe Gott für alles, was du hast. Und vertraue ihm in allem, worum du bittest.

John Wesley

Man sollte nicht ängstlich fragen: Was wird und kann noch kommen? Sondern sagen: Ich bin gespannt, was Gott jetzt noch mit mir vorhat.

Selma Lagerlöf

Mein Weg ist Vertrauen und Liebe.

Thérèse von Lisieux

Mutlosigkeit ist immer Beweis eines großen Vertrauens auf sich und eines zu kleinen Vertrauens auf Gott.

Michel Quoist

Befiehl dem Herrn deinen Weg und vertrau ihm; er wird es fügen.

Ps 37,5

Nicht im Stich lassen, sich nicht und andere nicht, das ist die Mindestutopie, ohne die es sich nicht lohnt, Mensch zu sein.

Hilde Domin

Nichts kann den Menschen mehr stärken als das Vertrauen, das man ihm entgegenbringt.

Adolf von Harnack

Nichts soll dich ängstigen, nichts dich erschrecken. Alles geht vorüber. Gott allein bleibt derselbe. Alles erreicht der Geduldige, und wer Gott hat, der hat alles. Gott allein genügt.

Teresa von Ávila

O Herr, in deinen Armen bin ich sicher. Wenn du mich hältst, habe ich nichts zu fürchten. Ich weiß nichts von der Zukunft, aber ich vertraue auf dich.

Franz von Assisi

Sich kennen will nicht heißen, alles voneinander wissen, sondern Liebe und Vertrauen zueinander haben und einer an den anderen glauben.

Albert Schweitzer

Tue, was an dir ist, und Gott wird deinem guten Willen zu Hilfe kommen.

Thomas von Kempen

Verlasst euch stets auf den Herrn; denn Gott, der Herr, ist ein ewiger Fels.

Jes 26,4

Vertraue Allah, aber binde das Kamel fester an.

Arabisches Sprichwort

Vertraue die Vergangenheit Gottes Gnade an, die Gegenwart seiner Liebe und die Zukunft seiner Fürsorge.

Augustinus

Vertraue, denn der Herr hat dich so in der Hand, dass du dich nicht auf die eigene Sicherheit zu stützen brauchst. Vertraue, weil Gott dich liebt.

Hildegard von Bingen

Vertrauen entsteht, wenn jemand wirklich zuhört, anerkennt, entgegnet, ernst nimmt, weiterführt und nicht Recht haben muss.

Ruth Cohn

Vertrauen und Achtung, das sind die beiden unzertrennlichen Grundpfeiler der Liebe, ohne welche sie nicht bestehen kann; denn ohne Achtung hat Liebe keinen Wert und ohne Vertrauen keine Freude.

Heinrich von Kleist

Vertrauen, Lebensbejahung und Beziehungsfähigkeit üben eine heilende Kraft aus.

Martin Patzeck

Was hinter uns und vor uns liegt, ist nichts verglichen mit dem, was in uns liegt.

Ralph Waldo Emerson

Wenn das Leben dir von Zeit zu Zeit den Boden des Altvertrauten unter den Füßen wegzieht, und nichts anderes bleibt, als auf neuen Wegen wieder das Gehen zu lernen, dann wünsche ich dir eine Hand, die dir aufstehen hilft, und auch bei deinen ersten Schritten, den zögernden, stolpernden, nahe ist.

Isabella Schneider

Wer Glauben hat, der zittert nicht. Er überstürzt nichts, er ist nicht pessimistisch, er verliert nicht die Nerven. Glauben, das ist die Heiterkeit, die von Gott kommt.

Papst Johannes XXIII.

Wie wirst du dich mir geben, wenn du dich nicht selbst gibst? Und wenn ich so im Schweigen der Betrachtung verstumme, antwortest du mir, Herr, tief in meinem Herzen und sagst: Sei du dein und ich werde dein sein.

Nikolaus von Kues

Wo Vertrauen ist, da genügen wenige Worte.

Berthold Mayr

Wo Vertrauen ist, ist Liebe, wo Liebe ist, ist Frieden, wo Frieden ist, ist Wahrheit. Wo die Wahrheit ist, da ist Gott.

unbekannt

Vertraute

Es muss Herzen geben, welche die Tiefe unseres Wesens kennen und auf uns schwören, selbst wenn die ganze Welt uns verlässt.

Karl Gutzkow

Verwandlung

Ach nein, das ist kein Sterben, wenn Christen heimwärts gehen. Es ist nur ein Verwandeln vom Glauben in das Sehn.

Hedwig von Redern

Das Licht, das auf die Dinge fällt, verwandelt sie.

Dom Hélder Câmara

Die Liebe hat die Kraft der Verwandlung.

Stefan Andres

Nur vom Verwandelten können Verwandlungen ausgehen.

Søren Kierkegaard

Verweigerung

Niemals Ärger aufnehmen oder sogar mit ihm leben. Dagegen hilft nur innere Verweigerung. Sonst kann Ärger einen Menschen auffressen wie Motten einen Stoff.

Maria-Theresia Radloff

Verweilen

Ein Stück des Weges liegt hinter dir, ein anderes hast du noch vor dir. Wenn du verweilst, dann nur um dich zu stärken, nicht aber um aufzugeben.

Augustinus

Verzagen

Bevor du verzagst, rufe dir ins Gedächtnis: Zum Glück vermag der Mensch in der Not viel mehr zu ertragen, als er sich in guten Tagen vorzustellen vermochte.

Seneca

Durch Verzagen ist noch nie eine Not gewendet worden und keiner zum Ziel gekommen.

M. B.

Verzeihen

Das Böse, das wir tun, wird Gott uns vielleicht verzeihen. Aber unverzeihlich bleibt das Gute, das wir nicht getan haben.

Karl Heinrich Waggerl

Das Wort Verzeihung ist die beste Münze im Haus.

Chinesisches Sprichwort

Der Mensch ist nie so schön, als wenn er um Verzeihung bittet oder selbst verzeiht.

Jean Paul

Gern verzeihen wir unseren Freunden die Fehler, die uns nicht betreffen.

Luc de Clapiers Vauvenargues

Hat man sich mit jemandem entzweit, soll man vor Sonnenuntergang wieder Frieden schließen.

Benedikt von Nursia

Ich glaube, dass man gut, dass man demütig sein muss, dass man verzeihen und lieben muss. Das glaube ich von ganzem Herzen.

Leo Tolstoi

Im Verzeihen des Unverzeihlichen kommt der Mensch der göttlichen Liebe am nächsten.

Gertrud von Le Fort

Jedes Verzeihen unterbricht den Kreislauf des Bösen.

Kyrilla Spiecker

Verzeihen hat nichts mit Schwäche zu tun; verzeihen kommt aus der Stärke.

Luise Rinser

Verzeihen ist die schwerste Liebe.

Albert Schweitzer

Verzeihen ist mehr als Recht haben, Geduld ist stärker als Gewalt.

Romano Guardini

Verzeihen und Vergeben darf man niemals als Schwäche ansehen. Es gehört immer Größe dazu.

Ignaz Bubis

Wer Verzeihung wünscht von dem, der über ihm steht, der erlasse die Schuld dem, der unter ihm steht.

Tausendundeine Nacht

Verzicht

Am reichsten sind die Menschen, die auf das meiste verzichten können.

Rabindranath Tagore

Der Verzicht nimmt nicht. Der Verzicht gibt. Er gibt die Kraft der Einfachheit.

Martin Heidegger

Um alles zu besitzen, sollst du nichts mehr besitzen. Um alles sein zu können, so wünsche nichts mehr zu sein. Um alles Wissen zu besitzen, verzichte auf jedes Wissen.

Johannes vom Kreuz

Wenn niemand mehr verzichten kann, ist die Freiheit gefährdet.

Papst Pius XII.

Wer genießen will, der muss verzichten können.

Anselm Grün

Verzweiflung

Einen tief glaubenden Christen kann alles passieren, aber er wird nicht verzweifeln.

Max Thürkauf

Gott ist auch in der Finsternis der Verzweiflung bei uns. Er gibt uns die Kraft und den Mut, trotz allem vorwärts zu gehen.

Martin Luther King

Langeweile ist eine Halbschwester der Verzweiflung.

Marie von Ebner-Eschenbach

Zweifel kennen wir alle. Doch ob uns der Zweifel zur Verzweiflung führt, zum Glauben oder wenigstens zum Glaubenwollen, darin liegt der Unterschied.

Hannelore Frank

Visionen

Unsere Visionen beginnen mit unseren Wünschen.

Kalenderspruch

Völker

Man muss den Mut haben, in eine Richtung zu gehen, in die bisher noch niemand gegangen ist. Ohne diesen Mut können Völker und Systeme in diesen Zeiten weder einander näher kommen, noch kann man den Frieden herstellen!

Papst Johannes Paul II.

Vollendung

Jeder ist berufen, etwas in der Welt zur Vollendung zu bringen.

Martin Buber

Vielleicht lächelt der zunehmende Mond ungläubig, wenn man ihm sagt, dass er ein Bruchstück ist, das auf Vollendung wartet.

Rabindranath Tagore

Vollkommenheit

Das Vollkommene kann man nur bewundern, aber nicht lieben. Zur Liebe gehören auch Schönheitsfehler.

Luise Ullrich

Das Vollkommenste der Welt ist der Mensch. Das Vollkommenste des Menschen ist der Geist. Das Vollkommenste des Geistes ist die Liebe. Das Vollkommenste der Liebe ist Gott.

Franz von Assisi

Die Vollkommenheit erscheint mir leicht. Ich sehe, dass es genügt, sein Nichts zu erkennen und sich wie ein Kind Gott in die Arme zu werfen.

Thérèse von Lisieux

Ein Mensch ohne Fehler ist nicht vollkommen.

Alfred Polgar

Je vollkommener jemand ist, desto milder und nachsichtiger geht er mit den anderen um.

Thomas More

Leben heißt sich verändern; und vollkommen sein, sich oft verändert haben.

John Henry Newman

Nicht die Vollkommenen, sondern die Unvollkommenen brauchen unsere Liebe.

Oscar Wilde

Wünsche nicht, etwas anderes zu sein, als du bist, und versuche, das vollkommen zu sein.

Franz von Sales

Vorbild

Das gute Beispiel ist die einzige Möglichkeit, andere zu beeinflussen.

Albert Schweitzer

Ein Gramm Beispiel gilt mehr als ein Zentner guter Worte.

Franz von Sales

Es ist besser, wenn unser Leben spricht, nicht unsere Worte.

Mahatma Gandhi

Gute Vorbilder sind die besten Wegweiser.

Maria-Theresia Radloff

Heilige sind unbequem, denn sie erheben den Anspruch des Vorbildes.

unbekannt

Lang ist der Weg durch Lehren, kurz und wirksam durch Beispiele.

Seneca

Lebt recht, denn durch ein gutes Leben ändert ihr die Zeiten.

Augustinus

Nichts ist schwerer zu befolgen als ein gutes Beispiel.

Mark Twain

Stört dich ein Fehler eines anderen, so übe an dir selbst das entgegengesetzte Gute. Dein Beispiel wirkt mehr als Worte.

Teresa von Ávila

Vorsatz

Am Baum der guten Vorsätze gibt es viele Blüten, aber wenig Früchte.

Konfuzius

Erwarte keinen Respekt nur deiner guten Vorsätze willen.

Henry Ford

Gott ist es, der in euch beides wirkt, das Wollen und das Vollbringen, noch über euren guten Willen hinaus.

Phil 2,13

Nichts auf der Welt ist so weit wie der Weg vom guten Vorsatz zur Tat.

aus Norwegen

Verschiebe nur dann etwas auf morgen, wenn es dir nichts ausmacht, darüber zu sterben.

Pablo Picasso

Vorsehung

Die göttliche Vorsehung regiert alles, und was wir für ein Übel halten, ist Arznei.

Hieronymus

Was du tust, vertraue auf die Vorsehung und vertraue auf dich selbst. Eines von diesen ohne das andere wird dir selten frommen; aber beide vereinigt, retten dich aus jeder Lage, ermutigen dich in jedem Unternehmen.

August von Platen

Wir sollen uns in unserem Tun auf die Vorsehung Gottes verlassen. Denn von ihr hängt der Erfolg unserer Pläne ab.

Franz von Sales

Vorsicht

Berate dich nicht mit dem, der dir missgünstig ist, und dem, der dich beneidet, verbirg deinen Entschluss.

Sir 37,10

Du kannst dir nicht ein Leben lang alle Türen offen halten.

Paul Roth

Um durch die Welt zu kommen, ist es zweckmäßig, einen großen Vorrat von Vorsicht und Nachsicht mitzunehmen: Durch erstere wird man vor Schaden und Verlust, durch letztere vor Streit und Händeln geschützt.

Arthur Schopenhauer

Wenn du so vorsichtig bist, dass du ständig darauf achtest, nicht zu fallen, wirst du bestimmt über etwas stolpern.

Gertrude Stein

Wer gar zu viel bedenkt, wird wenig leisten.

Friedrich Schiller

Wer über jeden Schritt lange nachdenkt, der steht sein Leben lang auf einem Bein.

Chinesische Weisheit

Vorsprung

Einen Vorsprung im Leben hat, wer da anpackt, wo die anderen erst einmal reden.

John F. Kennedy

Vorurteil

Ein Urteil lässt sich widerlegen, aber ein Vorurteil nie.

Marie von Ebner-Eschenbach

Es ist einfacher, ein Atom zu spalten, als ein Vorurteil zu zerstören.

Albert Einstein

Frei sein von Vorurteilen – erste Bedingung der Nächstenliebe.

Marie von Ebner-Eschenbach

Vorwärts kommen

Nichts ist, das dich bewegt: du selber bist das Rad, das aus sich selber läuft und keine Ruhe hat.

Angelus Silesius

Wachsamkeit

Dankbarkeit ist die Wachsamkeit der Seele gegen die Kräfte der Zerstörung.

Gabriel Marcel

Seid wachsam, steht fest im Glauben, seid mutig, seid stark!

1 Kor 16,13

Wachsen

Jeder Tag bietet eine Möglichkeit, lieben zu können, wachsen zu können.

Carol Ann Hierl

Wachsen ist das Gefühl, dass das Uranfänglichste zu seinem Ursprung in die Ewigkeit dringt.

Bettina von Arnim

Wagnis

Darin liegt der Adel und die Schönheit des Glaubens: dass wir das Herz haben, etwas zu wagen.

John Henry Newman

Wenn wir im Glauben ein Wagnis eingehen und Gott bitten, dass er es uns durchstehen lässt, dann können wir Wunder erleben.

Irmela Hofmann

Wahrhaftigkeit

Der Kern des Glücks: Der sein zu wollen, der du bist.

Erasmus von Rotterdam

Es kann sein, dass nicht alles wahr ist, was ein Mensch dafür hält, denn er kann irren, aber in allem, was er sagt, muss er wahrhaftig sein.

Immanuel Kant

Nur zu dem, was man selbst übt, kann man andere führen.

Edith Stein

Wahrheit

Besser, es gibt einen Skandal, als dass die Wahrheit zu kurz kommt.

Gregor der Große

Demut ist wie Wahrheit unüberwindlich; ihr gehört immer der Sieg.

Klemens Maria Hofbauer

Demütig sein heißt: in der Wahrheit sein.

Teresa von Ávila

Die nackte Wahrheit ist besser als die vergoldete Lüge.

Enrica von Handel-Mazzeti

Die Wahrheit hat nichts zu tun mit der Anzahl der Leute, die von ihr überzeugt sind.

Paul Claudel

Die Wahrheit ist nützlicher für den, der sie erfährt, als für den, der sie sagt.

Blaise Pascal

Die Wahrheit richtet sich nicht nach uns, wir müssen uns nach der Wahrheit richten.

Matthias Claudius

Die Wahrheit sagen ist ein Zeichen von Mut.

Zora Neale Hurston

Die Wahrheit siegt durch sich selbst, die Lüge braucht stets einen Komplizen.

Epiktet

Ein guter Spruch ist die Wahrheit eines ganzen Buches in einem einzigen Satz.

Theodor Fontane

Ein Mensch des Gebetes ist in Frieden mit sich und der ganzen Welt.

Mahatma Gandhi

Eine Illusion verlieren heißt: um eine Wahrheit reicher werden.

Arthur Schnitzler

Es gibt also drei Wahrheiten: meine Wahrheit, deine Wahrheit und die Wahrheit.

Weisheit aus Asien

Es ist unmöglich, die Fackel der Wahrheit durchs Gedränge zu tragen, ohne jemandem den Bart zu versengen.

Georg Christoph Lichtenberg

Für die Wahrheit sterben zu wollen, hielt ich von jeher für einen Unfug – für die Wahrheit hat man zu leben.

Karl Heinrich Waggerl

Für mich ist Gott Wahrheit und Liebe. Gott ist Ethik und Moralität. Gott ist Furchtlosigkeit. Gott ist die Quelle von Licht und Leben, doch er ist über all dem und jenseits all dessen. Gott ist Gewissen.

Mahatma Gandhi

Humor ist unser Freund in allen Lebenslagen. Man kann zum Beispiel mit Humor die Wahrheit sagen, so dass sie uns bekommt und halb so bitter schmeckt.

Fred Endrikat

Ich bin der Weg und die Wahrheit und das Leben; niemand kommt zum Vater außer durch mich.

Joh 14,6

Ich wäre bereit, sogar mit dem Teufel zu reden, wenn es um die Wahrheit, die Religion und die Menschenrechte geht.

Papst Johannes Paul II.

Ich will bei der Wahrheit bleiben. Ich will mich keiner Ungerechtigkeit beugen. Ich will frei sein von Furcht. Ich will keine Gewalt anwenden. Ich will guten Willens sein gegen jedermann.

Mahatma Gandhi

Im Unglück sieht man die Wahrheit klarer.

Fjodor M. Dostojewski

Jedes Menschen Urteil über einen anderen bleibt Fragment, Versuch, vom Irrtum überdunkelt und mit Missverständnissen belastet. Gott allein kennt die Wahrheit.

Hannelore Frank

Liebe ist Leben; das Grundgesetz von beiden ist Wahrheit.

Franz Grillparzer

Man soll die Wahrheit dem anderen wie einen Mantel hinhalten, dass er hineinschlüpfen kann, und nicht wie ein nasses Tuch um den Kopf schlagen.

Max Frisch

Mit dem Glück ist es wie mit der Wahrheit: man hat sie nicht, man ist in ihr.

Theodor W. Adorno

Wenn du Probleme hast und überhaupt nicht weißt, was du sagen sollst – sage einfach die Wahrheit.

Antoni Slonimski

Wenn ihr in meinem Wort bleibt, seid ihr wahrhaftig meine Jünger. Dann werdet ihr die Wahrheit erkennen, und die Wahrheit wird euch befreien.

Joh 8,31-32

Wer sich von der Wahrheit nicht besiegen lässt, der wird vom Irrtum besiegt.

Augustinus

Zeit ist kostbar, aber Wahrheit ist kostbarer als Zeit.

Benjamin Disraeli

Wahrnehmung

Wir können noch sehen, wir können noch hören, wir können noch leiden, noch lieben.

Marie-Luise Kaschnitz

Wandel

Säume nicht, träume nicht, wandle!
Frage nicht, klage nicht, handle!

Julius Langbehn

Wenn es überhaupt eine Möglichkeit gibt, einen anderen Menschen positiv zu verändern, dann doch nur, indem man ihn liebt und ihn so langsam sich wandeln hilft von dem, was er ist, zu dem hin, was er sein kann.

Joseph Ratzinger

Wandlung

Nur von Verwandelten können Wandlungen ausgehen.

Søren Kierkegaard

Wärme

Der geringste Widerstand des ewigen Lichtes kann ein Herz verwandeln.

Reinhold Schneider

Warten

Der Abendhimmel ist mir wie ein Fenster – und eine brennende Lampe – und ein Warten dahinter.

Rabindranath Tagore

Zeit des Wartens und Ausschauhaltens nach dem, der meine Sehnsucht erfüllt. Die immer kürzer werdenden Tage wecken in mir die Sehnsucht nach Licht und Wärme, nach Geborgenheit und Heimat.

Anselm Grün

Waschung

Es ist leicht, irgend jemandem den Kopf zu waschen; es ist schwerer, jemandem die Füße zu waschen.

Egon Kapellari

Wasser

Alles ist aus dem Wasser entsprungen! Alles wird durch das Wasser erhalten!

Johann Wolfgang von Goethe

Das Murmeln des Wassers ist die Stimme meiner Väter.

Rede des Häuptlings Seattle

Den wahren Geschmack des Wassers erkennt man in der Wüste.

aus Israel

Wasser des Lebens

Wasser des Lebens, es ist da, einfach da. Ich muss zur Suche bereit sein.

Andrea Schwarz

Weg

Auch wenn wir unseren Weg nicht gemeinsam gehen können, am Ende des Regenbogens sehen wir uns wieder!

unbekannt

Der Weg wächst im Gehen unter deinen Füßen, wie durch ein Wunder.

Reinhold Schneider

Einen steinigen Weg zu gehen – dauert zwar immer etwas länger. Aber es ist der bessere Weg, wenn er der gerade Weg ist.

Maria-Theresia Radloff

Ein Stück des Weges liegt hinter dir, ein anderes hast du noch vor dir. Wenn du verweilst, dann nur um dich zu stärken, nicht aber um aufzugeben.

Augustinus

Es kommt immer ganz anders! Das ist das wahrste Wort und im Grunde auch der beste Trost, der dem Menschen in seinem Erdenleben mit auf den Weg gegeben worden ist.

Wilhelm Raabe

Geh Wege, die noch niemand ging, damit du Spuren hinterlässt.

Antoine de Saint-Exupéry

Gott führt jeden seine eigenen Wege.

Edith Stein

Ich bin der Weg und die Wahrheit und das Leben; niemand kommt zum Vater außer durch mich.

Joh 14,6

Ich wünsche dir, dass auch über Dornen und manchen Stein auf deinem Weg hinweg deine Schritte immer führen mögen.

Isabella Schneider

Je schwerer die Wege sind, die Gott uns weist, umso sicherer führen sie hin.

Otto Gillen

Lehre mich, Herr, deinen Weg; ich will ihn gehen in Treue zu dir. Richte mein Herz darauf hin, allein deinen Namen zu fürchten!

Ps 86,11

Wenn der Weg unendlich scheint und plötzlich nichts mehr gehen will, wie du wünschest – gerade dann darfst du nicht zaudern.

Dag Hammarskjöld

Wenn du darauf vertraust, dass ein Engel auch deinen persönlichen Weg begleitet, wirst du entdecken, wozu du fähig bist. Du wirst deine Einmaligkeit spüren und den göttlichen Glanz deiner Seele.

Anselm Grün

Wenn es einen Weg gibt, etwas besser zu machen: Finde ihn!

Thomas A. Edison

Wer vom Ziel nichts weiß, kann den Weg nicht haben.

Christian Morgenstern

Wo du hingehst, dahin will auch ich gehen, und wo du bleibst, da will auch ich bleiben.

Rut 1,16

Wegweiser

An den wichtigsten Scheidewegen des Lebens stehen meist keine Wegweiser.

Hedwig Dransfeld

Gute Vorbilder sind die besten Wegweiser.

Maria-Theresia Radloff

Weihnachten

Das ist das Wunder der heiligen Weihnacht, dass ein hilfloses Kind unser aller Helfer wird.

Friedrich von Bodelschwingh

Das ist unser Fest, was wir heute feiern: das Kommen Gottes zu den Menschen, damit wir zu Gott kommen.

Gregor von Nazianz

Die Botschaft von Weihnachten: Es gibt keine größere Kraft als die Liebe. Sie überwindet den Hass, wie das Licht die Finsternis.

Martin Luther King

Diese Nacht darf nicht einsam sein und nicht ohne Lobgesang. Sie darf nicht dunkel bleiben, sondern werde erhellt vom himmlischen Licht; zahllose Lichter sollen angezündet werden in der ganzen Christenheit!

Thomas von Kempen

Einmal im Jahr, zu Weihnachten, danken wir dem Christkind dafür, dass wir Bonbons in unseren Schuhen finden. Aber es wäre besser, wir würden ihm täglich danken, dass wir zwei kräftige Beine darin finden.

Gilbert Keith Chesterton

Gott hat die Welt mit einem Baby erschüttert, nicht mit einer Bombe.

14 jähriges, indisches Mädchen

Stern und Engel, Hirten und die Weisen künden uns das Große, was geschah. Und wir loben, danken und wir preisen, Gott ist nah!

Dietrich Bonhoeffer

Weihnachten ist Anfang. Wer bereit ist, erlebt etwas Neues.

Helmut Breit

Weihnachten ist das Rufen Gottes nach Liebe unter den Menschen, nach Verständnis und Versöhnung, nach Frieden und Freundschaft.

Phil Bosmans

Weihnachten sagt uns: Gott holt uns ab, gleichgültig, wo wir stehen.

Helmut Thielicke

Weihnachten, die Nacht ist hell. Gott hat sich ein Fest bereitet, das es in seinem Himmel nicht gab: Er ist Mensch geworden.

Karl Rahner

Wir feiern Weihnachten, auf dass diese Geburt auch in uns Menschen geschieht. Wenn sie aber nicht in mir geschieht, was hilft sie mir dann? Gerade, dass sie auch in mir geschehe, darin liegt alles.

Meister Eckhart

Weinen

Durch das Weinen fließt die Traurigkeit aus der Seele heraus.

Thomas von Aquin

Wenn du weinen kannst, so danke Gott.

Johann Wolfgang von Goethe

Weiser

Der Weise vermag es, durch seine Reinheit und Ruhe alle Dinge der Welt ins Gleichmaß zu bringen.

Laotse

Ein Weiser wird sich nicht um sein Begräbnis kümmern.

Epikur

Weisheit

Alles ist mir erlaubt; aber nicht alles ist heilsam. Alles ist mir erlaubt; aber ich darf mich von nichts beherrschen lassen.

1 Kor 6,12

Das ist höchste Weisheit: sein Herz zu göttlichen Dingen erheben und durch Gleichgültigkeit der Welt gegenüber zum Himmel streben.

Thomas von Kempen

Der Anfang der Weisheit ist das Erfülltsein vom Geheimnis, dass es die Welt und das Leben gibt.

Albert Schweitzer

Der aus Büchern erworbene Reichtum fremder Erfahrung heißt Gelehrsamkeit. Eigene Erfahrung ist Weisheit.

Gotthold Ephraim Lessing

Der Humor nimmt die Welt hin, wie sie ist, sucht sie nicht zu verbessern und zu belehren, sondern sie mit Weisheit zu ertragen.

Charles Dickens

Der Mensch beherrscht die Natur, bevor er gelernt hat, sich selbst zu beherrschen.

Albert Schweitzer

Der Optimismus ist der wahre Stein der Weisen, der in Gold verwandelt, was immer er berührt.

J. E. Chaponnière

Der Weisheit Anfang ist der Zweifel.

Aristoteles

Des Weisen Zunge wohnt in seinem Herzen, des Toren Herz in seiner Zunge.

Tausendundeine Nacht

Die Ruhe wohnt in der Nähe der Weisheit.

Epicharm

Die Weisheit des Lebens besteht im Ausschalten der unwesentlichen Dinge.

Lao Tzu

Die Weisheit eines Menschen misst man nicht nach seinen Erfahrungen, sondern nach seiner Fähigkeit, Erfahrungen zu machen.

George Bernard Shaw

Erfahrung ist der Anfang der Weisheit.

Alkman

Erwirb dir die Weisheit, denn sie ist besser als Gold. Und verschaffe dir Klugheit, denn sie ist köstlicher als Silber.

Salomon

Es regnet viele Tropfen, ehe man die Einsicht gewinnt, und viele Jahre vergehen, ehe man weiser wird.

Adalbert Stifter

Gott gebe mir die Gelassenheit, Dinge hinzunehmen, die ich nicht ändern kann, den Mut, Dinge zu ändern, die ich ändern kann, und die Weisheit, das eine vom anderen zu unterscheiden.

Reinhold Niebuhr

Keine Weisheit, die uns auf Erden gelehrt werden kann, kann uns das geben, was uns ein Wort und ein Blick der Mutter gibt.

Wilhelm Raabe

Mensch, geh nur in dich selbst. Denn nach dem Stein der Weisen darf man nicht allererst in fremde Lande reisen.

Angelus Silesius

Nur die Weisheit ist es, welche die Traurigkeit aus dem Herzen vertreibt und die uns nicht vor Angst erstarren lässt. Unter ihrem Geleit lässt sich in Seelenfrieden leben.

Marcus Tullius Cicero

Recht sehen und hören ist der erste Schritt zur Weisheit des Lebens.

Johann Heinrich Pestalozzi

Sage nicht alles, was du weißt, aber wisse alles, was du sagst.

Matthias Claudius

Suche deine eigene Weisheit in dir selbst.

Padma Sambhava

Weise ist der Mensch, der nicht den Dingen nachtrauert, die er nicht besitzt, sondern der Dinge sich erfreut, die er hat.

Epiktet

Weisheit entspringt nicht so sehr aus dem Verstand als aus dem Herzen.

Peter Rosegger

Wenn du meinst, dass im Alter die Weisheit dich nähren soll, dann eigne sie dir in deiner Jugend an, so dass dir im Alter die Nahrung nicht fehle.

Leonardo da Vinci

Wer den Gipfel zur Weisheit erreichen will, muss zum Gipfel der Liebe gelangen, denn niemand ist vollkommen im Wissen, der nicht vollkommen ist in der Liebe.

Rabanus Maurus

Wir müssen das Alter annehmen mit allem, was es mit sich bringt. Die eigenen Grenzen akzeptieren und in besonderer Weise die Tugenden des Dritten Alters betonen: Weisheit, Wohlwollen, Güte, Geduld, Gelassenheit, Friede.

Hermann Multhaupt

Wir werden nicht durch die Erinnerung an unsere Vergangenheit weise, sondern durch die Verantwortung für unsere Zukunft.

George Bernard Shaw

Wissen spricht. Aber Weisheit hört zu.

Jimi Hendrix

Wo Liebe ist und Weisheit, ist nicht Furcht noch Unwissenheit. Wo Geduld ist und Demut, ist nicht Zorn noch Erregung. Wo Armut ist und Freude, ist nicht Gier noch Geiz.

Franz von Assisi

Zufriedenheit ist der Stein der Weisen. Zufriedenheit wandelt in Gold, was immer sie berührt.

Benjamin Franklin

Weisung

Weise mir, Herr, deinen Weg, dass ich wandle in deiner Wahrheit; erhalte mein Herz bei dem einen, dass ich deinen Namen fürchte.

Ps 86,11

Weitergabe

Was taugt das geistige Erbe, wenn es keine Erben mehr gibt.

Antoine de Saint-Exupéry

Welt

Die allein sind imstande, wahrhaft die Welt zu genießen, die mit der unsichtbaren Welt beginnen.

John Henry Newman

Die ganze Welt schuf Gott. Und er ließ zu, dass auch der Mensch sich seine Welt baue.

Hildegard von Bingen

Die größte Sehenswürdigkeit, die es gibt, ist die Welt. Sieh sie dir an!

Kurt Tucholsky

Die Hand, die die Wiege bewegt, bewegt die Welt.

Gertrud von Le Fort

Die Welt, die wir sehen, genügt nicht; es ist nur ein Anfang, nur wie eine Verheißung des Konmmenden.

John Henry Newman

Es liegt an uns, ob alles bleibt, wie's ist. Es liegt an uns, ob sich was ändert in der Welt von heute.

Hannelore Frank

Glaubt nicht, Gott wolle uns alle Liebe zur Welt verbieten. Nein, wir sollen sie lieben, da alles, dem er Dasein gab, unserer Liebe wert ist.

Katharina von Siena

Hände im Gebet zu falten, ist der Anfang eines Aufstandes gegen die Unordnung in der Welt.

Karl Barth

Je freudloser die Welt ist, desto mehr sollten wir uns bemühen, Licht und Freude zu verbreiten.

Clemens August Kardinal von Galen

Je kaputter die Welt draußen, desto heiler muss sie zuhause sein.

Reinhard Mey

Vögel singen in einer Welt, die krank, lieblos, ungerecht ist. Vielleicht haben sie Recht.

Andrea Schwarz

Weltverbesserer

Jeder möchte die Welt verbessern; und er könnte es auch, wenn er nur bei sich selbst anfangen wollte.

Karl Heinrich Waggerl

Schade, dass die Weltverbesserer nie bei sich anfangen.

Mark Twain

Werke

Der Mensch lerne zuerst, dass sein Herz fest bleibe bei Gott, so wird er auch beständig werden in allen seinen Werken.

Meister Eckhart

Die Liebe bewährt sich in den Werken, deren sie fähig ist, in den Hindernissen, die sie überwindet, in der Lust, die sie trägt.

Augustinus

Wert

Am kostbarsten sind immer die Dinge, die keinen Preis haben.

Luise Rinser

Der Mensch ist so viel wert, wie er vor Gott wert ist.

Zisterzienserweisheit

Ich wünsche dir: dass du dir Zeit nimmst, dass du dir Zeit lässt, dass du Zeit hast für andere und für dich selbst. Zeit, die nicht vertan ist, da sie Hoffnung und Liebe schenkt und bleibenden Wert hat bei Gott.

unbekannt

Man muss auf seinen eigenen Wert stolz sein und den der anderen achten können.

Sully Prudhomme

Wie hoch dich Gott einschätzt, magst du daraus erkennen, was er für dich geworden ist.

Bernhard von Clairvaux

Wesen

Engel sehen nicht die äußere Gestalt, sondern das Wesen der Dinge.

unbekannt

Jedes Geschöpf ist mit einem anderen verbunden, und jedes Wesen wird durch ein anderes gehalten.

Hildegard von Bingen

Von Zeit zu Zeit erscheinen uns wunderbare Engel, geschickt verkleidet, als ganz normale menschliche Wesen.

Adele Basheer

Wesen, innerstes

Es ist die Aufgabe eines jeden Menschen, zu sich selbst zu kommen, das innerste Wesen seines Ichs zu entdecken. Wie man dorthin gelangen kann und mit welchen Erfahrungen diese Entdeckung zusammenhängt, ist und bleibt aber ein Geheimnis.

Edith Stein

Wesentliches

Die Weisheit des Lebens besteht im Ausschalten der unwesentlichen Dinge.

Lao Tzu

Man sieht nur mit dem Herzen gut. Das Wesentliche ist für die Augen unsichtbar.

Antoine de Saint-Exupéry

Wespennest

Greif nicht leicht in ein Wespennest, doch wenn du greifst, dann greife fest!

Matthias Claudius

Widerstand

WIDERSTAND: Jeder Terror rechtfertigt sich mit objektiven Notwendigkeiten. Umso mehr gilt es, unbeirrt subjektiv zu sein.

Kurt Marti

Widerwärtigkeit

Wir müssen die Widerwärtigkeiten, die Gott uns schickt, annehmen, ohne viel darüber nachzugrübeln, und wir dürfen es als gewiss annehmen, dass es das Beste ist, was uns begegnen kann.

Philipp Neri

Wiedersehen

Nun trauert ihr, aber ich werde euch wiedersehen und euer Herz wird sich freuen.

Joh 16,22

Sterben ist kein ewiges Getrenntwerden; es gibt ein Wiedersehen an einem helleren Tag.

Michael Kardinal Faulhaber

Trennung ist unser Los. Wiedersehen unsere Hoffnung.

Hedwig von Redern

Wille

Die Krankheit ist ein Hindernis für den Körper, nicht für den Willen, sofern dieser es nicht selbst so will.

unbekannt

Es ist nicht genug zu wissen, man muss auch anwenden; es ist nicht genug zu wollen, man muss auch tun.

Johann Wolfgang von Goethe

Geistige Größe kann alle körperlichen Gebrechen unsichtbar machen.

Tschuangtse

Wo immer geistige Erkenntnis ist, da ist auch freier Wille.

Thomas von Aquin

Wille Gottes

Das Wichtigste im Leben ist, die innere Gelassenheit zu bewahren und niemals unseren Willen zu suchen, sondern den Willen Gottes.

Papst Johannes XXIII.

Der Wille Gottes ist entweder eine Last, die wir tragen, oder eine Kraft, die uns trägt.

Corrie ten Boom

Nichts ist zu klein, das dass wir nicht den Willen Gottes darin entdecken könnten.

Franz von Sales

Meine Brüder, verlangt nicht nach außergewöhnlichen Dingen, sondern lediglich danach, den Willen Gottes zu erfüllen.

Maximilian Kolbe

Lehre mich, deinen Willen zu tun; denn du bist mein Gott. Dein guter Geist leite mich auf ebenem Pfad.

Ps 143,10

Wille, freier

Das Gefühl für unseren freien Willen wird durch das tiefere Lauschen auf unsere innere Stimme nur gehoben.

Franz Werfel

Im Bereich des freien Willens ist alles Böse entweder Strafe oder Schuld.

Thomas von Aquin

Wind

Ein Baum ohne Krone wird nicht vom Wind geschüttelt.

Weisheit aus Togo

Wirklichkeiten

Eine frohe Hoffnung ist mehr wert als zehn trockene Wirklichkeiten.

Franz Grillparzer

Wissen

Einzugestehen, dass man etwas nicht weiß, ist Wissen.

Konfuzius

Es ist nicht genug zu wissen, man muss auch anwenden; es ist nicht genug zu wollen, man muss auch tun.

Johann Wolfgang von Goethe

Nicht das Vielwissen sättigt die Seele und gibt ihr Befriedigung, sondern das innere Schauen und Verkosten der Dinge.

Ignatius von Loyola

Was wir wissen, ist ein Tropfen, was wir nicht wissen – ein Ozean.

Isaac Newton

Wer den Gipfel zur Weisheit erreichen will, muss zum Gipfel der Liebe gelangen, denn niemand ist vollkommen im Wissen, der nicht vollkommen ist in der Liebe.

Rhabanus Maurus

Wissen spricht. Aber Weisheit hört zu.

Jimi Hendrix

Wissenschaft

An die Demut müsst ihr euch halten, sie ist die Schatzmeisterin der Wissenschaft.

Marguerite Porète

Wohl

Es gibt kein besseres Mittel, die eigenen Kümmernisse zu vergessen, als sich um das Wohl der anderen zu kümmern.

Jakob Ternay

Wohlstand

Niemand hat ein Recht auf ein Übermaß an Wohlstand.

Mutter Teresa

Wohltat

Schreibe Kränkungen in den Staub und meißle Wohltaten in den Marmor.

Bejamin Franklin

Versage keine Wohltat dem, der sie braucht, wenn es in deiner Hand liegt, Gutes zu tun.

Spr 3,27

Wohltätig

Betet Gott an, seid gerecht und wohltätig; das heißt Mensch sein.

Voltaire

Wohlwollen

Nimm das Wohlwollen hinweg, und du entfernst die Sonne aus der Welt, du machst den Verkehr unter Menschen unmöglich.

Gregor der Große

Wohnen

Wir wohnen nicht, um zu wohnen, sondern wir wohnen, zum zu leben.

Paul Johannes Tillich

Wohnung

Zuhause ist der Ort, um das Gleichgewicht wiederzufinden.

Judith Miller

Wort

Das Wort ist eine wunderbare Gabe, den Menschen von Gott gegeben, damit sie miteinander reden, miteinander arbeiten, miteinander leben.

Phil Bosmans

Das Wort verwundet leichter, als es heilt!

Johann Wolfgang von Goethe

Der Mensch lebt nicht vom Brot allein, sondern von einem jeden Wort, das aus dem Munde Gottes kommt.

Mt 4,4

Gottes Wort und der Christen Gebet erhalten die Welt.

Martin Luther

Manchmal braucht man nur ein Wort, das uns warm das Herz anrührt und wie eine gute Hand uns durch unseren Alltag führt.

Ruth Nöther

Und das Wort ist Fleisch geworden und hat unter uns gewohnt.

Joh 1,14

In einem guten Wort ist für drei Winter Wärme, ein böses Wort verletzt wie sechs Monate Frost.

Mongolisches Sprichwort

Worte

All unsere Worte nützen nichts, wenn sie nicht von innen kommen.

Mutter Teresa

Die schlimmen Worte wirken meist rascher als die guten; die guten aber manchmal doch nachhaltiger.

Adrienne von Speyr

Es gibt Dinge, in denen man sich besser ohne Worte versteht.

Edith Stein

Worte, die geflüstert werden, reichen weiter als solche, die man laut ruft.

aus Korea

Wunden

Die Freuden des Geistes sind Heilmittel gegen die Wunden des Herzens.

Madame de Staël

Wunder

Das ist das Wunder der heiligen Weihnacht, dass ein hilfloses Kind unser aller Helfer wird.

Friedrich von Bodelschwingh

Das Leben ist tatsächlich voller Wunder. Mehr noch: es ist wunderbar, und jeder, der es nicht länger als selbstverständlich hinnimmt, wird das sofort bestätigen.

Anthony de Mello

Das Wunder der Liebe: sie hört niemals auf, weil Gott sie unaufhörlich erneuert.

Carlo Carretto

Gott hüllt seine Wunder in Ordnungen, seinen Segen in Alltäglichkeiten.

Rudolf Kögel

Jemanden lieben heißt, als Einziger ein für alle anderen unsichtbares Wunder zu sehen.

François Mauriac

Mit offenen Augen siehst du viele Wunder. Mit einem guten Herzen geschehen Wunder durch dich.

Erich Legler

Neugier ist die gespannte Angst, dass es Wunder geben könnte.

Anton Kuh

Nicht nur der lichte Tag, auch die Nacht hat wahre Wunder.

Gertrud von Le Fort

Wenn wir im Glauben ein Wagnis eingehen und Gott bitten, dass er es uns durchstehen lässt, dann können wir Wunder erleben.

Irmela Hofmann

Wer mit offenen Sinnen durchs Leben geht, dem eröffnen sich Wunder über Wunder.

Ernst Ferstl

Wer nicht an Wunder glaubt, ist kein Realist.

David Ben Gurion

Wie wenig Lärm machen die wirklichen Wunder.

Antoine de Saint-Exupéry

Wir wissen, wie sich das Licht bricht, aber das Licht bleibt ein Wunder. Wir wissen, wie die Pflanze wächst, aber die Pflanze bleibt ein Wunder. So ergeht es uns mit allen Dingen auf dieser Welt; wir besitzen viele Kenntnisse, doch die Schöpfung bleibt ein Wunder.

Albert Schweitzer

Wunder geschehen nicht im Widerspruch zur Natur, sondern nur im Widerspruch zu dem, was uns über die Natur bekannt ist.

Augustinus

Das Leben ist ein Wunder. Es kommt über mich, das ich oftmals die Augen schließen muss.

Paula Modersohn-Becker

Hoffnung haben: Auf das Wunder Gottes warten.

Maria-Regina Bottermann-Broj

Wundern

Der Mensch ist verarmt, denn er hat verlernt, sich zu wundern.

Evelyn Wangh

Wünsche

Erfüllte Wünsche, sie schmeicheln den Sinnen. Erfüllte Pflichten befreien das Herz.

Carl Peter Fröhling

Gib deinem Wunsche Maß und Grenze, und dir entgegen kommt das Ziel.

Theodor Fontane

Glück ist nur da, wo die Wünsche stillstehen.

Friedrich Rückert

Nenne dich nicht arm, weil deine Träume nicht in Erfüllung gegangen sind. Wirklich arm ist nur, wer nie geträumt hat.

Marie von Ebner-Eschenbach

Unsere Visionen beginnen mit unseren Wünschen.

Kalenderspruch

Unsere Wünsche sind Vorgefühle der Fähigkeiten, die in uns liegen, Vorboten desjenigen, was wir zu leisten imstande sein werden.

Johann Wolfgang von Goethe

Wenn eintritt, was man wünscht, hat es doch nie den Glanz, den man sich vorgestellt hat.

Karin Hardt

Willst du glücklich werden, dann mehre nicht den Besitz, sondern mindere die Wünsche.

Seneca

Wünsche fesseln, Verzicht macht frei.

Walter Nenzel

Wunschlosigkeit

Wunschlosigkeit führt zu innerer Ruhe.

Laotse

Würdig leben

Das Leben muss würdig gelebt werden, denn es gibt nur eins.

Stefan Kardinal Wyszyński

Wurzel

Dein Stamm und deine Zweige können beweglich sein; aber in deiner Wurzel bleibe fest.

Albrecht Goes

Der ewige Gott gebe dir Wurzeln, die dich tragen, Flügel, die dich ins Weite führen, Ohren für das Unhörbare, Augen für das Unsichtbare, Hände, um Gutes zu tun, und Füße, um zu ihm heimzukehren.

Hildegunde Wöller

Gott schenkt uns die Wurzeln und das Licht, aber wachsen müssen wir selber.

Thomas Romanus

Nicht in den Zweigen, in den Wurzeln steckt des Baumes Kraft.

Gertrud von Le Fort

Wer die Vergangenheit nicht ehrt, verliert die Zukunft. Wer seine Wurzeln vernichtet, kann nicht wachsen.

Friedensreich Hundertwasser

Wüste

Den wahren Geschmack des Wassers erkennt man in der Wüste.

aus Israel

Jede Wüste ist endlich. Man muss nur die Kraft finden, sie zu durchqueren.

Margret Buerschaper

Manchmal brauchen wir eine Wüste, ein Gefühl der Leere, um die Fülle des Lebens zu spüren.

Soledad Elbert-Böhm

Zaghaftigkeit

Jeder Tag hat zwei Henkel. Wir können ihn entweder an dem der Zaghaftigkeit anpacken oder an dem der Zuversicht.

Dwight D. Eisenhower

Zeichen

Manchmal denkt man, Gott müsste einem in allen Widerständen des Lebens ein sichtbares Zeichen geben, das einem hilft. Aber dies ist eben sein Zeichen: das er einen durchhalten und es wagen und dulden lässt.

Jochen Klepper

Seid ein lebendiges Zeichen der Güte Gottes: Güte in eurem Gesicht, Güte in euren Augen, Güte in eurem Lächeln, Güte in eurem herzlichen Gruß.

Mutter Teresa

Zeichen der Zeit

Merkt auf die »Zeichen der Zeit«: versucht euch über das Weltgeschehen Rechenschaft zu geben und die Ideen kennen zu lernen, die die Welt bewegen. Erzieht euch zu einer christlichen Beurteilung der Dinge.

Papst Paul VI.

Zeit

Als du ein Kind warst, schien dir eine Woche eine Ewigkeit, seit du älter wirst, scheint ein Jahr nur einen Augenblick zu dauern. Wie du es auch erlebst: Du hast Zeit. Mag sie lang oder kurz sein: Du kannst sie mit Leben füllen.

Hildegunde Wöller

Alles kommt zur rechten Zeit für den, der warten kann.

unbekannt

Dass die Zeit vergeht, gibt dem Leben den tiefen Ernst der Verantwortung für die Stunde.

Paul Althaus

Das ist Zeitgeist: Alle haben Uhren, aber niemand hat Zeit.

Ernst Ferstl

Der Augenblick ist jenes Zweideutige, darin Zeit und Ewigkeit einander berühren.

Søren Kierkegaard

Der Mensch besitzt nichts Edleres und Kostbareres als die Zeit.

Ludwig van Beethoven

Die gute Zeit fällt nicht vom Himmel, sondern wir schaffen sie selbst, sie liegt in unserem Herzen eingeschlossen.

Fjodor M. Dostojewski

Die Seele ist wohl in der Zeit erschaffen, aber sie vergeht niemals mehr, wie die Zahlen einen Anfang haben, aber kein Ende.

Augustinus

Die wirklich tätigen Leute erkennt man daran, dass sie Zeit haben.

Jules Romains

Die Zeit an sich betrachtet ist völlig wertlos, sie erhält den Wert für uns erst durch unsere Tätigkeit in ihr.

Adolph Kolping

Die Zeit ist kostbar, kurz und unwiderruflich. Nütze sie!

Vinzenz Pallotti

Die Zeit vergeht nicht schneller als früher, aber wir laufen eiliger an ihr vorbei.

George Orwell

Die Zeit ist kurz, um Beweise unserer Liebe zu geben, und wir leben nur einmal.

Maximilian Kolbe

Du sollst dich nicht immer und nie ganz der äußeren Tätigkeit widmen, sondern ein Quäntchen deiner Zeit und deines Herzens für die Selbstbesinnung zurückhalten.

Bernhard von Clairvaux

Es gibt Diebe, die von Gesetzen nicht bestraft werden, obwohl sie dem Menschen doch das Kostbarste stehlen: die Zeit.

Napoleon Bonaparte

Es gibt für das Christentum keine schlechten und keine besseren Zeiten. Es gibt nur eine gute Zeit: Das ist diejenige, in welche ihn der Herrgott hineingestellt hat.

James Schwarzenbach

Es ist gut, wenn uns die verrinnende Zeit nicht als etwas erscheint, das uns verbraucht, sondern als etwas, das uns vollendet.

Antoine de Saint-Exupéry

Gebraucht die Zeit, sie geht so schnell von hinnen. Doch Ordnung lehrt euch Zeit gewinnen.

Johann Wolfgang von Goethe

Geh mit der Zeit, aber komme von Zeit zu Zeit zurück.

Stanislaw J. Lec

Glücklich ist einer, der bereit ist, Zeit zu verschenken, auch wenn er keine hat.

Adalbert Ludwig Balling

Gott hat der Zeit befohlen, die Unglücklichen zu trösten.

Joseph Joubert

Ich wünsche dir: dass du dir Zeit nimmst, dass du dir Zeit lässt, dass du Zeit hast für andere und für dich selbst. Zeit, die nicht vertan ist, da sie Hoffnung und Liebe schenkt und bleibenden Wert hat bei Gott.

unbekannt

Mit den Flügeln der Zeit fliegt die Traurigkeit davon.

Jean de La Fontaine

Nicht die Zeit ist das kostbarste Gut des Menschen, sondern die Möglichkeit, mit der Zeit etwas Sinnvolles anzufangen.

Hellmut Walters

Nichts bezeichnet den Menschen mehr als das, wofür er niemals Zeit findet.

Isolde Kurz

Nichts tun macht nur Spaß, wenn man eigentlich viel zu tun hätte.

George Mikes

Nie stille steht die Zeit, der Augenblick entschwebt, und den du nicht benutzt, den hast du nicht gelebt.

Friedrich Rückert

Sage nicht, wenn ich mehr Zeit habe, werde ich lernen. Vielleicht hast du nie mehr Zeit.

aus dem Talmud

Uns gehört nur die Stunde. Und eine Stunde, wenn sie glücklich ist, ist viel.

Theodor Fontane

Vertane Zeit wird am Ende verlorene Ewigkeit.

Gotthard Niebert

Viele waren berufen, aber sie hatten keine Zeit.

Don Bosco

Wartet nicht auf die Zeit, denn die Zeit wartet nicht auf euch!

Katharina von Siena

Wenn man auch die vergangene Zeit nicht zurückrufen kann, so kann man sie doch dadurch zurückbekommen, dass man den Eifer im Tun des Guten verdoppelt.

Klemens Maria Hofbauer

Wer liebt, hat Zeit.

Max Picard

Wir haben eine Ewigkeit vor uns, aber wir haben nur kurze Zeit, um sie vorzubereiten.

Gabriele Mistral

Zeit wird erst dadurch kostbar, dass wir sie an andere verschenken.

Hans Engel

Zeit wird kostbar, wenn sie plötzlich wie Sand zwischen den Fingern zerrinnt. Was war, kommt nicht wieder, die Zeit, die bleibt, ist Einladung, manches anders zu machen.

Margot Bickel

Zeit, die wir uns nehmen, ist Zeit, die uns etwas gibt.

Ernst Ferstl

Zeit haben füreinander ist das schönste Geschenk.

Alois Wagner

Zeit nehmen

Man muss seinen Mitmenschen Zeit widmen; denn wir leben nicht in einer Welt, die uns allein gehört.

Albert Schweitzer

Nimm dir Zeit zu arbeiten – das ist der Preis des Erfolges. Nimm dir Zeit zu denken – ds ist die Quelle der Kraft. Nimm dir Zeit zu spielen – das ist das Geheimnis der ewigen Jugend.

Irischer Segenswunsch

Wenn du Zeit hast für einen Menschen, dann sieh nicht auf die Uhr.

Phil Bosmans

Zeit, gemeinsame

Sonntag und sonntägliche Eucharistiefeier sind Gottes Zeit, die er mit uns teilt, und unsere Zeit, die wir mit ihm und untereinander teilen. Nur solche geteilte Zeit ist heilige Zeit.

Klaus Hemmerle

Zeit, neue

Die Auferstehung ist nicht ein zufälliges Mirakel, sondern der Anfang einer neuen Zeit.

Joseph Ratzinger

Zeiten, bessere

Vielleicht gab es schönere Zeiten, aber diese ist die unsere.

Jean Paul Sartre

Wann werden wir einsehen, dass wir zur Einfachheit zurückkehren müssen, wenn bessere Zeiten kommen sollen?

Franz Pfanner

Zeitgeist

Das ist Zeitgeist: Alle haben Uhren, aber niemand hat Zeit.

Ernst Ferstl

Zeugen

Ihr werdet die Kraft des Heiligen Geistes empfangen, der auf euch herabkommen wird; und ihr werdet meine Zeugen sein.

Apg 1,8

Ziel

All das, was wir uns vornehmen müssen, wird nicht in den ersten Tagen vollendet werden, ja vielleicht nicht einmal zu unseren Lebzeiten, doch lasst uns beginnen.

John F. Kennedy

Alles, von dem der Mensch sich eine Vorstellung machen kann, ist machbar.

Wernher von Braun

Anfangen ist of das Schwerste, treu bleiben aber das Beste.

Adolph Kolping

Ankommen – nicht irgendwann, sondern heute und jetzt das Ziel spüren, das in weiter Ferne und doch nirgendwo sonst ist als hier.

Corinna Mühlstedt

Auch ein Schritt zurück ist oft ein Schritt zum Ziel.

Konrad Adenauer

Beharren zeugt von Torheit, Ausharren von Entschlossenheit.

Jacinto Benavente

Das größte Vergnügen im Leben ist, etwas zu tun, was man nach Ansicht der Leute nicht schaffen kann.

Walter Bagehot

Das Schicksal kann mir einen Weg aufzwingen, aber niemals ein Ziel.

Margarete Seemann

Das Ziel der Welt ist nicht zuerst das Glück der Menschen, sondern der Ruhm Gottes.

Paul Claudel

Der Mensch macht seine Pläne, und oft muss er erleben, dass Gott sie umwirft. Wo aber die Suche nach Wahrheit das letzte Ziel ist, da spielt es keine Rolle, ob die Pläne des Menschen durchkreuzt werden: Das Ergebnis ist nie nachteilig, oft sogar besser, als es entworfen war.

Mahatma Ghandi

Die Liebe weist dem Menschen seines Lebens Ziel. Die Vernunft gibt ihm die Mittel in die Hand, es zu erreichen.

Chinesische Weisheit

Ein hohes Ziel lässt alle Plackerei des Alltags ertragen.

Joseph Kentenich

Erkenne, wo du stehst, wo du hin willst. Mach deinen Plan. Und dann geh!

Ken Cadigan

Geh deinen Weg gelassen und ruhig inmitten des Lärms und der Hast dieser Zeit und erinnere dich, welcher Frieden in der Stille liegt.

Lebensregel von Baltimore

Gewiss, du sollst immer nach dem Höchsten streben, aber mit Maß, mit Ruhe und mit Geduld.

Franz von Sales

Gib deinem Wunsche Maß und Grenze, und dir entgegen kommt das Ziel.

Theodor Fontane

Günstige Winde kann nur der nutzen, der weiß, wohin er will.

Oscar Wilde

Handle für das Ziel, dem dein Leben gilt, mit aller Kraft, die dir in jedem Augenblick zur Verfügung steht.

Dag Hammarskjöld

Hohe Maßstäbe brauchen starke Quellen.

Charles Tayler

Kleine Schritte sind besser als keine Schritte.

Willy Brandt

Kleine Taten, die man ausführt, sind besser als große, die man plant.

George Marshall

Lass dich nicht davon abbringen, was du unbedingt tun willst. Wenn Liebe und Inspiration vorhanden sind, kann es nicht schief gehen.

Ella Fitzgerald

Nicht das Beginnen wird belohnt, sondern einzig und allein das Durchhalten.

Katharina von Siena

Nichts beruhigt den Geist so sehr wie ein festes Ziel.

Mary Wollstonecraft

Sorge nicht, wohin dich der einzelne Schritt führt; nur wer weit blickt, findet sich zurecht.

Dag Hammarskjöld

Tue das Notwenige, dann das Mögliche, und plötzlich schaffst du das Unmögliche.

Franz von Assisi

Um das Wunderbare zu erlangen, muss man das Unvorstellbare denken.

Tom Robbins

Verschiebe nur dann etwas auf morgen, wenn es dir nichts ausmacht, darüber zu sterben.

Pablo Picasso

Wem Gott einen Traum schenkt, dem schenkt er auch die Kraft, diesen zu verwirklichen.

unbekannt

Wenn man zuversichtlich seinen Träumen folgt, wird man unerwartet von Erfolg gekrönt.

Henry David Thoreau

Wer ans andere Ufer möchte, muss so oder so den Fluss durchqueren. Worauf also warten?

Indianisches Sprichwort

Wer das Ziel kennt, kann entscheiden, wer entscheidet, findet Ruhe, wer Ruhe findet, ist sicher, wer sicher ist, kann überlegen, wer überlegt, kann verbessern.

Konfuzius

Wer ein Ziel hat, nimmt auch schlecht Straßen in Kauf.

Kyrilla Spiecker

Wer einen hohen Berg erklimmen will, tut das nicht in Sprüngen, sondern schrittweise und langsam.

Gregor der Große

Wer nicht weiß, wo er hin will, darf sich nicht wundern, wenn er woanders ankommt.

Mark Twain

Wer sein Ziel weit steckt, hat viel Raum zum Wachsen.

Silvia Schubert

Wer vom Ziel nichts weiß, kann den Weg nicht haben.

Christian Morgenstern

Würden wir auf nichts anderes sehen als auf den Weg, so wären wir bald am Ziel.

Teresa von Ávila

Zielstrebigkeit

Dass du nicht kannst, sei dir verziehen, doch nimmermehr, dass du nicht willst.

Henrik Ibsen

Indem man, was man zu tun hat, aufschiebt, läuft man Gefahr, es nie tun zu können.

Charles Baudelaire

Wer nicht nach dem Ungewöhnlichen strebt, dem glückt auch das Gewöhnliche nicht.

Karl Heinrich Waggerl

Zivilisation

Durch die Natur beruhigt sich Gott selbst immer wieder. Wehe, wenn er als Mensch in dem unseligen Fieber der Zivilisation sich selbst als Natur zerstört haben wird.

Christian Morgenstern

Zorn

Ein von Zorn getrübtes Auge sieht nicht mehr, was recht oder unrecht ist.

Bernhard von Clairvaux

Nicht im Zorn handeln. Nicht auf Rache sinnen. Nicht Falschheit im Herzen tragen. Nicht unaufrichtig Frieden bieten. Nie von der Liebe lassen.

Benedikt von Nursia

Wer milde ist, nicht leicht zürnt und, zürnt er leicht, sich dessen im nächsten Augenblick schämt, dem sind die Götter auch milde.

Wilhelm Raabe

Zufall

Kein Sieger glaubt an den Zufall.

Friedrich Nietzsche

Sage ja zu den Überraschungen, die deine Pläne durchkreuzen, deinem Tag eine ganz andere Richtung geben, ja, vielleicht deinem Leben. Sie sind nicht Zufall. Lass dem himmlischen Vater die Freiheit, selber den Verlauf deiner Tage zu bestimmen.

Dom Hélder Câmara

Was nicht in meinem Plan lag, das hat in Gottes Plan gelegen. Und je öfter mir so etwas begegnet, desto lebendiger wird in mir die Glaubensüberzeugung, dass es – von Gott her gesehen – keinen Zufall gibt.

Edith Stein

Zufall ist das Synonym Gottes, wenn er nicht selbst unterschreiben will.

Anatole France

Zuflucht

Gott ist uns Zuflucht und Stärke, ein bewährter Helfer in der Not.

Ps 46,2

Zufriedenheit

Achte auf das Kleine in der Welt, das macht das Leben reicher und zufriedener.

Carl Hilty

Deine innere Zufriedenheit macht die Umgebung hell.

Martin Bernardine

Die Zufriedenheit, die aus einer geregelten Lebensführung kommt, fördert die Gesundheit und ein langes Leben.

Mahatma Gandhi

Ein angenehmes und heiteres Leben kommt nicht von äußeren Dingen; der Mensch bringt aus seinem Inneren wie aus einer Quelle Lust und Freude in sein Leben.

Plutarch

Es gibt nur ein Mittel, sich wohl zu fühlen: man muss lernen, mit dem Gegebenen zufrieden zu sein, und nicht immer das verlangen, was gerade fehlt.

Theodor Fontane

Gefährlich ist es, wenn wir mit uns selbst zufrieden sind.

Teresa von Ávila

Genieße, was dir Gott beschieden, entbehre gern, was du nicht hast! Ein jeder Stand hat seinen Frieden, ein jeder Stand auch seine Last.

Christian Fürchtegott Gellert

Glückliche Leute haben Kräfte frei und können etwas tun.

Hannelore Frank

Gott segne dich. Er schenke dir Wohlgefallen an dir und Zufriedenheit mit deinen Begabungen. Er schenke dir das Glück, der sein zu können, der du bist.

Hildegunde Wöller

Gott sei mit dir, wenn es Abend wird, dass du dankbar zurückschauen kannst auf die Last und die Lust des vergangenen Tages und gewiss sein kannst, dass nichts vergeblich war.

Christa Spelling-Nöker

Ich weinte, weil ich keine Schuhe hatte, bis ich einen Mann traf, der keine Füße hatte.

Helen Keller

Ist der Mensch mäßig und genügsam, so ist auch das Alter keine schwere Last, ist er es nicht, so ist auch die Jugend voller Beschwerden.

Plato

Man findet sein eigenes Leben viel schöner, wenn man aufhört, es mit dem Leben von nebenan zu vergleichen.

unbekannt

Ruhe im Herzen ist die Quelle aller Zufriedenheit.

unbekannt

Ruhe und Befriedigung findet der Mensch nur in sich selbst, nicht in äußeren Dingen.

Anton Tschechow

Selig ist der Mensch, der mit sich in Frieden lebt. Es gibt auf Erden kein größeres Glück.

Matthias Claudius

Weise ist der Mensch, der nicht den Dingen nachtrauert, die er nicht besitzt, sondern der Dinge sich erfreut, die er hat.

Epiktet

Wenn du an dir nicht Freude hast, die Welt wird dir nicht Freude machen.

Paul Heyse

Wer nicht mit dem zufrieden ist, was er hat, der wäre auch nicht mit dem zufrieden, was er haben möchte.

Berthold Auerbach

Willst du immer weiter schweifen? Sieh, das Gute liegt so nah. Lerne nur das Glück ergreifen, denn das Glück ist immer da.

Johann Wolfgang von Goethe

Zufriedenheit erwächst nicht aus Dingen, sondern nur aus der Tiefe unserer Seele.

Mark W. Bonner

Zufriedenheit hält einem sogar eine Erkältung vom Leib.

Friedrich Nietzsche

Zufriedenheit ist der Stein der Weisen. Zufriedenheit wandelt in Gold, was immer sie berührt.

Benjamin Franklin

Zufriedenheit mit seiner Lage ist der größte und sicherste Reichtum.

Marcus Tullius Cicero

Zufriedenheit übertrifft Reichtum.

Jean-Baptist Moliére

Zugang zu Gott

Alle Menschen haben einen Zugang zu Gott, aber jeder einen anderen. Gerade in der Verschiedenheit ihrer Eigenschaften und ihrer Neigungen liegt die große Chance des Menschengeschlechts.

Martin Buber

Zuhause

An jedem Einzelnen liegt es, ob aus einem Haus ein Zuhause wird.

unbekannt

Wer in sich selbst zu Hause sein kann, wird sich nirgendwo völlig fremd vorkommen.

Christa Franze

Zuhause ist der Ort, um das Gleichgewicht wiederzufinden.

Judith Miller

Zuhören

Trösten ist die Kunst des Herzens. Sie besteht oft nur darin, liebevoll zu schweigen und schweigend mitzuleiden.

Otto von Leixner

Zukunft

Am liebsten erinnere ich mich an die Zukunft.

Salvador Dali

Das Alter hat keine Zukunft; der nächste Tag sei dein Ziel.

Lisa Wenger

Dem Vergangenen: Dank, dem Kommenden: Ja!

Dag Hammarskjöld

Die Vergangenheit ist klar wie Wasser, die Zukunft dunkel wie schwarzer Lack, und die Gegenwart eine leuchtende Perle in meiner Hand.

Östliche Weisheit

Die Zukunft hat viele Namen: für Schwache ist sie das Unerreichbare, für die Furchtsamen das Unbekannte, für die Mutigen die Chance.

Victor Hugo

Eine besondere Liebe zu den jungen Leuten müssen wir leben; sich für ihre Zukunft interessieren, sie nach ihren Ideen fragen, teilnehmen an ihrem Leben und uns an die Wünsche und Freuden der eigenen Jugendzeit erinnern.

Hermann Multhaupt

Es ist närrisch, heute unglücklich zu sein, nur weil du es in der Zukunft vielleicht einmal sein wirst.

Seneca

Freude ist, wo man die Vergangenheit annimmt und gern in die Zukunft blickt.

Adalbert Ludwig Balling

Jede Krise ist eine Gnade, weil sie die Möglichkeit eines Neuanfangs in sich birgt.

Katharina von Tobien

Lasst uns die Zukunft voraussehen, damit sie nicht über uns hereinbricht.

Jadwiga Rutkowska

Leben ist das Einatmen der Zukunft.

Pierre Leroux

Nicht in der Vergangenheit und nicht in der Zukunft sollten wir leben. So gut es geht, den jetzigen Moment leben; er ist immer neu und voller Hoffnung.

Hermann Multhaupt

Über Vergangenes mach dir keine Sorgen, dem Kommenden wende dich zu.

Tseng-Kuang

Unsere Vergangenheit bleibt immer Teil unseres Lebens, aber man muss Vergangenheit auch loslassen, um Zukunft zu leben.

Marietta Grade

Wenn wir wirklich Gott gehören, müssen wir zu seiner Verfügung stehen und auf ihn vertrauen. Wir dürfen uns nicht um die Zukunft sorgen, denn dazu besteht kein Grund. Gott ist da.

Mutter Teresa

Wer die Vergangenheit nicht ehrt, verliert die Zukunft. Wer seine Wurzeln vernichtet, kann nicht wachsen.

Friedensreich Hundertwasser

Wer die Zukunft als Gegenwind empfindet, geht in die falsche Richtung.

Martin Held

Wer mithilft, die Schöpfung zu bewahren, baut Brücken in die Zukunft.

Adalbert Ludwig Balling

Willst du glücklich leben, hasse niemanden und überlasse die Zukunft Gott.

Johann Wolfgang von Goethe

Zukunft bauen heißt: die Gegenwart leben.

Antoine de Saint-Exupéry

Zurückgezogenheit

Es steht dir frei, dich zu jeder Stunde auf dich selbst zurückzuziehen. Gönne dir recht oft dieses Zurücktreten ins Innere und kräftige so dich selbst.

Marc Aurel

Zurückschauen

Wer nur zurückschaut, kann nicht sehen, was auf ihn zukommt.

Konfuzius

Zusammenleben

Vergiss nicht, dass das Zusammenleben mit dir genügen kann, sich den Himmel zu verdienen.

Madeleine Delbrêl

Zusammenleben heißt, alle Tage miteinander neu beginnen.

Kyrilla Spiecker

Zuspruch

Das Schönste am Frühling ist, dass er nur dann kommt, wenn man ihn am dringendsten braucht.

Jean Paul

Die Hoffnung ist der Regenbogen über dem herabstürzenden Bach des Lebens.

Friedrich Nietzsche

Freude öffnet, Traurigkeit verschließt das Herz.

Franz von Sales

Gott nimmt nicht die Lasten, sondern stärkt die Schultern.

Franz Grillparzer

Je dunkler der Himmel ist, desto heller werden die Sterne erscheinen.

Leonardo da Vinci

Je schwerer die Wege sind, die Gott uns weist, umso sicherer führen sie hin.

Otto Gillen

Jede Wüste ist endlich. Man muss nur die Kraft finden, sie zu durchqueren.

Margret Buerschaper

Sammle deine hellen Stunden ein und verwahre sie für die dunkle Zeit.

Ursula Dette

Seine Freude zu erobern, ist mehr wert, als sich seinem Schmerz zu überlassen.

Zenta Maurina

Wende dein Gesicht immer der Sonne zu, dann fallen die Schatten hinter dich.

aus Thailand

Zutrauen

Man kann viel, wenn man sich nur recht viel zutraut.

Wilhelm von Humboldt

Zuverlässigkeit

Der bescheidenste Mensch ist auch der zuverlässigste.

Chinesisches Sprichwort

Die eigene Zuverlässigkeit lernt man erst schätzen, wenn man sich auf andere verlassen muss.

Mariano Rumor

Nicht im Stich lassen, sich nicht und andere nicht, das ist die Mindestutopie, ohne die es sich nicht lohnt, Mensch zu sein.

Hilde Domin

Zuversicht

An einem Meer von Schmerz ertrinken die einen, die anderen lernen, darin zu schwimmen.

Kyrilla Spiecker

Auf Gott traue ich mit fester Zuversicht – und dieses Zutrauen hat mich noch nie stecken lassen.

Catharina Elisabeth Goethe

Begrüße das neue Jahr vertrauensvoll und ohne Vorurteile, dann hast du es schon halb zum Freunde gewonnen.

Novalis

Der Herr ist mein Hirte, nichts wird mir fehlen. Muss ich auch wandern in finsterer Schlucht, ich fürchte kein Unheil; denn du bist bei mir, dein Stock und dein Stab geben mir Zuversicht.

Ps 23,1.4

Die Mitte der Nacht ist der Anfang des Tages.

Demokrit

Eine wirkliche gute Idee erkennt man darin, dass ihre Verwirklichung von vornherein ausgeschlossen ist.

Albert Einstein

Es ist unmöglich, dass ein Mensch in die Sonne schaut, ohne dass sein Angesicht hell wird.

Friedrich von Bodelschwingh

Gott nimmt uns nicht das Kreuz ab, aber er gibt uns Kraft zum Tragen.

John Henry Newman

Herr, mein Gott, du bist meine Zuversicht, meine Hoffnung von Jugend an.

Ps 71,5

Jede Krise ist eine Gnade, weil sie die Möglichkeit eines Neuanfangs in sich birgt.

Katharina von Tobien

Jeder Tag hat zwei Henkel. Wir können ihn entweder an dem der Zaghaftigkeit anpacken oder an dem der Zuversicht.

Dwight D. Eisenhower

Jedes Unangenehme hat auch sein Gutes.

Fjodor M. Dostojewski

Kein Tag ist so lang, dass nicht doch der Abend kommt.

unbekannt

Nur wer ein Auge dafür hat, sieht etwas Schönes in jedem Wetter; er findet Schnee, brennende Sonne, Sturm und ruhiges Wetter schön; er findet Kälte und Hitze gut, er hat alle Jahreszeiten gern, er will keinen Tag missen.

Vincent van Gogh

Ohne die Kälte des Winters gäbe es die Wärme des Frühlings nicht.

Ho Chi Minh

Und wenn ihr in die Tiefe steigt, so denket in die Höh`.

Erzgebirgischer Bergmannsspruch

Wende dein Gesicht der Sonne zu, und du kannst den Schatten nicht sehen.

Helen Keller

Wenn du den dunkelsten Wald erst einmal durchquert hast, dann bist du schon dabei, auf der anderen Seite herauszukommen.

Chinesisches Sprichwort

Wer in der Dunkelstunde seinen Mitmenschen auch nur eine Kerze entzündet hat, hat nicht umsonst gelebt.

Zenta Maurina

Wir gehen nie allein, Gott geht alle Wege mit.

Alfred Delp

Woher ich kam, wohin ich gehe, weiß ich nicht! Doch dies: Von Gott zu Gott ist meine Zuversicht!

Friedrich Rückert

Zuvorkommenheit

Zuvorkommenheit den anderen gegenüber ist der Anfang der Heiligkeit. Wenn ihr es lernt, zuvorkommend zu sein, werdet ihr Christus immer ähnlicher werden, der im Herzen freundlich war und sich immer den Nöten der anderen zuwandte.

Mutter Teresa

Zuwendung

Das Beste, was der Mensch für einen anderen tun kann, ist doch immer das, was er für ihn ist.

Adalbert Stifter

Unterricht bringt Gelehrte hervor, die liebende Zuwendung Weise.

Bernhard von Clairvaux

Zweifel

Den Sprung in den Glauben kann mir niemand abnehmen.

Søren Kierkegaard

Der Glaube ist ein Sprung ins Gewisse.

Werner Steinberg

Der Glaube versetzt Berge, der Zweifel erklettert sie.

Karl Heinrich Waggerl

Der Weisheit Anfang ist der Zweifel.

Aristoteles

Der Zweifel ist das Wartezimmer der Erkenntnis.

unbekannt

Glauben heißt, sich diesem Gott hinzugeben, der größer ist – größer als meine Zweifel und größer als meine Fragen.

Lynne Hybels

Gottes Liebe fühlen ist etwas Köstliches; aber an Gottes Liebe glauben können, auch wenn du sie nicht fühlst, ist mehr.

C. H. Spurgeon

Um mit Gewissheit zu glauben, musst du erst mal zweifeln.

Stanislaus I.

Wenn du klug bist, so mische eines mit dem anderen: hoffe nicht ohne Zweifel und zweifle nicht ohne Hoffnung.

Seneca

Wer zweifelt, der verliert.

Franz Grillparzer

Wo der menschliche Zweifel nicht ist, da ist nicht die Antwort des Heiligen Geistes.

Hildegard von Bingen

Zweifel kennen wir alle. Doch ob uns der Zweifel zur Verzweiflung führt, zum Glauben oder wenigstens zum Glaubenwollen, darin liegt der Unterschied.

Hannelore Frank

Zweifel ist der Weisheit Anfang.

René Descartes

Sprichwörter & Zitate

für verschiedene Anlässe

Geburt

Bei Kindern braucht man ein Gläschen voll Weisheit, ein Fass voll Klugheit und ein Meer voll Geduld.

Franz von Sales

Das Juwel des Himmels ist die Sonne, das Juwel des Hauses ist das Kind.

aus China

Das Leben der Eltern ist das Buch, in dem die Kinder lesen.

Augustinus

Die Arbeit läuft dir nicht davon, wenn du deinem Kind den Regenbogen zeigst. Aber der Regenbogen wartet nicht, bis du mit der Arbeit fertig bist.

aus China

Die Aufgabe der Umgebung ist nicht, ein Kind zu formen, sondern ihm zu erlauben, sich zu offenbaren.

Maria Montessori

Die Welt wird jedesmal neu erschaffen, wenn ein Kind geboren wird. Geboren zu werden bedeutet, dass uns eine ganze Welt geschenkt wird.

Jostein Gaarder

Ein Kind ist ein Buch, aus dem wir lesen und in das wir schreiben sollen.

Peter Rosegger

Ein Kind ist eine sichtbar gewordene Liebe.

Novalis

Ich wünsch dir so viel gute Zeit, als Sand im breiten Meere leit. Es soll dir so viel gut ergehen, als Sternlein an dem Himmel stehn. Es soll dich Gott so viel Mal segnen, als Tröpflein in sieben Jahren regnen.

Süddeutsches Sprichwort

In jedem Kind in Liebe geboren, beginnt die Welt aufs neue. In jedem Kind liegt eine Erinnerung an das verlorene Paradies.

Phil Bosmans

In jedem Kind liegt eine wunderbare Tiefe.

Robert Schumann

In jedem Kind träumt Gott den Traum der Liebe, in jedem Kind wacht ein Stück Himmel auf, in jedem Kind blüht Hoffnung, wächst die Zukunft, in jedem Kind wird unsere Erde neu.

unbekannt

Jeder Mensch ist ein besonderer Gedanke Gottes.

Paul de Lagarde

Jedes Kind ist ein Engel, der uns heiligen soll.

Jeremias Gotthelf

Jedes Kind ist kostbar. Jedes ist ein Geschöpf Gottes.

Mutter Teresa

Jedes Kind, das zur Welt kommt, predigt sogleich das Evangelium der Liebe.

Karl Gutzkow

Jedes neugeborene Kind bringt die Botschaft, dass Gott sein Vertrauen in die Menschen noch nicht verloren hat.

Rabindranath Tagore

Kein größeres Geschenk können wir einem Kinde machen, als dass wir seinen Blick schärfen für die Schönheit und das Geheimnis der Welt, in der wir leben.

Rachel Carson

Kinder sind Boten des Glücks.

aus China

Kinder sind das lieblichste Pfand in der Ehe; sie binden und erhalten das Band der Liebe.

Martin Luther

Kinder sind ein Rätsel von Gott und schwerer als alle zu lösen, aber der Liebe gelingt's, wenn sie sich selbst bezwingt.

Friedrich Hebbel

Kinder sind eine Gabe Gottes, dass sie zur Welt kommen, ist ein Geschenk.

Ps 127,3

Kinder sind Engel, deren Flügel schrumpfen, je mehr ihre Beine wachsen.

aus Frankreich

Kinder sind Hoffnungen.

Novalis

Liebe und Geborgenheit halten schützend ihre Flügel über dich.

Rita Tomasetti

Mit einer Kindheit voll Liebe kann man ein ganzes Leben lang haushalten.

Johann Heinrich Pestalozzi

Mit jedem Kind, das dir begegnet, ertappst du Gott auf frischer Tat.

Martin Luther

Möge immer ein Engel dir vorausgehen, damit du in seine Fußstapfen treten kannst.

unbekannt

Nahe ist der Herr den zerbrochenen Herzen, es hilft denen auf, die zerknirscht sind.

Ps 34,19

So spricht Gott: Ich werde einen Engel schicken, der dir vorausgeht. Es soll dich auf dem Weg schützen und dich an den Ort bringen, den ich bestimmt habe.

Ex 23,20

Solange die Kinder klein sind, gib ihnen Wurzeln; sind sie älter geworden, gib ihnen Flügel.

Indisches Sprichwort

Wenn das Schreien eines Neugeborenen durch dein Haus dringt, lausche ihm wie einem Musikstück, und es wird dich weniger stören.

Chief Kitpou

Wo Liebe neu geboren wird, wird das Leben neu geboren.

Vincent van Gogh

Zwei Dinge sollen Kinder von ihren Eltern bekommen: Wurzeln und Flügel.

Johann Wolfgang von Goethe

Taufe

Das Herz im Himmel, den Himmel im Herzen.

Laotse

Das Wissen um Gott ist die Mitgift der Seele von Anfang an.

Tertullian

Denn er hat seinen Engeln befohlen, dass sie dich behüten auf allen deinen Wegen, dass sie dich auf den Händen tragen und du deinen Fuß nicht an einen Stein stoßest.

Ps 91,11-12

Der dich gemacht hat, weiß auch, was er mit dir machen will.

Augustinus

Der Herr behütet dich; der Herr ist dein Schatten über deiner rechten Hand, dass dich des Tages die Sonne nicht steche noch der Mond des Nachts.

Ps 121,5-6

Der Herr sei über dir, um dich zu segnen.

Segenswunsch

Ein Kind ist eine sichtbar gewordene Liebe.

Novalis

Es segne dich Gott, der Vater; dass er dir das Leben bewahre, das er dir gegeben hat. Es segne dich Gott, der Sohn, dass er dein Leben mit Sinn und Freude erfülle. Es segne dich Gott, der Heilige Geist, dass er dir helfe, im Sinne Jesu zu leben.

Segenswunsch

Fürchte dich nicht und sei unverzagt, denn der Herr, dein Gott, ist mit dir bei allem, was du unternimmst.

Jos 1,9

Geh einfach Gottes Pfad, lass nichts sonst Führer sein, so gehst du recht und grad, und gingst du ganz allein.

Christian Morgenstern

Gott schenkt uns die Wurzeln und das Licht, aber wachsen müssen wir selber.

Thomas Romanus

Gott segne dich, er gehe dir voran und weise dir den richtigen Weg. Gott sei in deiner Nähe und lege seinen Arm sanft um dich. Gott sei hinter dir, schütze dich vor allem Bösen. Gott sei unter dir, dich aufzufangen wie ein Netz.

Irischer Segensspruch

Herr, segne dieses Kind und hilf uns, ihm zu helfen, dass es lieben lernt mit seinem ganzen Herzen.

Lothar Zenetti

Ich habe dich beim Namen gerufen, du gehörst mir.

Jes 43,1

In jedem Kind in Liebe geboren, beginnt die Welt aufs neue. In jedem Kind liegt eine Erinnerung an das verlorene Paradies.

Phil Bosmans

In jedem Kind ist ein Lächeln Gottes und ein tiefer Sinn verborgen. Kinder bringen uns ein Stück Himmel auf die Erde.

Roland Leonhardt

In jedem Kind träumt Gott den Traum der Liebe, in jedem Kind wacht ein Stück Himmel auf, in jedem Kind blüht Hoffnung, wächst die Zukunft, in jedem Kind wird unsere Erde neu.

unbekannt

Jeder Mensch ist ein besonderer Gedanke Gottes.

Paul de Lagarde

Jedes Kind ist kostbar. Jedes ist ein Geschöpf Gottes.

Mutter Teresa

Jedes Kind, das zur Welt kommt, predigt sogleich das Evangelium der Liebe.

Karl Gutzkow

Jedes neugeborene Kind bringt die Botschaft, dass Gott sein Vertrauen in die Menschen noch nicht verloren hat.

Rabindranath Tagore

Kinder sind das lieblichste Pfand in der Ehe; sie binden und erhalten das Band der Liebe.

Martin Luther

Kinder sind eine Gabe Gottes, dass sie zur Welt kommen, ist ein Geschenk.

Ps 127,3

Kinder sind Engel, deren Flügel schrumpfen, je mehr ihre Beine wachsen.

aus Frankreich

Kinder sind Hoffnungen.

Novalis

Möge dich in allen Zeiten deines Lebens dein persönlicher Schutzengel begleiten und dir das Gefühl schenken, dass du beschützt und behütet bist.

Irischer Segensspruch

Möge immer ein Engel dir vorausgehen, damit du in seine Fußstapfen treten kannst.

unbekannt

Nicht ihr habt mich erwählt, sondern ich habe euch erwählt und dazu bestimmt, dass ihr hingeht und Frucht bringt und dass eure Frucht bleibt.

Joh 15,16

So segne dich der gütige Gott: der Vater, der Sohn und der Heilige Geist. Amen.

Irischer Segensspruch

Wir bringen ein Kind zur Taufe, Gott gebe, dass es bald laufe. Wir wünschen, dass es gedeihe und nicht so schreie.

Volksmund

Erwachsenentaufe

Alles, was sonst getrennt auftritt, ist im Glauben verschmolzen: Erkenntnis, Liebe, Tat.

Edith Stein

Auf Gott traue ich mit fester Zuversicht – und dieses Zutrauen hat mich noch nie stecken lassen.

Catharina Elisabeth Goethe

Behüte mich wie einen Augapfel im Auge, beschirme mich unter dem Schatten deiner Flügel.

Ps 17,8

Beten heißt nicht viel reden, sondern viel lieben.

Thérèse von Lisieux

Beten heißt, die Gegenwart Gottes erleben.

Franz von Sales

Beten ist der Herzschlag des Glaubens. Bei Gott sind wir immer erwartet, immer willkommen, ohne jede Vorbedingung.

unbekannt

Beten ist Gott schauen, es ist eine Begegnung mit den Augen und mit dem Herzen.

Mutter Teresa

Beten ist gut, es macht das Herz froh.

Fjodor M. Dostojewski

Christen sind Freunde des Lebens, weil Christus die Quelle des Lebens ist.

Egon Kappelari

Damit das Gebet fruchtbar wird, muss es aus dem Herzen kommen und das Herz Gottes erreichen.

Mutter Teresa

Darin liegt der Adel und die Schönheit des Glaubens: dass wir das Herz haben, etwas zu wagen.

John Henry Newman

Das Fröhlichsein ist eine Pflicht, die sonderlich dem Christen zukommt.

Martin Luther

Das Gebet geht nicht durch das Gehirn, sondern durch das Herz.

Carlo Carretto

Das Gebet ist die höchste Leistung, deren der Mensch fähig ist.

Edith Stein

Das Gebet macht das Herz weit, bis es fähig ist, Gott, der sich uns schenkt, aufzunehmen.

Mutter Teresa

Das Gebet verändert nicht Gott, sondern den, der betet.

Søren Kierkegaard

Das Gebet verbindet die Seele mit Gott.

Juliane von Norwich

Das Gebet, das ein Mensch mit aller Macht leistet, hat eine große Kraft.

Mechthild von Magdeburg

Der einzige Maßstab menschlicher Freiheit ist das göttliche Gesetz, das uns im Evangelium Christi gegeben ist.

Papst Johannes Paul II.

Der Glaube ist der Anfang aller guten Werke.

Martin Luther

Der Glaube muss, um echt zu sein, gebende Liebe sein.

Mutter Teresa

Der Herr behüte dich vor allem Übel, er behüte deine Seele. Der Herr behüte deinen Ausgang und Eingang von nun an bis in Ewigkeit.

Ps 121,7-8

Der Herr behütet dich; der Herr ist dein Schatten über deiner rechten Hand, dass dich des Tages die Sonne nicht steche noch der Mond des Nachts.

Ps 121,5-6

Der Herr kam nicht auf die Welt, damit die Menschen klüger, sondern damit sie gütiger werden.

Karl Heinrich Waggerl

Der Herr sei neben dir, um dich in die Arme zu schließen, um dich zu schützen vor Gefahren.

Segenswunsch

Der Herr sei vor dir, um dir den rechten Weg zu zeigen.

Segenswunsch

Der Himmel ist ein Spiegelbild Gottes; der Mensch ist der Spiegel aller Wunder Gottes.

Hildegard von Bingen

Die Angst macht unfrei, der Glaube frei. Die Angst lähmt, der Glaube gibt Kraft. Die Angst macht mutlos, der Glaube ermutigt. Die Angst macht krank, der Glaube heilt. Die Angst macht untauglich, der Glaube tauglich.

Ralph Waldo Emerson

Die Quelle, aus der ihr schöpft, muss nur tief genug sein. Dann werden die, die ihr liebt, früher oder später merken, wo sie entspringt.

Mutter Teresa

Die Weisheit eines Menschen misst man nicht nach seinen Erfahrungen, sondern nach seiner Fähigkeit, Erfahrungen zu machen.

George Bernard Shaw

Durch das Gebet wird Zeit nicht versäumt, sondern gewonnen.

Erich Puzik

Ein Christ hat drei Eigenschaften: es ist furchtlos, immer in Schwierigkeiten und unsagbar glücklich.

Mahatma Gandhi

Ein fröhliches Herz ist in der Regel das Ergebnis eines Herzens, das vor Liebe brennt. Lasst niemals etwas euch so mit Sorgen erfüllen, dass ihr die Freude des auferstandenen Christus vergesst!

Mutter Teresa

Es gehört zu deiner Berufung, das Evangelium von den Dächern zu rufen, nicht durch das Wort, sondern durch dein Leben.

Charles de Foucauld

Es kommt nicht darauf an, von welcher Straße du kommst, denn die Richtung deines Weges bestimmt, wo du ankommen wirst.

aus China

Freue dich, weil Gott dich liebt!

Hildegard von Bingen

Glaube ist eine Gabe Gottes. Glaube führt zu Liebe und Liebe zum Dienst am Nächsten. Der Dienst der Liebe ist Dienst des Friedens.

Mutter Teresa

Glauben heißt, beständig das Frohe, Glückliche, Gute erwarten.

Søren Kierkegaard

Glauben heißt: die Unbegreiflichkeit Gottes ein Leben lang auszuhalten.

Karl Rahner

Glücklich, wer an Gott glaubt, denn er wird, wenn auch nicht ohne Mühe und Leid, schließlich alle Mühsale des Lebens überwinden.

Vincent van Gogh

Gott ist der Gott der Freude. Die Freude ist also die echte religiöse Haltung.

Franz von Sales

Gott ist die Liebe; und wer in der Liebe bleibt, der bleibt in Gott und Gott in ihm.

1 Joh 4,16

Gott liebt dich; Gott liebt mich. – Wer das einmal wirklich erfasst hat, der kommt niemals von Gott los.

Friedrich Maria Rintelen

Gott liebt uns nicht, weil wir gut sind, sondern weil er gut ist.

Joseph Kardinal Ratzinger

Gott verbirgt sich hinter allem, und in allem sind schmale Spalten, durch die er scheint – scheint und blitzt. Ganz dünne, feine Spalten, so dünn, dass man sie nie wiederfindet, wenn man nur einmal den Kopf wendet.

Ernst Barlach

Gott weiß, dass ich da bin. Und das genügt mir.

Papst Johannes XXIII.

Gott wird nicht größer, wenn du ihn verehrst, aber du wirst größer und glücklicher, wenn du ihm dienst.

Augustinus

Herr, stärke unsere schwachen Schritte. Ohne deine Hilfe erreichen wir kein Ziel, schon gar nicht das entscheidende: das ewige Leben.

Papst Johannes Paul II.

Herr, ich bitte dich, schenke meinen Händen Geschicklichkeit, meinem Verstand Scharfblick und meinem Herzen Mitgefühl und Sanftmut. Verleihe mir Zielstrebigkeit, die Kraft, einen Teil der Last meiner leidenden Mitmenschen auf mich zu nehmen.

Mutter Teresa

Herr, lass die Sonne deiner Gnade auf mein Herz scheinen, damit es offen bleibt, auf dein Wort zu hören und dir zu folgen.

Meinolf Steinhofer

Ich glaube an die Sonne, auch wenn sie nicht scheint. Ich glaube an die Liebe, auch wenn ich sie nicht spüre. Ich glaube an Gott, auch wenn er schweigt. Ich glaube, ich glaube!

Christoph Blumhardt

Ich glaube, dass die Bibel allein die Antwort auf alle unsere Fragen ist und dass wir nur anhaltend und etwas demütig zu fragen brauchen, um die Antwort von ihr zu bekommen.

Dietrich Bonhoeffer

Ich lasse dich nicht fallen und verlasse dich nicht.

Jos 1,5

Ich möchte gerne so sein, wie Gott es haben will, weil er mich so behandelt, als wäre ich schon so.

Hannelore Frank

Ich sagte zum Mandelbaum: Erzähl' mir von Gott, und er blühte.

aus China

Ich weiß nicht, wohin Gott mich führt, aber ich weiß, dass er mich führt.

Gorch Fock

Ich will dich segnen, und du sollst ein Segen sein.

Gen 12,2

Im Herzen eines jeden Menschen gibt es eine Leere, die nur Gott durch seinen Sohn Jesus Christus füllen kann.

Blaise Pascal

In der heiligen Kommunion haben wir Christus in der Gestalt von Brot. In unserer Arbeit finden wir ihn in der Gestalt von Fleisch und Blut. Es ist derselbe Christus.

Mutter Teresa

Lass den Himmel sich auf der Erde widerspiegeln, auf dass die Erde zum Himmel werden möge.

Dschelal ed-Din Rumi

Lassen Sie es nie am Gebete fehlen, Sie finden darin die Fülle der göttlichen Gnaden.

Pauline von Mallinckrodt

Lebe das, was du vom Evangelium verstanden hast. Und wenn es noch so wenig ist. Aber lebe es.

Roger Schutz

Leite mich in deiner Wahrheit und lehre mich! Denn du bist der Gott, der mir hilft.

Ps 25,5

Mein Gefühl sagt mir, dass es Gott gibt, und es sagt mir nicht, dass es ihn nicht gibt. Das genügt mir.

Jean de La Bruyère

Nicht ich musste Jesus finden. Jesus fand mich.

Mutter Teresa

Nichts ist für uns notwendig außer Gott. Gott finden wir nur, wenn wir unser Herz und unseren Geist in Gott bergen.

Angela von Foligno

Nur das ehrliche, aufrichtige Gebet findet Erhörung; das heuchlerische Lippengebet wendet sich wie ein Fluch gegen den Urheber selber.

Adolph Kolping

Seid ein lebendiges Zeichen der Güte Gottes: Güte in eurem Gesicht, Güte in euren Augen, Güte in eurem Lächeln, Güte in eurem herzlichen Gruß.

Mutter Teresa

So segne dich der gütige Gott: der Vater, der Sohn und der Heilige Geist. Amen.

Irischer Segensspruch

Sucht ihr mich, so findet ihr mich. Wenn ihr von ganzem Herzen nach mir fragt, lasse ich mich von euch finden.

Jer 29,13-14

Wasser des Lebens, es ist da, einfach da. Ich muss zur Suche bereit sein.

Andrea Schwarz

Weise Lebensführung gelingt keinem durch Zufall. Man muss, solange man lebt, lernen, wie man leben soll.

Seneca

Wenn du darauf vertraust, dass ein Engel auch deinen persönlichen Weg begleitet, wirst du entdecken, wozu du fähig bist. Du wirst deine Einmaligkeit spüren und den göttlichen Glanz deiner Seele.

Anselm Grün

Wenn du willst, dass dein Nächster an Gott glaubt, dann lass ihn sehen, was Gott aus dir gemacht hat.

Ralph Waldo Emerson

Wenn Gottes Liebe dein Herz durchströmt, wirst du selber in Bewegung geraten. Du wirst deine Schritte zuversichtlich setzen von heute auf morgen und auf alle Zukunft hin.

Jörg Zink

Wenn wir beten, werden wir zu einem Strahl der Liebe Gottes: bei uns zu Hause, dort, wo wir leben, und schließlich für die ganze große Welt.

Mutter Teresa

Wenn wir im Glauben ein Wagnis eingehen und Gott bitten, dass er es uns durchstehen lässt, dann können wir Wunder erleben.

Irmela Hofmann

Wer betet, gibt Jesus Christus Raum in seinem Leben. Denn das Gebet ist die geöffnete Tür, durch die Jesus eintreten kann.

Peter Hahne

Wer die Osterbotschaft gehört hat, der kann nicht mehr mit tragischem Gesicht herumlaufen und die humorlose Existenz eines Menschen führen, der keine Hoffnung hat.

Karl Barth

Wer Glauben hat, der zittert nicht. Er überstürzt nichts, er ist nicht pessimistisch, er verliert nicht die Nerven. Glauben, das ist die Heiterkeit, die von Gott kommt.

Papst Johannes XXIII.

Wer Gott einmal suchen will, der findet ihn überall.

Novalis

Wer sich Gott geweiht hat, der hat keinen Grund zu trauern, wohl aber fröhlich zu sein.

Ignatius von Loyola

Wie du betest, so bist du.

Philipp Neri

Wir kommen zum Glauben weniger durch die Vernunft als durch das Herz.

Blaise Pascal

Erstkommunion

Beten heißt, die Gegenwart Gottes erleben.

Franz von Sales

Beten ist der Herzschlag des Glaubens. Bei Gott sind wir immer erwartet, immer willkommen, ohne jede Vorbedingung.

unbekannt

Bittet, dann wird euch gegeben; sucht, dann werdet ihr finden; klopft an, dann wird euch aufgetan.

Mt 7,7

Die Freuden des Himmels mögen durch zwei Dinge gesteigert werden: dass Gott dich beim Namen ruft und dass dein Schutzengel ein Loblied auf dich anstimmt.

Irischer Segensspruch

Es kommt nicht darauf an, von welcher Straße du kommst, denn die Richtung deines Weges bestimmt, wo du ankommen wirst.

aus China

Freue dich, weil Gott dich liebt!

Hildegard von Bingen

Fürchte dich nicht, denn ich bin mit dir; hab keine Angst, denn ich bin dein Gott. Ich helfe dir, ja, ich mache dich stark, ja, ich halte dich mit meiner hilfreichen Rechten.

Jes 4,10

Geh einfach Gottes Pfad, lass nichts sonst Führer sein, so gehst du recht und grad, und gingst du ganz allein.

Christian Morgenstern

Gott der Ewige, kennt deinen Namen, du bist sein. Darum fürchte dich nicht. Dein Schicksal ist in Gottes Hand, und zuletzt wird alles gut werden, denn Gottes Segen ist immer bei dir.

Hildegunde Wöller

Ich bin das Brot des Lebens; wer zu mir kommt, wird nie mehr hungern, und wer an mich glaubt, wird nie mehr Durst haben.

Joh 6,35

Ich will dich segnen, und du sollst ein Segen sein.

Gen 12,2

Ich wünsche dir zur Kommunion, dass Gott Vater und Gott Sohn beschützen dich mit Segen auf allein deinen Wegen. Dann wanderst fromm und glücklich du der gold'nen Himmelspforte zu.

Ernst Moritz Arndt

Möge Gott auf dem Weg, den du vor dir hast, vor dir hergehen. Das ist mein Wunsch für deine Lebensreise. Mögest du die hellen Fußstapfen des Glücks finden und ihnen auf dem ganzen Weg folgen.

Irischer Segensspruch

Von allen Seiten umgibst du mich, ich bin ganz in deiner Hand.

Ps 139,5

Firmung & Konfirmation

Alles, was sonst getrennt auftritt, ist im Glauben verschmolzen: Erkenntnis, Liebe, Tat.

Edith Stein

Behüte mich wie einen Augapfel im Auge, beschirme mich unter dem Schatten deiner Flügel.

Ps 17,8

Beten heißt nicht viel reden, sondern viel lieben.

Thérèse von Lisieux

Beten heißt, die Gegenwart Gottes erleben.

Franz von Sales

Beten ist der Herzschlag des Glaubens. Bei Gott sind wir immer erwartet, immer willkommen, ohne jede Vorbedingung.

unbekannt

Beten ist die radikalste Form, sich einzumischen.

unbekannt

Beten ist Gott schauen, es ist eine Begegnung mit den Augen und mit dem Herzen.

Mutter Teresa

Beten ist gut, es macht das Herz froh.

Fjodor M. Dostojewski

Bittet, dann wird euch gegeben; sucht, dann werdet ihr finden; klopft an, dann wird euch aufgetan.

Mt 7,7

Das Feuer hat vier Eigenschaften: es brennt, reinigt, wärmt und leuchtet: In gleicher Weise vernichtet der Heilige Geist die Sünden, reinigt die Herzen, erwärmt die Lauen und erleuchtet die Unwissenden.

Antonius von Padua

Das Fröhlichsein ist eine Pflicht, die sonderlich dem Christen zukommt.

Martin Luther

Das Gebet geht nicht durch das Gehirn, sondern durch das Herz.

Carlo Carretto

Das Gebet ist der Schlüssel am Morgen und der Riegel am Abend.

Mahatma Gandhi

Das Gebet ist die höchste Leistung, deren der Mensch fähig ist.

Edith Stein

Das Gebet ist eine der wesentlichsten Notwendigkeiten des modernen Menschen.

Papst Paul VI.

Das Gebet macht das Herz weit, bis es fähig ist, Gott, der sich uns schenkt, aufzunehmen.

Mutter Teresa

Das Gebet verändert nicht Gott, sondern den, der betet.

Søren Kierkegaard

Das Gebet verbindet die Seele mit Gott.

Juliane von Norwich

Dem Himmel ist beten wollen auch beten.

Gotthold Ephraim Lessing

Der dich gemacht hat, weiß auch, was er mit dir machen will.

Augustinus

Der einzige Maßstab menschlicher Freiheit ist das göttliche Gesetz, das uns im Evangelium Christi gegeben ist.

Papst Johannes Paul II.

Der Engel des Herrn umschirmt alle, die ihn fürchten und ehren, und er befreit sie.

Ps 34,8

Der Glaube ist der Anfang aller guten Werke.

Martin Luther

Der Glaube ist Liebe, und wo Liebe ist, da hat Gott sein Heiligtum in unserer Mitte.

Johann Heinrich Pestalozzi

Der Glaube muss, um echt zu sein, gebende Liebe sein.

Mutter Teresa

Der Herr behüte dich vor allem Übel, er behüte deine Seele. Der Herr behüte deinen Ausgang und Eingang von nun an bis in Ewigkeit.

Ps 121,7-8

Der Herr behütet dich; der Herr ist dein Schatten über deiner rechten Hand, dass dich des Tages die Sonne nicht steche noch der Mond des Nachts.

Ps 121,5-6

Der Herr ist der Geist, und wo der Geist des Herrn ist, da ist Freiheit.

2 Kor 3,17

Der Herr ist treu; er wird euch stark machen und euch vor dem Bösen bewahren.

2 Thess 3,3

Der Herr sei neben dir, um dich in die Arme zu schließen, um dich zu schützen vor Gefahren.

Segenswunsch

Der Weg zu Gott, zum wahren Leben, führt nicht an der Welt vorbei, sondern in das Miteinander mit dem Nächsten.

unbekannt

Die Angst macht unfrei, der Glaube frei. Die Angst lähmt, der Glaube gibt Kraft. Die Angst macht mutlos, der Glaube ermutigt. Die Angst macht krank, der Glaube heilt. Die Angst macht untauglich, der Glaube tauglich.

Ralph Waldo Emerson

Die Freuden des Himmels mögen durch zwei Dinge gesteigert werden: dass Gott dich beim Namen ruft und dass dein Schutzengel ein Loblied auf dich anstimmt.

Irischer Segensspruch

Die Heilige Schrift lesen, heißt von Christus Rat holen.

Franz von Assisi

Die Liebe Gottes ist ausgegossen in unsere Herzen durch den Heiligen Geist, der uns gegeben ist.

Röm 5,5

Du kannst den Geist nicht erzeugen. Du kannst ihn nur empfangen.

Bettina von Arnim

Durch das Gebet wird Zeit nicht versäumt, sondern gewonnen.

Erich Puzik

Durchdringe mich, Heiliger Geist, dass ich selbst unwichtig werde und du alleine bleibst.

Jörg Zink

Ein Christ hat drei Eigenschaften: es ist furchtlos, immer in Schwierigkeiten und unsagbar glücklich.

Mahatma Gandhi

Ein fröhliches Herz ist in der Regel das Ergebnis eines Herzens, das vor Liebe brennt. Lasst niemals etwas euch so mit Sorgen erfüllen, dass ihr die Freude des auferstandenen Christus vergesst!

Mutter Teresa

Es ist dein eigenes Herz, das Gott verlangt. Schenke es ihm, so wie es ist.

Franz von Assisi

Es segne uns der allmächtige Gott, der auf das Bekenntnis des Petrus die Kirche gegründet und durch ihn die Brüder im Glauben gestärkt hat

Segensspruch

Freue dich, weil Gott dich liebt!

Hildegard von Bingen

Frieden ist nie allein Sache der anderen, sondern immer auch ein Stück Arbeit an dir selbst.

Adalbert Ludwig Balling

Fürchte den, der Gott nicht fürchtet.

Abd-El Kader

Fürchte dich vor allen Sünden, sei bereit zu allen Tugenden und beharrlich in allen Dingen, dann kannst du dein Leben zu einem guten Ende bringen.

Mechthild von Magdeburg

Geist des lebendigen Gottes, erfrische mich wie Tau am Morgen, forme mich, erfülle mich, sende mich.

Segen aus der ökumenischen Frauenarbeit

Glauben heißt, beständig das Frohe, Glückliche, Gute erwarten.

Søren Kierkegaard

Glauben heißt: die Unbegreiflichkeit Gottes ein Leben lang auszuhalten.

Karl Rahner

Glauben heißt: durch den Horizont blicken.

Afrikanisches Sprichwort

Gott, der Ewige, kennt deinen Namen, du bist sein. Darum fürchte dich nicht. Dein Schicksal ist in Gottes Hand, und zuletzt wird alles gut werden, denn Gottes Segen ist immer bei dir.

Hildegunde Wöller

Gott ist der Gott der Freude. Die Freude ist also die echte religiöse Haltung.

Franz von Sales

Gott ist die Liebe; und wer in der Liebe bleibt, der bleibt in Gott und Gott in ihm.

1 Joh 4,16

Gott ist uns nahe, aber wir sind ihm fern. Gott ist drinnen, aber wir sind draußen. Gott ist in uns heimisch, aber wir sind uns fremd.

Meister Eckhart

Gott liebt dich; Gott liebt mich. – Wer das einmal wirklich erfasst hat, der kommt niemals von Gott los.

Friedrich Maria Rintelen

Gott segne dich. Er schenke dir Wohlgefallen an dir und Zufriedenheit mit deinen Begabungen. Er schenke dir das Glück, der sein zu können, der du bist.

Hildegunde Wöller

Gott verbirgt sich hinter allem, und in allem sind schmale Spalten, durch die er scheint – scheint und blitzt. Ganz dünne, feine Spalten, so dünn, dass man sie nie wiederfindet, wenn man nur einmal den Kopf wendet.

Ernst Barlach

Gott weiß, dass ich da bin. Und das genügt mir.

Papst Johannes XXIII.

Gott will uns zu seinen Mitarbeitern machen – für die Liebe, den Frieden, das Glück, die Menschlichkeit in der Welt.

Hannelore Frank

Gott wird nicht größer, wenn du ihn verehrst, aber du wirst glücklicher, wenn du ihm dienst.

Augustinus

Halt dein Herz offen und lass es groß sein.

Franz von Assisi

Handle nach dem Wort Gottes, und du wirst erleben, dass Gott seine Verheißungen ernst gemeint hat.

Corrie ten Boom

Herr, ich bitte dich, schenke meinen Händen Geschicklichkeit, meinem Verstand Scharfblick und meinem Herzen Mitgefühl und Sanftmut. Verleihe mir Zielstrebigkeit, die Kraft, einen Teil der Last meiner leidenden Mitmenschen auf mich zu nehmen.

Mutter Teresa

Herr, lass die Sonne deiner Gnade auf mein Herz scheinen, damit es offen bleibt auf dein Wort zu hören und dir zu folgen.

Meinolf Steinhofer

Ich bin das Licht der Welt. Wer mir nachfolgt, wird nicht in Finsternis umhergehen, sondern wird das Licht des Lebens haben.

Joh 8,12

Ich bin der Herr, dein Gott, der dich leitet auf dem Wege, den du gehen sollst.

Jes 48,17

Ich bin der Weg und die Wahrheit und das Leben; niemand kommt zum Vater außer durch mich.

Joh 14,6

Ich glaube an die Sonne, auch wenn ich sie nicht sehe. Ich glaube an die Liebe, auch wenn ich sie nicht fühle. Ich glaube an Gott, auch wenn er schweigt.

Christoph Blumhardt

Ich glaube an Gott, so wie ein Blinder an die Sonne glaubt, nicht weil er sie sieht, sondern weil er sie fühlt.

Phil Bosmans

Ich glaube, dass die Bibel allein die Antwort auf alle unsere Fragen ist und dass wir nur anhaltend und etwas demütig zu fragen brauchen, um die Antwort von ihr zu bekommen.

Dietrich Bonhoeffer

Ich sagte zum Mandelbaum: Erzähl' mir von Gott, und er blühte.

aus China

Ich weiß nicht, wohin Gott mich führt, aber ich weiß, dass er mich führt.

Gorch Fock

Ich will dich segnen, und du sollst ein Segen sein.

Gen 12,2

Ich wünsche dir: dass du dir Zeit nimmst, dass du dir Zeit lässt, dass du Zeit hast für andere und für dich selbst. Zeit, die nicht vertan ist, da sie Hoffnung und Liebe schenkt und bleibenden Wert hat bei Gott.

unbekannt

Ich würde am liebsten allen jungen Menschen sagen: Habt vor nichts Angst. Das Leben ist aufregender, schöner und kraftvoller, als ihr euch vorstellen könnt. Wir aber sind viel stärker, als wir glauben.

Elsa Brandström

Ihr werdet die Kraft des Heiligen Geistes empfangen, der auf euch herabkommen wird; und ihr werdet meine Zeugen sein.

Apg 1,8

Im Herzen eines jeden Menschen gibt es eine Leere, die nur Gott durch seinen Sohn Jesus Christus füllen kann.

Blaise Pascal

In der heiligen Kommunion haben wir Christus in der Gestalt von Brot. In unserer Arbeit finden wir ihn in der Gestalt von Fleisch und Blut. Es ist derselbe Christus.

Mutter Teresa

Lass den Himmel sich auf der Erde widerspiegeln, auf dass die Erde zum Himmel werden möge.

Dschelal el-Din Rumi

Lass die Liebe in deinem Herzen wurzeln, und es kann nur Gutes daraus hervorgehen.

Augustinus

Lasst uns dem Leben trauen, weil wir es nicht allein zu leben haben, sondern Gott es mit uns lebt.

Alfred Delp

Lebe das, was du vom Evangelium verstanden hast. Und wenn es noch so wenig ist. Aber lebe es.

Roger Schutz

Lehre mich, deinen Willen zu tun; denn du bist mein Gott. Dein guter Geist leite mich auf ebenem Pfad.

Ps 143,10

Lehre mich, Herr, deinen Weg; ich will ihn gehen in Treue zu dir. Richte mein Herz darauf hin, allein deinen Namen zu fürchten!

Ps 86,11

Leite mich in deiner Wahrheit und lehre mich! Denn du bist der Gott, der mir hilft.

Ps 25,5

Möge Gott auf dem Weg, den du vor dir hast, vor dir hergehen. Das ist mein Wunsch für deine Lebensreise. Mögest du die hellen Fußstapfen des Glücks finden und ihnen auf dem ganzen Weg folgen.

Irischer Segensspruch

Nicht mit der Laterne, mit dem Herzen suche die Menschen, denn der Liebe allein öffnen die Menschen ihre Herzen.

Peter Rosegger

Nichts ist für uns notwendig außer Gott. Gott finden wir nur, wenn wir unser Herz und unseren Geist in Gott bergen.

Angela von Foligno

Nur das ehrliche, aufrichtige Gebet findet Erhörung; das heuchlerische Lippengebet wendet sich wie ein Fluch gegen den Urheber selber.

Adolph Kolping

Schon der Wunsch zu beten ist ein Gebet.

Georges Bernanos

Seid ein lebendiges Zeichen der Güte Gottes: Güte in eurem Gesicht, Güte in euren Augen, Güte in eurem Lächeln, Güte in eurem herzlichen Gruß.

Mutter Teresa

Seid wachsam, steht fest im Glauben, seid mutig, seid stark!

1 Kor 16,13

Treu ist Gott, durch den ihr berufen worden seid zur Gemeinschaft mit seinem Sohn Jesus Christus, unserem Herrn.

1 Kor 1,9

Um mit Gewissheit zu glauben, musst du erst mal zweifeln.

Stanislaus I.

Um zu wissen, ob es einen Gott gibt, verlange ich von euch nur eins: Macht doch die Augen auf!

Voltaire

Und es erschienen ihnen Zungen wie von Feuer, die sich verteilten; auf jedem von ihnen ließ sich eine nieder. Alle wurden mit dem Heiligen Geist erfüllt.

Apg 2,3-4

Verlasst euch stets auf den Herrn; denn Gott, der Herr, ist ein ewiger Fels.

Jes 26,4

Von allen Seiten umgibst du mich, ich bin ganz in deiner Hand.

Ps 139,5

Was der Zeit unterworfen ist, das gebrauche, was ewig ist, danach strebe.

Thomas von Kempen

Was du bist, ist Gottes Geschenk an dich, was du wirst, ist dein Geschenk an Gott.

aus Indien

Was du scheinst, das werten Menschen. Was du bist, das wertet Gott.

Margarete Seemann

Was ich Gott vorziehe, entziehe ich Gott.

Kyrilla Spiecker

Wasser des Lebens, es ist da, einfach da. Ich muss zur Suche bereit sein.

Andrea Schwarz

Wem Gott einen Traum schenkt, dem schenkt er auch die Kraft, diesen zu verwirklichen.

unbekannt

Wenn du darauf vertraust, dass ein Engel auch deinen persönlichen Weg begleitet, wirst du entdecken, wozu du fähig bist. Du wirst deine Einmaligkeit spüren und den göttlichen Glanz deiner Seele.

Anselm Grün

Wenn du willst, dass dein Nächster an Gott glaubt, dann lass ihn sehen, was Gott aus dir gemacht hat.

Ralph Waldo Emerson

Wenn Gottes Geist in dir wohnt, so verdrängt er nicht deinen Geist.

Augustinus

Wenn Gottes Liebe dein Herz durchströmt, wirst du selber in Bewegung geraten. Du wirst deine Schritte zuversichtlich setzen von heute auf morgen und auf alle Zukunft hin.

Jörg Zink

Wenn ihr in meinem Wort bleibt, seid ihr wahrhaftig meine Jünger. Dann werdet ihr die Wahrheit erkennen, und die Wahrheit wird euch befreien.

Joh 8,31-32

Wenn wir im Glauben ein Wagnis eingehen und Gott bitten, dass er es uns durchstehen lässt, dann können wir Wunder erleben.

Irmela Hofmann

Wer betet, gibt Jesus Christus Raum in seinem Leben. Denn das Gebet ist die geöffnete Tür, durch die Jesus eintreten kann.

Peter Hahne

Wer Glauben hat, der zittert nicht. Er überstürzt nichts, er ist nicht pessimistisch, er verliert nicht die Nerven. Glauben, das ist die Heiterkeit, die von Gott kommt.

Papst Johannes XXIII.

Wer Gott einmal suchen will, der findet ihn überall.

Novalis

Wer sich Gott geweiht hat, der hat keinen Grund zu trauern, wohl aber fröhlich zu sein.

Ignatius von Loyola

Wer vom Ziel nichts weiß, kann den Weg nicht haben.

Christian Morgenstern

Werde kein Mensch, der die Hände zum Nehmen ausstreckt und zum Geben einzieht.

Didache

Wir gehören nicht zur Kirche – wir sind die Kirche.

Papst Pius XII.

Wo Gott dich hingesät hat, da sollst du blühen.

Afrikanisches Sprichwort

Worauf Gott seine Hoffnung setzt, das wage ich.

Mechthild von Magdeburg

Geburtstag allgemein

Alles wahre Leben ist Bewegung.

Martin Buber

Alles, von dem der Mensch sich eine Vorstellung machen kann, ist machbar.

Wernher von Braun

Als du ein Kind warst, schien dir eine Woche eine Ewigkeit, seit du älter wirst, scheint ein Jahr nur eine Augenblick zu dauern. Wie du es auch erlebst: Du hast Zeit. Mag sie lang oder kurz sein: Du kannst sie mit Leben füllen.

Hildegunde Wöller

An der Schwelle des neuen Jahres lacht die Hoffnung und wispert, es werde uns mehr Glück bringen.

Alfred Lord Tennyson

Ankommen – nicht irgendwann, sondern heute und jetzt das Ziel spüren, das in weiter Ferne und doch nirgendwo sonst ist als hier.

Corinna Mühlstedt

Auf schmalem Pfad zu gehen, lehrt uns, das Gleichgewicht zu halten.

Elisabeth Maria Maure

Bewahre in allen Dingen die Freiheit des Geistes, und sieh zu, wohin er dich führt.

Ignatius von Loyola

Das Leben ist ein Prozess, der uns verwandelt. Jeder von uns wird zu dem, woran er glaubt und was er liebt.

Divio Barsotti

Das Leben ist ein Spiel. Man macht keine größeren Gewinne, ohne Verluste zu erzielen.

Christina von Schweden

Das Leben ist eine Reise. Je weniger Gepäck man dabei hat, desto mehr Eindrücke kann man mitnehmen.

Hanna Schygulla

Das Leben ist kurz, und seine Zeit verlieren, ist eine Sünde.

Albert Camus

Das Leben ist Schönheit, bewundere sie. Das Leben ist Seligkeit, genieße sie. Das Leben ist Traurigkeit, überwinde sie. Das Leben ist Kampf, akzeptiere ihn. Das Leben ist ein Versprechen, erfülle es.

Mutter Teresa

Das Leben ist tatsächlich voller Wunder. Mehr noch: es ist wunderbar, und jeder, der es nicht länger als selbstverständlich hinnimmt, wird das sofort bestätigen.

Anthony de Mello

Das Leben mit seinen verschiedenen Epochen ist eine Schatzkammer. Wir werden reich in jedem Gewölbe beschenkt; wie reich, das erkennen wir erst bei dem Eintritt in das nächste Gewölbe.

Friedrich Hebbel

Das Licht, das dir im Auge flammt, das leuchtet sehr und zündet mehr als hunderttausend Kerzen.

Angelus Silesius

Das Leben ist nachtragend. Wenn du lieblos mit ihm umgehst, revanchiert es sich.

Karl Heinz Karius

Deine Seele hat Flügel – nutze sie, um deine Grenzen zu erforschen.

Viktor Levin

Dem Tapferen hilft das Glück.

Terenz

Denn er hat seinen Engeln befohlen, dass sie dich behüten auf allen deinen Wegen, dass sie dich auf den Händen tragen und du deinen Fuß nicht an einen Stein stoßest.

Ps 91,11-12

Der Mensch hat dreierlei Wege , klug zu handeln: erstens durch Nachdenken, das ist der edelste; zweitens durch Nachahmen, das ist der leichteste; drittens durch Erfahrung, das ist der bitterste.

Konfutse

Der Weg wächst im Gehen unter deinen Füßen, wie durch ein Wunder.

Reinhold Schneider

Des Menschen Herz plant seinen Weg, doch der Herr lenkt seinen Schritt.

Spr 16,9

Die Normalität ist eine gepflasterte Straße; man kann gut darauf gehen – doch es wachsen keine Blumen auf ihr. Was wäre das Leben, hätten wir nicht den Mut, etwas zu riskieren?

Vincent van Gogh

Die Freuden des Himmels mögen durch zwei Dinge gesteigert werden: dass Gott dich beim Namen ruft und dass dein Schutzengel ein Loblied auf dich anstimmt.

Irischer Segensspruch

Die Gegenwart ist die einzige Zeit, die uns wirklich gehört, und wir sollten sie nach Gottes Willen nutzen.

Blaise Pascal

Die höchste Form des Glücks ist ein Leben mit einem gewissen Grad an Verrücktheit.

Erasmus von Rotterdam

Die Jugend ist die Zeit, Weisheit zu lernen, das Alter die Zeit, sie auszunützen.

Jean Jacques Rousseau

Die Linien des Lebens sind verschieden, wie Wege sind und wie der Berge Grenzen. Was hier wir sind, kann dort ein Gott ergänzen mit Harmonie und ewigem Lohn und Frieden.

Friedrich Hölderlin

Die schönste Freude erlebt man immer da, wo man sie am wenigsten erwartet.

Antoine de Saint-Exupéry

Die Sonne scheint für dich – deinetwegen; und wenn sie müde wird, beginnt der Mond, und dann werden die Sterne angezündet.

Søren Kierkegaard

Die Stunde ist kostbar. Warte nicht auf eine spätere, gelegenere Zeit.

Katharina von Siena

Die Verantwortung für sich selbst ist die Wurzel jeder Verantwortung.

Mong Dsi

Die Zukunft hat viele Namen: für Schwache ist sie das Unerreichbare, für die Furchtsamen das Unbekannte, für die Mutigen die Chance.

Victor Hugo

Eine Stelle in der Welt, ein einziges Teilchen wenigstens, können wir verändern: das ist das eigene Herz.

Reinhold Schneider

Erfahrung ist wie eine Laterne im Rücken: Sie beleuchtet immer nur das, was wir bereits hinter uns haben.

Konfuzius

Erkenne, wo du stehst; wo du hinwillst. Mach deinen Plan. Und dann geh!

Ken Cadigan

Es geschieht zu jeder Zeit etwas Unerwartetes; unter anderem ist auch deshalb das Leben so interessant.

Marie von Ebner-Eschenbach

Es ist nicht der Verstand, auf den es ankommt, sondern das, was ihn leitet: Herz und Charakter.

Fjodor M. Dostojewski

Es ist nicht genug zu wissen, man muss auch anwenden; es ist nicht genug zu wollen, man muss auch tun.

Johann Wolfgang von Goethe

Es ist nie zu spät, das zu werden, was man hätte sein können.

Gregor Eliot

Freude ist ein Zeichen, dass man dem Licht nahe ist.

Edith Stein

Freude wird jedes Mal dein Abendrot sein, wenn du den Tag nützlich zugebracht hast.

Thomas von Aquin

Für unsere eigene Geschichte sind wir alle zuständig.

Walter Dirks

Geh deinen Weg gelassen und ruhig inmitten des Lärms und der Hast dieser Zeit und erinnere dich, welcher Frieden in der Stille liegt.

Lebensregel von Baltimore

Geh mit der Zeit, aber komme von Zeit zu Zeit zurück.

Stanislaw J. Lec

Gib deinem Wunsche Maß und Grenze, und dir entgegen kommt das Ziel.

Theodor Fontane

Glück ist, wenn deine Gedanken, deine Worte und dein Tun im Einklang sind.

Mahatma Gandhi

Gnaden sind auch immer Pflichten.

Michael Kardinal Faulhaber

Gott gebe mir die Gelassenheit, Dinge hinzunehmen, die ich nicht ändern kann, den Mut, Dinge zu ändern, die ich ändern kann, und die Weisheit, das eine vom anderen zu unterscheiden.

Reinhold Niebuhr

Gott schenke dir, was dein Herz begehrt, und lasse all deine Pläne gelingen.

Ps 20,5

Gott schenke uns das weite Herz der Toleranz, den scharfen Verstand der Unterscheidung, das liebevolle Lächeln des ersten Schöpfungstages.

Sigrid Jahr

Gott schenkt uns die Wurzeln und das Licht, aber wachsen müssen wir selber.

Thomas Romanus

Gott segne dich im neuen Jahr. Er beschirme dich in seiner Obhut und erfülle dein Leben mit Liebe. Und der Friede Christi begleite dich durch jeden neuen Tag, bis das vollkommene Leben beginnt.

Irischer Segensspruch

Gott segne dich. Er schenke dir Wohlgefallen an dir und Zufriedenheit mit deinen Begabungen. Er schenke dir das Glück, der sein zu können, der du bist.

Hildegunde Wöller

Gott sende dir Freunde auf deinem Lebensweg, geistige Gefährten. Er gebe dir gute Stunden des Gesprächs mit ihnen, das beglückende Gefühl beim Austausch von Erfahrungen und Erkenntnissen.

Hildegunde Wöller

Gott weiß, dass ich da bin. Und das genügt mir.

Papst Johannes XXIII.

Habe dein Schicksal lieb, denn es ist der Weg Gottes zu deiner Seele.

unbekannt

Handle für das Ziel, dem dein Leben gilt, mit aller Kraft, die dir in jedem Augenblick zur Verfügung steht.

Dag Hammarskjöld

Herr, schenke mir eine Seele, der die Langeweile fremd ist, die kein Murren kennt, kein Seufzen und Klagen, und lasse nicht zu, dass ich mir viele Sorgen mache, um dieses Etwas, das sich so breit macht, und sich »ich« nennt.

Thomas Morus

Hinter jedem Menschen steht ein großes Geheimnis, seine Geschichte, sein Weg, seine Umwege. Dieses Geheimnis zu ergründen, deines, meines, das Geheimnis des Lebens überhaupt – lohnt sich.

Margot Bickel

Hohe Maßstäbe brauchen starke Quellen.

Charles Tayler

Ich bin berufen, etwas zu tun oder zu sein, wofür kein anderer berufen ist. Ich habe einen Platz in Gottes Plan auf Gottes Erden, den keiner hat.

John Henry Newman

Ich habe erkannt, dass es wichtig ist, sich selbst zu lieben. Nur wer sich selbst liebt, kann Freude weitergeben und wahre Freunde gewinnen.

Gabriele Riedel

Ich schlief und träumte: Das Leben wäre Freude. Ich erwachte und sah: Das Leben ist Pflicht. Ich handelte, und siehe, das Leben war Freude.

Rabindranath Tagore

Ich wünsch dir so viel gute Zeit, als Sand im breiten Meere leit. Es soll dir so viel gut ergehen, als Sternlein an dem Himmel stehn. Es soll dich Gott so viel Mal segnen, als Tröpflein in sieben Jahren regnen.

Süddeutsches Sprichwort

Ich wünsche dir Gesundheit des Lachens, ein langes Leben, ein starkes Herz und immer etwas Flüssiges im Mund.

Irischer Segensspruch

Ich wünsche dir, dass auch über Dornen und manchen Stein auf deinem Weg hinweg deine Schritte immer führen mögen.

Isabella Schneider

Ich wünsche dir, dass du an jedem Tag deines Lebens tatsächlich lebendig bist.

Jonathan Swift

Ich wünsche dir: dass du dir Zeit nimmst, dass du dir Zeit lässt, dass du Zeit hast für andere und für dich selbst. Zeit, die nicht vertan ist, da sie Hoffnung und Liebe schenkt und bleibenden Wert hat bei Gott.

unbekannt

In jeder Minute, die du im Ärger verbringst, versäumst du 60 glückliche Sekunden deines Lebens.

Albert Schweitzer

Jeder Tag ist der Anfang eines Lebens, jedes Leben ist der Anfang der Ewigkeit.

Rainer Maria Rilke

Jeder Tag ist ein neues Leben, jedes Aufwachen und Aufstehen eine kleine Geburt, jeder frische Morgen ist eine kleine Jugend.

Arthur Schopenhauer

Jeder Tag möge glückliche Stunden dir schenken, die das ganze Jahr dich begleiten. Möge jeder Morgen dir Freude bringen und jeder Abend Frieden. Die Sorgen dagegen sollen nur wenig sich mehren.

Irischer Segensspruch

Jedes Menschenleben hat einen besonderen Sinn. Wer weiß, wie mancher Mensch in deiner Umgebung lebt, für den gerade du da bist, ohne es zu wissen.

Peter Lippert

Kleine Taten, die man ausführt, sind besser als große, die man plant.

George Marshall

Kummer, sei lahm! Sorge, sei blind!
Es lebe das Geburtstagskind!

Theodor Fontane

Kümmere dich nicht um das, was irgendwo eines Tages in weiter Ferne in der Zukunft geschehen wird; überlege und achte genau auf das, was jetzt, hier, an diesem Ort geschieht.

John Ruskin

Lache das Leben an! Vielleicht lacht es wieder.

Jean Paul

Lass die Liebe in deinem Herzen wurzeln, und es kann nur Gutes daraus hervorgehen.

Augustinus

Leben ist das Einatmen der Zukunft.

Pierre Leroux

Man ist immer glücklich, wenn man Kräfte in sich selbst findet, die man sich selbst nicht zutraut.

Johann Georg Zimmermann

Mein Wunsch für dich ist, dass du an keinem Tag vergisst zu danken. Und wenn dir sonst nichts einfällt, danke deinen Füßen, dass sie dich tragen, und deinem Herzen, dass es schlägt.

Hildegunde Wöller

Mit jedem Jahr, das als Ring um den Baum wächst, wünsche ich dir, dass du dich einliest, immer mehr, zwischen hellen Zeilen und auch dunklen, immer tiefer ins Geheimnis, von dem du selbst die Mitte bist.

Isabella Schneider

Mit Liebe, Geduld und Willenskraft
haben die Menschen vieles geschafft.
So wünsch ich dir diese drei Dinge,
damit dir viel Gutes gelinge!

unbekannt

Mit offenen Augen siehst du viele Wunder. Mit einem guten Herzen geschehen Wunder durch dich.

Erich Legler

Möge das Jahr gut zu dir sein. Mögen dich viele Segenswünsche erreichen, mögest du Gemeinschaft und Freude haben, um alle Wege des Lebens sicher zu gehen.

Irischer Segensspruch

Möge dich in allen Zeiten deines Lebens dein persönlicher Schutzengel begleiten und dir das Gefühl schenken, dass du beschützt und behütet bist.

Irischer Segensspruch

Möge freundlicher Sinn glänzen in deinen Augen, anmutig und edel wie die Sonne, die aus Nebeln steigend die ruhige See erwärmt.

Irischer Segensspruch

Möge Gott dir immer geben, was du brauchst: Arbeit für deine fleißigen Hände, Nahrung für deinen hungrigen Leib, Antworten für deinen fragenden Geist, Freude und Liebe für dein warmes Herz und Frieden für deine suchende Seele.

Irischer Segensspruch

Möge Gott dir viele Lebensjahre gewähren, er weiß ganz bestimmt, dass die Erde zu wenig Engel hat und der Himmel übervoll von ihnen ist.

Irischer Segensspruch

Möge immer ein Engel dir vorausgehen, damit du in seine Fußstapfen treten kannst.

unbekannt

Mögen deine Sorgen gering, die guten Wünsche für dich aber zahlreich sein, und nur das Glück trete durch deine Tür.

Irischer Segensspruch

Mögen die Engel Gottes immer mit dir sein, dich schützen und begleiten auf dem Weg durch den Tag, vom ersten Hahnenschrei bis zum Aufzug des Mondes.

Irischer Segensspruch

Mögest du alle Tage deines Lebens wirklich leben!

Jonathan Swift

Nenne dich nicht arm, weil deine Träume nicht in Erfüllung gegangen sind. Wirklich arm ist nur, wer nie geträumt hat.

Marie von Ebner-Eschenbach

Nicht der Mensch hat am meisten gelebt, welcher die höchsten Jahre zählt, sondern derjenige, welcher sein Leben am meisten empfunden hat.

Jean Baptiste Rousseau

Nicht Jahre machen das Leben aus, sondern Augenblicke.

Friederike Wechselbaumer

Nichts auf der Welt ist so weit wie der Weg vom guten Vorsatz zur Tat.

aus Norwegen

Nichts erweitert so den Horizont, schenkt so viel Selbstvertrauen wie Erfahrung!

Sylvia Plath

Nie stille steht die Zeit, der Augenblick entschwebt, und den du nicht benutzt, den hast du nicht gelebt.

Friedrich Rückert

Nimm dir Zeit zu arbeiten - das ist der Preis des Erfolges. Nimm dir Zeit zu denken - das ist die Quelle der Kraft. Nimm dir Zeit zu spielen - das ist das Geheimnis der ewigen Jugend.

Irischer Segenswunsch

Nimm jeden Tag als ein Leben für sich.

Seneca

Ob ein Tag groß ist in deinem Leben, hängt ganz von dir ab. Jeder wird genauso wichtig, so gehaltvoll, so heilig, wie du ihn haben willst.

Paul Wilhelm Keppler

Öffnet man die Augen, so wird jeder Tag zum Erlebnis.

Oskar Kokoschka

O Mensch, lerne tanzen, sonst wissen die Engel im Himmel mit dir nichts anzufangen.

Augustinus

Schenke mir, Gott, jeden Tag ein wenig Freude; denn kaufen kann ich sie nicht.

Paul Roth

Segen sei mit dir, der Segen strahlenden Lichts, Licht um dich her und innen in deinem Herzen.

Irischer Segensspruch

Sieh zuerst, was du bist und was du hast und was du kannst und was du weißt, ehe du bedenkst, was du nicht bist, nicht hast, nicht kannst und nicht weißt.

Johann Caspar Lavater

So muss man leben! Immer die kleinen Freuden aufpicken, bis das große Glück kommt. Und wenn es nicht kommt, dann hat man wenigstens die kleinen Glücke gehabt.

Theodor Fontane

Sorge nicht, wohin dich der einzelne Schritt führt; nur wer weit blickt, findet sich zurecht.

Dag Hammarskjöld

Tanze im Feuer das Wunder des Lebens! Fließe mit dem Wasser in die Tiefe deiner Träume! Atme im Wind die Weite des Himmels! Wachse in die Erde zur Quelle deiner Kräfte!

Indianische Weisheit

Trag oft dein Herz zu Gott und sei glücklich, dass du ihm gehörst.

Franz von Sales

Überhaupt aber beruhen neun Zehntel unseres Glücks allein auf der Gesundheit.

Arthur Schopenhauer

Unser Leben ist ein stetes Neubeginnen. Entscheidend ist, dass man den Mut nicht verliert.

Robert de Langeac

Unsere Wünsche sind Vorgefühle der Fähigkeiten, die in uns liegen, Vorboten desjenigen, was wir zu leisten imstande sein werden.

Johann Wolfgang von Goethe

Verschiebe nur dann etwas auf morgen, wenn es dir nichts ausmacht, darüber zu sterben.

Pablo Picasso

Von allen Geschenken, die uns eine weise Voraussicht gewähren, um das Leben völlig beglückend zu gestalten, ist Freundschaft das schönste.

Epikur

Von Zeit zu Zeit wünsche ich dir Gedankensprünge himmelhoch in Siebenmeilenstiefeln und dass deine Hoffnung dir voran dabei stets auf großem Fuße lebt.

Isabella Schneider

Was du tust, vertraue auf die Vorsehung und vertraue auf dich selbst. Eines von diesen ohne das andere wird dir selten frommen; aber beide vereinigt, retten dich aus jeder Lage, ermutigen dich in jedem Unternehmen.

August von Platen

Was nicht in meinem Plan lag, das hat in Gottes Plan gelegen. Und je öfter mir so etwas begegnet, desto lebendiger wird in mir die Glaubensüberzeugung, dass es – von Gott her gesehen – keinen Zufall gibt.

Edith Stein

Wenn du darauf vertraust, dass ein Engel auch deinen persönlichen Weg begleitet, wirst du entdecken, wozu du fähig bist. Du wirst deine Einmaligkeit spüren und den göttlichen Glanz deiner Seele.

Anselm Grün

Wenn du in deinem Leben Erfolg haben willst, lege die Vergangenheit in die Hände Gottes zurück, überlasse ihm die Zukunft und lebe jeden Augenblick, wie er kommt, in Fülle.

Michel Quoist

Wenn wir nachdenken über unser Leben, sollte uns eigentlich die Tatsache, dass wir am Leben sind, am meisten überraschen.

Reinhold Schneider

Wenn wir wüssten, wie kurz das Leben ist, wir würden uns gegenseitig mehr Freude machen.

Ricarda Huch

Wer die Vergangenheit nicht ehrt, verliert die Zukunft. Wer seine Wurzeln vernichtet, kann nicht wachsen.

Friedensreich Hundertwasser

Wer ein Warum zu leben hat, erträgt fast jedes Wie.

Friedrich Nietzsche

Wer mit offenen Sinnen durchs Leben geht, dem eröffnen sich Wunder über Wunder.

Ernst Ferstl

Wer staunen und lieben kann, gehört zu den Gesegneten dieser Erde.

Manfred Hausmann

Wer vom Ziel nichts weiß, kann den Weg nicht haben.

Christian Morgenstern

Willst du glücklich leben, hasse niemanden und überlasse die Zukunft Gott.

Johann Wolfgang von Goethe

Willst du immer weiter schweifen? Sieh, dass Gute liegt so nah. Lerne nur das Glück ergreifen, denn das Glück ist immer da.

Johann Wolfgang von Goethe

Wir haben eine Ewigkeit vor uns, aber wir haben nur kurze Zeit, um sie vorzubereiten.

Gabriele Mistral

Wir können nicht wieder wie die Kinder werden, aber wir können wohl danach trachten, dass die Kinder nicht so werden wie wir.

Erich Kästner

Wir sind nicht festgelegt auf das, was wir jetzt sind. Niemand ist es. Alles ist voll neuer Anfänge, wenn wir sie geschehen lassen.

Jörg Zink

Wir sollen uns in unserem Tun auf die Vorsehung Gottes verlassen. Denn von ihr hängt der Erfolg unserer Pläne ab.

Franz von Sales

Wir wurden dazu erschaffen, Freude in die Welt zu tragen, damit wir einander und damit wir Gott lieben können.

Mutter Teresa

Wo Glaube, Liebe, Güte wohnt, wird jeder Tag mit Freud belohnt.

Veronika Spitaler

Wo immer die Sonne aus den Wolken schaut, hoffe, dass sie für dich scheint, damit jeder Tag deines Lebens dich mit seinem Licht empfängt.

Irischer Segensspruch

Zeige dich, wie du bist, und sei, wie du dich zeigst.

Maria Ward

Zeit unseres Lebens bleiben wir unterwegs zu dem Ideal, das Gott in uns hineingelegt hat.

Christeta Hess

Zögere nie, wenn es gilt, Gutes zu tun.

Japanische Weisheit

Zufriedenheit übertrifft Reichtum.

Jean-Baptist Moliére

Zwei Dinge bedenke: woher und wohin, dann hat dein Leben den richtigen Sinn.

Margarete Seemann

Geburtstag – für junge Menschen

Arbeite und lerne, und du kannst gar nicht verhindern, dass du etwas wirst.

Andrew Carnegie

Betrachte beizeiten den Lauf deines Lebens und werde dir bewusst, wie viele Flüsse darin münden, die dich stützen und nähren.

aus China

Bewähre dich, sei stark, freundlich, klug, und du hast gewonnen.

Katharine Mansfield

Das Leben ist eine Chance, nütze sie. Das Leben ist ein Traum, mach daraus Wirklichkeit. Das Leben ist eine Pflicht, erfüllte sie. Das Leben ist ein Spiel, spiele es. Das Leben ist kostbar, gehe sorgfältig damit um. Das Leben ist Reichtum, bewahre ihn.

Mutter Teresa

Das Leben ist gar nicht so. Es ist ganz anders.

Kurt Tucholsky

Dein Schöpfer hat dir den besten Schatz gegeben, einen lebendigen Schatz, deinen Verstand.

Hildegard von Bingen

Der reiche Gott lasse dich einem Menschen begegnen, den du liebst und der dich wieder liebt.

Hildegunde Wöller

Erfahrung bleibt die beste Wünschelrute.

Johann Wolfgang von Goethe

Erfahrungen vererben sich nicht, jeder muss sie allein machen.

Kurt Tucholsky

Es ist nicht genug zu wissen, man muss auch anwenden; es ist nicht genug zu wollen, man muss auch tun.

Johann Wolfgang von Goethe

Geh Wege, die noch niemand ging, damit du Spuren hinterlässt.

Antoine de Saint-Exupéry

Gehe den Weg, den Gott dir gezeichnet hat, sei er verschlungen oder gerade; aber verlass ihn nicht, wie er auch sei, denn es ist dein Weg.

Guy de Larogaidie

Ich will unter keinen Umständen ein Allerweltsmensch sein. Ich habe ein Recht darauf, aus dem Rahmen zu fallen – wenn ich es kann. Ich wünsche mir Chancen, nicht Sicherheiten.

Albert Schweitzer

Ich würde am liebsten allen jungen Menschen sagen: Habt vor nichts Angst. Das Leben ist aufregender, schöner und kraftvoller, als ihr euch vorstellen könnt. Wir aber sind viel stärker, als wir glauben.

Elsa Brandström

Lass dich nicht davon abbringen, was du unbedingt tun willst. Wenn Liebe und Inspiration vorhanden sind, kann es nicht schief gehen.

Ella Fitzgerald

Liebe und Geborgenheit halten schützend ihre Flügel über dich.

Rita Tomasetti

Man ist nicht unbedingt fortschrittlich, wenn man alles wegwirft, nur weil es alt ist.

Alfred Kumpf

Möge Gott auf dem Weg, den du vor dir hast, vor dir hergehen. Das ist mein Wunsch für deine Lebensreise. Mögest du die hellen Fußstapfen des Glücks finden und ihnen auf dem ganzen Weg folgen.

Irischer Segensspruch

Sei, der du bist, nicht mehr, nicht weniger, aber der sei!

Peter Altenberg

Tue nie etwas halb, sonst verlierst du mehr, als du je wieder einholen kannst.

Louis Amstrong

Was du besitzest im Geist, das erkennst du, was du erkennst, das nimmt dich ein, was dich einnimmt, das erschließt dir eine neue Welt.

Bettina von Arnim

Wege entstehen dadurch, dass wir sie gehen.

Franz Kafka

Wenn man etwas nicht weiß, so kann man fragen; wenn man etwas nicht kann, so kann man es lernen.

Lü Bu We

Wer nicht weiß, wo er hin will, darf sich nicht wundern, wenn er woanders ankommt.

Mark Twain

Werde, was du noch nicht bist, bleibe, was du jetzt schon bist. In diesem Bleiben und Werden liegt alles Schöne hier auf Erden.

Franz Grillparzer

Geburtstag – in der Lebensmitte

Das Alter hat keine Zukunft; der nächste Tag sei dein Ziel.

Lisa Wenger

Das einzige Mittel, das Leben zu ertragen, ist: es schön zu finden.

Rudolf Leonhard

Das Leben hat als Geheimnis begonnen und wird als Geheimnis enden, aber welch eine wunderbare Zeit liegt dazwischen.

Diane Ackermann

Das Leben ist immer ein Werden, aber man darf nicht vergessen, es in der Gegenwart zu leben.

Jacques Salomé

Dem Vergangenen: Dank, dem Kommenden: Ja!

Dag Hammarskjöld

Die leisen Kräfte sind es, die das Leben tragen.

Romano Guardini

Die Zeit vergeht nicht schneller als früher, aber wir laufen eiliger an ihr vorbei.

George Orwell

Ein Stück des Weges liegt hinter dir, ein anderes hast du noch vor dir. Wenn du verweilst, dann nur um dich zu stärken, nicht aber um aufzugeben.

Augustinus

Einen Engel wünsche ich uns, dass wir von ihm sehen lernen und die hohe schwere Kunst: leise hören in dem Lärm.

Ursula Koch

Es regnet viele Tropfen, ehe man die Einsicht gewinnt, und viele Jahre vergehen, ehe man weiser wird.

Adalbert Stifter

Freude wird jedes Mal dein Abendrot sein, wenn du den Tag nützlich zugebracht hast.

Thomas von Aquin

Für dich selbst: Gönne dich dir selbst! Ich sage nicht: Tue das immer. Ich sage nicht: Tue das oft. Aber ich sage: Tue es immer wieder einmal. Sei wie für alle anderen Menschen auch für dich selbst da. Oder jedenfalls sei es nach allen anderen.

Bernhard von Clairvaux

Genieße, was dir Gott beschieden, entbehre gern, was du nicht hast! Ein jeder Stand hat seinen Frieden, ein jeder Stand auch seine Last.

Christian Fürchtegott Gellert

Gott kennt dein Gestern, gib ihm dein Heute, er sorgt für dein Morgen.

Ernst Modersohn

Hüte dich mit weiser Vorsicht vor dem Vielerlei der Tätigkeiten.

Hadewijch

Ich bin stolz auf meine Falten. Sie sind das Leben in meinem Gesicht.

Brigitte Bardot

Irgendwann in deinem Leben wirst du auf eine Reise gehen. Es wird die längste Reise sein, die du je gemacht hast. Es ist die Reise zu dir selbst.

Katharine Sharp

Jung zu bleiben und alt zu werden, ist das höchste Gut.

Deutsches Sprichwort

Keine Zukunft vermag gutzumachen, was du in der Gegenwart versäumst.

Albert Schweitzer

Lebe so, dass zu keiner Zeit der Tod dich unvorbereitet findet.

Thomas von Kempen

Liebe deine Geschichte! Es ist der Weg, den Gott mit dir gegangen ist.

Leo Tolstoi

Man ist jung, solange man sich für das Schöne begeistern kann und nicht zulässt, dass es vom Nützlichen erdrückt wird.

Jean Paul

Man muss sein Leben aus dem Holz schnitzen, das einem Gott in die Hände gab.

Theodor Storm

Man sollte nicht ängstlich fragen: Was wird und kann noch kommen? Sondern sagen: Ich bin gespannt, was Gott jetzt noch mit mir vorhat.

Selma Lagerlöf

Manchmal träume ich davon, dass ich nicht immer blühen muss, sondern Zeit und Ruhe habe, um Kraft für neue Triebe zu sammeln.

Weisheit

Mein Wunsch für dich: Deine Gaben sollen wachsen mit den Jahren. Gott hat sie dir geschenkt, und sie sollen die Herzen derer, die du liebst, mit Freude erfüllen. Und in jeder Stunde der Freude und des Leides wird Gott mit dir sein, dich segnen; und du mögest in seiner Nähe bleiben.

aus Irland

Mit dem Schicksal muss man es halten wie mit der Gesundheit: Es genießen, wenn es gut, und Geduld haben, wenn es böse ist, und zu starken Mitteln nur im äußersten Notfalle greifen.

François de La Rochefoucauld

Mit dir selbst hab Geduld – Gott hat sie auch.

Edith Stein

Mit zwanzig Jahren hat ein jeder das Gesicht, das Gott ihm gab: mit vierzig das Gesicht, das ihm das Leben gab: mit sechzig das Gesicht, das er verdient.

Albert Schweitzer

Mögest du leben, so lange du willst, und es wollen, so lange du lebst.

Keltischer Trinkspruch

Pflege das Leben, wo du es triffst.

Hildegard von Bingen

Vergangenheit ist Geschichte, Zukunft ist Geheimnis, und jeder Augenblick ist ein Geschenk.

Ina Deter

Verstehen kann man das Leben nur rückwärts. Leben muss man es vorwärts.

Søren Kierkegaard

Wartet nicht auf die Zeit, denn die Zeit wartet nicht auf euch!

Katharina von Siena

Was hinter uns und vor uns liegt, ist nichts verglichen mit dem, was in uns liegt.

Ralph Waldo Emerson

Wenn dem Menschen am Ende seines Lebens ein Lächeln übrig bleibt, so ist das ein sehr anständiger Reingewinn.

Horst Wolfram Geissler

Wenn die Augen Energie ausstrahlen, achtet niemand auf die Falten.

Alberta Ferretti

Wer die Gottesgabe der Begeisterung besitzt, der wird wohl älter, aber nie alt.

H. Oncken

Wer sich um andere kümmert, hat keine Zeit, alt zu werden.

Helen Keller

Wir glauben, Erfahrungen zu machen, aber die Erfahrungen machen uns.

Eugène Ionesco

Wir können uns nicht aussuchen, wie wir sterben – oder wann. Aber wir können entscheiden, wie wir jetzt leben.

Joan Baez

Woher weißt du, dass dein Leben vor dir herläuft und du dich beeilen musst? Vielleicht ist es hinter dir, und du brauchst nur innezuhalten?

Ben Meir

Wünsche nicht, etwas anderes zu sein, als du bist, und versuche, das vollkommen zu sein.

Franz von Sales

Geburtstag – für ältere Menschen

Alles vergeht. Am Abend des Lebens bleibt nur die Liebe.

Elisabeth von Dijon

Alt macht nicht das Grau der Haare, alt macht nicht die Zahl der Jahre, alt ist, wer den Humor verliert und sich für nichts mehr interessiert.

Gotthold Ephraim Lessing

Alt sein ist ein herrliches Ding, wenn man nicht verlernt hat, was anfangen heißt.

Martin Buber

Alt werden heißt sehend werden.

Marie von Ebner-Eschenbach

Alt werden, das ist Gottes Gunst, jung bleiben, das ist Lebenskunst.

Sprichwort

Alt zu werden, ist natürlich kein reines Vergnügen, aber was ist die Alternative?

Robert Lembke

Alter tanze, trotz den Jahren! Welche Freude, wenn es heißt: Alter, du bist alt an Haaren, blühend aber ist dein Geist!

Gotthold Ephraim Lessing

Älterwerden bedeutet: den Weg nach innen gehen.

Luise Rinser

Älterwerden ist gar nicht so schlecht, wenn man die Alternative bedenkt.

Maurice Chevalier

Altwerden ist wie auf einen Berg steigen. Je höher man kommt, desto mehr Kräfte sind verbraucht, aber umso weiter sieht man.

Ingmar Bergman

Älter werden kann ich auch noch später.

Gunnar Madeheim

Das Alter eines Menschen – es bedeutet eine schöne Fracht von Erfahrungen und Erinnerungen.

Antoine de Saint-Exupéry

Das Alter hat keine Zukunft; der nächste Tag sei dein Ziel.

Lisa Wenger

Das Alter ist für mich kein Gefängnis, in das man eingesperrt ist, sondern ein Balkon, von dem man weiter sieht.

Marie-Luise Kaschnitz

Das Alter verklärt oder versteinert.

Marie von Ebner-Eschenbach

Das Altern ist wie die Woge im Meer. Wer sich von ihr tragen lässt, treibt obenauf. Wer sich dagegen aufbäumt, geht unter.

Gertrud von Le Fort

Das Bewusstsein eines erfüllten Lebens und die Erinnerung an viele gute Stunden sind das größte Glück auf Erden.

Marcus Tullius Cicero

Das Leben muss würdig gelebt werden, denn es gibt nur eins.

Stefan Kardinal Wyszyński

Dass Verstand erst mit den Jahren kommt, sieht man nicht eher ein, als bis der Verstand und die Jahre da sind.

Jean Paul

Deine Weisheit sei die Weisheit der grauen Haare, aber dein Herz sei das Herz der unschuldigen Kindheit.

Franz von Schiller

Dem Vergangenen: Dank, dem Kommenden: Ja!

Dag Hammarskjöld

Den Alten möchte man verschreiben: ein wenig Humor, viel Geduld und unerschöpflich viel Liebe.

Elly Heuss-Knapp

Der Vorteil des Alters ist, dass man die Dinge nicht mehr begehrt, die man sich früher nicht leisten konnte.

Walter Matthau

Die Freude ist das vitalste Lebenselement.

Hildegard von Bingen

Die Früchte deines Lebens wachsen erst, nachdem der Pflug durch dein Land gegangen ist.

Henri Nouwen

Die leisen Kräfte sind es, die das Leben tragen.

Romano Guardini

Die schnellste Art, alt zu werden, ist, neue Ideen urteilslos von der Hand zu weisen.

unbekannt

Die Summe unseres Lebens sind die Stunden, in denen wir liebten.

Wilhelm Busch

Die Tugenden, die uns in der Zeit und der Ewigkeit glücklich machen, sind Demut und Liebe.

Johannes Bosco

Die wichtigste Erkenntnis meines Lebens ist die, dass wir in einem liebenden Universum leben.

Albert Einstein

Dieser Tag ist der erste Tag von der verbleibenden Zeit deines Lebens.

Coretta Scott King

Ein glückliches Leben ist der Genuss der Gegenwart, das ewige Leben ist die Hoffnung der Zukunft.

Ambrosius

Einfachheit ist das Resultat der Reife.

Friedrich Schiller

Ein gesundes Alter ist zugleich lebensfroh.

Jacob Grimm

Es gibt erfülltes Leben trotz vieler unerfüllter Wünsche.

Dietrich Bonhoeffer

Es ist ein ungeheures Glück, wenn man fähig ist, sich freuen zu können.

Georg Bernard Shaw

Es ist gut, wenn uns die verrinnende Zeit nicht als etwas erscheint, das uns verbraucht, sondern als etwas, das uns vollendet.

Antoine de Saint-Exupéry

Es regnet viele Tropfen, ehe man die Einsicht gewinnt, und viele Jahre vergehen, ehe man weiser wird.

Adalbert Stifter

Genieße, was dir Gott beschieden, entbehre gern, was du nicht hast! Ein jeder Stand hat seinen Frieden, ein jeder Stand auch seine Last.

Christian Fürchtegott Gellert

Gott sei mit dir, wenn es Abend wird, dass du dankbar zurückschauen kannst auf die Last und die Lust des vergangenen Tages und gewiss sein kannst, dass nichts vergeblich war.

Christa Spilling-Nöker

Graue Haare sind eine prächtige Krone, auf dem Weg der Gerechtigkeit wird sie gefunden.

Spr 16,31

Herr, mein Gott, du bist meine Zuversicht, meine Hoffnung von Jugend an.

Ps 71,5

Ich bleibe derselbe, so alt ihr auch werdet, ich will euch tragen, bis ihr grau werdet. Ich habe es getan, und ich werde euch weiterhin tragen.

Jes 46,4

Ich finde das Alter nicht arm an Freuden: Farben und Quellen dieser Freuden sind nur anders.

Wilhelm von Humboldt

Ich lebe mein Leben in wachsenden Ringen, die sich über die Dinge ziehen. Ich werde den letzten vielleicht nicht vollbringen, aber versuchen will ich ihn.

Rainer Maria Rilke

In deinen Händen sind meine Zeiten, mein ganzes Leben, alle Tage, Stunden und Augenblicke.

Martin Luther

Irgendwann in deinem Leben wirst du auf eine Reise gehen. Es wird die längste Reise sein, die du je gemacht hast. Es ist die Reise zu dir selbst.

Katharine Sharp

Je älter ich werde, desto mehr neige ich dazu, meine eigene Urteilsfähigkeit anzuzweifeln und dem Urteil anderer mehr Achtung entgegenzubringen.

Benjamin Franklin

Jeder Mensch erhält von Gott seine ganz persönliche Berufung. Wie immer sich der Wille Gottes uns dartun mag, er ist letztlich für uns immer eine frohe Botschaft, eine Botschaft zu unserem ewigen Heil.

Papst Johannes Paul II.

Jeder, der sich die Fähigkeit erhält, Schönes zu erkennen, wird nie alt werden.

Franz Kafka

Jung zu bleiben und alt zu werden, ist das höchste Gut.

Deutsches Sprichwort

Kraft und Wohlgestalt sind die Vorzüge der Jugend, der des Alters aber ist Blüte der Besonnenheit.

Demokrit

Lebe so, dass zu keiner Zeit der Tod dich unvorbereitet findet.

Thomas von Kempen

Leben heißt sich verändern; und vollkommen sein, sich oft verändert haben.

John Henry Newman

Liebe deine Geschichte! Es ist der Weg, den Gott mit dir gegangen ist.

Leo Tolstoi

Lobe den Herrn, meine Seele, und vergiss nicht, was er dir Gutes getan hat.

Ps 103,2

Lobe Gott für alles, was du hast. Und vertraue ihm in allem, worum du bittest.

John Wesley

Man bleibt jung, solange man noch lernen, andere Gewohnheiten annehmen und Widerspruch ertragen kann.

Marie von Ebner-Eschenbach

Mit zwanzig Jahren hat ein jeder das Gesicht, das Gott ihm gab: mit vierzig das Gesicht, das ihm das Leben gab: mit sechzig das Gesicht, das er verdient.

Albert Schweitzer

Nicht den Tod sollte man fürchten, sondern dass man nie beginnen wird zu leben.

Marc Aurel

Nichts ruft die Erinnerung an die Vergangenheit so lebhaft wach wie die Musik.

Madame de Staël

Trotz der Einschränkungen, die mit dem Alter verbunden sind, bewahre ich mir die Lebensfreude. Dafür danke ich dem Herrn.

Papst Johannes Paul II.

Unsere Vergangenheit bleibt immer Teil unseres Lebens, aber man muss Vergangenheit auch loslassen, um Zukunft zu leben.

Marietta Grade

Vielleicht gab es schönere Zeiten, aber diese ist die unsere.

Jean Paul Sartre

Wenn dem Menschen am Ende seines Lebens ein Lächeln übrig bleibt, so ist das ein sehr anständiger Reingewinn.

Horst Wolfram Geissler

Wenn die Augen Energie ausstrahlen, achtet niemand auf die Falten.

Alberta Ferretti

Wer die Gottesgabe der Begeisterung besitzt, der wird wohl älter, aber nie alt.

H. Oncken

Wer im Alter noch herzhaft lachen kann, der hat das Leben siegreich bezwungen.

Augustin Wibbelt

Wir können uns nicht aussuchen, wie wir sterben – oder wann. Aber wir können entscheiden, wie wir jetzt leben.

Joan Baez

Zeit des Wartens und Ausschauhaltens nach dem, der meine Sehnsucht erfüllt. Die immer kürzer werdenden Tage wecken in mir die Sehnsucht nach Licht und Wärme, nach Geborgenheit und Heimat.

Anselm Grün

Zufriedenheit ist der Stein der Weisen. Zufriedenheit wandelt in Gold, was immer sie berührt.

Benjamin Franklin

Für ein Paar

Allein die Liebe erhält und bewegt unser Leben.

Iwan Turgenjew

Darin besteht die Liebe: Dass sich zwei Einsame beschützen und berühren und miteinander reden.

Rainer Maria Rilke

Das Edelste an der Liebe ist das Vertrauen zueinander.

Julius Grosse

Das Gewand der Liebe ist aus dem Stoff des Alltags gemacht.

Paul Bolkovax

Das Herz ist ein Gut, das man nicht verkaufen oder kaufen, sondern nur verschenken kann.

Gustave Flaubert

Das innerste Wesen der Liebe ist Hingabe.

Edith Stein

Dass zwei sich richtig lieben, gibt erst der Welt den Sinn, macht sie erst rund und richtig bis an die Sterne hin.

Matthias Claudius

Den anderen annehmen heißt, nicht nur seine Grenzen, sondern auch seine Fähigkeiten bejahen.

Kyrilla Spiecker

Die allerstillste Liebe ist die Liebe zum Guten.

Marie von Ebner-Eschenbach

Die Erfahrung lehrt uns, dass die Liebe nicht darin besteht, dass man einander in die Augen sieht, sondern dass man gemeinsam in die gleiche Richtung blickt.

Antoine de Saint-Exupéry

Die Liebe hat die Kraft der Verwandlung.

Stefan Andres

Die Liebe macht vieles Unmögliche möglich.

Johann Wolfgang von Goethe

Die Liebe trägt die Seele, wie die Füße den Leib tragen.

Katharina von Siena

Die schönsten Erinnerungen sammelt man immer zu zweit.

Luise Rinser

Die wirkliche Liebe beginnt, wo keine Gegengabe mehr erwartet wird.

Antoine de Saint-Exupéry

Eine Seele, die liebt, ist für die Welt eine kleine Sonne, die Gott ausstrahlt.

Chiara Lubich

Einen Menschen zu entdecken, das ist nicht minder abenteuerlich als eine Fahrt in bisher unbekanntes Land.

Hannelore Frank

Einzeln sind wir Worte, zusammen ein Gedicht.

Georg Bydlinski

Gebt eure Herzen, aber gebt sie nicht in Haft. Denn allein die Hand des Lebens kann eure Herzen umklammern.

Khalil Gibran

Glück ist das Einzige, das sich verdoppelt, wenn man es teilt.

Albert Schweitzer

Hoffen heißt an das Abenteuer der Liebe glauben, Vertrauen zu den Menschen haben, den Sprung ins Ungewisse tun und sich ganz Gott überlassen.

Augustinus

Humor ist der Schwimmgürtel auf dem Strom des Lebens.

Wilhelm Raabe

In der Liebe gilt Schweigen oft mehr als Sprechen. Es gibt eine Beredsamkeit des Schweigens, die tiefer eindringt, als das Sprechen es könnte.

Blaise Pascal

In der Liebe sprechen Hände und Augen meist lauter als der Mund.

Ricarda Huch

Jeder Mensch ist eine Melodie. Lieben heißt: sie innehaben. Ich bin für dich, du bist für mich ein Lied.

Franz Werfel

Jemanden lieben heißt, als Einziger ein für alle anderen unsichtbares Wunder zu sehen.

François Mauriac

Jeder Mensch braucht Lebensmittel: Brot, Wurst, Wasser und Zärtlichkeit.

Graffito

Liebe ist das Einzige, das wächst, wenn wir es verschwenden.

Ricarda Huch

Liebe ist nicht ein, sondern das einzige Mittel, um glücklich zu werden.

François Sagan

Liebe ist wie eine Frucht, die in jeder Jahreszeit reift und die jedermann pflücken kann.

Mutter Teresa

Liebende leben von der Vergebung.

Manfred Hausmann

Man liebt den anderen nicht, wenn man nichts von ihm annimmt.

Afrikanische Weisheit

Sich kennen will nicht heißen, alles voneinander wissen, sondern Liebe und Vertrauen zueinander haben und einer an den anderen glauben.

Albert Schweitzer

Um den vollen Wert des Glücks zu erfahren, brauchen wir jemanden, mit dem wir es teilen.

Mark Twain

Verzeihen ist die schwerste Liebe.

Albert Schweitzer

Wen der Himmel retten will, den schützt er durch die Liebe.

Laotse

Wenn dir Liebe geschenkt ist, vergiss die Grenzen. Wenn du Liebe schenkst, bestehe nicht auf Bedingungen. Wenn du Liebe spürst, erwarte keine Erklärung.

Gerhard Engelsberger

Wer den anderen liebt, lässt ihn gelten, so wie er ist, wie er gewesen ist und wie er sein wird.

Michel Quoist

Wer Freude genießen will, muss sie teilen. Das Glück wurde als Zwilling geboren.

Lord Byron

Wer unfähig ist zu vergeben, der ist auch unfähig zu lieben.

Martin Luther King

Wir müssen uns nicht unnötig beunruhigen. Gott sorgt für das Wichtigste: die Liebe. Und sie wird uns nie fehlen.

Hermann Multhaupt

Wir sind nur wir, wenn wir lieben.

Ernesto Cardenal

Wirklich reich ist ein Mensch nur dann, wenn er das Herz eines geliebten Menschen besitzt.

Greta Gabor

Wo Vertrauen ist, da genügen wenige Worte.

Berthold Mayr

Zu lieben ist Segen, geliebt zu werden, Glück.

Leo Tolstoi

Hochzeit

Allein die Liebe erhält und bewegt unser Leben.

Iwan Liebe

Alles, was ihr tut, lasst in Liebe geschehen.

1 Kor 16,14

Darin besteht die Liebe: Dass sich zwei Einsame beschützen und berühren und miteinander reden.

Rainer Maria Rilke

Das Edelste an der Liebe ist das Vertrauen zueinander.

Julius Grosse

Das Gewand der Liebe ist aus dem Stoff des Alltags gemacht.

Paul Bolkovax

Das innerste Wesen der Liebe ist Hingabe.

Edith Stein

Das Wunder der Liebe: sie hört niemals auf, weil Gott sie unaufhörlich erneuert.

Carlo Carretto

Dass zwei sich richtig lieben, gibt erst der Welt den Sinn, macht sie erst rund und richtig bis an die Sterne hin.

Matthias Claudius

Der Mensch allein ist unvollkommen. Er braucht einen zweiten, um glücklich zu sein.

Blaise Pascal

Die Ehe fordert Heiterkeit.

Jean Paul

Die Ehe ist das höchste Geheimnis.

Novalis

Die Ehe ist ein höherer Ausdruck für die Liebe.

Søren Kierkegaard

Die Ehen werden im Himmel geschlossen, darum erfordert dieser Stand eine so überirdische Geduld.

Johann Nestroy

Die Erfahrung lehrt uns, dass die Liebe nicht darin besteht, dass man einander in die Augen sieht, sondern dass man gemeinsam in die gleiche Richtung blickt.

Antoine de Saint-Exupéry

Die Liebe allein versteht das Geheimnis, andere zu beschenken und dabei selbst reich zu werden.

Clemens Brentano

Die Liebe hat die Kraft der Verwandlung.

Stefan Andres

Die Liebe ist der Endzweck der Weltgeschichte, das Amen des Universums.

Novalis

Die Liebe ist eine gewaltige Kraft; sie ist die einzige unüberwindliche Kraft dieser Welt.

Fjodor M. Dostojewski

Ein neues Gebot gebe ich euch: Liebt einander! Wie ich euch geliebt habe, so sollt auch ihr einander lieben.

Joh 13,34

Eine Seele, die liebt, ist für die Welt eine kleine Sonne, die Gott ausstrahlt.

Chiara Lubich

Es ist mit der Liebe wie mit den Pflanzen: Wer Liebe ernten will, muss Liebe säen.

Jeremias Gotthelf

Gebt eure Herzen, aber gebt sie nicht in Haft. Denn allein die Hand des Lebens kann eure Herzen umklammern.

Khalil Gibran

Gemeinsamkeiten machen eine Beziehung angenehm, interessant wird sie jedoch erst durch die kleinen Verschiedenheiten.

Konfuzius

Glück ist das Einzige, das sich verdoppelt, wenn man es teilt.

Albert Schweitzer

Heirate nie um des Geldes willen – du kannst es billiger ausleihen.

Schottisches Sprichwort

Humor ist der Schwimmgürtel auf dem Strom des Lebens.

Wilhelm Raabe

In der Liebe kommt es zu dem Paradoxon, dass zwei Wesen eins werden und trotzdem zwei bleiben.

Erich Fromm

In der Liebe sprechen Hände und Augen meist lauter als der Mund.

Ricarda Huch

Jeder Mensch ist eine Melodie. Lieben heißt: sie innehaben. Ich bin für dich, du bist für mich ein Lied.

Franz Werfel

Jemanden lieben heißt, als Einziger ein für alle anderen unsichtbares Wunder zu sehen.

François Mauriac

Liebe darf nicht nur schenken und geben. Liebe muss tausendmal verzeihen.

Gertrud Maassen

Liebe heißt, dass wir uns dem anderen ganz ohne Garantie ausliefern.

Erich Fromm

Liebe ist das Einzige, das wächst, wenn wir es verschwenden.

Ricarda Huch

Liebe ist die stärkste Macht der Welt, und doch ist sie die demütigste, die man sich vorstellen kann.

Mahatma Gandhi

Liebe ist nicht ein, sondern das einzige Mittel, um glücklich zu werden.

François Sagan

Liebe verausgabt sich nicht. Je mehr du gibst, desto mehr bleibt dir.

Antoine de Saint-Exupéry

Lieben heißt, unser Glück in das Glück eines anderen zu legen.

Gottfried Wilhelm Leibnitz

Liebt einander, aber macht die Liebe nicht zu einer Fessel: Lasst sie eher ein wogendes Meer zwischen den Ufern eurer Seelen sein.

Khalil Gibran

Seine Freude in der Freude des anderen finden zu können – das ist das Geheimnis des Glücks.

Georges Bernanos

Sich kennen will nicht heißen, alles voneinander wissen, sondern Liebe und Vertrauen zueinander haben und einer an den anderen glauben.

Albert Schweitzer

Unsere Liebe darf nicht aus leeren Worten bestehen. Es muss wirkliche Liebe sein, die sich in Taten zeigt.

1 Joh 3,18

Vertrauen und Achtung, das sind die beiden unzertrennlichen Grundpfeiler der Liebe, ohne welche sie nicht bestehen kann; denn ohne Achtung hat Liebe keinen Wert und ohne Vertrauen keine Freude.

Heinrich von Kleist

Was Gott zusammengefügt hat, soll der Mensch nicht scheiden.

Mt 19,6

Weil Gott den Menschen aus Liebe geschaffen hat, kann der Mensch nicht leben, ohne zu lieben.

Katharina von Siena

Wen der Himmel retten will, den schützt er durch die Liebe.

Laotse

Wenn die Liebe der Gewöhnung widersteht, hat sie nichts mehr zu fürchten.

Alfred de Musset

Wenn dir Liebe geschenkt ist, vergiss die Grenzen. Wenn du Liebe schenkst, bestehe nicht auf Bedingungen. Wenn du Liebe spürst, erwarte keine Erklärung.

Gerhard Engelsberger

Wenn Menschen einander lieben, singen die Engel.

aus Brasilien

Wir sind nur wir, wenn wir lieben.

Ernesto Cardenal

Wirklich reich ist ein Mensch nur dann, wenn er das Herz eines geliebten Menschen besitzt.

Greta Gabor

Wo du hingehst, dahin will auch ich gehen, und wo du bleibst, da will auch ich bleiben.

Rut 1,16

Wo Vertrauen ist, da genügen wenige Worte.

Berthold Mayr

Zu lieben ist Segen, geliebt zu werden, Glück.

Leo Tolstoi

Zusammenleben heißt, alle Tage miteinander neu beginnen.

Kyrilla Spiecker

Zwei liebende Herzen, sie sind wie zwei Magnetuhren: Was in der einen sich regt, muss auch die andere mitbewegen; denn es ist nur eins, was in beiden wirkt, eine Kraft, die sie durchgeht.

Johann Wolfgang von Goethe

Ehejubiläum

Allein die Liebe erhält und bewegt unser Leben.

Iwan Leben

Nehmt einander an, wie auch Christus uns angenommen hat, zum Lob Gottes.

Röm 15,7

Das Edelste an der Liebe ist das Vertrauen zueinander.

Julius Grosse

Das Gewand der Liebe ist aus dem Stoff des Alltags gemacht.

Paul Bolkovax

Dass zwei sich richtig lieben, gibt erst der Welt den Sinn, macht sie erst rund und richtig bis an die Sterne hin.

Matthias Claudius

Den anderen annehmen heißt, nicht nur seine Grenzen, sondern auch seine Fähigkeiten bejahen.

Kyrilla Spiecker

Die Ehe fordert Heiterkeit.

Jean Paul

Die Ehe gibt dem Einzelnen Begrenzung und dadurch dem Ganzen Sicherheit.

Friedrich Hebbel

Die Ehe ist das höchste Geheimnis.

Novalis

Die Ehen werden im Himmel geschlossen, darum erfordert dieser Stand eine so überirdische Geduld.

Johann Nestroy

Die Liebe ist eine gewaltige Kraft; sie ist die einzige unüberwindliche Kraft dieser Welt.

Fjodor M. Dostojewski

Die Liebe macht sich keine Sorgen, sie scheut keine Mühe, und die Liebe will mehr, als sie vermag.

Thomas von Kempen

Ein guter Partner ist wie ein guter Wein – er wird mit den Jahren noch besser.

unbekannt

Einen Menschen lieben, heißt einwilligen, mit ihm alt zu werden.

Albert Camus

Glück ist das Einzige, das sich verdoppelt, wenn man es teilt.

Albert Schweitzer

Humor ist der Schwimmgürtel auf dem Strom des Lebens.

Wilhelm Raabe

Ich bleibe derselbe, so alt ihr auch werdet, ich will euch tragen, bis ihr grau werdet. Ich habe es getan, und ich werde euch weiterhin tragen.

Jes 46,4

Ich getraue mir zu sagen, dass Verheiratete, wenn sie Demut bewahren, besser sind als die stolzen Asketen.

Augustinus

Jemanden lieben heißt, als Einziger ein für alle anderen unsichtbares Wunder zu sehen.

François Mauriac

Liebe darf nicht nur schenken und geben. Liebe muss tausendmal verzeihen.

Gertrud Maassen

Liebe hat kein Alter, sie wird ständig geboren.

Blaise Pascal

Liebe ist das Einzige, das wächst, wenn wir es verschwenden.

Ricarda Huch

Liebe ist nicht einfach ein Gefühl, das ein Leben lang hält. Liebe ist ein Ja zum Partner, das man immer wieder neu finden muss.

Annemarie Pfeifer

Liebe, die den Alltag nicht verträgt, ist keine Liebe.

Adrienne von Speyr

Mancher rennt dem Glück nach und weiß nicht, dass er es zu Hause hat.

Adolph Kolping

Ohne Ehe ist der Mensch überall und nirgends zu Hause.

Bogumil Goltz

Sich kennen will nicht heißen, alles voneinander wissen, sondern Liebe und Vertrauen zueinander haben und einer an den anderen glauben.

Albert Schweitzer

So weit die Erde Himmel sein kann, so weit ist sie es in einer glücklichen Ehe.

Marie von Ebner-Eschenbach

Treue üben, ist eine Tugend, Treue erfahren Glück.

Marie von Ebner-Eschenbach

Unsere Liebe darf nicht aus leeren Worten bestehen. Es muss wirkliche Liebe sein, die sich in Taten zeigt.

1 Joh 3,18

Weil Gott den Menschen aus Liebe geschaffen hat, kann der Mensch nicht leben, ohne zu lieben.

Katharina von Siena

Wen der Himmel retten will, den schützt er durch die Liebe.

Laotse

Wenn die Liebe der Gewöhnung widersteht, hat sie nichts mehr zu fürchten.

Alfred de Musset

Wer liebt, gibt. Gibt immer. Und er hat in sich eine Fülle, die nie endet.

Chiara Lubich

Wo man am meisten fühlt, weiß man am wenigsten zu sagen.

Annette von Droste-Hülshoff

Wo Vertrauen ist, da genügen wenige Worte.

Berthold Mayr

Wohl erprobt sich die Liebe in der Treue, aber sie vollendet sich erst in der Vergebung.

Werner Bergengruen

Zusammenleben heißt, alle Tage miteinander neu beginnen.

Kyrilla Spiecker

Freunde

Alle Schätze dieser Erde wiegen nicht einen guten Freund auf.

Voltaire

Allzu große Nähe hindert manchmal, dass Freunde sich gegenseitig klar erkennen.

Gertrud von Helfta

Auch als Freundschaft dringt heimlich die Liebe ins Herz.

Ovid

Deine Hände sollen immer Arbeit finden, ein Penny soll immer in deiner Tasche sein, wenn du ihn brauchst. Die Sonne soll in dein Fenster scheinen und dein Herz voll Gewissheit sein, dass jedem Wolkenbruch ein Regenbogen folgt.

Irischer Segensspruch

Deine Ratschläge sollen dem Freund nicht schmeicheln, sondern helfen.

Solon

Den wahren Freund erkennt man in der Not.

Quintus Ennius

Der eigentliche Kern der Freundschaft, ein Glaube, ein Hoffen, ein gemeinsames Werk! Es liegt eine große Freude darin.

Annette von Droste-Hülshoff

Der einzige Weg, Freunde zu haben, ist Freund zu sein.

Aristoteles

Die eigentliche Aufgabe eines Freundes ist es, dir beizustehen, wenn du im Unrecht bist. Jedermann ist auf deiner Seite, wenn du im Recht bist.

Mark Twain

Die Freundschaft lässt sich nicht von der Wirklichkeit trennen, genauso wenig wie das Schöne. Sie ist ein Wunder, wie das Schöne. Und das Wunder besteht einfach in der Tatsache, dass sie existiert.

Simone Weil

Die schönsten Erinnerungen sammelt man immer zu zweit.

Luise Rinser

Egoismus ist das Gift der Freundschaft.

Honoré de Balzac

Ein Freund ist ein Mensch, vor dem man laut denken kann.

Ralph Waldo Emerson

Ein Freund ist jemand, der die Melodie deines Herzens kennt und sie dir vorsingt, wenn du sie vergessen hast.

Griechisches Sprichwort

Ein guter Freund ist mehr wert als hundert Verwandte.

Deutsches Sprichwort

Ein wahrer Freund ist der, der deine Hand nimmt, aber dein Herz berührt.

unbekannt

Ein wahrer Freund trägt mehr zu unserem Glück bei als tausend Feinde zu unserem Unglück.

Marie von Ebner-Eschenbach

Es gibt einige Freundschaften, die im Himmel beschlossen sind und auf Erden vollzogen werden.

Matthias Claudius

Es ist leichter, einem Feind zu vergeben als einem Freund.

Dorothee Deluzy

Es ist nicht so sehr die Hilfe der Freunde, die uns hilft, als vielmehr das vertrauensvolle Wissen, dass sie uns helfen werden.

Epikur

Es ist schlimm, erst dann zu merken, dass man keine Freunde hat, wenn man Freunde bräuchte.

Plutarch

Es muss Herzen geben, welche die Tiefe unseres Wesens kennen und auf uns schwören, selbst wenn die ganze Welt uns verlässt.

Karl Gutzkow

Freunde sind eine Gabe Gottes.

Johann Georg Hamann

Freunde sind nie heimatlos, denn einer wohnt in des anderen Herzen.

Rabindranath Tagore

Freunde zu haben, bedeutet, reich zu sein.

Spanisches Sprichwort

Freundschaft – das ist wie Heimat.

Kurt Tucholsky

Freundschaft ist die Blüte eines Augenblicks und die Frucht der Zeit.

August von Kotzebue

Freundschaft ist nicht nur ein köstliches Geschenk, sondern auch eine dauernde Aufgabe.

Ernst Zacharias

Freundschaft ist so etwas wie Liebe mit Verstand.

Sabine Sauer

Freundschaft verzaubert. Sie macht gute Zeiten noch besser und lässt uns die schlechten vergessen.

Maeve Binchy

Freundschaft: ein Weiterwerden des Lebens.

Rudolf Eucken

Geh eine Meile, einen Kranken zu besuchen, zwei, um Frieden zu stiften und drei, um einen Freund zu sehen.

Arabische Weisheit

Gott sende dir Freunde auf deinem Lebensweg, geistige Gefährten. Er gebe dir gute Stunden des Gesprächs mit ihnen, das beglückende Gefühl beim Austausch von Erfahrungen und Erkenntnissen.

Hildegunde Wöller

Herr, schick mir die strengen Freunde, die mich nach falschen Tönen abklopfen.

Kurtmartin Magiera

Ich brauche keinen Freund, der sich jedesmal mit mir verändert und mein Kopfnicken erwidert, denn das tut mein Schatten weit besser.

Plutarch

Ich danke Gott, weil er dir ein gutes Herz gab, und ich danke dir, weil du es mir gezeigt hast.

Hermann Gilhaus

Ich wünsche dir Freunde, hilfreiche und störende, solche, die du brauchst, solche, die dich brauchen.

Jörg Zink

In den Tagen höchsten Glückes soll man besonders auf den Rat seiner Freunde hören und ihnen sogar noch mehr Gewicht einräumen als zuvor. Das sind gerade die Zeiten, in denen wir uns hüten müssen, Schmeichlern unser Ohr zu leihen.

Marcus Tullius Cicero

In der Freundschaft müssen beide Teile gleich viel geben und empfangen können. Jedes zu große Übergewicht von einer Seite, alles, was die Gleichung hebt, stört die Freundschaft.

Adolf Freiherr von Knigge

Jeder Freund ist des anderen Sonne und Sonnenblume zugleich.

Jean Paul

Jedermann kann für die Leiden eines Freundes Mitgefühl aufbringen. Es bedarf aber eines wirklich edlen Charakters, um sich über die Erfolge eines Freundes zu freuen.

Oscar Wilde

Keine Straße ist lang mit einem Freund an der Seite.

aus Japan

Liebende Freundschaft überwindet alles!

Francesco Petrarca

Man kann den Wert einer Freundschaft an ihren Blättern, Blüten und Früchten erkennen.

Franz von Sales

Manche Menschen sind wie ein Spiegel, der uns hilft, in die verborgenen Winkel unserer Seele zu schauen.

Jochen Mariss

Menschen zu finden, die mit uns fühlen und empfinden, ist wohl das schönste Glück auf Erden.

Carl Spitteler

Miteinander plaudern und lachen, sich Gefälligkeiten erweisen, das ist es, was man an Freunden liebt.

Augustinus

Neuer Freunde Wort erklingt dem Ohr beredter als gewohnter Freunde Trost.

Euripides

Ohne Freunde können wir kein vollkommenes Leben haben.

Dante Alighieri

Ohne Worte werden in der Freundschaft alle Gedanken, alle Wünsche, alle Erwartungen geboren und geteilt, mit einer Freude, die keiner Bestätigung bedarf.

Khalil Gibran

Seine Freude in der Freude des anderen finden zu können – das ist das Geheimnis des Glücks.

Georges Bernanos

Sich Freunde aussuchen? – Welch ein Irrtum! Denn Freunde sind die Geschenke des Himmels, und es sind gerade jene, die uns als Nichtausgesuchte zufallen.

Maria-Theresia Radloff

Sich kennen will nicht heißen, alles voneinander zu wissen, sondern Liebe und Vertrauen zueinander haben und einer an den anderen glauben.

unbekannt

Treue Liebe kann zwischen Menschen von sehr verschiedenem, dauernde Freundschaft nur zwischen Menschen von gleichem Werte bestehen. Aus diesem Grunde ist die zweite viel seltener als die erste.

Marie von Ebner-Eschenbach

Um den vollen Wert des Glücks zu erfahren, brauchen wir jemanden, mit dem wir es teilen.

Mark Twain

Verzeihen ist die schwerste Liebe.

Albert Schweitzer

Von allen Dingen, die das Glück des Lebens ausmachen, schenkt die Freundschaft uns den größten Reichtum.

Epikur

Von allen Geschenken, die uns eine weise Voraussicht gewähren, um das Leben völlig beglückend zu gestalten, ist Freundschaft das schönste.

Epikur

Wahre Freundschaft ist so selten wie ein Haupttreffer in der Lotterie.

Lebensweisheit

Wahre Freundschaft scheut sich nicht, auch unangenehme Dinge zu sagen, wenn sie notwendig sind.

Christoph Martin Wieland

Wahre Freundschaft setzt eine Seelenidentität voraus, die man selten im Leben findet. Nur zwischen gleichen Naturen kann eine Freundschaft dauerhaft bestehen.

Mahatma Gandhi

Wenn die Jahre wachsen, erkennt man den Wert der Freundschaft immer tiefer.

Adalbert Stifter

Wenn man einen Menschen in Freundschaft liebt, wünscht man, ihn glücklich zu sehen.

Sully Prudhomme

Wer den anderen liebt, lässt ihn gelten, so wie er ist, wie er gewesen ist und wie er sein wird.

Michel Quoist

Wer einen Engel zum Freund hat, braucht die ganze Welt nicht zu fürchten.

Martin Luther

Wer keine Freunde hat, lebt nur zur Hälfte.

Französisches Sprichwort

Wer sich durch die Verschiedenartigkeit seiner Mitmenschen bereichert fühlt, wird viele Freunde finden.

Dagmar C. Walther

Wer unfähig ist zu vergeben, der ist auch unfähig zu lieben.

Martin Luther King

Wessen wir am meisten im Leben bedürfen, ist jemand, der uns dazu bringt, das zu tun, wozu wir fähig sind.

Ralph Waldo Emerson

Wirklich gute Freunde sind Menschen, die sich ganz gut kennen und trotzdem zueinander halten.

Marie von Ebner-Eschenbach

Wo Vertrauen ist, da genügen wenige Worte.

Berthold Mayr

Würde man die Freundschaft aus der Welt entfernen, dann wäre das Zusammenleben der Menschen zerstört.

Marcus Tullius Cicero

Zwei Freunde müssen sich im Herzen ähneln, in allem anderen können sie grundverschieden sein.

Sully Prudhomme

Dank

Bleiben wir am Danken, so bleibt Gott am Segnen.

G. Stäbler

Da wird es hell in unserem Leben, wo man für das Kleinste dankt.

Friedrich von Bodelschwingh

Dank ist das edle Eingeständnis unserer Grenzen.

Georg Moser

Dank macht unser Leben reich, gerade da, wo wir durch andere Menschen beschenkt werden.

Norbert Lemken

Dankbare Menschen sind wie fruchtbare Felder: Sie geben das Empfangene zehnfach zurück.

August von Kotzebue

Dankbarkeit ist das Gedächtnis des Herzens.

Jean Baptiste Massieu

Dankbarkeit ist der Schlüssel zur Schatzkammer unseres Lebens.

Liselotte Nold

Dankbarkeit ist die Wachsamkeit der Seele gegen die Kräfte der Zerstörung.

Gabriel Marcel

Dankbarkeit ist ein Schlüssel zum Glück. Man kann nicht dankbar und unglücklich zugleich sein.

Piet van Breemen

Der Mensch empfängt unendlich mehr, als er gibt. Dankbarkeit macht das Leben erst reich.

Dietrich Bonhoeffer

Der Prüfstein allen Glücks ist Dankbarkeit.

Gilbert Keith Chesterton

Die Dankbarkeit ist kein Unkraut, das auf jedem Boden gedeiht; sie ist eine zarte Pflanze, die in der harten, verdorrten Erde so wenig wie im nassen, verschwemmten Boden gut fortkommt.

Johann Heinrich Pestalozzi

Die glücklichsten Menschen sind nicht die, die am meisten haben, sondern die, die am meisten danken können.

W. J. Oehler

Die größte Kraft des Lebens ist der Dank.

Hermann Bezzel

Ein einziger dankbarer Gedanke gen Himmel ist das vollkommenste Gebet.

Gotthold Ephraim Lessing

Einmal im Jahr, zu Weihnachten, danken wir dem Christkind dafür, dass wir Bonbons in unseren Schuhen finden. Aber es wäre besser, wir würden ihm täglich danken, dass wir zwei kräftige Beine darin finden.

Gilbert Keith Chesterton

Es gibt in der Welt selten ein schöneres Übermaß als das in der Dankbarkeit.

Jean de La Bruyére

Es gibt so viele Dinge, die man nicht mit Geld bezahlt, wohl aber mit einem Lächeln, einer Aufmerksamkeit, einem »Danke«.

Léon-Joseph Kardinal Suenens

Für beides danken: für das, was wir haben, und für das, was wir nicht brauchen.

Josef Geyer

Glück gibt es nur, wenn wir vom Morgen nichts verlangen und vom Heute dankbar annehmen, was es bringt.

Hermann Hesse

Glücklich ist immer, der dankbar ist, weil er leben darf.

Adalbert Ludwig Balling

Ich bin dankbar – nicht weil es vorteilhaft ist, sondern weil es Freude macht.

Seneca

Ich danke Gott, weil er dir ein gutes Herz gab, und ich danke dir, weil du es mir gezeigt hast.

Hermann Gilhaus

Im Dank bewahrt der Mensch die Hilfe, die er gestern erfahren hat, vertrauensvoll auf für die Anfechtungen, die ihn bereits morgen wieder bedrängen können.

Klaus Lubkoll

In jede hohe Freude mischt sich eine Empfindung der Dankbarkeit.

Marie von Ebner-Eschenbach

Im Gebet kommen viele Dinge wieder ins Lot. Das Gebet hat heilende Kraft, macht ruhig, sachlich, objektiv, menschlich.

Peter Wust

Je mehr man dankt, desto mehr bekommt man zu danken.

Theodor Fliedner

Je näher ein Betender zu Gott kommt, umso mehr wird er ein Dankender.

Peter Lippert

Lasst uns dankbar sein gegenüber den Leuten, die uns glücklich machen. Sie sind die liebenswerten Gärtner, die unsere Seele zum Blühen bringen.

Marcel Proust

Man muss wenigstens so viel Zeit aufwenden, Gott für seine Wohltaten zu danken, als man gebraucht hat, ihn darum zu bitten.

Vinzenz von Paul

Mein Wunsch für dich ist, dass du an keinem Tag vergisst zu danken. Und wenn dir sonst nichts einfällt, danke deinen Füßen, dass sie dich tragen, und deinem Herzen, dass es schlägt.

Hildegunde Wöller

Reich ist der, der den Tag mit Dank schließen kann.

Carol Ann Hierl

Selig sind die Dankbaren, denn sie werden die Fülle haben.

Hanna Hümmer

Wenn das einzige Gebet, das du während deines ganzen Lebens sprichst, »Danke« heißt, würde das genügen.

Meister Eckhart

Wenn du Gott für alle Freuden, die er dir gibt, danken würdest, bliebe dir keine Zeit, dich zu beklagen.

Alter Spruch

Wie oft vergessen wir, Gott zu sagen: Wie gut bist du! Wie liebe ich dich! Die ganze Welt offenbart deine Schönheit.

Kardinal Arns

Wie schön ist es, dem Herrn zu danken.

Ps 92,2

Wohnung / Einzug

An jedem Einzelnen liegt es, ob aus einem Haus ein Zuhause wird.

unbekannt

Empfange jeden freundlich, rede kurz mit ihm, entlasse ihn getröstet und hänge dein Herz nicht an ihn.

Heinrich Seuse

Ich wünsche dir, dass ein Engel Gottes über deinem Haus steht und dir einen Traum eingibt von dem großen, göttlichen Reich, aus dem wir kommen und in das wir heimkehren.

Jörg Zink

Wer zum Glück in der Welt beitragen möchte, der sorge zunächst einmal für eine glückliche Atmosphäre im eigenen Haus.

Albert Schweitzer

Wir schaffen uns unsere Freunde, wir schaffen uns unsere Feinde, aber Gott gibt uns unsere Nachbarn.

Gilbert Keith Chesterton

Zuhause ist der Ort, um das Gleichgewicht wiederzufinden.

Judith Miller

Schule / Ausbildung

Dass du nicht kannst, sei dir verziehen, doch nimmermehr, dass du nicht willst.

Henrik Ibsen

Der höchste Lohn für unsere Bemühungen ist nicht das, was wir dafür bekommen, sondern das, was wir dadurch werden.

John Ruskin

Die Neugier steht immer an erster Stelle eines Problems, das gelöst werden will.

Galileo Galilei

Eine wirkliche gute Idee erkennt man darin, dass ihre Verwirklichung von vornherein ausgeschlossen ist.

Albert Einstein

Erwarte keinen Respekt nur deiner guten Vorsätze willen.

Henry Ford

Es gibt keine Pflicht, die nicht der Heiterkeit bedürfte, um recht erfüllt zu werden.

John Milton

Gewiss, du sollst immer nach dem Höchsten streben, aber mit Maß, mit Ruhe und mit Geduld.

Franz von Sales

Gott hat jedem Menschen die Fähigkeit verliehen, etwas zu erreichen. Keinen Menschen hat er ohne alle Talente gelassen.

Martin Luther King

Jede Minute, jeder Mensch, jeder Gegenstand kann dir eine nützliche Lehre geben, wenn du sie nur zu entwickeln verstehst.

Heinrich von Kleist

Lernen ist wie Rudern gegen den Strom. Hört man damit auf, treibt man zurück.

Laotse

Nicht das Beginnen wird belohnt, sondern einzig und allein das Durchhalten.

Katharina von Siena

Nicht in der Erkenntnis liegt das Glück, sondern im Erwerben der Erkenntnis.

Edgar Allan Poe

Nichts beruhigt den Geist so sehr wie ein festes Ziel.

Mary Wollstonecraft

Nichts ist, das dich bewegt: du selber bist das Rad, das aus sich selber läuft und keine Ruhe hat.

Angelus Silesius

Ob wir Großes oder Kleines tun, ist nicht so wichtig. Entscheidend ist, dass wir das uns jetzt Mögliche tun.

B. H.

Persönlichkeiten werden nicht durch schöne Reden geformt, sondern durch Arbeit und Leistung.

Albert Einstein

Sage nicht, wenn ich mehr Zeit habe, werde ich lernen. Vielleicht hast du nie mehr Zeit.

aus dem Talmud

Strebe nach Ruhe, aber durch das Gleichgewicht, nicht durch den Stillstand deiner Tätigkeit.

Friedrich Schiller

Über Vergangenes mach dir keine Sorgen, dem Kommenden wende dich zu.

Tseng-Kuang

Wähle den Weg über die Bäche und stürze dich nicht gleich in das Meer! Man muss durch das Leichte zum Schwierigen gelangen.

Thomas von Aquin

Wer einen hohen Berg erklimmen will, tut das nicht in Sprüngen, sondern schrittweise und langsam.

Gregor der Große

Wer sein Ziel weit steckt, hat viel Raum zum Wachsen.

Silvia Schubert

Prüfung

Das größte Vergnügen im Leben ist, etwas zu tun, was man nach Ansicht der Leute nicht schaffen kann.

Walter Bagehot

Das größte Examen, dem ein Mensch sich zu unterwerfen hat, wozu ihm auch das ganze Leben angewiesen ist, das ist: Christ werden und Christ sein.

Søren Kierkegaard

Einzugestehen, dass man etwas nicht weiß, ist Wissen.

Konfuzius

Etwas Schönes dazulernen macht Spaß. Etwas Schlechtes verlernen macht Mühe.

Phil Bosmans

Für das Können gibt es nur einen Beweis: das Tun.

Marie von Ebner-Eschenbach

Gott sagt nicht: Gib mir ein Herz wie das der Engel, sondern: Schenk mir dein Herz. Es ist dein eigenes Herz, das er verlangt; schenk es ihm, so wie es ist. Er will nichts, als was wir sind und was wir haben.

Franz von Sales

Habe den Mut, dich deines eigenen Verstandes zu bedienen.

Immanuel Kant

Nicht das Beginnen wird belohnt, sondern einzig und allein das Durchhalten.

Katharina von Siena

Nicht von Antwort zu Antwort wachsen wir, sondern von Frage zu Frage.

Lotte Ingrisch

Was du besitzest im Geist, das erkennst du, was du erkennst, das nimmt dich ein, was dich einnimmt, das erschließt dir eine neue Welt.

Bettina von Arnim

Arbeitsleben

Alle Dinge werden zu einer Quelle der Lust, wenn man sie liebt.

Thomas von Aquin

Alles Große in der Welt wird nur dadurch Wirklichkeit, dass irgendwer mehr tut, als er tun müsste.

Hermann Gmeiner

Angenehm sind die erledigten Arbeiten.

Marcus Tullius Cicero

Danke Gott jeden Morgen beim Erwachen dafür, dass ein Tagwerk vor dir liegt, das du erledigen musst, ob du willst oder nicht.

Charles Kingsley

Das Genie beginnt die schönen Werke, aber nur die Arbeit vollendet sie.

Joseph Joubert

Der höchste Lohn für unsere Bemühungen ist nicht das, was wir dafür bekommen, sondern das, was wir dadurch werden.

John Ruskin

Der rastlose Arbeitsmensch von heute hat tagsüber keine Zeit, sich Gedanken zu machen, und abends ist er zu müde dazu. Alles in allem hält er das für Glück.

George Bernard Shaw

Die Arbeit läuft dir nicht davon, wenn du deinem Kind den Regenbogen zeigst. Aber der Regenbogen wartet nicht, bis du mit der Arbeit fertig bist.

aus China

Die Arbeit sei dir weder dein Gott noch deine Hölle, sie sei dir der Weg zu Gott.

P. Pesch

Die ihrer Alltagsarbeit froh werden, sind weitaus glücklicher als die Freizeitfanatiker.

Hans Bernhard Mayer

Die Kunst des Ausruhens ist ein Teil der Kunst des Arbeitens.

John Steinbeck

Die wirklich tätigen Leute erkennt man daran, dass sie Zeit haben.

Jules Romains

Edel ist die Hand, die arbeitet! Die Hand, die die Welt verwandelt! Die Hand, die eine neue Wirklichkeit für eine menschlichere Gesellschaft errichtet. Die wohltuende Hand, die zum Vorteil und Wohl der Menschheit arbeitet.

Papst Johannes Paul II.

Ein hohes Ziel lässt alle Plackerei des Alltags ertragen.

Joseph Kentenich

Ein Mensch, der seine Arbeit liebt, wird niemals alt.

Pablo Casals

Ein Werk ist dann am besten geglückt, wenn man am wenigsten von den Mühen spürt, die es gekostet hat.

Elly Heuss-Knapp

Erbitte Gottes Segen für deine Arbeit, aber verlange nicht auch noch, dass er sie tut.

Karl Heinrich Waggerl

Erfolg hat drei Buchstaben: TUN.

Johann Wolfgang von Goethe

Erfüllte Wünsche, sie schmeicheln den Sinnen. Erfüllte Pflichten befreien das Herz.

Carl Peter Fröhling

Es gibt keine Pflicht, die nicht der Heiterkeit bedürfte, um recht erfüllt zu werden.

John Milton

Für das Können gibt es nur einen Beweis: das Tun.

Marie von Ebner-Eschenbach

Gott wird nicht größer, wenn du ihn verehrst, aber du wirst größer und glücklicher, wenn du ihm dienst.

Augustinus

Herr, gib mir einen sehenden Glauben, dann wird meine Arbeit nie zur Plage, und ich werde neue Freunde finden, im Eingehen auf Launen, im Erfüllen der Wünsche aller armen Leidenden.

Mutter Teresa

Ich schlief und träumte: Das Leben wäre Freude. Ich erwachte und sah: Das Leben ist Pflicht. Ich handelte, und siehe, das Leben war Freude.

Rabindranath Tagore

In der heiligen Kommunion haben wir Christus in der Gestalt von Brot. In unserer Arbeit finden wir ihn in der Gestalt von Fleisch und Blut. Es ist derselbe Christus.

Mutter Teresa

Lieben und arbeiten! – Lieben genügt nicht; lieben und arbeiten, das ist erst alles. Lieben, das ist der Samen; arbeiten heißt aufkeimen, auftreiben und Frucht geben.

Miriam vom gekreuzigten Jesus

Mit aufmerksamer, geduldiger und langmütiger Miene gelangt man besser und schneller zum Ziel als mit Strenge und Peitsche.

Papst Johannes XXIII.

Möge sich jede Arbeit in Segen verwandeln, jeder Segen aber in eine Stufe der Treppe ins Paradies.

Altirischer Segenswunsch

Nicht an der Menge unserer Arbeit hat Gott Freude, sondern an der Liebe, mit der wir arbeiten.

Franz von Sales

Nicht die Art der Tätigkeit macht glücklich, sondern die Freude des Schaffens und Gelingens.

Carl Hilty

Nichts gelingt gut, außer man vollbringt es mit Freude.

Thomas von Aquin

Niemand kann es mit Talent allein zu etwas bringen. Talent ist eine Gottesgabe, aber erst harte Arbeit macht daraus Genialität.

Weisheit

Ob wir Großes oder Kleines tun, ist nicht so wichtig. Entscheidend ist, dass wir das uns jetzt Mögliche tun.

B. H.

Persönlichkeiten werden nicht durch schöne Reden geformt, sondern durch Arbeit und Leistung.

Albert Einstein

Sei am Tag mit Lust bei den Geschäften, aber mache nur solche, dass du nachts ruhig schlafen kannst.

Thomas Mann

Sobald du sagst: Ich habe genug geleistet – bist du verloren.

Augustinus

Strebe nach Ruhe, aber durch das Gleichgewicht, nicht durch den Stillstand deiner Tätigkeit.

Friedrich Schiller

Tue das Notwenige, dann das Mögliche, und plötzlich schaffst du das Unmögliche.

Franz von Assisi

Wer sich für zu wichtig für kleine Arbeiten hält, ist oft zu klein für wichtige Arbeiten.

Jacques Tati

Wir können und wir müssen unsere Arbeiten in ein Gebet verwandeln. Niemals können wir das Gebet durch Arbeit ersetzen.

Mutter Teresa

geistliche Berufung

Alles, was in den Geboten Gottes dir schwer scheint, wird leicht und voll Wonne, wenn du die Liebe hast.

Antonius von Padua

Als mein Gebet immer andächtiger und innerlicher wurde, da hatte ich immer weniger und weniger zu sagen. Zuletzt wurde ich ganz still.

Søren Kierkegaard

Beten heißt nicht sich selbst hören, sondern verstummen und warten, bis der Betende Gott hört.

Søren Kierkegaard

Christus will keine Bewunderer, sondern Nachfolger.

Søren Kierkegaard

Das Dienen ist eine kreative Tätigkeit, mit der sich der Mensch nicht klein macht.

Erzbischof Marin Barisic

Das Gebet verändert nicht Gott, sondern den, der betet.

Søren Kierkegaard

Das Herz Jesu ist das Gefäß, aus dem wir den Trank seiner Liebe trinken dürfen.

Albert der Große

Das ist höchste Weisheit: sein Herz zu göttlichen Dingen erheben und durch Gleichgültigkeit der Welt gegenüber zum Himmel streben.

Thomas von Kempen

Das schönste Gebet ist ohne Worte. Es lebt gänzlich aus der Hingabe zu Gott.

Christa Franze

Das Vollkommenste der Welt ist der Mensch. Das Vollkommenste des Menschen ist der Geist. Das Vollkommenste des Geistes ist die Liebe. Das Vollkommenste der Liebe ist Gott.

Franz von Assisi

Demut ist die dem Menschen eigentümliche Würde vor Gott.

Gertrud von Le Fort

Denen, die lieben, ist nichts zu schwer; keine Mühe ist zu hart für den, den die Sehnsucht erfüllt.

Hieronymus

Der Beter muss all seine Kraft einsetzen, dass das Amen lebendig und wahr sei in allem, was er tut.

Adrienne von Speyr

Der Mensch ist nie größer als dort, wo er kniet.

Papst Johannes XXIII.

Der Wille Gottes ist entweder eine Last, die wir tragen, oder eine Kraft, die uns trägt.

Corrie ten Boom

Die Berufungen können also wohl dem Menschen zur Befreiung helfen; aber zuvor muss er es fertig bringen, seine Berufung freizulegen.

Antoine de Saint-Exupéry

Die Frucht des Gebetes ist ein tieferer Glaube, und die Frucht des Glaubens ist die Liebe. Die Frucht der Liebe ist das Dienen.

Mutter Teresa

Die Kirche braucht dringend Priester. Wenn sie fehlen, fehlt Jesus in der Welt, fehlt seine Eucharistie, fehlt seine Vergebung.

Papst Johannes Paul II.

Die Seele nährt sich von dem, woran sie sich erfreut.

Augustinus

Die Seele nimmt Gott gefangen, fesselt ihn, um ihn zu entführen, mit den Banden der Liebe und Leidenschaft, denn Gott vermag sich der Liebe nicht zu entziehen.

James Russel Lowell

Die Vollkommenheit erscheint mir leicht. Ich sehe, dass es genügt, sein Nichts zu erkennen und sich wie ein Kind Gott in die Arme zu werfen.

Thérèse von Lisieux

Die Wege des Herrn sind Huld und Treue denen, die seinen Bund und seine Gebote bewahren.

Ps 25,10

Ernst und groß und herrlich ist unser Glaube. Er ist die Wahrheit Gottes an uns, in der all unser Sehnen und Warten seine Vollendung findet.

Karl Leisner

Es gehört zu deiner Berufung, das Evangelium von den Dächern zu rufen, nicht durch das Wort, sondern durch dein Leben.

Charles de Foucauld

Es ist nicht auszudenken, was Gott aus den Bruchstücken unseres Lebens machen kann, wenn wir sie ihm ganz überlassen.

Blaise Pascal

Es kommt nicht darauf an, von welcher Straße du kommst, denn die Richtung deines Weges bestimmt, wo du ankommen wirst.

aus China

Es muss auch Menschen geben, die für solche beten, die nie beten.

Victor Hugo

Flamme Gottes, lass mich dein Brennstoff sein.

Jim Elliot

Für mich ist Gott Wahrheit und Liebe. Gott ist Ethik und Moralität. Gott ist Furchtlosigkeit. Gott ist die Quelle von Licht und Leben, doch er ist über all dem und jenseits all dessen. Gott ist Gewissen.

Mahatma Gandhi

Glaube ist eine Gabe Gottes. Glaube führt zu Liebe und Liebe zum Dienst am Nächsten. Der Dienst der Liebe ist Dienst des Friedens.

Mutter Teresa

Glauben – das ist die Heiterkeit, die von Gott kommt.

Papst Johannes XXIII.

Gott braucht die Priester, damit sie sein Herz verschenken und das ihrige dazu.

Paul Claudel

Gott geht dann in das Haus ein, wenn die Seele nicht nur in seiner Liebe meditiert, sondern Tag und Nacht auch darin arbeitet.

Birgitta von Schweden

Gott ist der Gott der Freude. Die Freude ist also die echte religiöse Haltung.

Franz von Sales

Gott ist die Kraft der Hoffnung gegen alle Hoffnung.

Wolfhart Pannenberg

Gott ist die Liebe; und wer in der Liebe bleibt, der bleibt in Gott und Gott in ihm.

1 Joh 4,16

Gott ist höher und tiefer als alle Erkenntnis: nur die Liebe erreicht ihn.

Gertrud von Helfta

Gott weiß, dass ich da bin. Und das genügt mir.

Papst Johannes XXIII.

Gott will uns zu seinen Mitarbeitern machen – für die Liebe, den Frieden, das Glück, die Menschlichkeit in der Welt.

Hannelore Frank

Habe den Mut, dich deines eigenen Verstandes zu bedienen.

Immanuel Kant

Ich bin berufen, etwas zu tun oder zu sein, wofür kein anderer berufen ist. Ich habe einen Platz in Gottes Plan auf Gottes Erden, den keiner hat.

John Henry Newman

Ich habe Menschen gekannt, denen ihr Glück ihr Gott war. Sie glaubten an ein Glück, und der Glaube gab ihnen Mut. Mut gab ihnen Glück und Glück Mut.

Georg Christoph Lichtenberg

Ich lasse dich nicht fallen und verlasse dich nicht.

Jos 1,5

In deine Hände lege ich meine Seele; ich gebe sie dir, mein Gott, mit der ganzen Liebe meines Herzens, mit einem grenzenlosen Vertrauen; denn du bist mein Vater.

Charles de Foucauld

In den Tagen höchsten Glückes soll man besonders auf den Rat seiner Freunde hören und ihnen sogar noch mehr Gewicht einräumen als zuvor. Das sind gerade die Zeiten, in denen wir uns hüten müssen, Schmeichlern unser Ohr zu leihen.

Marcus Tullius Cicero

Jeder ist berufen, etwas in der Welt zur Vollendung zu bringen.

Martin Buber

Kämpfe den guten Kampf des Glaubens, ergreife das ewige Leben, zu dem du berufen worden bist und für das du vor vielen Zeugen das gute Bekenntnis abgelegt hast.

1 Tim 6,12

Leite mich in deiner Wahrheit und lehre mich! Denn du bist der Gott, der mir hilft.

Ps 25,5

Menschen fragen manchmal, was Mönche in einem Kloster tun. Die Antwort lautet: Wir fallen und stehen auf, wir fallen und stehen auf, und abermals fallen wir und stehen wieder auf. Und wir finden die Stärke aufzustehen, indem wir Gott unsere Schwäche bekennen.

Pachomius

Nicht ich musste Jesus finden. Jesus fand mich.

Mutter Teresa

Nichts verändert und ermutigt uns mehr als die innere Gemeinschaft mit Gott, seinem Licht und seiner Liebe.

Helmut Blatt

Dass aber alle zur Beratung zu rufen seien, haben wir deshalb gesagt, weil der Herr oft einen Jüngeren offenbart, was das Bessere ist.

Benedikt von Nursia

Sobald wir Gott ernstlich zu lieben beginnen, wird das Lob von Menschen nicht mehr so wichtig.

Christa Franze

Viele waren berufen, aber sie hatten keine Zeit.

Don Bosco

Was ich Gott vorziehe, entziehe ich Gott.

Kyrilla Spiecker

Weise mir, Herr, deinen Weg, dass ich wandle in deiner Wahrheit; erhalte mein Herz bei dem einen, dass ich deinen Namen fürchte.

Ps 86,11

Wenn der Mensch Gott sucht, wird er sich selber finden.

Papst Johannes Paul II.

Wenn du fragst, wie die höchste Gotteserkenntnis geschieht, dann befrage nicht die Gelehrsamkeit, sondern die Gnade; nicht den Verstand, sondern die Sehnsucht.

Bonaventura

Wenn wir alles tun, was in unseren Kräften steht, dann tut Gott das Übrige.

Arnold Janssen

Wer alles auf den Dienst Gottes richtet, für den ist alles Gebet.

Ignatius von Loyola

Wer an das Geheimnis der Gnade glaubt, der bleibt vor Gott demütig.

Franz Josef Wothe

Wer betet, gibt Jesus Christus Raum in seinem Leben. Denn das Gebet ist die geöffnete Tür, durch die Jesus eintreten kann.

Peter Hahne

Wer einen hohen Berg erklimmen will, tut das nicht in Sprüngen, sondern schrittweise und langsam.

Gregor der Große

Wer Gott findet, der gelangt auch zu sich selbst und zu dem Quell des ewigen Lebens, der in seinem eigenen Innersten auf ihn wirkt.

Edith Stein

Wer sich Gott geweiht hat, der hat keinen Grund zu trauern, wohl aber fröhlich zu sein.

Ignatius von Loyola

Wir brauchen uns nicht in der Ferne zu verlieren, wir brauchen nicht alle Höhen und Tiefen zu durchmessen, um das sanfte Gesetz zu entdecken. Gott offenbart sich auch in den scheinbar geringsten Dingen.

Adalbert Stifter

Wohin du auch gehst, geh mit deinem ganzen Herzen.

Konfuzius

Worauf Gott seine Hoffnung setzt, das wage ich.

Mechthild von Magdeburg

Zeit unseres Lebens bleiben wir unterwegs zu dem Ideal, das Gott in uns hineingelegt hat.

Christeta Hess

Krankheit, Genesung

Alles fügt sich und erfüllt sich, musst es nur erwarten können.

Christian Morgenstern

Bei den Menschen ist das unmöglich, bei Gott ist alles möglich.

Mt 19,26

Befiehl dem Herrn deinen Weg und vertrau ihm; er wird es fügen.

Ps 37,5

Bevor du verzagst, rufe dir ins Gedächtnis: Zum Glück vermag der Mensch in der Not viel mehr zu ertragen, als er sich in guten Tagen vorzustellen vermochte.

Seneca

Das Gebet als letzte Hingabe an Gott gefasst, macht still, macht kindlich, macht objektiv.

Peter Wust

Das Leid kann sehr menschenwürdig sein, und es hat seine Berechtigung wie Liebe und Freude.

Maria Sporer

Das müssen wir auch lernen: andere ihr Kreuz tragen zu sehen und es ihnen nicht abnehmen zu können. Es ist schwerer, als das eigene Kreuz zu tragen, aber wir kommen auch daran nicht vorbei.

Edith Stein

Deine Kraft liegt in deiner Hoffnung.

Luise Rinser

Der Gesunde hat viele Wünsche, der Kranke nur einen.

aus Indien

Der Herr ist eine mächtige Stütze, Freude für das Herz, Licht für die Augen, Heilung, Leben und Segen.

Sir 34,19-20

Der Herr ist mein Hirte, nichts wird mir fehlen. Muss ich auch wandern in finsterer Schlucht, ich fürchte kein Unheil; denn du bist bei mir, dein Stock und dein Stab geben mir Zuversicht.

Ps 23,1.4

Der Schmerz ist wie ein heiliger Engel, durch ihn lernt der Mensch mehr als durch alle Erfolge.

Adalbert Stifter

Die dem Herrn vertrauen, schöpfen neue Kraft, sie bekommen Flügel wie Adler. Sie laufen und werden nicht müde, sie gehen und werden nicht matt.

Jes 40,31

Die Engel unseres Lebens fliegen manchmal so hoch, dass wir sie nicht mehr sehen können, doch sie verlieren uns niemals aus den Augen.

Jean Paul Richter

Die Freude, das kostbarste Lebenselixier, eine herrliche Medizin zur Verlängerung unseres Lebens.

C. L. Schleich

Die Freuden des Geistes sind Heilmittel gegen die Wunden des Herzens.

Madame de Staël

Die größte Hilfe ist uns das Gebet. Beten wir, so gibt Gott uns jene Kraft, die wir aus uns selbst nicht haben.

Alfons Maria von Ligouri

Die Heilung ist ein geheimnisvoller Vorgang. Manchmal geschieht sie allein durch das Geheimnis der Wunde selbst.

Allan Bozarth Campbell

Die Hoffnung ist der Regenbogen über dem herabstürzenden Bach des Lebens.

Friedrich Nietzsche

Die Hoffnung lässt erhoffte Dinge spüren, und wenn sie glaubt, sieht sie den Himmel offen.

Sully Prudhomme

Die Krankheit ist ein Hindernis für den Körper, nicht für den Willen, sofern dieser es nicht selbst so will.

unbekannt

Die Leiden sind wie Gewitterwolken: In der Ferne sehen sie schwarz aus, über uns grau.

Jean Paul

Ein einziger Sonnenstrahl genügt, um ein Zimmer zu erleuchten.

Léon-Joseph Kardinal Suenens

Ein fröhlicher Geist war schon immer ein idealer Wegweiser zu einem gesunden Körper.

Sri Chinmoy

Engel sind Boten Gottes. Sie zeigen Gottes heilende und helfende Nähe. Gott sendet seine Engel, um uns zu schützen. Sie sind Wegbegleiter. Gott spricht: »Ich werde einen Engel schicken, der dir vorausgeht. Er soll dich auf dem Weg schützen.«

nach Ex 23,20

Entscheidend ist nicht, durch den Glauben die Krankheit zu verlieren, sondern mit dem Glauben in der Krankheit zu bestehen.

Anselm Grün

Er wird alle Tränen von ihren Augen abwischen: Der Tod wird nicht mehr sein, keine Klage, kein Schmerz.

Offb 21,4

Erlaube, dass dir heilsame Hilfe geschenkt wird.

Ida von Nijvel

Erst, wenn man mit dem Leid umzugehen weiß, dann weiß man auch mit dem Leben umzugehen.

Friederike Weichselbaumer

Ertrage das Leid von heute. Pack es nicht zu dem von gestern, und lade dir auch nicht das Leid von morgen auf.

A. T. Méndéz

Es ist unglaublich, wie viel Kraft die Seele dem Körper zu leihen vermag.

Wilhelm von Humboldt

Es kann nicht immer sein, dass Gott alle Angst von uns nimmt, aber das kann immer möglich werden, dass wir in Angst getröstet werden.

Christoph Blumhardt

Freuden sind unsere Flügel, Schmerzen und Sporen.

Jean Paul

Fürchte dich nicht und sei unverzagt, denn der Herr, dein Gott, ist mit dir bei allem, was du unternimmst.

Jos 1,9

Geistige Größe kann alle körperlichen Gebrechen unsichtbar machen.

unbekannt

Gesundheit ist weniger ein Zustand als eine Haltung. Und sie gedeiht mit der Freude am Leben.

Thomas von Aquin

Gib mir nicht, was ich mir wünsche, sondern was ich brauche. Lehre mich die Kunst der kleinen Schritte.

Antoine de Saint-Exupéry

Gott hilft uns nicht immer am Leiden vorbei, aber er hilft uns hindurch.

Johann Albrecht Bengel

Gott ist auch in der Finsternis der Verzweiflung bei uns. Er gibt uns die Kraft und den Mut, trotz allem vorwärts zu gehen.

Martin Luther King

Gott ist dem Leiden näher als dem Glücklichsein. Die Wege Gottes sind geheimnisvoll, aber sinnvoll, weil er sie mit uns geht.

Anton Kner

Gott ist ein guter Vater, setzen wir unsere Hoffnung auf ihn.

Johannes Bosco

Gott ist ganz oben. Und ganz unten erst recht.

Paul Mommertz

Gott ist nicht gekommen, das Leid zu beseitigen, er ist nicht gekommen, es zu erklären, sondern er ist gekommen, es mit seiner Gegenwart zu erfüllen.

Paul Claudel

Gott nimmt uns nicht das Kreuz ab, aber er gibt uns Kraft zum Tragen.

John Henry Newman

Gott trägt uns, er ist unsere Hilfe.

Ps 68,20

Gott verlangt nichts vom Menschen, ohne ihm zugleich die Kraft dafür zu geben.

Edith Stein

Gottes Kraft geht alle Wege mit.

Alfred Delp

Gottes Liebe fühlen ist etwas Köstliches; aber an Gottes Liebe glauben können, auch wenn du sie nicht fühlst, ist mehr.

C. H. Spurgeon

Habe das Schicksal lieb, denn es ist der Gang Gottes durch deine Seele.

Thomas von Aquin

Heute ist das Morgen, vor dem du gestern noch Angst hattest.

Michael Makowsky

Hinter mir steht ein Höherer, von ihm erhalte ich die nötige Hilfe.

Papst Johannes Paul II.

Hoffnung haben: Auf das Wunder Gottes warten.

Maria-Regina Bottermann-Broj

Ich aber bleibe immer bei dir, du hältst mich an meiner Rechten. Du leitest mich nach deinem Ratschluss und nimmst mich am Ende auf in Herrlichkeit.

Ps 73,23-24

Ich glaube, dass Gott uns in jeder Notlage so viel Widerstandskraft geben will, wie wir brauchen. Aber er gibt sie uns nicht im Voraus, damit wir uns nicht auf uns selbst, sondern allein auf ihn verlassen.

Dietrich Bonhoeffer

Ich habe viel in der Krankheit gelernt, das ich niemals in meinem Leben hätte lernen können.

unbekannt

Ich lerne es täglich, lerne es unter Schmerzen, denen ich dankbar bin: Geduld ist alles!

Rainer Maria Rilke

Ich strecke mich aus nach dem lebendigen Gott und überlasse alles ihm.

Hildegard von Bingen

Ich trau auf deine Hand, dass sie mich wohl behüte, weil alle deine Güte und Liebe mir bekannt, und dass ein sichrer Hort das Unheil von mir wende. O Herr, in deine Hände! Dies sei mein letztes Wort.

Annette von Droste-Hülshoff

Ihr, die ihr mich liebt, seht nicht auf das Leben, das ich beende, sondern auf das Leben, das ich beginne.

Augustinus

In jedem Fall ist Hoffen besser als Fürchten!

Jean Paul

Jeder Tag ist ein neues Leben, jedes Aufwachen und Aufstehen eine kleine Geburt, jeder frische Morgen ist eine kleine Jugend.

Arthur Schopenhauer

Jedes Unangenehme hat auch sein Gutes.

Fjodor M. Dostojewski

Jesus Christus spricht: Amen, amen, ich sage euch: Wer glaubt, hat das ewige Leben.

Joh 6,47

Kein Leid ist sinnlos. Immer gründet es in der Weisheit Gottes.

Thomas von Aquin

Kommt alle zu mir, die ihr mühselig und beladen seid. Ich werde euch Ruhe verschaffen.

Mt 11,28

Lassen Sie es nie am Gebete fehlen, Sie finden darin die Fülle der göttlichen Gnaden.

Pauline von Mallinckrodt

Lege die Hand, Herr, unter mein Haupt; lass dein Licht leuchten über mich. Der Segen deiner Engel schütze mich vom Scheitel bis zur Sohle.

Irischer Segensspruch

Luft und Licht heilen und Ruhe heilt, aber den besten Balsam spendet doch ein gütiges Herz.

Theodor Fontane

Man muss durch die Nacht wandern, wenn man die Morgenröte sehen will.

Khalil Gibran

Nahe ist der Herr den zerbrochenen Herzen, er hilft denen auf, die zerknirscht sind.

Ps 34,19

Nichts tröstet mächtiger als die Gewissheit, mitten im Elend von der Liebe Gottes umfangen zu werden.

Johannes Calvin

Nirgends bist du so allein mit Gott wie tief im Schmerz.

Margarete Seemann

Nur durch die Hoffnung bleibt alles bereit, immer wieder neu zu beginnen.

Charles Péguy

O Herr, in deinen Armen bin ich sicher. Wenn du mich hältst, habe ich nichts zu fürchten. Ich weiß nichts von der Zukunft, aber ich vertraue auf dich.

Franz von Assisi

Optimismus erzeugt Tatkraft, Pessimismus lähmt sie.

Karl Steinbruch

Optimismus ist das Übersehen alles Negativen und der Glaube an die Hoffnung.

Susann W.

Sei freundlich zu deinem Leib, damit die Seele Lust hat, darin zu wohnen.

Teresa von Ávila

Sich nicht über die Maßen wichtig nehmen! Geduldig sein gegen andere und auch gegen sich selbst. Geduldig auch gegen seine eigene Last.

Anna Schieber

Siehe, ich habe dir geboten, dass du getrost und unverzagt seist. Lass dir nicht grauen und entsetze dich nicht; denn der Herr, dein Gott, ist mit dir in allem, was du tun wirst.

Jos 1,9

Überhaupt aber beruhen neun Zehntel unseres Glücks allein auf der Gesundheit.

Arthur Schopenhauer

Überlass dich ganz Gott und hab keine Furcht. Er wird sich nicht entziehen und wird dich nicht fallen lassen.

Augustinus

Und der Engel sprach zu ihnen: Seid getrost und fürchtet euch nicht!

Tob 12,17

Unterricht bringt Gelehrte hervor, die liebende Zuwendung Weise.

Bernhard von Clairvaux

Vergiss auch nicht in trübster Stunde, Gott schickt dir Heilung vor der Wunde.

Jüdische Weisheit

Vertrauen, Lebensbejahung und Beziehungsfähigkeit üben eine heilende Kraft aus.

Martin Patzeck

Von der Seele geht die Kraft aus, um den Leib zu beleben, wie vom Wasser die Erde belebt wird. Die Seele freut sich, mit dem Leib zu wirken.

Hildegard von Bingen

Was das Auge freut, erfrischt den Geist, und was den Geist erfrischt, erfrischt den Körper.

Prentice Mulford

Was man nicht annimmt, kann man nicht ändern.

Carl Gustav Jung

Wenn der Weg unendlich scheint und plötzlich nichts mehr gehen will, wie du wünschest – gerade dann darfst du nicht zaudern.

Dag Hammarskjöld

Wenn ich einen grünen Zweig im Herzen trage, wird sich ein Singvogel darauf niederlassen.

aus China

Wer an das Geheimnis der Gnade glaubt, der bleibt vor Gott demütig.

Franz Josef Wothe

Wer ein »Warum« zum Leben hat, erträgt fast jedes »Wie«.

Friedrich Nietzsche

Wer Gott auf seiner Seite hat, fühlt sich durch nichts betrübt.

Norbert von Xanten

Wir müssen das Kreuz tragen, ehe es uns trägt.

Paul Claudel

Zufriedenheit hält einem sogar eine Erkältung vom Leib.

Friedrich Nietzsche

Zweifel kennen wir alle. Doch ob uns der Zweifel zur Verzweiflung führt, zum Glauben oder wenigstens zum Glaubenwollen, darin liegt der Unterschied.

Hannelore Frank

Trennung, Einsamkeit

Angst ist ein zu unserem Dasein gehörendes Erleben. Wir können sie nicht vermeiden, wir können nur Gegenkräfte gegen sie entwickeln: Mut, Vertrauen, Erkenntnis, Hoffnung, Glaube und Liebe.

Fritz Riemann

Auch ein Schritt zurück ist oft ein Schritt zum Ziel.

Konrad Adenauer

Auch eine Enttäuschung, wenn sie nur gründlich und endgültig ist, bedeutet einen Schritt vorwärts.

Max Planck

Bete, dass deine Einsamkeit der Stachel werde, etwas zu finden, wofür du leben kannst, und groß genug, um dafür zu sterben.

Dag Hammarskjöld

Bist du einsam, so besuche einen, der noch einsamer ist als du.

Sprichwort

Das Leben der Menschen erfüllt sich durch viele Tode hindurch.

Basilius der Große

Der Herr sei in dir, um dich zu trösten, wenn du traurig bist.

Segenswunsch

Der Herr sei unter dir, um dich aufzufangen, wenn du fällst, und dich aus der Schlinge zu ziehen.

Segenswunsch

Der reiche Gott lasse dich einem Menschen begegnen, den du liebst und der dich wieder liebt.

Hildegunde Wöller

Der Weg eines Menschen zu Gott heißt an seiner steilsten Stelle – Einsamkeit.

Peter Lippert

Die Bande der Liebe werden mit dem Tod nicht durchschnitten.

Thomas Mann

Die Erinnerung ist das einzige Paradies, aus dem wir nicht vertrieben werden können.

Jean Paul

Die Freuden des Geistes sind Heilmittel gegen die Wunden des Herzens.

Madame de Staël

Die Liebe ist schließlich das Glück und der Trost unseres Lebens. Wer nur sich selbst sucht, wird auch nur sich selbst finden, und er wird vereinsamen. Die Seligkeit liegt in der Liebe.

Franz Sawicki

Die Liebe schenkt immer das Leben, der Egoismus bringt immer den Tod.

Michel Quoist

Die Vernunft quält das Herz, ohne es zu überzeugen.

Marie Jeanne de Riccoboni

Durch Verzagen ist noch nie eine Not gewendet worden und keiner zum Ziel gekommen.

M. B.

Ein Blick in die Vergangenheit hat nur Sinn, wenn er der Zukunft dient.

Konrad Adenauer

Ein verloren geglaubter Tag kann der Wegbereiter eines erfolgreichen Tages werden.

Friedl Beutelrock

Eine Illusion verlieren heißt: um eine Wahrheit reicher werden.

Arthur Schnitzler

Enttäuschungen sollte man verbrennen, nicht einbalsamieren.

Mark Twain

Erfahrung ist der Anfang der Weisheit.

Alkman

Fange jetzt an zu leben, und zähle jeden Tag als ein Leben für sich.

Seneca

Freude, Mäßigkeit und Ruh' schließen dem Arzt die Türe zu.

Friedrich von Logau

Gegen Schmerzen der Seele gibt es nur zwei Arzneimittel: Hoffnung und Geduld.

Pythagoras

Gott spricht: Ich lasse dich nicht fallen und verlasse dich nicht.

Jos 1,5

Habt Zeit für die Mitmenschen! Wenn wir sie kennen, wissen wir, wer unser nächster Nachbar ist. Kennen wir die Menschen unserer Umgebung? Es gibt viele Einsame.

Mutter Teresa

Ich glaube, dass Krankheiten Schlüssel sind, die uns gewisse Tore öffnen können. Denn ich glaube, es gibt gewisse Tore, die nur Krankheit öffnen kann.

André Gide

Im Unglück sieht man die Wahrheit klarer.

Fjodor M. Dostojewski

Im Verzeihen des Unverzeihlichen kommt der Mensch der göttlichen Liebe am nächsten.

Gertrud von Le Fort

In jedem Ende liegt ein neuer Anfang.

Miguel de Unamuno

Jeder Abschied ist die Geburt einer Erinnerung.

Salvador Dali

Jedes Verzeihen unterbricht den Kreislauf des Bösen.

Kyrilla Spiecker

Krise kann ein produktiver Zustand sein. Man muss ihr nur den Beigeschmack der Katastrophe nehmen.

Max Frisch

Lass uns täglich über die Brücke der Versöhnung gehen, damit die Welt und wir den wahren Frieden finden.

Hubert Janssen

Man muss nie verzweifeln, wenn einem etwas verloren geht, ein Mensch oder eine Freude oder ein Glück; es kommt alles noch herrlicher wieder. Was abfallen muss, fällt ab; was zu uns gehört, bleibt bei uns.

Rainer Maria Rilke

Manchmal ist es ganz gut zu vergessen und weiterzuleben.

Lydia D.

Nicht weinen, nicht zürnen, sondern begreifen.

Spinoza

Nichts ist so hoffnungslos, dass wir nicht Grund zu neuer Hoffnung fänden.

Niccoló Machiavelli

Nur die Sache ist verloren, die man aufgibt.

Gotthold Ephraim Lessing

Nur die Weisheit ist es, welche die Traurigkeit aus dem Herzen vertreibt und die uns nicht vor Angst erstarren lässt. Unter ihrem Geleit lässt sich in Seelenfrieden leben.

Marcus Tullius Cicero

Nur durch die Hoffnung bleibt alles bereit, immer wieder neu zu beginnen.

Charles Péguy

Nur unter deinesgleichen hast du das Recht, dich einsam zu fühlen.

Arthur Schnitzler

Sage dir immer: ich kann, wenn noch so einsam, an allen Orten glücklich sein; denn glücklich ist, wer sich selbst ein glückliches Los bereitet, dies ist: gute Gemütsstimmung, gute Neigungen, gute Handlungen.

Marc Aurel

Schau nicht traurig in die Vergangenheit. Sie kommt nicht mehr zurück. Verbessere lieber klug die Gegenwart. Sie ist dein.

Henry Wadsworth Longfellow

Schiffe stranden am Felsen, menschliche Beziehungen oft schon an Kieselsteinen.

Edith Stein

Trennung ist unser Los. Wiedersehen unsere Hoffnung.

Hedwig von Redern

Verzeihen ist mehr als Recht haben, Geduld ist stärker als Gewalt.

Romano Guardini

Viele Menschen sind deshalb heimatlos, weil sie in sich selbst nicht zu Hause sind.

Annemarie Knorpp

Vor der Einsamkeit nicht fliehen, in die Einsamkeit sich nicht flüchten, sie von Zeit zu Zeit suchen und aushalten und der Heilung eine Chance geben.

Margot Bickel

Weine nicht, weil es vorbei ist, sondern lache, weil es so schön war.

Gabriel García Márquez

Wende dein Gesicht der Sonne zu, und du kannst den Schatten nicht sehen.

Helen Keller

Wenn alle Türen geschlossen und die Fenster verdunkelt sind, darfst du nicht glauben, allein zu sein. Denn Gott ist bei dir und dein Schutzengel. Und weshalb sollten sie Licht brauchen, um zu sehen, was du tust?

Epiktet

Wenn alles verloren ist, bleibt uns die Zukunft.

Bovee

Wenn der Weg unendlich scheint und plötzlich nichts mehr gehen will, wie du wünschest - gerade dann darfst du nicht zaudern.

Dag Hammarskjöld

Wenn etwas gewaltiger ist als das Schicksal, dann ist es der Mut, der es unerschütterlich trägt.

Emanuel Geibel

Wer sich zu viel und zu laut über Einsamkeit beklagt, langweilt sich in seiner eigenen Gesellschaft.

Maria Monski

Wer zweifelt, der verliert.

Franz Grillparzer

Wir gehen nie allein, Gott geht alle Wege mit.

Alfred Delp

Wir müssen das Loslassen lernen. Es ist die große Lektion des Lebens.

Julie Schlosser

Wir müssen endliche Enttäuschung annehmen, aber wir dürfen nie die unendliche Hoffnung verlieren.

Martin Luther King

Wir üben Vergessen, wo Erinnern Not täte. Wir horten Erinnern, wo Verzeihen befreite.

Kyrilla Spiecker

Wo Eitelkeit anfängt, hört der Verstand auf.

Marie von Ebner-Eschenbach

Wo Vertrauen ist, da genügen wenige Worte.

Berthold Mayr

Trauer

Ach nein, das ist kein Sterben, wenn Christen heimwärts gehen. Es ist nur ein Verwandeln vom Glauben in das Sehn.

Hedwig von Redern

Auferstehung ist unser Glaube, Wiedersehen unsere Hoffnung, Gedenken unsere Liebe.

Augustinus

Bei Gott gibt es kein Abschiednehmen.

Antonin-Gilbert Sertillanges

Bevor du verzagst, rufe dir ins Gedächtnis: Zum Glück vermag der Mensch in der Not viel mehr zu ertragen, als er sich in guten Tagen vorzustellen vermochte.

Seneca

Das einzig Wichtige im Leben sind die Spuren von Liebe, die wir hinterlassen, wenn wir ungefragt weggehen und Abschied nehmen müssen.

Albert Schweitzer

Das Leben hört für uns nicht auf, wenn der Tod kommt. Der Tod ist keine Mauer, sondern ein Tor. Das Leben wird nicht abgebrochen, wenn die Seele vom irdischen Leibe scheidet.

George Marshall

Das Leben ist zu kurz, aber doch von unendlichem Wert, denn es birgt den Keim der Ewigkeit in sich.

Franz von Sales

Das Leben zerbricht, aber eben dadurch geht die Tür auf, und Er steht auf der anderen Seite.

Romano Guardini

Das Leid kann sehr menschenwürdig sein, und es hat seine Berechtigung wie Liebe und Freude.

Maria Sporer

Das Letzte ist nicht Tod, sondern Auferstehung, und am Ende steht nicht Verlust, sondern Vollendung des Lebens.

Arthur Schopenhauer

Das Sichtbare vergeht, doch das Unsichtbare bleibt ewig.

2 Kor 4,18

Das, was dem Leben Sinn verleiht, gibt auch dem Tod Sinn.

Antoine de Saint-Exupéry

Deine Kraft liegt in deiner Hoffnung.

Luise Rinser

Den Tod fürchten die am wenigsten, deren Leben den meisten Wert hat.

Immanuel Kant

Denn ich bin gewiss: Weder Tod noch Leben, weder Engel noch Mächte, weder Gegenwärtiges noch Zukünftiges, weder Gewalten der Höhe oder Tiefe noch irgendeine andere Kreatur können uns scheiden von der Liebe Gottes, die in Christus Jesus ist, unserem Herrn.

Röm 8,38-39

Der Mensch, den wir lieben, ist nicht mehr da, wo er war, aber überall, wo wir seiner gedenken.

Augustinus

Der Mensch lebt und bestehet nur eine kleine Zeit; und alle Welt vergehet mit ihrer Herrlichkeit. Es ist nur einer ewig und an allen Enden, und wir in seinen Händen.

Matthias Claudius

Der Tod ist das Tor zum Leben.

Wort aus der Frühen Kirche

Der Tod ist das Tor zum Licht. Am Ende eines mühsam gewordenen Weges.

Franz von Assisi

Die Bande der Liebe werden mit dem Tod nicht durchschnitten.

Thomas Mann

Die Erinnerung ist das einzige Paradies, aus dem wir nicht vertrieben werden können.

Jean Paul

Die Erinnerung ist ein Fenster, durch das ich dich sehen kann, wann immer ich will.

unbekannt

Die Gabe Gottes ist das ewige Leben in Jesus Christus, unserem Herrn.

Röm 6,23

Die Hoffnung ist der Regenbogen über dem herabstürzenden Bach des Lebens.

Friedrich Nietzsche

Die Trauer wird in Freude verwandelt werden, und der Tod erschließt uns die Pforte des besseren Lebens.

Franz von Assisi

Die Traurigkeit tötet die Frömmigkeit, weil sie das Gottvertrauen raubt und die Seele dauernd in Unruhe und Angst versetzt.

Marzellin Champagnat

Die Zeit, Gott zu suchen, ist dieses Leben. Die Zeit, Gott zu finden, ist der Tod. Die Zeit, Gott zu besitzen, ist die Ewigkeit.

Franz von Sales

Ein Engel ist jemand, den Gott dir ins Leben schickt, unerwartet und unverdient, damit er dir, wenn es ganz dunkel ist, ein paar Sterne anzündet.

Phil Bosmans

Ein ewiges Rätsel ist das Leben, und ein Geheimnis bleibt der Tod.

Emanuel Geibel

Ein guter edler Mensch, der mit uns geht, kann uns nicht genommen werden; er lässt eine leuchtende Spur zurück.

Thomas Carlyle

Ein herzliches Wort, eine liebevolle Geste, ein wenig Aufmerksamkeit kann wie ein frischer Windstoß sein in der Verschlossenheit einer Existenz, die von Trauer und Niedergeschlagenheit geprägt ist.

Papst Johannes Paul II.

Ein Mensch wird nicht sterben, so lange ein anderer sein Bild im Herzen trägt.

Irmgard Erath

Er wird alle Tränen von ihren Augen abwischen: Der Tod wird nicht mehr sein, keine Klage, kein Schmerz.

Offb 21,4

Es gibt ein Land der Lebenden und ein Land der Toten, und die Brücke zwischen ihnen ist die Liebe, das Einzige, was bleibt, das Einzige, was von Bedeutung ist.

Thornton Wilder

Es ist etwas Großes: An Gräbern stehen und doch froh bleiben.

Hermann Bezzel

Es ist ganz gewiss. Dass alles in Freude enden wird.

Reinhold Schneider

Es verliert die schwerste Bürde die Hälfte ihres Druckes, wenn man von ihr reden kann.

Jeremias Gotthelf

Frage nie: »Warum gibt es Leid?«, sondern: »Wozu dient es mir?«

Eugene Heimler

Gott der Herr, vernichtet den Tod für immer. Er wischt Tränen ab von jedem Gesicht.

Jes 25,8

Gott hat den Herrn auferweckt; er wird durch seine Macht auch uns auferwecken.

1 Kor 6,14

Gott hat der Zeit befohlen, die Unglücklichen zu trösten.

Joseph Joubert

Gott ist auch in der Finsternis der Verzweiflung bei uns. Er gibt uns die Kraft und den Mut, trotz allem vorwärts zu gehen.

Martin Luther King

Gott wird diejenigen nicht vergessen, die sich selbst vergaßen, um an andere zu denken.

Augustinus

Gott, der Herr, vernichtet den Tod für immer. Er wischt die Tränen ab von jedem Gesicht.

Jes 25,8

Gottes Liebe ist immer größer, als unser Leid sein kann.

Franz von Sales

Herr, in deine Hände sei Anfang und Ende, sei alles gelegt.

Edward Mörike

Herr, ich habe getan, was ich konnte, was noch fehlt, möge deine Gnade hinzufügen.

Franz von Assisi

Ich aber bleibe immer bei dir, du hältst mich an meiner Rechten. Du leitest mich nach deinem Ratschluss und nimmst mich am Ende auf in Herrlichkeit.

Ps 73,23-24

Ich glaube, dass wenn der Tod unsere Augen schließt, wir in einem Lichte stehen, von welchem unser Sonnenlicht nur der Schatten ist.

Arthur Schopenhauer

Ich sterbe nicht, ich trete ein ins Leben.

Thérèse von Lisieux

Ihr, die ihr mich liebt, seht nicht auf das Leben, das ich beende, sondern auf das Leben, das ich beginne.

Augustinus

Im Loslassen liegen die Flügel der Freiheit.

Brasilianisches Sprichwort

In deine Hände lege ich voll Vertrauen meinen Geist; du hast mich erlöst, Herr, du treuer Gott.

Ps 31,6

Je schöner und voller die Erinnerungen, desto schwerer die Trennung. Aber die Dankbarkeit verwandelt die Qual der Erinnerung in eine stille Freude. Man trägt das vergangene Schöne nicht wie einen Stachel, sondern wie ein kostbares Geschenk in sich.

Dietrich Bonhoeffer

Je schwerer die Wege sind, die Gott uns weist, umso sicherer führen sie hin.

Otto Gillen

Jeder Abschied ist die Geburt einer Erinnerung.

Salvador Dali

Jesus Christus hat dem Tod die Macht genommen und uns das Licht des unvergänglichen Lebens gebracht durch das Evangelium.

2 Tim 1,10

Jesus sagte: Lasst die Kinder zu mir kommen, hindert sie nicht daran! Denn Menschen wie Ihnen gehört das Himmelreich.

Mt 19,14

Jesus spricht: Denn ich lebe, und auch ihr sollt leben.

Joh 14,19

Jesus spricht: Ich bin die Auferstehung und das Leben. Wer an mich glaubt, wird leben, auch wenn er stirbt.

Joh 11,25

Kein Leid ist sinnlos. Immer gründet es in der Weisheit Gottes.

Thomas von Aquin

Kein Mensch kann den anderen von seinem Leid befreien; aber er kann ihm Mut machen, das Leid zu tragen.

Selma Lagerlöf

Kein Tal ist so tief, dass es nicht einen Weg zur Höhe gäbe.

Michael Kardinal Faulhaber

Kreuz besagt: Es gibt kein Scheitern ohne Hoffnung - keine Finsternis ohne Stern - keinen Sturm ohne rettenden Hafen. Kreuz besagt: Gott ist immer größer als wir Menschen, größer als unser Versagen - Leben ist stärker als der Tod.

Papst Johannes Paul II.

Leben wir, so leben wir dem Herrn, sterben wir, so sterben wir dem Herrn. Ob wir leben oder ob wir sterben, wir gehören dem Herrn.

Röm 14,8

Man lebt zweimal: Das erste Mal in der Wirklichkeit, das zweite Mal in der Erinnerung.

Honore de Balzac

Man sollte niemals sagen: »Er ist tot«, oder: »Das ist ein Toter.« Sagen wir: »Das ist ein Lebender, den man nicht mehr sieht.« Das ist richtiger und kommt der Wahrheit näher, denn im Grunde genommen gibt es keine Toten, sondern nur Lebende, die ihre Form geändert haben.

Maurice Maeterlinck

Menschen begleiten uns eine Weile, einige bleiben für immer, denn sie hinterlassen Spuren in unseren Herzen.

Rainer Maria Rilke

Menschen zu finden, die mit uns fühlen und empfinden, ist wohl das schönste Glück auf Erden.

Carl Spitteler

Mit den Flügeln der Zeit fliegt die Traurigkeit davon.

Jean de La Fontaine

Mitten im Leben sind wir vom Tod umfangen.

Martin Luther

Nicht der Tod wird mich holen, sondern Gott.

Thérèse von Lisieux

Nie erfahren wir unser Leben stärker als in großer Liebe und in tiefer Trauer.

Rainer Maria Rilke

Nirgends bist du so allein mit Gott wie tief im Schmerz.

Margarete Seemann

Nun trauert ihr, aber ich werde euch wiedersehen, und euer Herz wird sich freuen.

Joh 16,22

Nur die Weisheit ist es, welche die Traurigkeit aus dem Herzen vertreibt und die uns nicht vor Angst erstarren lässt. Unter ihrem Geleit lässt sich in Seelenfrieden leben.

Marcus Tullius Cicero

Nur durch die Liebe und den Tod berührt der Mensch das Unendliche.

Alexandre Dumas

Schweigen ist der einzige Segen, den Engel Gottes spenden, wenn die Seele in großer Betrübnis verstummt.

James Greenleaf Whittier

Selig die Trauernden; denn sie werden Trost finden.

Mt 5,4

Selig, die ein reines Herz haben; denn sie werden Gott schauen.

Mt 5,8

So bete ich das MISERERE, spreche das AMEN und hoffe auf das ALLELUJA.

Hugo Aufderbeck

Sterben ist kein ewiges Getrenntwerden; es gibt ein Wiedersehen an einem helleren Tag.

Michael Kardinal Faulhaber

Sterben ist nichts anderes als das Umwenden einer Seite im Buch des Lebens. In den Augen der anderen ist es der Tod; für die aber, die sterben, ist es das Leben.

Hazrat Inayat Khan

Stunden der Not vergiss, doch was sie dich lehrten, vergiss nie.

Salomon Geßner

Trennung ist unser Los. Wiedersehen unsere Hoffnung.

Hedwig von Redern

Über dem Leben steht der Tod, aber über dem Tod steht wieder das Leben.

Gorch Fock

Und so ist's mein gewisser Glaube, dass am Ende alles gut ist, und alle Trauer und der Weg zu wahrer heiliger Freude ist.

Friedrich Hölderlin

Unglück und Leid geben uns Gelegenheit, widerstandsfähiger zu werden.

Esther Gut

Unruhig ist unser Herz, bis es ruht in dir, o Gott.

Augustinus

Unsere Toten sind nicht abwesend, sondern nur unsichtbar. Sie schauen mit ihren Augen voller Licht in unsere Augen voller Trauer.

Augustinus

Unsere Verstorbenen sind nicht die Vergangenen, sondern die Vorausgegangenen.

Karl Rahner

Was man tief in seinem Herzen besitzt, kann man nicht durch den Tod verlieren.

Johann Wolfgang von Goethe

Was wäre das Leben ohne Hoffnung? Ein Funke, der aus der Kohle springt und verlischt, und wie man bei trüber Jahreszeit einen Windstoß hört, der einen Augenblick saust und dann verhallt, so wäre es mit uns. Es lebte nichts, wenn es nicht hoffte.

Friedrich Hölderlin

Weine nicht, weil es vorbei ist, sondern lache, weil es so schön war.

Gabriel García Márquez

Wenn alles verloren ist, bleibt uns die Zukunft.

Bovee

Wenn du weinen kannst, so danke Gott.

Johann Wolfgang von Goethe

Wenn etwas gewaltiger ist als das Schicksal, dann ist es der Mut, der es unerschütterlich trägt.

Emanuel Geibel

Wer einen Fluss überquert, muss die eine Seite verlassen.

unbekannt

Wer im Gedächtnis seiner Lieben lebt, der ist nicht tot, der ist nur fern. Tod ist nur, wer vergessen wird.

Immanuel Kant

Wer stirbt, erwacht zum ewigen Leben.

Franz von Assisi

Wichtig ist, dass wir das Endziel nicht aus den Augen verlieren. Der Gedanke an unsere Verstorbenen hilft uns. Sie sind schon da, wo wir eines Tages sein werden.

Papst Johannes Paul II.

Wir alle gehen der untergehenden Sonne entgegen; die letzten Strahlen machen bewusst, wie kostbar der Tag war.

unbekannt

Wir brauchen den Tod nicht zu fürchten, denn er ist nur ein Heimgehen zu Gott.

Mutter Teresa

Wir brauchen die Nächte, um die Sterne zu entdecken.

aus Brasilien

Wir Christen gehen nur deshalb in den Stürmen der Welt nicht unter, weil wir vom Kreuzesholz getragen werden.

Augustinus

Wir müssen das Loslassen lernen. Es ist die große Lektion des Lebens.

Julie Schlosser

Wir wollen nicht trauern, dass wir sie verloren haben, sondern dankbar sein dafür, dass wir sie gehabt haben, ja auch jetzt noch besitzen. Denn wer heimkehrt zum Herrn, bleibt in der Gemeinschaft der Gottesfamilie und ist nur vorausgegangen.

Hieronymus

Zu dir hin hast du uns erschaffen, und ruhelos ist unser Herz, bis es zur Ruhe kommt in dir!

Augustinus

Zuspruch & Trost

Aller Tod in der Natur ist Geburt, gerade im Sterben erscheint sichtbar die Erhöhung des Lebens.

Johann Gottlieb Fichte

Alles fügt sich und erfüllt sich, musst es nur erwarten können.

Christian Morgenstern

An der Wärme eines sonnigen Herzens blühen verkümmerte Seelen zu neuem Leben auf.

Carl Sonnenschein

An einem Meer von Schmerz ertrinken die einen, die anderen lernen darin zu schwimmen.

Kyrilla Spiecker

Angst ist ein zu unserem Dasein gehörendes Erleben. Wir können sie nicht vermeiden, wir können nur Gegenkräfte gegen sie entwickeln: Mut, Vertrauen, Erkenntnis, Hoffnung, Glaube und Liebe.

Fritz Riemann

Auch eine Enttäuschung, wenn sie nur gründlich und endgültig ist, bedeutet einen Schritt vorwärts.

Max Planck

Auch wenn wir unseren Weg nicht gemeinsam gehen können, am Ende des Regenbogens sehen wir uns wieder!

unbekannt

Auf Gott traue ich mit fester Zuversicht, und dieses Zutrauen hat mich noch nie stecken lassen.

Catharina Elisabeth Goethe

Aus der Tiefe der Unterwelt schrie ich um Hilfe, du hörtest meine Stimme.

Jona 2,3

Aus der Vergebung zu leben bedeutet auch, sie stets neu zu erbitten. Sie ist nicht selbstverständlich; darf es auch für unser Gefühl nicht werden.

Romano Guardini

Aus schwersten Lasten schafft Gott neue Möglichkeiten.

Friedrich von Bodelschwingh

Bäume sind Meister der Geduld: Sie bieten Schatten und liefern uns Obst, und Vögel nisten in ihren Zweigen ... Und lehren sie uns nicht jedes Jahr aufs neue, mit frischem Mut wieder anzufangen?

Dom Helder Câmara

Beharrliche Güte siegt auch über schlechte Menschen.

Seneca

Betrachte immer die helle Seite der Dinge! Und wenn sie keine haben, dann reibe die dunkle, bis sie glänzt.

Altes Sprichwort

Bevor du verzagst, rufe dir ins Gedächtnis: Zum Glück vermag der Mensch in der Not viel mehr zu ertragen, als er sich in guten Tagen vorzustellen vermochte.

Seneca

Bitte nicht um eine leichte Bürde, bitte um einen starken Rücken.

Theodore Roosevelt

Bittet, dann wird euch gegeben; sucht, dann werdet ihr finden; klopft an, dann wird euch aufgetan.

Mt 7,7

Das Beste von allem ist, dass Gott mit uns ist.

John Wesley

Das Gebet ist das tröstliche Zuhören Gottes.

unbekannt

Dass die Vögel der Sorge und des Kummers über dein Haupt fliegen, kannst du nicht verhindern. Doch du kannst verhindern, dass sie Nester in deinem Haar bauen.

Martin Luther

Das ganze Leben besteht in einem ständigen Neubeginn.

Hugo von Hoffmannsthal

Das Kreuz Christi ist eine Last von der Art, wie es die Flügel der Vögel sind. Sie tragen aufwärts.

Bernhard von Clairvaux

Das Leben der Menschen erfüllt sich durch viele Tode hindurch.

Basilius der Große

Das Leid kann sehr menschenwürdig sein, und es hat seine Berechtigung wie Liebe und Freude.

Maria Sporer

Das Letzte ist nicht Tod, sondern Auferstehung, und am Ende steht nicht Verlust, sondern Vollendung des Lebens.

Arthur Schopenhauer

Das müssen wir auch lernen: andere ihr Kreuz tragen zu sehen und es ihnen nicht abnehmen zu können. Es ist schwerer, als das eigene Kreuz zu tragen, aber wir kommen auch daran nicht vorbei.

Edith Stein

Das Schicksal kann mir einen Weg aufzwingen, aber niemals ein Ziel.

Margarete Seemann

Das schwere Herz wird nicht durch Worte leichter. Doch können Worte uns zu Taten führen.

Friedrich Schiller

Das Sichtbare ist vergangen – es bleibt nur die Liebe und Erinnerung.

Grabinschrift

Der Engel Gottes sei in dir, um dich zu trösten, wenn du traurig bist.

Irischer Segensspruch

Der Herr ist freundlich zu dem, der auf ihn hofft, zur Seele, die ihn sucht.

Klgl 3,25

Der Herr ist mein Hirte, nichts wird mir fehlen. Muss ich auch wandern in finsterer Schlucht, ich fürchte kein Unheil; denn du bist bei mir, dein Stock und dein Stab geben mir Zuversicht.

Ps 23,1.4

Der Herr ist treu; er wird euch stark machen und euch vor dem Bösen bewahren.

2 Thess 3,3

Der Herr sei in dir, um dich zu trösten, wenn du traurig bist.

Segenswunsch

Der Lebende soll hoffen.

Johann Wolfgang von Goethe

Der Optimismus ist der wahre Stein der Weisen, der in Gold verwandelt, was immer er berührt.

J. E. Chaponnière

Der Schmerz ist wie ein heiliger Engel, durch ihn lernt der Mensch mehr als durch alle Erfolge.

Adalbert Stifter

Der Wille Gottes ist entweder eine Last, die wir tragen, oder eine Kraft, die uns trägt.

Corrie ten Boom

Der Wunsch unseres Schutzengels, uns zu helfen, ist weit größer als unser Wunsch, uns von ihm helfen zu lassen.

Don Bosco

Des Lebens Meereswellen, sie brausen und sie schwellen und schwemmen mit der Zeit hinweg das größte Leid.

unbekannt

Die Barmherzigkeit Gottes ist wie der Himmel, der stets über uns fest bleibt. Unter diesem Dach sind wir sicher, wo auch immer wir sind.

Martin Luther

Die dem Herrn vertrauen, schöpfen neue Kraft, sie bekommen Flügel wie Adler. Sie laufen und werden nicht müde, sie gehen und werden nicht matt.

Jes 40,31

Die Engel fliegen, weil sie sich leicht nehmen.

Gilbert Keith Chesterton

Die Engel unseres Lebens fliegen manchmal so hoch, dass wir sie nicht mehr sehen können, doch sie verlieren uns niemals aus den Augen.

Jean Paul Richter

Die göttliche Vorsehung regiert alles, und was wir für ein Übel halten, ist Arznei.

Hieronymus

Die größte aller Schwächen ist, zu fürchten, schwach zu erscheinen.

Jacques Bénigne Bosset

Die größte Hilfe ist uns das Gebet. Beten wir, so gibt Gott uns jene Kraft, die wir aus uns selbst nicht haben.

Alfons Maria von Ligouri

Die Heilige Schrift lesen, heißt von Christus Rat holen.

Franz von Assisi

Die Hoffnung ist das Fenster unserer Seele, durch das wir immer ein Stückchen Himmel sehen.

Irmgard Erath

Die Hoffnung lässt erhoffte Dinge spüren, und wenn sie glaubt, sieht sie den Himmel offen.

Sully Prudhomme

Die kleinen Sterne scheinen immer, während die große Sonne oft untergeht.

unbekannt

Die Leiden sind wie Gewitterwolken: In der Ferne sehen sie schwarz aus, über uns grau.

Jean Paul

Die Liebe trägt die Seele, wie die Füße den Leib tragen.

Katharina von Siena

Die Liebe wandelt die Seelen um und macht sie frei.

Bernhard von Clairvaux

Die Mitte der Nacht ist der Anfang des Tages.

Demokrit

Die Schuld gehört zu unserem Leben wie das tägliche Brot.

Alfred Delp

Die stärkste Kraft, die dem Menschen gegeben ist, entströmt den gefalteten Händen.

Max Thürkauf

Die Traurigkeit tötet die Frömmigkeit, weil sie das Gottvertrauen raubt und die Seele dauernd in Unruhe und Angst versetzt.

Marzellin Champagnat

Die Vernunft quält das Herz, ohne es zu überzeugen.

Marie Jeanne de Riccoboni

Du magst denjenigen vergessen, mit dem du gelacht hast, aber nie denjenigen, mit dem du geweint hast!

Khalil Gibran

Du weißt nicht, wie schwer die Last ist, die du nicht trägst.

aus Afrika

Durch Gebete weicht der Staub von der Seele und die Last vom Gewissen und die Angst aus dem Herzen.

Hermann Bezzel

Durch Verzagen ist noch nie eine Not gewendet worden und keiner zum Ziel gekommen.

M. B.

Ein Baum ohne Krone wird nicht vom Wind geschüttelt.

Weisheit aus Togo

Ein einziger Grundsatz wird dir Mut geben, nämlich, dass kein Übel ewig währt, ja nicht einmal sehr lange dauern kann.

Epikur

Ein Engel ist jemand, den Gott dir ins Leben schickt, unerwartet und unverdient, damit er dir, wenn es ganz dunkel ist, ein paar Sterne anzündet.

Phil Bosmans

Ein friedvoller Mensch wendet alles zum Guten.

Thomas von Kempen

Ein fröhliches Herz tut dem Leib wohl, ein bedrücktes Gemüt lässt die Glieder verdorren.

Spr 17,22

Ein großer Teil der Sorgen besteht aus unbegründeter Furcht.

Carl Hilty

Ein herzliches Wort, eine liebevolle Geste, ein wenig Aufmerksamkeit kann wie ein frischer Windstoß sein in der Verschlossenheit einer Existenz, die von Trauer und Niedergeschlagenheit geprägt ist.

Papst Johannes Paul II.

Ein neues Leben zu beginnen ist dir möglich; sieh die Dinge wieder so, wie du sie früher einmal ansahest. Darin liegt nämlich das neue Leben.

Marc Aurel

Ein Sonnenstrahl reicht hin, viel Dunkelheit zu erhellen.

Franz von Assisi

Ein verloren geglaubter Tag kann der Wegbereiter eines erfolgreichen Tages werden.

Friedl Beutelrock

Eine frohe Hoffnung ist mehr wert als zehn trockene Wirklichkeiten.

Franz Grillparzer

Eine Seele ist nie ohne Geleit der Engel, wissen doch diese erleuchteten Geister, dass unsere Seele mehr Wert hat.

Bernhard von Clairvaux

Einen steinigen Weg zu gehen, dauert zwar immer etwas länger. Aber es ist der bessere Weg, wenn er der gerade Weg ist.

Marie-Theresia Radloff

Einen tief glaubenden Christen kann alles passieren, aber er wird nicht verzweifeln.

Max Thürkauf

Einzig Gott, unser Herr, kann der Seele Trost geben.

Ignatius von Loyola

Ein tiefer Fall führt oft zu höherem Glück.

William Shakespeare

Erfahrung ist der Anfang der Weisheit.

Alkman

Erinnerungen sind kostbar. Lassen wir uns nur nicht rauben, was Gott uns schon gegeben hat.

Astrid Eichler

Erlaube, dass dir heilsame Hilfe geschenkt wird.

Ida von Hilfe

Erst, wenn man mit dem Leid umzugehen weiß, dann weiß man auch mit dem Leben umzugehen.

Friederike Weichselbaumer

Ertrage das Leid von heute. Pack es nicht zu dem von gestern, und lade dir auch nicht das Leid von morgen auf.

A. T. Méndéz

Es gibt in jeglichem Leben harte Schläge, wie es in jeglichem Sommer Gewitter gibt; und je schöner der Sommer ist, umso mächtiger donnern die einzelnen Gewitter über die Erde.

Jeremias Gotthelf

Es gibt kein besseres Mittel, die eigenen Kümmernisse zu vergessen, als sich um das Wohl der anderen zu kümmern.

Jakob Ternay

Es gibt nichts auf Erden, kein Unglück, keine Sorge, kein Elend, das größer ist als der Trost, der von Christus kommt.

Albert Schweitzer

Es ist gut, manchmal die Sorgen so zu behandeln, als ob sie nicht da wären; das einzige Mittel, ihnen ihre Wichtigkeit zu nehmen.

Rainer Maria Rilke

Es ist weniger schwierig, Probleme zu lösen, als mit ihnen zu leben.

Pierre Teilhard de Chardin

Es kann nicht immer sein, dass Gott alle Angst von uns nimmt, aber das kann immer möglich werden, dass wir in Angst getröstet werden.

Christoph Blumhardt

Es kommt immer ganz anders! Das ist das wahrste Wort und im Grunde auch der beste Trost, der dem Menschen in seinem Erdenleben mit auf den Weg gegeben worden ist.

Wilhelm Raabe

Es liegt eine wunderbare Heilkraft in der Seele der Natur. Oft gibt der Anblick eines schönen Abendhimmels, der Duft einer Blume der gedrückten Seele Hoffnung und Lebensmut zurück.

Sophie Verena

Es verliert die schwerste Bürde die Hälfte ihres Druckes, wenn man von ihr reden kann.

Jeremias Gotthelf

Fange nie an aufzuhören, höre nie auf anzufangen.

Marcus Tullius Cicero

Frage nie: »Warum gibt es Leid?«, sondern: »Wozu dient es mir?«

Eugene Heimler

Freude öffnet, Traurigkeit verschließt das Herz.

Franz von Sales

Freude und Schmerz sind gleich kostbare Gaben, und es gilt, sie eines wie das andere völlig auszukosten, jedes in seiner Reinheit, ohne dass man sie zu vermischen sucht.

Simone Weil

Furcht ist nicht in der Liebe, sondern die vollkommene Liebe treibt die Furcht aus.

1 Joh 4,18

Fürchte dich nicht, geh über die Brücke, überschreite, überwinde die Angst, und du wirst leben.

Ursa Krattiger

Geduld ist die Wurzel und Hüterin aller Tugenden.

Gregor der Große

Geduld ist ein Pflaster für alle Wunden.

Cervantes

Gegen den Rückschritt gibt es nur ein Mittel: immer wieder von vorn anzufangen.

Teresa von Ávila

Gegen Schmerzen der Seele gibt es nur zwei Arzneimittel: Hoffnung und Geduld.

Pythagoras

Gelassenheit kann man lernen. Man braucht dazu nur Offenheit, Motivation, ein bisschen Ausdauer und vor allem Bereitschaft, sich von den alten, eingefahrenen Bahnen zu lösen, in denen unser Denken und Handeln sich häufig bewegt.

Ludwig Bechstein

Geliebt wirst du einzig, wo du dich schwach zeigen darfst, ohne Stärke zu provozieren.

unbekannt

Geteiltes Leid ist halbes Leid. Geteilte Freude die doppelte Freude.

Sprichwort

Getrost! Was krumm ward oft noch grad, oft über Nacht kam guter Rat.

Eduard Mörike

Glaube ist der Vogel, der singt, wenn die Nacht noch dunkel ist.

Rabindranath Tagore

Glück ist nur ein Augenblick, Leid lässt sich mehr Zeit.

Wolfgang Borchert

Glücklich ist der Mensch, der seinen Nächsten trägt in seiner ganzen Gebrechlichkeit, wie er sich wünscht, von jenem getragen zu werden in seiner Schwäche.

Franz von Assisi

Gott, der Ewige, kennt deinen Namen, du bist sein. Darum fürchte dich nicht. Dein Schicksal ist in Gottes Hand, und zuletzt wird alles gut werden, denn Gottes Segen ist immer bei dir.

Hildegunde Wöller

Gott hilft uns nicht immer am Leiden vorbei, aber er hilft uns hindurch.

Johann Albrecht Bengel

Gott ist auch in der Finsternis der Verzweiflung bei uns. Er gibt uns die Kraft und den Mut, trotz allem vorwärts zu gehen.

Martin Luther King

Gott ist dem Leiden näher als dem Glücklichsein. Die Wege Gottes sind geheimnisvoll, aber sinnvoll, weil er sie mit uns geht.

Anton Kner

Gott ist die Liebe; und wer in der Liebe bleibt, der bleibt in Gott und Gott in ihm.

1 Joh 4,16

Gott ist ein guter Vater, setzen wir unsere Hoffnung auf ihn.

Johannes Bosco

Gott ist ganz oben. Und ganz unten erst recht.

Paul Mommertz

Gott ist Licht, und keine Finsternis ist in ihm.

1 Joh 1,5

Gott ist uns Zuflucht und Stärke, ein bewährter Helfer in der Not.

Ps 46,2

Gott nimmt nicht die Lasten, sondern stärkt die Schultern.

Franz Grillparzer

Gott nimmt uns nicht das Kreuz ab, aber er gibt uns Kraft zum Tragen.

John Henry Newman

Gott schließt nie eine Tür, ohne eine andere zu öffnen.

unbekannt

Gott trägt uns, er ist unsere Hilfe.

Ps 68,20

Gott verlangt nichts vom Menschen, ohne ihm zugleich die Kraft dafür zu geben.

Edith Stein

Gott wird diejenigen nicht vergessen, die sich selbst vergaßen, um an andere zu denken.

Augustinus

Gott, der Herr, ist meine Kraft.

Hab 3,19

Gottes Kraft geht alle Wege mit.

Alfred Delp

Gottes Liebe fühlen ist etwas Köstliches; aber an Gottes Liebe glauben können, auch wenn du sie nicht fühlst, ist mehr.

C. H. Spurgeon

Gottes Liebe ist immer größer, als unser Leid sein kann.

Franz von Sales

Gottes Macht zu helfen ist so groß, dass er immer einen Weg und eine Hilfe für dich hat.

Selma Lagerlöf

Habe das Schicksal lieb, denn es ist der Gang Gottes durch deine Seele.

Thomas von Aquin

Hebe deine Augen auf, und du wirst Sterne sehen.

Philippinisches Sprichwort

Herr, in deine Hände sei Anfang und Ende, sei alles gelegt.

unbekannt

Herr, ich habe getan, was ich konnte, was noch fehlt, möge deine Gnade hinzufügen.

Franz von Assisi

Heute ist das Morgen, vor dem du gestern noch Angst hattest.

Michael Makowsky

Hinter mir steht ein Höherer, von ihm erhalte ich die nötige Hilfe.

Papst Johannes Paul II.

Ich bin das Licht der Welt. Wer mir nachfolgt, wird nicht in Finsternis umhergehen, sondern wird das Licht des Lebens haben.

Joh 8,12

Ich glaube, dass Gott uns in jeder Notlage so viel Widerstandskraft geben will, wie wir brauchen. Aber er gibt sie uns nicht im Voraus, damit wir uns nicht auf uns selbst, sondern allein auf ihn verlassen.

Dietrich Bonhoeffer

Ich aber habe für dich gebetet, dass dein Glaube nicht erlischt.

Lk 22,32

Ich habe dir eine Tür geöffnet, die niemand mehr schließen kann.

Offb 3,8

Ich habe erkannt, dass es wichtig ist, sich selbst zu lieben. Nur wer sich selbst liebt, kann Freude weitergeben und wahre Freude gewinnen.

Gabriele Riedel

Ich kann in drei Worten alles zusammenfassen, was ich über das Leben gelernt habe: Es geht weiter.

Robert Frost

Ich suchte den Herrn, und er hat mich erhört, er hat mich von meinen Ängsten befreit.

Ps 34,5

Ich weinte, weil ich keine Schuhe hatte, bis ich einen Mann traf, der keine Füße hatte.

Helen Keller

Ich weiß nicht, wohin Gott mich führt, aber ich weiß, dass er mich führt.

Gorch Fock

Im festen Glauben, immer einen treuen unsichtbaren Begleiter an deiner Seite zu haben, wirst du deine Hoffnung nie verlieren.

Mathilde von der Au

Im Gebet kommen viele Dinge wieder ins Lot. Das Gebet hat heilende Kraft, macht ruhig, sachlich, objektiv, menschlich.

Peter Wust

Im Unglück sieht man die Wahrheit klarer.

Fjodor M. Dostojewski

In der richtigen Weise wird nur alt, wer das Altsein nicht bloß erleidet, sondern innerlich annimmt!

Romano Guardini

In diesem Leben ist jeder mutig, der nicht aufgibt.

Paul McCartney

In jedem Ende liegt ein neuer Anfang.

Miguel de Unamuno

In jedem Fall ist Hoffen besser als Fürchten!

Jean Paul

Je dunkler es hier um uns wird, desto mehr müssen wir das Herz öffnen für das Licht von oben.

Edith Stein

Je schwerer die Wege sind, die Gott uns weist, umso sicherer führen sie hin.

Otto Gillen

Je verborgener Gottes Hand, umso stärker ist sie.

John Henry Newman

Jede dunkle Nacht hat ein helles Ende.

Persisches Sprichwort

Jede Wüste ist endlich. Man muss nur die Kraft finden, sie zu durchqueren.

Margret Buerschaper

Jeder Mensch kann irren. Im Irrtum beharren jedoch wird nur der Tor.

Marcus Tullius Cicero

Jeder Mensch, auch der geringste, ist so in Gottes Hand, als wäre er Gottes einzige Sorge.

Friedrich von Bodelschwingh

Jeder Tag ist ein kleines Leben, das heißt: ein zu bewältigendes Angebot und nicht ein Berg, den wir nicht übersteigen können.

Liselotte Nold

Jedes Menschenleben hat einen besonderen Sinn. Wer weiß, wie mancher Mensch in deiner Umgebung lebt, für den gerade du da bist, ohne es zu wissen.

Peter Lippert

Jedes Unangenehme hat auch sein Gutes.

Fjodor M. Dostojewski

Jedes Verzeihen unterbricht den Kreislauf des Bösen.

Kyrilla Spiecker

Kein Mensch kann den anderen von seinem Leid befreien; aber er kann ihm Mut machen, das Leid zu tragen.

Selma Lagerlöf

Kein Tag ist so lang, dass nicht doch der Abend kommt.

unbekannt

Kein Tal ist so tief, dass es nicht einen Weg zur Höhe gäbe.

Michael Kardinal Faulhaber

Kommt alle zu mir, die ihr mühselig und beladen seid. Ich werde euch Ruhe verschaffen.

Mt 11,28

Kreuz besagt: Es gibt kein Scheitern ohne Hoffnung – keine Finsternis ohne Stern – keinen Sturm ohne rettenden Hafen. Kreuz besagt: Gott ist immer größer als wir Menschen, größer als unser Versagen – Leben ist stärker als der Tod.

Papst Johannes Paul II.

Krise kann ein produktiver Zustand sein. Man muss ihr nur den Beigeschmack der Katastrophe nehmen.

Max Frisch

Kurz bevor die Sonne aufgeht, ist die Nacht am dunkelsten.

Selma Lagerlöf

Leben kann man nur vorwärts, das Leben verstehen nur rückwärts.

Søren Kierkegaard

Lebt nicht wie Unwissende, sondern wie Menschen, die wissen, worauf es ankommt.

Eph 5,15

Leite mich in deiner Wahrheit und lehre mich! Denn du bist der Gott, der mir hilft.

Ps 25,5

Licht bedeutet nicht, dass es keine Nacht mehr gibt, aber es bedeutet, dass die Nacht erhellt und überwunden werden kann.

Heinrich Fries

Lieben Sie Ihre Erbärmlichkeit, denn an ihr übt Gott sein Erbarmen.

Elisabeth von Dijon

Luft und Licht heilen und Ruhe heilt, aber den besten Balsam spendet doch ein gütiges Herz.

Theodor Fontane

Man lebt zweimal: Das erste Mal in der Wirklichkeit, das zweite Mal in der Erinnerung.

Honore de Balzac

Man muss durch die Nacht wandern, wenn man die Morgenröte sehen will.

Khalil Gibran

Man muss nie verzweifeln, wenn einem etwas verloren geht, ein Mensch oder eine Freude oder ein Glück; es kommt alles noch herrlicher wieder. Was abfallen muss, fällt ab; was zu uns gehört, bleibt bei uns.

Rainer Maria Rilke

Man sagt, Aberglaube, Angst, Misstrauen und Bosheit seien ansteckend; das ist wahr, aber auch Hoffnung kann anstecken.

Ilja Ehrenburg

Manches wird nicht verweigert, es wird nur hinausgeschoben, um zur geeigneten Zeit gegeben zu werden.

Augustinus

Manchmal brauchen wir eine Wüste, ein Gefühl der Leere, um die Fülle des Lebens zu spüren.

Soledad Elbert-Böhm

Manchmal denkt man, Gott müsste einem in allen Widerständen des Lebens ein sichtbares Zeichen geben, dass einem hilft. Aber dies ist eben sein Zeichen: dass er einen durchhalten und es wagen und dulden lässt.

Jochen Klepper

Manchmal muss man die Augen schließen, um klarer zu sehen.

Arabische Weisheit

Menschen begleiten uns eine Weile, einige bleiben für immer, denn sie hinterlassen Spuren in unseren Herzen.

Rainer Maria Rilke

Menschen zu finden, die mit uns fühlen und empfinden, ist wohl das schönste Glück auf Erden.

Carl Spitteler

Mut ist genauso ansteckend wie Angst.

Saul Bellow

Mutlosigkeit ist immer Beweis eines großen Vertrauens auf sich und eines zu kleinen Vertrauens auf Gott.

Michel Quoist

Nahe ist der Herr den zerbrochenen Herzen, es hilft denen auf, die zerknirscht sind.

Ps 34,19

Nicht das Hinfallen ist schlimm, sondern es ist schlimm, wenn man dort liegen bleibt, wo man hingefallen ist.

Sokrates

Nicht weinen, nicht zürnen, sondern begreifen.

Spinoza

Nichts im Leben ist hoffnungslos traurig: selbst eine Träne, die die Wange hinabrollt, kitzelt!

unbekannt

Nichts in der Welt versteht sich so gut wie zwei Träger gleicher Schmerzen.

Honoré de Balzac

Nichts ist verloren, wo der Samen des Guten bleibt.

Georg Forster

Nichts ist so hoffnungslos, dass wir nicht Grund zu neuer Hoffnung fänden.

Niccoló Machiavelli

Nichts kann den Menschen mehr stärken als das Vertrauen, das man ihm entgegenbringt.

Adolf von Harnack

Nichts tröstet mächtiger als die Gewissheit, mitten im Elend von der Liebe Gottes umfangen zu werden.

Johannes Calvin

Niemals Ärger aufnehmen oder sogar mit ihm leben. Dagegen hilft nur innere Verweigerung. Sonst kann Ärger einen Menschen auffressen wie Motten einen Stoff.

Marie-Theresia Radloff

Nur die Sache ist verloren, die man aufgibt.

Gotthold Ephraim Lessing

Nur durch die Hoffnung bleibt alles bereit, immer wieder neu zu beginnen.

Charles Péguy

Nur in der Tiefe der Seele, mit Hilfe jener Kraft, die stärker ist als alle Vernünftigen, kann Trost und Ruhe gefunden werden.

Wilhelm Busch

Nur mit Hoffnung kann man das Leben ertragen.

Lydia D.

Oft ist ein Engel jemand, der Hoffnung in traurigen Menschen erweckt.

Tanja Grassecker

Ohne die Kälte des Winters gäbe es die Wärme des Frühlings nicht.

Ho Chi Minh

Ohne die Nacht wüssten wir nichts von den Sternen.

unbekannt

Optimismus ist das Übersehen alles Negativen und der Glaube an die Hoffnung.

Susann W.

Ruhen wir aus im Herzen jener, die wir lieben, gleichwie jene, die wir gern haben, in unserem Herzen ruhen sollen.

Bernhard von Clairvaux

Sage dir immer ich kann, wenn noch so einsam, an allen Orten glücklich sein; denn glücklich ist, wer sich selbst ein glückliches Los bereitet, dies ist: gute Gemütsstimmung, gute Neigungen, gute Handlungen.

Marc Aurel

Sammle deine hellen Stunden ein und verwahre sie für die dunkle Zeit.

Ursula Dette

Schenk dir selbst täglich eine halbe Stunde Stille, damit du in deinem Körper deine Seele wieder entdeckst.

unbekannt

Schreibe Kränkungen in den Staub und meißle Wohltaten in den Marmor.

Benjamin Franklin

Sei gut zu dir und vergib den anderen.

Buddhistische Weisheit

Seid gewiss: Ich bin bei euch alle Tage bis zum Ende der Welt.

Mt 28,20

Sich mit der Schlechtigkeit anderer zu trösten: das ist wirklich ein schlechter Trost.

Alfred Kumpf

Siehe, ich habe dir geboten, dass du getrost und unverzagt seist. Lass dir nicht grauen und entsetze dich nicht; denn der Herr, dein Gott, ist mit dir in allem, was du tun wirst.

Jos 1,9

So spricht Gott: Ich werde einen Engel schicken, der dir vorausgeht. Es soll dich auf dem Weg schützen und dich an den Ort bringen, den ich bestimmt habe.

Ex 23,20-21

Solange es das noch gibt, diesen wolkenlosen blauen Himmel, darf ich nicht traurig sein.

Anne Frank

Solange wir das Leben haben, sollen wir es mit den uns eigenen Farben der Liebe und der Hoffnung ausmalen.

Marc Chagall

Sorgen sind wie Babys: Je mehr man sie hätschelt, desto besser gedeihen sie.

Helmut Qualtinger

Stunden der Not vergiss, doch was sie dich lehrten, vergiss nie.

Salomon Geßner

Tränen reinigen das Herz.

Fjodor M. Dostojewski

Traurig sein ist etwas Natürliches. Vielleicht ein Atemholen zur Freude.

Paula Modersohn-Becker

Tröste dich, die Stunden eilen, und was all dich drücken mag, auch die schlimmste kann nicht weilen, und es kommt ein anderer Tag.

Theodor Fontane

Trösten ist die Kunst des Herzens. Sie besteht oft nur darin, liebevoll zu schweigen und schweigend mitzuleiden.

Otto von Leixner

Um zu wissen, was ein Anker ist, brauchen wir den Sturm.

Corrie ten Boom

Und der Engel sprach zu ihnen: Seid getrost und fürchtet euch nicht!

Tob 12,17

Und wenn ihr in die Tiefe steigt, so denket in die Höh`.

Erzgebirgischer Bergmannsspruch

Unglück und Leid geben uns Gelegenheit, widerstandsfähiger zu werden.

Esther Gut

Unterricht bringt Gelehrte hervor, die liebende Zuwendung Weise.

Bernhard von Clairvaux

Vertraue die Vergangenheit Gottes Gnade an, die Gegenwart seiner Liebe und die Zukunft seiner Fürsorge.

Augustinus

Verzeihen ist mehr als Recht haben, Geduld ist stärker als Gewalt.

Romano Guardini

Verzeihen und Vergeben darf man niemals als Schwäche ansehen. Es gehört immer Größe dazu.

Ignaz Bubis

Vieles im Leben ist so hoffnungslos verwickelt, dass uns kein anderes Schwert bleibt, den Knoten zu durchhauen, als das Lachen.

Weisheit

Vielleicht ist das, was wir Dunkel nennen, nur eine Form von Licht, die uns fehlt.

Ullrich Schaffer

Von allen Gefährten, die mich begleiten, ist mir keiner so treu geblieben wie der Schutzengel.

Clemens Brentano

Von Zeit zu Zeit erscheinen uns wunderbare Engel, geschickt verkleidet, als ganz normale menschliche Wesen.

Adele Basheer

Was dich im Nachhinein quält, lass es. Was du sein willst, liegt vor dir.

Theresia Hauser

Was wäre das Leben ohne Hoffnung? Ein Funke, der aus der Kohle springt und verlischt, und wie man bei trüber Jahreszeit einen Windstoß hört, der einen Augenblick saust und dann verhallt, so wäre es mit uns. Es lebte nichts, wenn es nicht hoffte.

Friedrich Hölderlin

Wen der Himmel retten will, den schützt er durch die Liebe.

Laotse

Wende dein Gesicht der Sonne zu, und du kannst den Schatten nicht sehen.

Helen Keller

Wenn das Leben dir von Zeit zu Zeit den Boden des Altvertrauten unter den Füßen wegzieht, und nichts anderes bleibt, als auf neuen Wegen wieder das Gehen zu lernen, dann wünsche ich dir eine Hand, die dir aufstehen hilft, und auch bei deinen ersten Schritten, den zögernden, stolpernden, nahe ist.

Isabella Schneider

Wenn der Weg unendlich scheint und plötzlich nichts mehr gehen will, wie du wünschest – gerade dann darfst du nicht zaudern.

Dag Hammarskjöld

Wenn die Last des Tages dich ins Wanken bringt, soll die Erde für dich tanzen, damit du das Gleichgewicht wiedererlangst.

Irischer Segensspruch

Wenn du den dunkelsten Wald erst einmal durchquert hast, dann bist du schon dabei, auf der anderen Seite herauszukommen.

Chinesisches Sprichwort

Wenn du klug bist, so mische eines mit dem anderen: hoffe nicht ohne Zweifel und zweifle nicht ohne Hoffnung.

Seneca

Wenn du recht betrübt bist, dass du meinst, kein Mensch auf der Welt könnte dich trösten, so tue jemand etwas Gutes, und gleich wird es besser sein.

Peter Rosegger

Wenn du weinen kannst, so danke Gott.

Johann Wolfgang von Goethe

Wenn es schwer ist, dann muss man tapfer sein. Tapferkeit ist das Allerherrlichste.

Maria Waser

Wenn etwas gewaltiger ist als das Schicksal, dann ist es der Mut, der es unerschütterlich trägt.

Emanuel Geibel

Wenn Gott den Schatten erschaffen hat, dann war es, um das Licht hervorzuheben.

Papst Johannes XXIII.

Wenn Gott dir eine Tür zuschlägt, öffnet er dir ein Fenster.

Russisches Sprichwort

Wenn ich eine Entscheidung getroffen habe, muss ich hinfort nicht mit ihren Gründen, sondern mit ihren Folgen leben.

Friedrich Schwanecke

Wenn sich eine Tür schließt, öffnet sich eine andere. Aber wir schauen so lange mit so viel Bedauern auf die geschlossene Tür, dass wir die, die sich für uns geöffnet hat, nicht sehen.

Alexander Graham Bell

Wer ein »Warum« zum Leben hat, erträgt fast jedes »Wie«.

Friedrich Nietzsche

Wer Gott auf seiner Seite hat, fühlt sich durch nichts betrübt.

Norbert von Xanten

Wer rückwärts sieht, gibt sich verloren, wer lebt und leben will, muss vorwärts sehen.

Ricarda Huch

Wer Verzeihung wünscht von dem, der über ihm steht, der erlasse die Schuld dem, der unter ihm steht.

Tausendundeine Nacht

Wer zweifelt, der verliert.

Franz Grillparzer

Willst du getröstet werden, so vergiss derer, denen es besser geht, und denke immer an die, denen es schlimmer ist.

Meister Eckhart

Wir brauchen die Nächte, um die Sterne zu entdecken.

aus Brasilien

Wir erbitten von Gott, was uns gefällt; wir bekommen von Gott, was uns Not tut.

Léon Bloy

Wir gehen nie allein, Gott geht alle Wege mit.

Alfred Delp

Wir kommen nie aus der Traurigkeit heraus, wenn wir uns ständig den Puls fühlen.

Martin Luther

Wir müssen das Kreuz tragen, ehe es uns trägt.

Paul Claudel

Wir müssen die Widerwärtigkeiten, die Gott uns schickt, annehmen, ohne viel darüber nachzugrübeln, und wir dürfen es als gewiss annehmen, dass es das Beste ist, was uns begegnen kann.

Philipp Neri

Wir müssen endliche Enttäuschung annehmen, aber wir dürfen nie die unendliche Hoffnung verlieren.

Martin Luther King

Wir sind uns bewusst, dass das, was wir tun, nur wie ein Tropfen im Ozean ist. Aber gäbe es diesen Tropfen nicht, würde er im Ozean fehlen.

Mutter Teresa

Wir sollten nicht klagen über das Schöne, das vergangen ist; sich freuen, dass es gewesen ist; Gott danken, dass er es uns geschenkt hat.

Hermann Multhaupt

Wir üben Vergessen, wo Erinnern Not täte. Wir horten Erinnern, wo Verzeihen befreite.

Kyrilla Spiecker

Wir vergeben, solange wir lieben.

François de La Rochefoucauld

Wirf deine Sorge auf den Herrn, er hält dich aufrecht!

Ps 55,23

Wo der Mensch gefallen ist, dort muss er sich auch aufrichten, um wieder hochzukommen.

Augustinus

Zweifel kennen wir alle. Doch ob uns der Zweifel zur Verzweiflung führt, zum Glauben oder wenigstens zum Glaubenwollen, darin liegt der Unterschied.

Hannelore Frank

Advent

Alle Lichter, die wir anzünden, zeugen von dem Licht, das da erschienen ist in der Dunkelheit.

Friedrich von Bodelschwingh

Dem Friedensgesang der Engel ging die adventliche Bereitschaft der Menschen voraus.

Gertrud von Le Fort

Der Advent erinnert uns daran, dass er gekommen ist, aber auch, dass er kommen wird. Das Leben der Gläubigen ist in der Tat ein ständiges und wachsames Warten auf die Wiederkunft.

Papst Johannes Paul II.

Der Advent zeichnet sich zum ersten Mal am Horizont der Geschichte des Menschen ab, als Gott sich selbst als der offenbarte, der sich über das Gute freut, der liebt und schenkt.

Papst Johannes Paul II.

Gottes Kommen kündet sich darin an, dass wir fühlen: So darf ich nicht bleiben!

Friedrich Rittelmeyer

Herr, es ist Advent. Hilf mir zur Freude und zum Stillesein in aller Hetze, in allem Lärm, in allem, was zu bewältigen mir unmöglich ist.

Elsi Schindler

Weihnachten

Alle Lichter, die wir anzünden, zeugen von dem Licht, das da erschienen ist in der Dunkelheit.

Friedrich von Bodelschwingh

Als aber die Zeit erfüllt war, sandte Gott seinen Sohn.

Gal 4,4

Christus, der Sohn Gottes, ward wie wir, damit wir werden wie er.

Klemens Maria Hofbauer

Das ist das Wunder der heiligen Weihnacht, dass ein hilfloses Kind unser aller Helfer wird.

Friedrich von Bodelschwingh

Das ist unser Fest, was wir heute feiern: das Kommen Gottes zu den Menschen, damit wir zu Gott kommen.

Gregor von Nazianz

Das Licht ist in die Welt gekommen. Jeder muss entscheiden, ob er im Licht der Nächstenliebe oder im Licht der Eigenliebe leben will. Danach werden wir beurteilt. Die wichtigste Frage lautet daher: Was hast du für andere getan?

Martin Luther King

Der Freund erweist zu jeder Zeit Liebe, als Bruder für die Not wird er geboren.

Spr 17,17

Der Geburtstag des Herrn ist der Geburtstag des Friedens.

Leo der Große

Der Herr ist mein Licht und mein Heil: Vor wem sollte ich mich fürchten?

Ps 27,1

Der Mensch ward Gottes Bild. Weil dieses Bild verloren, wird Gott ein Mensch, in dieser Nacht geboren.

Andreas Gryphius

Der tiefste Grund für die Menschwerdung Christi war der Wille Gottes, uns seine Liebe zu zeigen und sie uns nachdrücklich ans Herz zu legen.

Augustinus

Der Weg zu Gott, zum wahren Leben, führt nicht an der Welt vorbei, sondern in das Miteinander mit dem Nächsten.

unbekannt

Die beste Krippe für Gott ist eines Menschen Herz.

Walter Reisberger

Die Botschaft von Weihnachten: Es gibt keine größere Kraft als die Liebe. Sie überwindet den Hass, wie das Licht die Finsternis.

Martin Luther King

Die Geburt Jesu in Betlehem ist keine einmalige Geschichte, sondern ein Geschenk, das ewig bleibt.

Martin Luther

Diese Nacht darf nicht einsam sein und nicht ohne Lobgesang. Sie darf nicht dunkel bleiben, sondern werde erhellt vom himmlischen Licht; zahllose Lichter sollen angezündet werden in der ganzen Christenheit!

Thomas von Kempen

Du, Betlehem-Efrata, so klein unter den Städten Judas, aus dir wird mir einer hervorgehen, der über Israel herrschen soll.

Mich 5,1

Ehre sei Gott in der Höhe, und Friede auf Erden bei den Menschen seiner Gnade.

Lk 2,14

Einmal im Jahr, zu Weihnachten, danken wir dem Christkind dafür, dass wir Bonbons in unseren Schuhen finden. Aber es wäre besser, wir würden ihm täglich danken, dass wir zwei kräftige Beine darin finden.

Gilbert Keith Chesterton

Es ist genug Raum in der Grotte von Betlehem für jeden, der sich zu bücken weiß.

Roland Knox

Gott hat die Welt mit einem Baby erschüttert, nicht mit einer Bombe.

14 jähriges, indisches Mädchen

Gott ist als Kind geboren, hat Mensch zu sein erkoren.

Angelus Silesius

Gott ist uns nahe, aber wir sind ihm fern. Gott ist drinnen, aber wir sind draußen. Gott ist in uns heimisch, aber wir sind uns fremd.

Meister Eckhart

Gott wird ein Mensch, damit die Menschen Gotteskinder werden können.

Edith Stein

Ich bin das Licht, das in die Welt gekommen ist, damit jeder, der an mich glaubt, nicht in der Finsternis bleibt.

Joh 12,46

In der Menschwerdung hat Gott sein tiefstes Geheimnis offenkundig gemacht. Gott ward Mensch und machte den Menschen zu seinem Tempel. Gottes Sohn wurde Mensch, damit der Mensch Heimat habe in Gott.

Hildegard von Bingen

In der Ohnmacht dieses Kindes verbirgt sich die Allmacht Gottes.

Friedrich Kardinal Wetter

Jetzt ist sie da, die Zeit der Gnade; jetzt ist er da, der Tag des Heils.

2 Kor 6,2

O lasst uns lieben das Kindlein von Betlehem und seine unendliche Liebe mit einer grenzenlosen Liebe erwidern.

Franz von Assisi

Stern der Heiligen Nacht. Stern, der alle Zeiten und alle Kontinente überstrahlt. Stern, der immer wieder neu die Botschaft verkündet: Gott liebt uns.

Irmgard Erath

Stern und Engel, Hirten und die Weisen künden uns das Große, was geschah. Und wir loben, danken und wir preisen, Gott ist nah!

Dietrich Bonhoeffer

Und das Wort ist Fleisch geworden und hat unter uns gewohnt.

Joh 1,14

Weihnachten ist Anfang. Wer bereit ist, erlebt etwas Neues.

Helmut Breit

Weihnachten ist das Rufen Gottes nach Liebe unter den Menschen, nach Verständnis und Versöhnung, nach Frieden und Freundschaft.

Phil Bosmans

Weihnachten sagt uns: Gott holt uns ab, gleichgültig, wo wir stehen.

Helmut Thielicke

Weihnachten, die Nacht ist hell. Gott hat sich ein Fest bereitet, das es in seinem Himmel nicht gab: Er ist Mensch geworden.

Karl Rahner

Weil Gott will, dass wir seine Gnade und Liebe spüren, wurde er ein Mensch wie wir.

Johannes Friedrich

Wir fassen keinen anderen Gott als den, der in jedem Menschen ist, der vom Himmel kam. Ich fange bei der Krippe an.

Martin Luther

Wir feiern Weihnachten, auf dass diese Geburt auch in uns Menschen geschieht. Wenn sie aber nicht in mir geschieht, was hilft sie mir dann? Gerade, dass sie auch in mir geschehe, darin liegt alles.

Meister Eckhart

Wird Christus tausendmal zu Betlehem geboren – und nicht in dir, du bleibst doch ewiglich verloren.

Angelus Silesius

Jahreswechsel

An der Schwelle des neuen Jahres lacht die Hoffnung und wispert, es werde uns mehr Glück bringen.

Alfred Lord Tennyson

Begrüße das neue Jahr vertrauensvoll und ohne Vorurteile, dann hast du es schon halb zum Freunde gewonnen.

Novalis

Das alte Jahr vergangen ist, das neue Jahr beginnt. Wir danken Gott zu dieser Frist. Wohl uns, dass wir noch sind!

unbekannt

Das Jahresende ist kein Ende und kein Anfang, sondern ein Weiterleben mit der Weisheit, die uns die Erfahrung gelehrt hat.

Hal Borland

Der Herr ist treu; er wird euch stark machen und euch vor dem Bösen bewahren.

2 Thess 3,3

Der Standard der Freude sollte von Jahr zu Jahr wachsen dürfen.

Prentice Mulford

Die Zukunft hat viele Namen: für Schwache ist sie das Unerreichbare, für die Furchtsamen das Unbekannte, für die Mutigen die Chance.

Victor Hugo

Ein neues Buch, ein neues Jahr. Was werden die Tage bringen? Wird's werden, wie's immer war. Halb scheitern, halb gelingen?

Theodor Fontane

Ein neues Jahr beginnen heißt ein neues Leben zu beginnen.

Papst Johannes XXIII.

Es frommt nicht, dass du zagst und klagst: Wenn rückwärts ohne Reue ins alte Jahr du blicken magst, so zieh mit Mut ins neue.

Friedrich Wilhelm Weber

Es hängt von dir selbst ab, ob du das Jahr als Bremse oder als Motor benutzen willst.

Henry Ford

Fege den Staub des letzten Jahres fort und mit ihm alle unguten Gefühle.

Aus China

Gott segne dich im neuen Jahr. Er beschirme dich in seiner Obhut und erfülle dein Leben mit Liebe. Und der Friede Christi begleite dich durch jeden neuen Tag, bis das vollkommene Leben beginnt.

Irischer Segensspruch

Gott spricht: Siehe, ich mache alles neu!

Offb 21,5

Ich bin das Licht der Welt. Wer mir nachfolgt, wird nicht in Finsternis umhergehen, sondern wird das Licht des Lebens haben.

Joh 8,12

Ich sagte zu dem Engel, der an der Pforte des neuen Jahres stand: Gib mir ein Licht, damit ich sicheren Fußes der Ungewissheit entgegengehen kann! Aber er antwortete: Gehe nur in die Dunkelheit und lege deine Hand in die Hand Gottes! Das ist besser als ein Licht und sicherer als ein bekannter Weg!

aus China

Ich wünsche dir: dass du dir Zeit nimmst, dass du dir Zeit lässt, dass du Zeit hast für andere und für dich selbst. Zeit, die nicht vertan ist, da sie Hoffnung und Liebe schenkt und bleibenden Wert hat bei Gott.

unbekannt

Lasst uns über das Tor des neuen Jahres den Namen Gottes schreiben, den Namen Gottes, in dem unsere Hilfe ist, den Namen Jesus. Jesus bedeutet: Gott hilft.

Karl Rahner

Mit jedem Jahr, das als Ring um den Baum wächst, wünsche ich dir, dass du dich einliest, immer mehr, zwischen hellen Zeilen und auch dunklen, immer tiefer ins Geheimnis, von dem du selbst die Mitte bist.

Isabella Schneider

Möge die Freude eines alten irischen Liedes und der Segen der Kleeblätter das ganze Jahr über dir sein.

Irischer Segensspruch

Seht her, nun mache ich etwas Neues. Schon kommt es zum Vorschein, merkt ihr es nicht?

Jes 43,19

Verlasst euch stets auf den Herrn; denn Gott, der Herr, ist ein ewiger Fels.

Jes 26,4

Was uns das neue Jahr wohl bringt?
Ihr glaubt an manches Wunderbare!
Doch hört, wie diese Frage klingt:
Was bringen wir dem neuen Jahre?

Paul Valéry

Ostern

Auferstehung sagt: Der Anfang der Herrlichkeit hat schon begonnen.

Karl Rahner

Das Fasten heilt die Wunden, die die Sünde geschlagen hat, aber die Narben der Sünde werden erst durch die Barmherzigkeit entfernt.

Petrus Chrysologus

Das Fasten ist Nahrung der Seele; es zügelt die Unmäßigkeit der Sprache und schließt die Lippen.

Johannes Chrysostomus

Das Kreuz Christi ist eine Last von der Art, wie es die Flügel der Vögel sind. Sie tragen aufwärts.

Bernhard von Clairvaux

Das Licht erlischt im Dunkel des Karfreitags, aber es steigt strahlend auf am Auferstehungsmorgen.

Edith Stein

Das Osterlicht ist der Morgenglanz nicht dieser, sondern einer neuen Erde.

Gertrud von Le Fort

Der auferstandene Christus macht das Leben zum Fest.

Athanasius von Alexandrien

Der Herr ist wahrhaftig auferstanden.

Lk 24,34

Der Verzicht nimmt nicht. Der Verzicht gibt. Er gibt die Kraft der Einfachheit.

Martin Heidegger

Die Auferstehung ist nicht ein zufälliges Mirakel, sondern der Anfang einer neuen Zeit.

Joseph Ratzinger

Die große Schuld des Menschen ist, dass er in jedem Augenblick die Umkehr tun kann und sie nicht tut.

Martin Buber

Fasten heißt lernen, mit den einfachen Dingen glücklich zu sein. Fasten heißt, sich freimachen von den tausend Fesseln der tausend toten Dinge. Fasten heißt, die einfachen, kleinen Freuden in Dankbarkeit zu genießen.

Phil Bosmans

Freue dich, du meine Seele, deine Trauer ist vorbei, denn der Heiland ist erstanden, und du lebst, du atmest frei.

Otto Jacobi

Fürchtet euch nicht! Ihr sucht Jesus, den Gekreuzigten. Er ist nicht hier, denn er ist auferstanden, wie er gesagt hat.

Mt 28,5-6

Im Licht der Ostersonne bekommen die Geheimnisse der Erde ein anderes Licht.

Friedrich von Bodelschwingh

Im Ostergeheimnis wurzelt der Glaube, aus ihm schöpft die Hoffnung ihre Kraft, in ihm findet die Liebe zu ihrer ganzen Fülle.

Irmgard Erath

Jesu Auferstehung zeigt, dass Gott Ja zu unserem Sterben sagt, aber Nein zu unserem ewigen Tod. Darum ist Ostern mein Freudentag.

Kurt Rommel

Jesus ist in den Tod gegangen, auf dass der Tod an seinem Tod den Tod finde.

Hieronymus

Ostern ist das Siegesfest des ewigen Lebens.

Gertrud von Le Fort

Ostern ist die Zukunft des Menschen. Hier wird er wieder der Mensch, wie er geplant war.

August Everding

Seit Ostern dürfen wir unsere Gegenwart und Zukunft auf Jesus bauen.

Richard Kolb

So sehr hat Gott die Welt geliebt, dass er seinen einzigen Sohn hingab, damit jeder, der an ihn glaubt, nicht zugrunde geht, sondern das ewige Leben hat.

Joh 3,16

Wer die Osterbotschaft gehört hat, der kann nicht mehr mit tragischem Gesicht herumlaufen und die humorlose Existenz eines Menschen führen, der keine Hoffnung hat.

Karl Barth

Willst du, dass dein Gebet zu Gott aufsteigt, schaff ihm zwei Flügel: Fasten und Almosen geben.

Augustinus

Wir Christen gehen nur deshalb in den Stürmen der Welt nicht unter, weil wir vom Kreuzesholz getragen werden.

Augustinus

Wo der Auferstandene ist, verbreitet sich Freude.

Friedrich Kardinal Wetter

Pfingsten

Das Feuer hat vier Eigenschaften: es brennt, reinigt, wärmt und leuchtet: In gleicher Weise vernichtet der Heilige Geist die Sünden, reinigt die Herzen, erwärmt die Lauen und erleuchtet die Unwissenden.

Antonius von Padua

Der Heilige Geist ist das Lied der Liebe in unseren Herzen.

Papst Johannes Paul II.

Der Pfingsttag kennt keinen Abend, denn seine Sonne, die Liebe, geht nie unter.

Theodor Fontane

Die Liebe Gottes ist ausgegossen in unsere Herzen durch den Heiligen Geist, der uns gegeben ist.

Röm 5,5

Du kannst den Geist nicht erzeugen. Du kannst ihn nur empfangen.

Bettina von Arnim

Durchdringe mich, Heiliger Geist, dass ich selbst unwichtig werde und du alleine bleibst.

Jörg Zink

Geist des lebendigen Gottes, erfrische mich wie Tau am Morgen, forme mich, erfülle mich, sende mich.

Segen aus der ökumenischen Frauenarbeit

Herr, schenke mir Sinn für Humor: Gib mir die Gnade, einen Scherz zu verstehen, damit ich ein wenig Glück kenne im Leben und anderen davon weiterschenken darf.

Thomas Morus

Und es erschienen ihnen Zungen wie von Feuer, die sich verteilten; auf jedem von ihnen ließ sich eine nieder. Alle wurden mit dem Heiligen Geist erfüllt.

Apg 2,3-4

Für den Lebensweg

Achte auf das Kleine in der Welt, das macht das Leben reicher und zufriedener.

Carl Hilty

Achte auf den Rat des Gewissens, denn einen treueren Berater hast du nicht.

Sir 37,13

All das, was wir uns vornehmen müssen, wird nicht in den ersten Tagen vollendet werden, ja vielleicht nicht einmal zu unseren Lebzeiten, doch lasst uns beginnen.

John F. Kennedy

All unsere Worte nützen nichts, wenn sie nicht von innen kommen.

Mutter Teresa

An den wichtigsten Scheidewegen des Lebens stehen meist keine Wegweiser.

Hedwig Dransfeld

Anfangen ist oft das Schwerste, treu bleiben aber das Beste.

Adolph Kolping

Auf dem Weg durchs Leben kann man den Wind nicht immer im Rücken haben.

Sprichwort

Auf schmalem Pfad zu gehen, lehrt uns, das Gleichgewicht zu halten.

Elisabeth Maria Maure

Beginne das Schwere, wo es noch leicht ist, tu das Große, wo es noch klein ist, denn alles Schwere auf Erden entspringt aus dem Leichten.

Laotse

Dass die Zeit vergeht, gibt dem Leben den tiefen Ernst der Verantwortung für die Stunde.

Paul Althaus

Das Gebet ist der Schlüssel am Morgen und der Riegel am Abend.

Mahatma Gandhi

Das Glück des täglichen Lebens liegt im Wirken der Klugheit, durch das der Mensch sich selbst und andere regiert.

Thomas von Aquin

Das Glück wird den Menschen so selten zuteil, weil sie es draußen suchen statt drinnen.

Walter Nigg

Das größte Geheimnis des Glücks ist, mit sich selbst im Reinen zu sein.

Bernard Le Bovier de Fontenelle

Das Leben ist Veränderung, und ohne Erneuerung ist es unbegreiflich.

Nikolai Berdjajew

Das Leben spielt sich immer heute ab, und heute muss man auskosten, nützen und genießen, nicht morgen oder übermorgen.

Hannelore Frank

Das Leben wird ein Fest, wenn du dich freuen kannst an einfachen, alltäglichen Dingen.

Phil Bosmans

Das Licht, das auf die Dinge fällt, verwandelt sie.

Dom Hélder Câmara

Das Schönste im Leben ist nicht die Erfüllung, sondern die Erwartung der Erfüllung.

Anna Magnani

Das tägliche Gebet ist ein täglicher Schutz vor vielem sichtbaren und unsichtbaren Unglück.

Adolph Kolping

Das Wort Verzeihung ist die beste Münze im Haus.

Chinesisches Sprichwort

Den größten Fehler, den man im Leben machen kann, ist, immer Angst zu haben, einen Fehler zu begehen.

Dietrich Bohnhoeffer

Der ewige Gott gebe dir Wurzeln, die dich tragen, Flügel, die dich ins Weite führen, Ohren für das Unhörbare, Augen für das Unsichtbare, Hände, um Gutes zu tun, und Füße, um zu ihm heimzukehren.

Hildegunde Wöller

Der Glaube ist Liebe, und wo Liebe ist, da hat Gott sein Heiligtum in unserer Mitte.

Johann Heinrich Pestalozzi

Der Herr denkt an uns, er wird uns segnen.

Ps 115,12

Der Herr sei um dich herum, um dich zu verteidigen, wenn andere über dich herfallen.

Segenswunsch

Der höchste Lohn für unsere Bemühungen ist nicht das, was wir dafür bekommen, sondern das, was wir dadurch werden.

John Ruskin

Der Kern des Glücks: Der sein zu wollen, der du bist.

Erasmus von Rotterdam

Der Mensch kann nicht zu neuen Ufern vordringen, wenn er nicht den Mut aufbringt, die alten zu verlassen.

André Gide

Der Mensch lerne zuerst, dass sein Herz fest bleibe bei Gott, so wird er auch beständig werden in allen seinen Werken.

Meister Eckhart

Der Verstand kann uns sagen, was wir unterlassen sollen, aber das Herz kann uns sagen, was wir tun müssen.

J. Joubert

Des Menschen Herz plant seinen Weg, doch der Herr lenkt seinen Schritt.

Spr 16,9

Die besten und schönsten Dinge auf der Welt kann man weder sehen noch anfassen. Man muss sie mit dem Herzen fühlen.

Helen Keller

Die christlichen Tugenden Glaube, Hoffnung und Liebe sind beredter Ausdruck einer optimistischen Lebensauffassung.

Carl Peter Fröhling

Die einzige Sache, die wir in unserem Leben meistens nicht ernst genug nehmen, ist die Freude und der Humor.

Phil Bosmans

Die erste Bedingung, um mit anderen in Harmonie leben zu können, ist die, mit sich selbst in Einklang zu sein.

Aristide Gabelli

Die Fähigkeit, das Wort »nein« auszusprechen, ist der erste Schritt zur Freiheit.

Nicolas Chamfort

Die Freude ist unser göttliches Erbteil. Nur sie kann uns beglücken. Sie hat eine so mächtige Beziehung zu unserem Herzen, dass dieses ohne sie keine Ruhe findet. Gott schuf die Freude zu unserem Besten.

Franz von Sales

Die gute Zeit fällt nicht vom Himmel, sondern wir schaffen sie selbst, sie liegt in unserem Herzen eingeschlossen.

Fjodor M. Dostojewski

Die Liebe ist der Endzweck der Weltgeschichte, das Amen des Universums.

Novalis

Die Schwierigkeiten, die wir weder überwinden noch vermeiden können, sollten wir mutig ohne zu klagen auf uns nehmen. Wenn wir sie großmütig Gott aufopfern, können sie nützlich werden für das Reich Gottes; denn sie sind ein wertvoller Schatz.

Hermann Multhaupt

Die Seele spürt, ob das, was sie in sich aufnimmt, mit ihrem eigenen Sein verträglich und dafür förderlich ist oder nicht.

Edith Stein

Die Sonne scheint für dich – deinetwegen; und wenn sie müde wird, beginnt der Mond, und dann werden die Sterne angezündet.

Søren Kierkegaard

Die Spielregeln des Lebens verlangen von uns nicht, dass wir um jeden Preis siegen, wohl aber, dass wir den Kampf nie aufgeben.

Gerhard Witzel

Die Stunde ist kostbar. Warte nicht auf eine spätere, gelegenere Zeit.

Katharina von Siena

Die wahre Lebensweisheit besteht darin, im Alltäglichen das Wunderbare zu sehen.

Pearl S. Buck

Die Zeit ist kostbar, kurz und unwiderruflich. Nütze sie!

Vinzenz Pallotti

Die Zeit ist kurz, um Beweise unserer Liebe zu geben, und wir leben nur einmal.

Maximilian Kolbe

Du bist zeitlebens für das verantwortlich, was du dir vertraut gemacht hast.

Antoine de Saint-Exupéry

Du kannst dir nicht ein Leben lang alle Türen offen halten.

Paul Roth

Du lebst nicht von den Dingen, sondern vom Sinn der Dinge.

Antoine de Saint-Exupéry

Du sollst dich nicht immer und nie ganz der äußeren Tätigkeit widmen, sondern ein Quäntchen deiner Zeit und deines Herzens für die Selbstbesinnung zurückhakten.

Bernhard von Clairvaux

Du wagst dein Ja – und erlebst einen Sinn. Du wiederholst dein Ja – und alles bekommt Sinn. Wenn alles Sinn hat, wie kannst du anders leben als ein Ja.

Dag Hammarskjöld

Ein guter Rat ist wie Schnee. Je sanfter er fällt, desto länger bleibt er liegen und desto tiefer dringt er ein.

Simone Signoret

Ein Mensch, der einen Irrtum zugibt, zeigt, dass er heute klüger ist als gestern.

unbekannt

Ein neues Gebot gebe ich euch: Liebt einander! Wie ich euch geliebt habe, so sollt auch ihr einander lieben.

Joh 13,34

Eine kleine Tat hat oft mehr Gewicht als tausend große Worte.

unbekannt

Einen Fehler eingestehen ist keine Schwäche, sondern Stärke.

Franziska Maier-Höffern

Erwirb dir die Weisheit, denn sie ist besser als Gold. Und verschaffe dir Klugheit, denn sie ist köstlicher als Silber.

Salomon

Es gehört mehr Mut dazu, seine Meinung zu ändern, als ihr treu zu bleiben.

Friedrich Hebbel

Es genügt nicht, unserem Leben mehr Jahre zu geben, wir müssen unseren Jahren mehr Leben geben.

Joseph Kardinal Höffner

Es gibt immer noch nichts Ansteckenderes als ein entschlossenes und von Überzeugung geprägtes Leben.

Pierre Teilhard de Chardin

Es ist eine große Begabung, ein Geheimnis zu bewahren, diskret zu sein, nicht zu lauschen, nicht zu spionieren. Das ist eine große Kunst und wahrer Edelmut.

Stefan Kardinal Wyszyński

Es ist gut und tut gut, auch für sich selbst ein aufmerksames Herz zu haben. Es ist gut und tut gut, auch zu sich selbst gut zu sein.

Bernhard von Clairvaux

Es ist gut, manchmal die Sorgen so zu behandeln, als ob sie nicht da wären; das einzige Mittel, ihnen ihre Wichtigkeit zu nehmen.

Rainer Maria Rilke

Es ist mit der Liebe wie mit den Pflanzen: Wer Liebe ernten will, muss Liebe säen.

Jeremias Gotthelf

Es ist umsonst, dass dir das Glück gewogen, wenn du nicht selbst erkennst, wie sehr du glücklich bist.

Anton Tschechow

Es lohnt sich, etwas Schweres auf sich zu nehmen, wenn man es dadurch einem Menschen leichter machen kann.

Stefan Zweig

Fange jetzt an zu leben, und zähle jeden Tag als ein Leben für sich.

Seneca

Fehler gehören zum Leben. Was zählt, ist, wie man auf die Fehler reagiert.

Nikki Giovanni

Finde dich, sei dir selber treu, lerne dich verstehen, folge deiner Stimme, nur so kannst du das Höchste erreichen.

Bettina von Arnim

Freude, mein Lieber, ist die Medizin des Lebens.

Ernest Hemingway

Freue dich, so viel du kannst. Freude macht stark.

Dietrich Bonhoeffer

Freundlichkeit gegen jedermann ist die erste Lebensregel, die uns manchen Kummer ersparen kann.

Helmuth von Moltke

Für dich selbst: Gönne dich dir selbst! Ich sage nicht: Tue das immer. Ich sage nicht: Tue das oft. Aber ich sage: Tue es immer wieder einmal. Sei wie für alle anderen Menschen auch für dich selbst da. Oder jedenfalls sei es nach allen anderen.

Bernhard von Clairvaux

Fürchte dich vor allen Sünden, sei bereit zu allen Tugenden und beharrlich in allen Dingen, dann kannst du dein Leben zu einem guten Ende bringen.

Mechthild von Magdeburg

Geh auf den Wegen, die dein Herz dir sagt, zu dem, was deine Augen vor sich sehen.

Koh 11,98

Geh deinen Weg gelassen und ruhig inmitten des Lärms und der Hast dieser Zeit und erinnere dich, welcher Frieden in der Stille liegt.

Lebensregel von Baltimore

Gib der Seele einen Sonntag und dem Sonntag eine Seele.

Peter Rosegger

Glück ist nicht in einem ewig lachenden Himmel zu suchen, sondern in ganz feinen Kleinigkeiten, aus denen wir unser Leben zurechtzimmern.

Carmen Sylva

Gott hat in den Menschen viele wunderbare Geheimnisse gesät, die in ihm liegen und sind wie die Samen in der Erde.

Philippus Paracelsus

Gott ist es, der in euch beides wirkt, das Wollen und das Vollbringen, noch über euren guten Willen hinaus.

Phil 2,13

Hab Geduld in allen Dingen, vor allem mit dir selbst.

Franz von Sales

Halt hat nur, wer sich dem haltenden Gott anvertraut.

unbekannt

Handle für das Ziel, dem dein Leben gilt, mit aller Kraft, die dir in jedem Augenblick zur Verfügung steht.

Dag Hammarskjöld

Heiligkeit besteht darin, mit einem Lächeln den Willen Gottes zu tun.

Mutter Teresa

Herr, gib mir die Kraft, zu ändern, was ich ändern kann, die Demut anzunehmen, was sich nicht ändern lässt, und die Weisheit, zwischen beidem zu unterscheiden.

Friedrich Oetinger

Herr, gib mir einen sehenden Glauben, dann wird meine Arbeit nie zur Plage, und ich werde neue Freunde finden, im Eingehen auf Launen, im Erfüllen der Wünsche aller armen Leidenden.

Mutter Teresa

Herr, lehre mich wahre Großmut! Lehre mich, dir zu dienen, so wie du es verdienst: Geben, ohne zu zählen, arbeiten, ohne Ruhe zu suchen, mich aufopfern, ohne einen anderen Lohn zu erwarten als das Bewusstsein, deinen heiligen Willen zu erfüllen.

Ignatius von Loyola

Humor ist ein Zeichen von Würde. Er beweist, dass der Mensch über alles erhaben ist, was ihm widerfährt.

Romain Gary

Humor: mit einer Träne im Auge lächelnd dem Leben beipflichten.

Friedl Beutelrock

Hütet euch davor, etwas gewaltsam durchsetzen zu wollen.

Angela Merici

Ich bin nicht verpflichtet zu gewinnen, aber ich bin verpflichtet, aufrichtig zu sein. Ich bin nicht verpflichtet, Erfolg zu haben, aber ich bin verpflichtet, dem Licht des Bewusstseins, das in mir leuchtet, zu folgen.

Abraham Lincoln

Ich glaube an Gott, so wie ein Blinder an die Sonne glaubt, nicht weil er sie sieht, sondern weil er sie fühlt.

Phil Bosmans

Ich glaube, dass man gut, dass man demütig sein muss, dass man verzeihen und lieben muss. Das glaube ich von ganzem Herzen.

Leo Tolstoi

Ich habe die Erfahrung gemacht, dass ich nicht immer das bekommen kann, was ich gerne möchte. Also habe ich gelernt, immer das zu mögen, was ich bekomme.

Anthony de Mello

Ich habe versucht, das Leben gut zu behandeln, und es hat mich belohnt. Denn das Leben erwidert unweigerlich Lächeln mit Lächeln, Tritt mit Tritt!

Prentice Mulford

Im Leben gibt es mitunter Augenblicke, in denen ein Mensch uns wie in Vertretung eines Engels entgegen kommt, uns hilft oder ein Wort spricht, das uns unvergesslich bleibt.

Dan Lindholm

Immer wenn man die Meinung der Mehrheit teilt, ist es Zeit, sich zu besinnen.

Mark Twain

In fließendem Wasser kann man sein eigenes Bild nicht sehen, wohl aber in ruhendem Wasser. Nur wer selber ruhig bleibt, kann zur Ruhestätte all dessen werden, was Ruhe sucht.

Laotse

Je freudloser die Welt ist, desto mehr sollten wir uns bemühen, Licht und Freude zu verbreiten.

Clemens August Graf von Galen

Je mehr ein Mensch des ganzen Ernstes fähig ist, desto herzlicher kann er lachen.

Arthur Schopenhauer

Jede Gabe ist eine Aufgabe.

Käthe Kollwitz

Jeden Morgen sollt ihr beten: Mein Gott, sende mir deinen Geist, damit er mich erkennen lasse, wer ich bin und wer du bist.

Johannes Maria Vianney

Jeder ist berufen, etwas in der Welt zur Vollendung zu bringen.

Martin Buber

Kein Problem wird gelöst, wenn wir träge darauf warten, dass Gott allein sich darum kümmert.

Martin Luther King

Keiner erwartet von dir, dass du die ganze Wüste vor dem Verdursten rettest. Deine Aufgabe ist es, dieser einen Blume das Leben zu erhalten.

Afrikanische Weisheit

Lass dich durch deine Fehler nicht in Verlegenheit bringen. Es gibt keinen besseren Lehrmeister, als deine Fehler verstehen zu lernen.

Thomas Carlyle

Lass dich nicht davon abbringen, was du unbedingt tun willst. Wenn Liebe und Inspiration vorhanden sind, kann es nicht schief gehen.

Ella Fitzgerald

Lass mein Nichtstun, wenn nichts zu tun ist, voll ungetrübten tiefen Friedens sein wie der Abend am Strande, wenn die See schweigt.

Rabindranath Tagore

Lasst uns immer in den großen Traum des Lebens kleine bunte Träume weben.

Jean Paul

Lebe so mit den Menschen, als sähe es Gott; rede so mit Gott, als hörten es die Menschen.

Seneca

Lebe so, dass zu keiner Zeit der Tod dich unvorbereitet findet.

Thomas von Kempen

Leben heißt sich verändern; und vollkommen sein, sich oft verändert haben.

John Henry Newman

Leben muss strömen. Wasser, das nicht fließt, bedeckt sich mit Schaum und fault.

Alphonse de Lamartine

Lebe so, dass du an jedem Abende sagen kannst, dieser Tag hat gewonnen.

Ignaz Aurelius Feßler

Lebensklugheit bedeutet: Alle Dinge möglichst wichtig, aber keines völlig ernst nehmen.

Arthur Schnitzler

Lebenskunst besteht nicht darin, aus dem Vollen zu schöpfen, sondern Quellen zu finden.

Thomas Romanus

Lebenskunst ist die Fähigkeit, gerade das Einfache besonders zu genießen.

Thomas Romanus Bökelmann

Lebt nicht wie Unwissende, sondern wie Menschen, die wissen, worauf es ankommt.

Eph 5,15

Leicht zu leben ohne Leichtsinn, heiter zu sein ohne Ausgelassenheit, Mut zu haben ohne Übermut – das ist die Kunst des Lebens.

Theodor Fontane

Lerne denken mit dem Herzen, und lerne fühlen mit dem Geist.

Theodor Fontane

Lerne zu werden, der du bist!

Pindar

Liebe und tue, was du willst. Schweigst du, so schweige aus Liebe! Redest du, rede aus Liebe! Die Wurzel der Liebe sei in deinem Inneren: Aus dieser Wurzel kann nur Gutes kommen.

Augustinus

Man braucht nur mit viel Liebe einer Sache nachzugehen, so gesellt sich einem das Glück dazu.

Johannes Trojan

Man ist immer glücklich, wenn man Kräfte in sich selbst findet, die man sich selbst nicht zutraut.

Johann Georg Zimmermann

Man kann viel, wenn man sich nur recht viel zutraut.

Wilhelm von Humboldt

Man muss ein halbes Leben daranwenden, um einzusehen, dass sich die Waage des Daseins nur im Gleichgewicht halten lässt, wenn man zweierlei in die Schalen legt.: Geduld und Liebe.

Karl Heinrich Waggerl

Menschen, die von sich überzeugt sind, die ihren Sinn gefunden haben, verbreiten Hoffnung und sind in der Lage zu lieben.

Thomas Meurer

Merkt auf die »Zeichen der Zeit«: versucht euch über das Weltgeschehen Rechenschaft zu geben und die Ideen kennen zu lernen, die die Welt bewegen. Erzieht euch zu einer christlichen Beurteilung der Dinge.

Papst Paul VI.

Mut ist die Stärke des Geistes, die Furcht zu überwinden.

Martin Luther King

Nach und nach müssen wir die Überzeugung gewinnen, dass Altwerden ein Geschenk Gottes ist, eine Gnade durch die wir immer mehr am Erlösungswerk Christi teilhaben: darin finden wir Stärke und Freude.

Hermann Multhaupt

Nicht im Stich lassen, sich nicht und andere nicht, das ist die Mindestutopie, ohne die es sich nicht lohnt, Mensch zu sein.

Hilde Domin

Nicht im Zorn handeln. Nicht auf Rache sinnen. Nicht Falschheit im Herzen tragen. Nicht unaufrichtig Frieden bieten. Nie von der Liebe lassen.

Benedikt von Nursia

Nicht in der Erkenntnis liegt das Glück, sondern im Erwerben der Erkenntnis.

Edgar Allan Poe

Nicht in der Vergangenheit und nicht in der Zukunft sollten wir leben. So gut es geht, den jetzigen Moment leben; er ist immer neu und voller Hoffnung.

Hermann Multhaupt

Nichts erweitert so den Horizont, schenkt so viel Selbstvertrauen wie Erfahrung!

Sylvia Plath

Nichts ist höher zu schätzen als der Wert des Tages.

unbekannt

Nichts ist, das dich bewegt: du selber bist das Rad, das aus sich selber läuft und keine Ruhe hat.

Angelus Silesius

Nichts soll dich ängstigen, nichts dich erschrecken. Alles geht vorüber. Gott allein bleibt derselbe. Alles erreicht der Geduldige, und wer Gott hat, der hat alles. Gott allein genügt.

Teresa von Ávila

Nie stille steht die Zeit, der Augenblick entschwebt, und den du nicht benutzt, den hast du nicht gelebt.

Friedrich Rückert

Nimm dir Zeit zu arbeiten – das ist der Preis des Erfolges. Nimm dir Zeit zu denken – das ist die Quelle der Kraft. Nimm dir Zeit zu spielen – das ist das Geheimnis der ewigen Jugend.

Irischer Segenswunsch

Nur der Denkende erlebt sein Leben. Am Gedankenlosen zieht es vorbei.

Marie von Ebner-Eschenbach

Nur Jesus Christus ist die angemessene und letzte Antwort auf die große Frage nach dem Sinn des Lebens und der Geschichte.

Papst Johannes Paul II.

Nur wer erwachsen wird und ein Kind bleibt, ist ein Mensch.

Erich Kästner

Nur wer sich selbst als Person, als sinnvolles Ganzes erlebt, kann andere Personen verstehen.

Edith Stein

Richte dein Leben ein, wie du denkst. Aber vergiss nicht zu denken.

Miklucho-Maklai

Säume nicht, träume nicht, wandle! Frage nicht, klage nicht, handle!

Julius Langbehn

Schwer ist es, die rechte Mitte zu treffen: das Herz zu härten für das Leben, es weich zu halten für das Lieben.

Jeremias Gotthelf

Sei freundlich zu deinem Leib, damit die Seele Lust hat, darin zu wohnen.

Teresa von Ávila

Sei jederzeit in allem demütig, aber nicht so demütig, dass du zum Toren dabei wirst.

Hadewijch

Sei, der du bist, nicht mehr, nicht weniger, aber der sei!

Peter Altenberg

Sorge nicht, wohin dich der einzelne Schritt führt; nur wer weit blickt, findet sich zurecht.

Dag Hammarskjöld

Stört dich ein Fehler eines anderen, so übe an dir selbst das entgegengesetzte Gute. Dein Beispiel wirkt mehr als Worte.

Teresa von Ávila

Suche Gott nicht in fernen Ländern. Es ist ganz in deiner Nähe. Lass nur das Licht brennen, und du wirst ihn immer sehen. Wache und bete. Zünde immer wieder die Lampe an, und du wirst seine Liebe sehen und erkennen, wie gut der Gott ist, den du liebst.

Mutter Teresa

Trenne alles, was eigentlich Geschäft ist, vom Leben.

Johann Wolfgang von Goethe

Trete den großen Sorgen des Lebens mutig entgegen, den kleinen mit Geduld, und wenn du deine täglichen Aufgaben fleißig erfüllt hast, gehe in Frieden schlafen.

Victor Hugo

Tu das Werk dieser Tage und verzweifle nicht über dem, das ungetan bleibt. Dein Ungenügen ist die Schule, in die Gott deinen Hochmut schickt.

Rudolf Alexander Schröder

Tue das Notwenige, dann das Mögliche, und plötzlich schaffst du das Unmögliche.

Franz von Assisi

Tue nie etwas halb, sonst verlierst du mehr, als du je wieder einholen kannst.

Louis Armstrong

Überlege einmal, bevor du gibst, zweimal, bevor du annimmst, und tausendmal, bevor du verlangst.

Marie von Ebner-Eschenbach

Um durch die Welt zu kommen, ist es zweckmäßig, einen großen Vorrat von Vorsicht und Nachsicht mitzunehmen: Durch erstere wird man vor Schaden und Verlust, durch letztere vor Streit und Händeln geschützt.

Arthur Schopenhauer

Um geliebt zu werden, sei liebenswürdig.

Ovid

Und jedem Anfang wohnt ein Zauber inne, der uns beschützt und der uns hilft zu leben.

Hermann Hesse

Unternimm nie etwas, wozu du nicht das Herz hast, dir den Segen des Himmels zu erbitten.

Georg Christoph Lichtenberg

Vertane Zeit wird am Ende verlorene Ewigkeit.

Gotthard Niebert

Vertraue so auf Gott, als ob der Erfolg der Dinge ganz von dir, nicht von Gott abhinge; wende dennoch dabei alle Mühe so an, als ob du nichts, Gott allein alles tun werde.

Ignatius von Loyola

Viele Dinge dünken uns Glücksfälle zu sein, und wir nennen sie auch so; wenn wir aber die Absicht wüssten, die Gott dabei hat, so würden wir klar sehen, dass es lauter Gnaden sind.

Alfons Maria von Liguori

Vielleicht will, was ich nicht ändern kann, mich ändern.

Kyrilla Spiecker

Von der Seele geht die Kraft aus, um den Leib zu beleben, wie vom Wasser die Erde belebt wird. Die Seele freut sich, mit dem Leib zu wirken.

Hildegard von Bingen

Von einem Ausgleiten des Fußes wirst du dich schnell erholen; ein Ausgleiten der Zunge wirst du nie überwinden.

Benjamin Franklin

Wage ruhig einen großen Schritt, wenn es nötig ist. Über einen Abgrund kommt man nicht mit zwei kleinen Sprüngen.

David Lloyd George

Wähle den Weg über die Bäche und stürze dich nicht gleich in das Meer! Man muss durch das Leichte zum Schwierigen gelangen.

Thomas von Aquin

Wahre Freundschaft ist so selten wie ein Haupttreffer in der Lotterie.

Lebensweisheit

Warte nicht auf jemanden, der dir Anweisungen erteilen soll, oder auf einen Vorgesetzten; tu das Gute allein, von Mensch zu Mensch.

Mutter Teresa

Was du mit dem Herzen denkst, holt der Verstand nicht ein.

Blaise Pascal

Was du tust, tue ganz. Wenn ich esse, dann esse ich. Wenn ich trinke, dann trinke ich. Wenn ich singe, dann singe ich. Wenn ich spiele, dann spiele ich. Wenn ich bete, dann bete ich.

Indische Weisheit

Was ich bin, muss ich ganz sein. Für diese Pflicht gibt es keine Ferien. Keine Grenzen. Diese Pflicht reicht von Pol zu Pol.

Carl Sonnenschein

Was wir heute denken, werden wir morgen sein.

Weisheit

Weise Lebensführung gelingt keinem durch Zufall. Man muss, solange man lebt, lernen, wie man leben soll.

Seneca

Wenn alle Türen geschlossen und die Fenster verdunkelt sind, darfst du nicht glauben, allein zu sein. Denn Gott ist bei dir und dein Schutzengel. Und weshalb sollten sie Licht brauchen, um zu sehen, was du tust?

Epiktet

Wenn die Menschen, gerade die Jugend, ungestüm nach dem Sinn des Lebens fragen: Gebt ihr ihnen eine überzeugende verständliche Antwort!

Papst Johannes Paul II.

Wenn du Abstand hältst, bist du den Dingen am nächsten. Nur so erkennst du, wie sie zueinander liegen und was wirklich wichtig ist.

Meng Kun-liu

Wenn du besonders ärgerlich und wütend bist, erinnere dich, dass das menschliche Leben nur einen Augenblick währt.

Marc Aurel

Wenn Gottes Liebe dein Herz durchströmt, wirst du selber in Bewegung geraten. Du wirst deine Schritte zuversichtlich setzen von heute auf morgen und auf alle Zukunft hin.

Jörg Zink

Wenn ich eine Entscheidung getroffen habe, muss ich hinfort nicht mit ihren Gründen, sondern mit ihren Folgen leben.

Friedrich Schwanecke

Wenn man etwas nicht weiß, so kann man fragen; wenn man etwas nicht kann, so kann man es lernen.

Lü Bu We

Wenn man sich nicht an die Vergangenheit erinnern kann, ist man verurteilt, sie zu wiederholen.

George Santayana

Wenn sich eine Tür schließt, öffnet sich eine andere. Aber wir schauen so lange mit so viel Bedauern auf die geschlossene Tür, dass wir die, die sich für uns geöffnet hat, nicht sehen.

Alexander Graham Bell

Wenn wir aufhören, den Sinn unseres Handelns nur am Erebnis zu messen, tun wir den ersten Schritt in ein erfülltes Leben.

unbekannt

Wer sich vornimmt, Gutes zu wirken, darf nicht erwarten, dass die Menschen ihm deswegen die Steine aus dem Weg räumen.

Albert Schweitzer

Wer den kleinsten Teil eines Geheimnisses hingibt, hat den anderen nicht mehr in der Gewalt.

Jean Paul

Wer den Tag mit Lachen beginnt, hat ihn bereits gewonnen.

aus Tschechien

Wer die Vergangenheit nicht ehrt, verliert die Zukunft. Wer seine Wurzeln vernichtet, kann nicht wachsen.

Friedensreich Hundertwasser

Wer glücklich ist, sollte nicht noch glücklicher sein wollen.

Theodor Fontane

Wer mit seiner Geschichte nicht im Reinen ist, wird mit seiner Gegenwart nicht klarkommen und auch seine Zukunft nicht bewältigen können.

Theo Breul

Wer nicht an Wunder glaubt ist kein Realist.

David Ben Gurion

Wer rückwärts sieht, gibt sich verloren, wer lebt und leben will, muss vorwärts sehen.

Ricarda Huch

Wer sein Alter verbirgt, schafft seine Erinnerungen ab.

Arletty

Wer sein Ziel weit steckt, hat viel Raum zum Wachsen.

Silvia Schubert

Wer sich selbst gefunden hat, der kann nichts auf der Welt mehr verlieren.

Stefan Zweig

Wer sich zu wichtig nimmt für kleine Dinge, ist auch zu klein für wichtige Dinge.

Hans-Olaf Henkel

Wer über jeden Schritt lange nachdenkt, der steht sein Leben lang auf einem Bein.

Chinesische Weisheit

Wer wie ein Kind genießt den Tag, hat keinen zu bereuen, und kann sich, was auch kommen mag, auf etwas Neues freuen.

Friedrich Rückert

Wie bunt unser Leben ist, hängt auch von der Farbe unserer Gedanken und Stimmungen ab.

Jakob Ternay

Wir alle gehen der untergehenden Sonne entgegen; die letzten Strahlen machen bewusst, wie kostbar der Tag war.

unbekannt

Wir finden innere Ruhe bei denen, die wir lieben, und wir schaffen in uns einen ruhigen Ort für jene, die uns lieben.

Bernhard von Clairvaux

Wir müssen das Alter annehmen mit allem, was es mit sich bringt. Die eigenen Grenzen akzeptieren und in besonderer Weise die Tugenden des Dritten Alters betonen: Weisheit, Wohlwollen, Güte, Geduld, Gelassenheit, Friede.

Hermann Multhaupt

Wir verschwenden viel zu viel Aufmerksamkeit für das, was uns ins Auge sticht. Was uns die Augen öffnen kann, wäre viel wichtiger.

Ernst Ferstl

Wo keine Liebe ist, bringen Sie Liebe hin, und Sie werden Liebe finden.

Johannes vom Kreuz

Worte belehren nur, Beispiele reißen mit.

Lateinisches Sprichwort

Zeit unseres Lebens bleiben wir unterwegs zu dem Ideal, das Gott in uns hineingelegt hat.

Christeta Hess

Zuvorkommenheit den anderen gegenüber ist der Anfang der Heiligkeit. Wenn ihr es lernt, zuvorkommend zu sein, werdet ihr Christus immer ähnlicher werden, der im Herzen freundlich war und sich immer den Nöten der anderen zuwandte.

Mutter Teresa

Zwei Dinge bedenke: woher und wohin, dann hat dein Leben den richtigen Sinn.

Margarete Seemann

Zwischen Ankunft und Abschied ist uns nur eine begrenzte Zeit gegeben, die wir ausfüllen können mit Liebe, aber nicht anhalten und verlängern.

unbekannt

Zwischen zu früh und zu spät liegt immer nur ein Augenblick.

Franz Werfel

Humorvolle Erkenntnisse

Alle wollen in den Himmel, aber keiner will sterben.

Joe Louis

Aller höhere Humor fängt damit an, dass man die eigene Person nicht mehr ernst nimmt.

Hermann Hesse

Am Baum der guten Vorsätze gibt es viele Blüten, aber wenig Früchte.

Konfuzius

Auch aus Steinen, die in den Weg gelegt werden, kann man Schönes bauen.

Johann Wolfgang von Goethe

Das Evangelium ist kein Kaufhaus-Katalog zum Aussuchen.

Kyrilla Spiecker

Das ganze Geheimnis, sein Leben zu verlängern, besteht darin, es nicht zu verkürzen.

Ernst von Feuchtersleben

Das Glück ist ein bunter Zugvogel und legt nur dort eine Rast ein, wo man nicht nach ihm hascht.

Klara Flügel

Das Glück ist meistens wie die Brille, nach der man vergebens sucht. Man findet sie nicht, weil man sie schon auf der Nase hat.

Paul Hörbiger

Das ist das Schöne an einem Fehler: Man muss ihn nicht zweimal machen.

Thomas Alva Edison

Das ist Zeitgeist: Alle haben Uhren, aber niemand hat Zeit.

Ernst Ferstl

Das Lächeln ist ein Fenster, durch das man sieht, ob das Herz zu Hause ist.

aus Russland

Dass der Mensch sich freuen kann, setzt voraus, dass er sich ärgern kann, aber nicht, dass er sich ärgert.

Albert Einstein

Der einzige Mist, auf dem nichts wächst, ist der Pessimist.

Theodor Heuss

Der Genuss des Humors setzt höchste geistige Freiheit voraus.

Friedrich Hebbel

Der Heiterkeit sollen wir, wenn immer sie sich einstellt, Tür und Tor öffnen; denn sie kommt nie zur unrechten Zeit.

Arthur Schopenhauer

Der Herr sei hinter dir, um dich zu bewahren vor der Heimtücke böser Menschen.

Segenswunsch

Der Himmel hat den Menschen als Gegengewicht gegen die vielen Mühseligkeiten des Lebens drei Dinge gegeben: die Hoffnung, den Schlaf und das Lachen.

unbekannt

Der Humor ist keine Gabe des Geistes, er ist eine Gabe des Herzens.

Ludwig Börne

Der Mensch bringt täglich sein Haar in Ordnung – warum nicht auch sein Herz?

Altindische Spruchweisheit

Der Mensch soll sich behutsam schnäuzen und nur hinter sich ausspucken, wegen der Engel, die vor ihm stehen.

Alte Mönchsweisheit der Benediktiner

Der Schlüssel zu allem ist Geduld. Nicht durch Aufschlagen, sondern durch Ausbrüten wird aus einem Ei ein Küken.

aus China

Die Leute, die über sich selber lachen können, die sind schon auf dem richtigen Weg.

Isabella Schneider

Die meisten Probleme lösen sich von selbst, man darf sie nur nicht dabei stören.

Mark W. Bonner

Die Neugier ist der Docht in der Kerze des Lebens.

Weisheit

Eigentlich bin ich froh, dass ich nichts ins Grab mitnehmen kann – das ist die einzige Möglichkeit, all den angesammelten Krempel loszuwerden.

unbekannt

Ein Gramm Beispiel gilt mehr als ein Zentner guter Worte.

Franz von Sales

Ein Mensch lebt keine hundert Jahre, aber er macht sich Sorgen für tausend.

aus China

Ein wahrhaft großer Mann wird weder einen Wurm zertreten noch vor dem Kaiser kriechen.

Benjamin Franklin

Erbitte Gottes Segen für deine Arbeit, aber verlange nicht auch noch, dass er sie tut.

Karl Heinrich Waggerl

Erfahrungen bezahlt man teuer, obwohl man sie gebraucht billiger haben könnte.

aus Amerika

Es ist gut, manchmal die Sorgen so zu behandeln, als ob sie nicht da wären; das einzige Mittel, ihnen ihre Wichtigkeit zu nehmen.

Rainer Maria Rilke

Es muss ein schlechter Gärtner sein, der aus allen seinen Pflanzen nur Rosen ziehen will.

Alfred Kumpf

Fröhlich sein, Gutes tun und die Spatzen pfeifen lassen.

Don Bosco

Glück ist der Stuhl, der plötzlich da steht, wenn man sich zwischen zwei andere setzen wollte.

George Bernard Shaw

Gott bewahre mich vor Heiligen mit verdrießlichen Mienen.

Teresa von Ávila

Gott schenkt dir das Gesicht. Lächeln musst du selber.

aus Irland

Greif nicht leicht in ein Wespennest, doch wenn du greifst, dann greife fest!

Matthias Claudius

Grundsätze sind das Höchste, was es gibt. Grundsätze muss man so hoch halten, dass man unter Umständen auch einmal darunter durchkriechen kann.

Michael Horlacher

Halte dich an Gott. Mache es wie der Vogel, der nicht aufhört zu singen, auch wenn der Ast bricht. Denn er weiß, dass er Flügel hat.

Don Bosco

Heirate keinen Esel, wenn du nicht die Lasten eines Esels tragen willst.

Persisches Sprichwort

Heiterkeit und Frohsinn sind die Sonne, unter der alles gedeiht.

Jean Paul

Humor ist das Salz der Erde, und wer gut durchsalzen ist, bleibt lange frisch.

Karel Čapek

Humor ist der Versuch, sich selbst nicht ununterbrochen wichtig zu nehmen.

Ernst Kreuder

Humor ist die Kunst, sich ohne Spiegel selber ins Gesicht zu lachen.

Paul Hörbiger

Humor ist gesunder Menschenverstand, der tanzt.

aus England

Humor und Geduld sind die Kamele, mit denen ich durch die Wüste komme.

Phil Bosmans

Ich bin nur ein kleines Kabel – Gott ist der Strom.

Mutter Teresa

Jeder Tag hat zwei Henkel. Wir können ihn entweder an dem der Zaghaftigkeit anpacken oder an dem der Zuversicht.

Dwight D. Eisenhower

Kein Kaktus ist so dicht mit Stacheln besetzt, dass er nicht noch Platz für eine Blüte hätte.

Sprichwort

Kleine Köter ersetzen durch Stimmkraft, was ihnen an Größe fehlt.

Christa Franze

Kompromiss heißt die Kunst, einen Kuchen so zu teilen, dass jeder denkt, er habe das größte Stück bekommen.

Ludwig Erhard

Lustige Leute begehen mehr Torheiten als traurige; aber traurige begehen größere.

Ewald Christian von Kleist

Man ist ja von Natur kein Engel, vielmehr ein Welt- und Menschenkind. Und ringsherum ist ein Gedrängel von solchen, die dasselbe sind.

Wilhelm Busch

Man kann mit einem Hirtenstab in der Hand heilig werden, aber ebenso gut mit einem Besen.

Papst Johannes XXIII.

Mit Adleraugen sehen wir die Fehler anderer, mit Maulwurfsaugen unsere eigenen.

Franz von Sales

Mit Ausdauer kam auch die Schnecke noch in die Arche.

aus Deutschland

Möge der Herr dich in seiner Hand halten – aber nie seine Faust zu fest zumachen.

Irischer Segensspruch

Nichts ist so erfrischend wie ein beherzter Schritt über die Grenzen.

Keith Haring

Nimm dir jeden Tag eine halbe Stunde Zeit für deine Sorgen – und in dieser Zeit mache ein Schläfchen.

Laotse

Optimismus ist die Fähigkeit, den blauen Himmel hinter den Wolken zu ahnen.

Madeleine Robinson

Schon wegen der Neugier ist das Leben lebenswert.

Jüdisches Sprichwort

Schweigen schmerzt die Zunge nicht.

Russisches Sprichwort

Sei klüger als andere, wenn du kannst – aber sage es ihnen nicht.

Gilbert Keith Chesterton

Sieh in den Himmel und singe, weil dir die Sonne umsonst scheint.

Phil Bosmans

Sieh zu, dass du nie die Nerven verlierst, selbst der ehrliche Finder könnte sie dir nicht zurückgeben.

unbekannt

Sinn für Humor ist eine wunderbare Ergänzung des gesunden Menschenverstandes.

Johann A. Schindler

Sorgen sind meist von der Nesseln Art, sie brennen, rührst du sie zu zart; fasse sie nur an herzhaft, so ist der Griff nicht zu schmerzhaft.

Emanuel Geibel

Verbringe deine Zeit nicht mit der Suche nach einem Hindernis, vielleicht ist keins da.

Franz Kafka

Was er kann, zeigt der Steuermann nicht bei schönem Wetter, sondern in Sturm und Ungewitter.

Petrus Chrysologus

Wenn du Liebe hast, spielt es keine Rolle, ob du Kathedralen baust oder in der Küche Kartoffeln schälst.

Dante Alighieri

Wer den Kopf in den Sand steckt, darf sich nicht wundern, wenn er in den Hintern getreten wird.

unbekannt

Wer einen hohen Berg erklimmen will, tut das nicht in Sprüngen, sondern schrittweise und langsam.

Gregor der Große

Wer glaubt, ein Christ zu sein, weil er die Kirche besucht, irrt sich. Man wird ja auch kein Auto, wenn man in die Garage geht.

Albert Schweitzer

Wer nie irrt, wird nie klug.

Johann Wolfgang von Goethe

Wer nur zurückschaut, kann nicht sehen, was auf ihn zukommt.

Konfuzius

Wer sich mit Humor wappnet, ist praktisch unverwundbar.

Ernst Penzok

Wer über jeden Schritt lange nachdenkt, der steht sein Leben lang auf einem Bein.

Chinesische Weisheit

Wir können nicht glücklich sein, solange wir nicht gelernt haben, über uns selber zu lachen.

Dorothy Dix

Wir sollen der Heiterkeit, wann immer sie kommt, Tür und Tor öffnen; denn sie kommt nie zur unrechten Zeit.

Arthur Schopenhauer

Wir üben Vergessen, wo Erinnern Not täte. Wir horten Erinnern, wo Verzeihen befreite.

Kyrilla Spiecker

Reisen, Unterwegs sein

Behüte uns vor aller Gefahr, die uns auf dem Weg bedroht. Bewahre uns vor Unglück. Lass uns Barmherzigkeit vor deinen Augen finden; Verständnis und Freundlichkeit bei allen, die uns begegnen.

aus einem jüdischen Reisegebet

Das Leben ist eine Reise. Je weniger Gepäck man dabei hat, desto mehr Eindrücke kann man mitnehmen.

Hanna Schygulla

Das wichtigste Stück des Reisegepäcks ist und bleibt ein fröhliches Herz.

Herman Löns

Den Weg des Friedens führe uns der allmächtige und barmherzige Herr. Sein Engel geleite uns auf den Weg, dass wir wohlbehalten heimkehren in Frieden und Freude.

Reisesegen

Der ewige Gott gebe dir Wurzeln, die dich tragen, Flügel, die dich ins Weite führen, Ohren für das Unhörbare, Augen für das Unsichtbare, Hände, um Gutes zu tun, und Füße, um zu ihm heimzukehren.

Hildegunde Wöller

Der Herr behüte dich, wenn du fortgehst und wiederkommst, von nun an bis in Ewigkeit.

Ps 121,8

Der Mensch geht durchs Leben, wie ein Reisender über die Meere fährt.

Chinesisches Sprichwort

Der Sinn des Reisens ist, an ein Ziel zu kommen, der Sinn des Wanderns, unterwegs zu sein.

Theodor Heuß

Die Welt ist ein Buch, und wer nicht reist, liest davon nicht eine einzige Seite.

Augustinus Aurelius

Erst die Fremde lehrt uns, was wir an der Heimat besitzen.

Theodor Fontane

Es kommt niemals ein Pilger nach Hause, ohne ein Vorurteil weniger und eine neue Idee mehr zu haben.

Thomas Morus

Keiner kommt von einer Reise zurück, wie er weggefahren ist.

Graham Green

Nur Reisen ist Leben, wie umgekehrt das Leben Reisen ist.

Jean Paul

Reisen ist die Gelegenheit, auf den Gleisen der Entdeckungen auch seinem Selbst entgegen zu reisen.

Bülent Kacan

Was ist Reisen? Ein Ortswechsel? Keineswegs! Beim Reisen wechselt man seine Meinungen und Vorurteile.

Anatole France

Wenn du schnell gehen willst, dann gehe alleine. Wenn du weit gehen willst, dann musst du mit anderen zusammen gehen.

aus Afrika

Wer in seinem Herzen daheim ist, dem erscheinen alle Orte auf Erden gleich gut.

Hermann Stehr

Wir mögen die Welt durchreisen, um das Schöne zu finden, aber wir müssen es in uns tragen, sonst finden wir es nicht.

Ralph Waldo Emmerson

Zuhause ist der Ort, um das Gleichgewicht wiederzufinden.

Judith Miller

Die Lebensregel von Baltimore

Geh deinen Weg gelassen und ruhig inmitten des Lärms und der Hast dieser Zeit und erinnere dich, welcher Frieden in der Stille liegt.

Unterhalte gute Beziehungen zu allen Menschen, soweit es dir möglich ist, aber gib dich nicht dabei auf.

Sprich, was du für wahr hältst, ruhig und klar aus und höre auch den anderen zu, gerade den dummen und unwissenden Menschen; auch sie haben ihre Geschichte.

Meide laute und aufdringliche Menschen, sie sind eine Qual für deine Seele. Wenn du dich mit anderen Menschen vergleichst, magst du dir nichtig und verbittert vorkommen; denn immer wird es größere und geringere Menschen geben als dich.

Erfreue dich an deinen Leistungen ebenso wie an deinen Plänen. Halte die Begeisterung für deinen eigenen Beruf wach, so bescheiden er auch sein mag; er ist ein wahrer Besitz in den Wechselfällen der Zeit.
Übe Vorsicht in deinen Geschäften; denn die Welt ist voller Tricks und Kniffe. Aber werde nicht blind für das, was dir an Tugend begegnet; viele Menschen streben nach hohen Idealen; und überall ist das Leben voll stillen Heldentums.

Sei du selbst. Besonders heuchle keine Zuneigung. Äußere dich nicht geringschätzig über die Liebe; denn angesichts aller Dürre und Ernüchterung ist sie beständig wie das Gras.

Nimm den Rat der Jahre freundlich an, indem du anmutig abtrittst, was dich in der Jugend umgab.

Nähre die Kraft des Geistes, um gegen plötzliches Unglück gewappnet zu sein. Aber quäle dich nicht mit Wunschbildern. Viele Ängste werden aus Erschöpfung und Einsamkeit geboren.

Darüber hinaus übe dich in gesunder Selbstdisziplin, sei sanftmütig zu dir selbst. Du bist ein Kind der Schöpfung, nicht geringer als die Bäume und Sterne; du hast ein Recht darauf, hier zu sein. Und ob es dir klar ist oder nicht, ohne Zweifel entfaltet sich das Universum so, wie es ihm bestimmt ist.

Daher lebe in Frieden mit Gott, wie immer du ihn dir vorstellst und wie auch immer deine Mühen und Erwartungen sein werden in der lärmenden Verwirrung des Lebens, halte Frieden mit deiner Seele.

Trotz all ihres trügerischen Scheins und ihrer Plackerei und ihrer verflüchtigten Träume – es ist noch eine schöne Welt.
Sei vorsichtig. Strebe danach, glücklich zu sein.

St. Pauli Kirche zu Baltimore 1692

Die zehn Regeln der Gelassenheit

Heute, nur heute werde ich mich bemühen, den Tag zu leben, ohne die Probleme meines Lebens auf einmal lösen zu wollen.

Heute, nur heute werde ich auf ein zurückhaltendes Auftreten achten: Ich werde niemanden kritisieren, ich werde nicht danach streben, die anderen zu korrigieren oder zu verbessern – nur mich selbst.

Heute, nur heute werde ich in der Gewissheit glücklich sein, dass ich für das Glück geschaffen bin – nicht nur für die andere, sondern auch für diese Welt.

Heute, nur heute werde ich mich an die Umstände anpassen, ohne zu verlangen, dass die Umstände sich meinen Wünschen anpassen.

Heute, nur heute werde ich zehn Minuten meiner Zeit einer guten Lektüre widmen; wie die Nahrung für das leibliche Leben notwendig ist, so ist die gute Lektüre notwendig für das Leben der Seele.

Heute, nur heute werde ich eine gute Tat vollbringen, und ich werde es niemandem erzählen.

Heute, nur heute werde ich etwas tun, wozu ich eigentlich keine Lust habe; sollte ich es als eine Zumutung empfinden, werde ich dafür sorgen, dass niemand es merkt.

Heute, nur heute werde ich ein genaues Tagesprogramm aufstellen. Vielleicht halte ich mich nicht genau daran, aber ich werde es aufsetzen. Und ich werde mich vor zwei Übeln hüten: vor der Hetze und vor der Unentschlossenheit.

Heute, nur heute werde ich fest daran glauben – selbst wenn die Umstände mir das Gegenteil zeigen sollten –, dass die gütige Vorsehung Gottes sich um mich kümmert, als gäbe es sonst niemanden auf der Welt.

Heute, nur heute werde ich keine Angst haben. Ganz besonders werde ich keine Angst haben, mich an allem zu freuen, was schön ist, und an die Güte glauben.

»Nimm dir nicht zu viel vor. Es genügt die friedliche, ruhige Suche nach dem Guten an jedem Tag zu jeder Stunde, und ohne Übertreibung und ohne Ungeduld.«

Papst Johannes XXIII.

Selig sind die Humorvollen

Selig, die über sich selbst lachen können, sie werden genug Unterhaltung finden.

Selig, die einen Berg von einem Maulwurfshügel unterscheiden; sie werden sich Ärger ersparen.

Selig, die schweigen und zuhören; sie werden viel Neues erfahren.

Selig, die kleine Dinge ernst und ernste Dinge gelassen nehmen; sie werden weit kommen.

Selig, die Gott erkennen und lieben; sie werden Güte und Freude ausstrahlen.

Die kleinen Schwestern des Charles de Foucauld, Paris

Die Lebenregel einer alten Äbtissin

Herr, du weißt es besser als ich, dass ich von Tag zu Tag älter werde und eines Tages alt bin.

Bewahre mich vor der unheilvollen Angewohnheit, zu meinen, ich müsse zu allem und bei jeder Gelegenheit etwas sagen. Befreie mich von dem Verlangen, die Angelegenheiten anderer ordnen zu wollen.

Lehre mich, nachdenklich, aber nicht grüblerisch, hilfreich, aber nicht diktatorisch zu sein.

Bei meinem ungeheuren Vorrat an Lebenserfahrung erscheint es mir ja schade, sie nicht weiterzugeben – aber du wirst verstehen, Herr, dass ich gerne ein paar Freunde behalten möchte.

Bewahre mich davor, endlose Einzelheiten aufzuzählen, verleihe mir Flügel, um zur Hauptsache zu kommen.

Lehre mich schweigen über meine Krankheiten und Beschwerden. Sie nehmen zu – und die Lust daran, sie zu beschreiben, wächst von Jahr zu Jahr.

Um so viel Gnade zu bitten, mir Krankheitsschilderungen anderer mit Freude anzuhören, wage ich nicht, aber hilf mir, sie in Geduld zu ertragen.

Lehre mich die wunderbare Weisheit, dass ich mich irren kann.

Trage Sorge dafür, dass ich einigermaßen liebenswürdig bin; ich möchte kein Heiliger sein, mit ihnen lebt es sich so schwer, aber ein alter Griesgram ist eine Meisterleistung des Teufels.

Schenke mir die Fähigkeit, Gutes zu entdecken an Orten, an denen ich es nicht erwarte.

Öffne meine Sinne, unerwartete Begabungen an Menschen zu entdecken, denen ich sie nicht zutraue. Und verleihe mir die schöne Gabe, es ihnen auch zu sagen.

Nimm dir Zeit

Nimm dir Zeit zu arbeiten – das ist der Preis des Erfolges.

Nimm dir Zeit zu denken – das ist die Quelle der Macht.

Nimm dir Zeit zu spielen – das ist das Geheimnis der ewigen Jugend.

Nimm dir Zeit zu lesen – das ist der Brunnen der Weisheit.

Nimm dir Zeit zu träumen – sie bewegt dein Gefährt zu einem Stern.

Nimm dir Zeit zu lieben und geliebt zu werden – das ist das Vorrecht der Götter.

Nimm dir Zeit dich umzusehen – der Tag ist zu kurz, um selbstsüchtig zu sein.

Nimm dir Zeit zu lachen – das ist die Musik der Seele.

Irischer Segenswunsch

Der Herr sei vor dir, um dir den rechten Weg zu zeigen.

Der Herr sei neben dir, um dich in die Arme zu schließen und dich zu schützen vor Gefahren.

Der Herr sei hinter dir, um dich zu bewahren vor der Heimtücke des Bösen.

Der Herr sei unter dir, um dich aufzufangen, wenn du fällst.

Der Herr sei mit dir, um dich zu trösten, wenn du traurig bist.

Der Herr sei um dich herum, um dich zu verteidigen, wenn andere über dich herfallen.

Der Herr sei über dir, um dich zu segnen.

So segne dich der gütige Gott heute, morgen und allezeit.

dem hl. Patrick von Irland zugeschrieben

Hab Freude im Herzen!

Überlass dich nicht der Sorge, schade dir nicht selbst durch dein Grübeln!

Herzensfreude ist Leben für den Menschen.

Frohsinn verlängert ihm die Tage.

Überrede dich selbst und beschwichtige dein Herz, halte Verdruss von dir fern! Denn viele tötet die Sorge und Verdruss hat keinen Wert.

Neid und Ärger verkürzen das Leben, Kummer macht vorzeitig alt.

Jesus Sirach 30,21-24

Mit den Jahren

Als ich fünfzehn war, war mein ganzer Wille aufs Lernen ausgerichtet.

Mit dreißig stand ich fest.

Mit vierzig hatte ich keine Zweifel mehr.

Mit fünfzig kannte ich den Willen des Himmels.

Als ich sechzig war, hatte ich ein feines Gehör, um das Gute und das Böse, das Wahre und das Falsche herauszuhören.

Mit siebzig konnte ich den Wünschen meines Herzens folgen, ohne das Maß zu überschreiten.

Konfuzius

Handle so

Handle wie der weiseste aller Lehrer, der die Wasser fließen und die Erde fruchtbar werden ließ.

Wirke durch deine Weisheit wie die Sonne, wie der Mond durch deine Einfühlsamkeit, wie der Wind durch deine Energie, wie die laue Luft durch deine Milde, wie das Feuer durch deine klare Rede.

Beginne dies Werk im ersten Morgenlicht und vollende es im Sternenschein.

Handle so, dann wirst du ewig leben.

Hildegard von Bingen

Freude in sich selbst

Wir haben von Natur eine gute Anlage, wenn wir nur nicht von ihr abgehen.

Es ist so eingerichtet, dass zu einem glücklichen Leben kein großer Apparat nötig ist; jeder kann sich selbst glücklich machen.

Die zufälligen Dinge sind von untergeordneter Bedeutung und von geringer Wirkung; das Glück erhöht den Weisen nicht, das Unglück schlägt ihn nicht nieder.

Er trachtet immer danach, sich auf sich selbst zu verlassen und alle Freude in sich selbst zu suchen.

Seneca

Was ich dir wünsche

Man nehme zwölf Monate, putze sie sauber von Bitterkeit, Geiz, Pedanterie und Angst und zerlege jeden Monat in 30 oder 31 Teile, sodass der Vorrat genau für ein Jahr reicht.

Jeder Tag wird einzeln angerichtet aus einem Teil Arbeit und zwei Teilen Frohsinn und Humor. Man füge drei gehäufte Esslöffel Optimismus hinzu, einen Teelöffel Toleranz, ein Körnchen Ironie und eine Prise Takt. Dann wird die Masse sehr reichlich mit Liebe übergossen.

Das fertige Gericht schmücke man mit Sträußchen kleiner Aufmerksamkeiten und serviere es täglich mit Heiterkeit und mit einer guten erquickenden Tasse Tee ...

Catharina Elisabeth Goethe

Glück

Glück ist eine stille Stunde, Glück ist auch ein gutes Buch, Glück ist Spaß in froher Runde, Glück ist freundlicher Besuch.

Glück ist niemals ortsgebunden, Glück kennt keine Jahreszeit, Glück hat immer der gefunden, der sich seines Lebens freut.

Clemens von Brentano

Register

Stichwort

E

F

M

N

O

P

T

Anlässe **Seite**